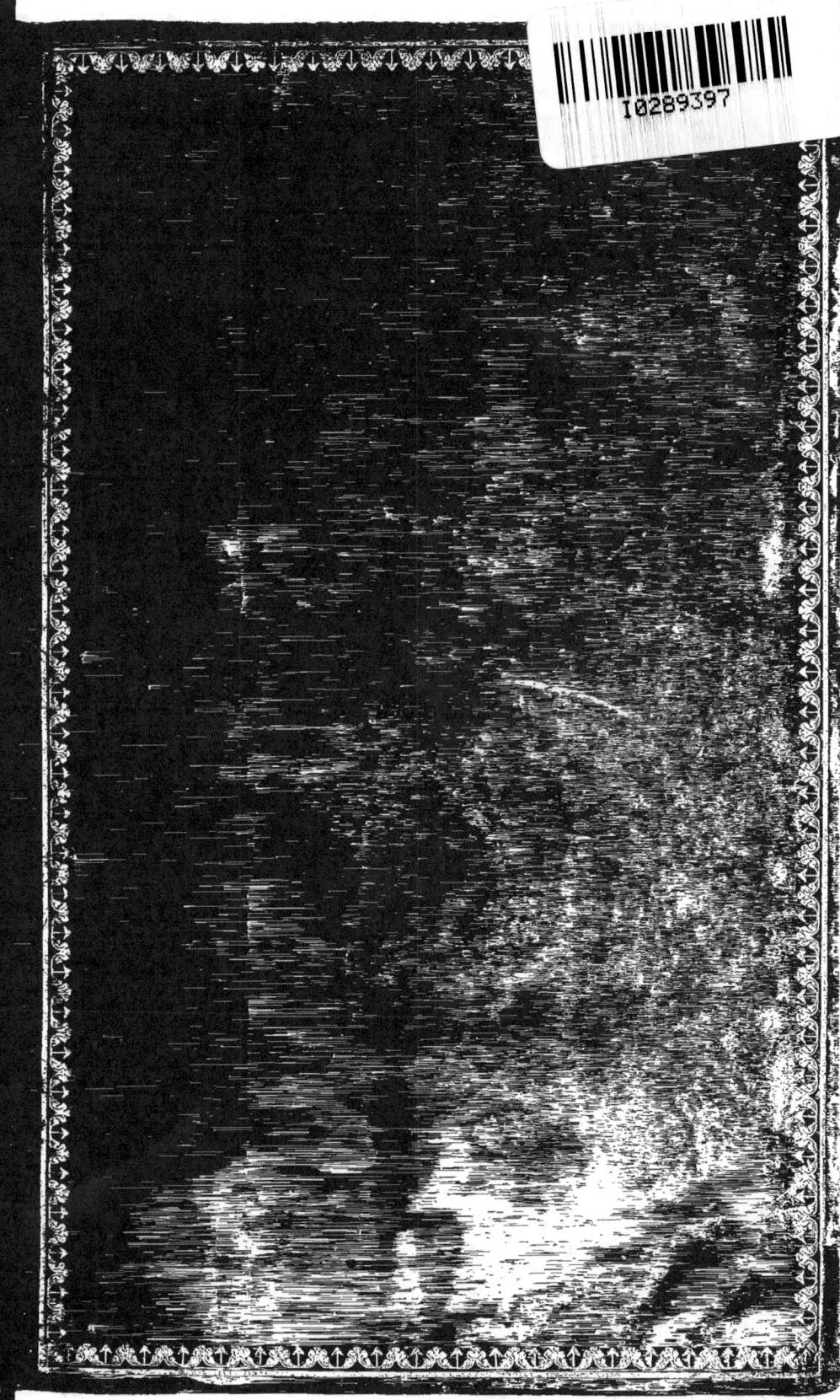

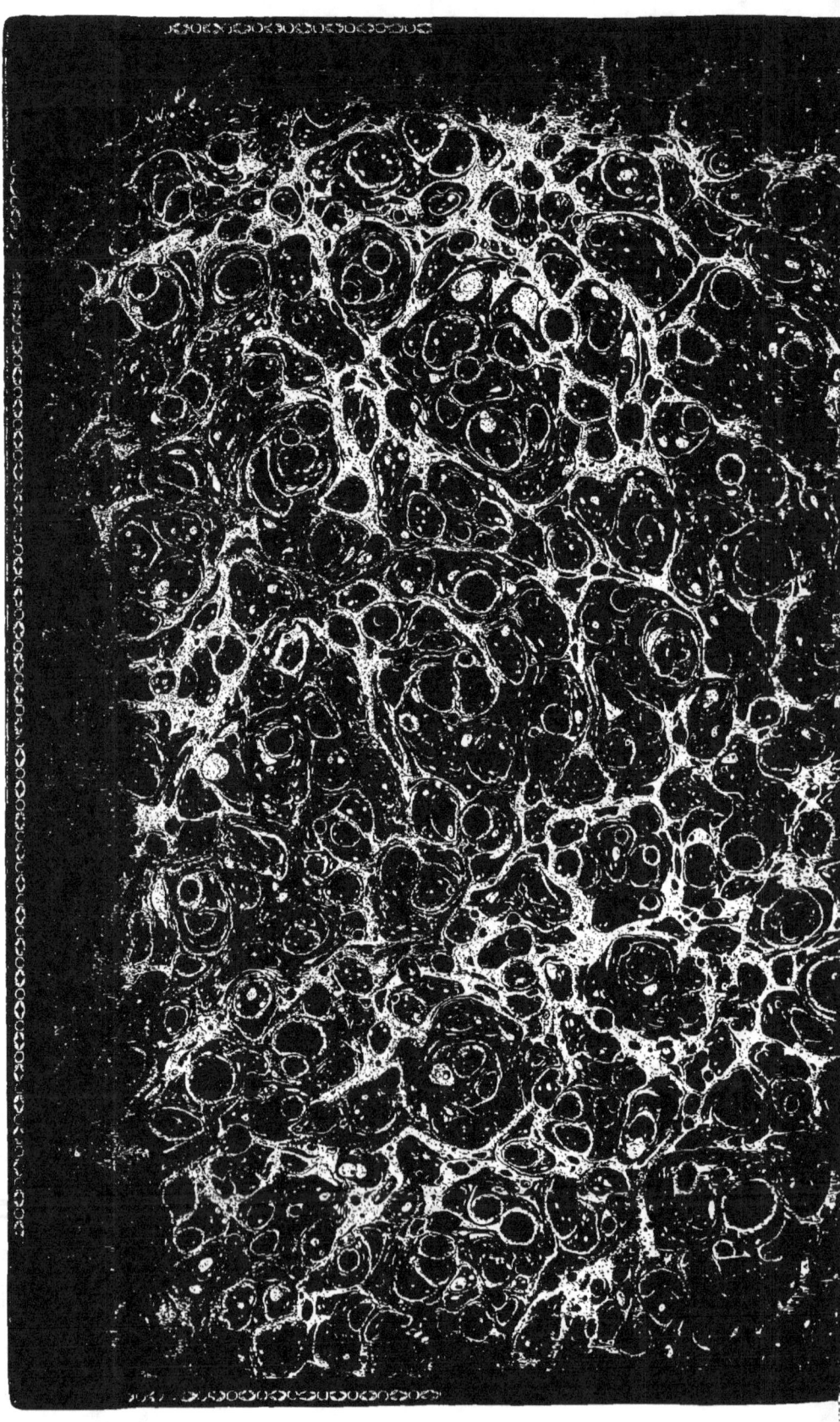

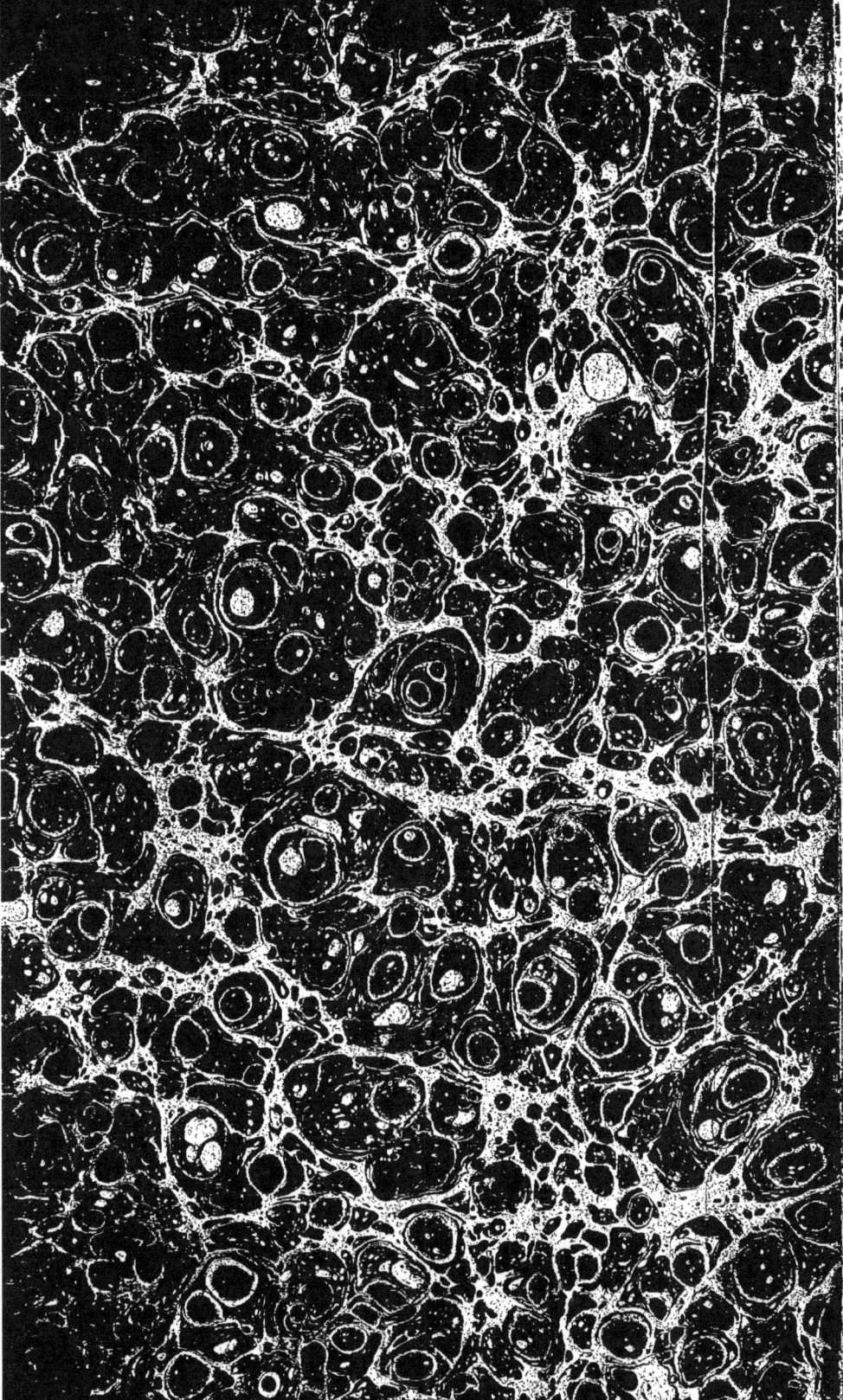

O

O² 24 B

LES VOYAGES
ADVENTVREVX
DE
FERNAND MENDEZ PINTO.

LES VOYAGES
ADVANTVREVX

DE

FERNAND MENDEZ PINTO.

TRADUIT DU PORTUGAIS
PAR B. FIGUIER.

TOME PREMIER.

PARIS,

IMPRIMÉ AUX FRAIS DU GOUVERNEMENT
POUR PROCURER DU TRAVAIL AUX OUVRIERS TYPOGRAPHES.

AOUT 1830.

C.

En la presente Histoire sont contenuës plusieurs choses estranges et prodigieuses par luy veuës et ouyes aux Royaumes de la Chine, de Tartarie, de Sornau, vulgairement appellé Siam, de Calaminham, de Pegu, de Martabane, et en diuers autres endroicts des contrées Orientales, dont nous n'auons presque point de cognoissance en nostre Occident.

Auec vne ample Relation des particularitez les plus remarquables aduenuës tant à luy qu'à beaucoup d'autres personnes.

Et vn Abregé de la vie miraculeuse, et de la mort du S. P. M. François Xauier, vnique lumiere de ces contrées d'Orient, et Recteur vniuersel de la Compagnie de JESVS.

A MONSEIGNEVR

LE CARDINAL

DE RICHELIEV.

MONSEIGNEVR,

Quand ie ne serois point si heureux que d'estre cogneu de vous, ny d'auoir part à la bien vueillance qu'il vous a pleu me tesmoigner plusieurs fois, et à la personne du monde à qui i'appartenois de plus prés, deuant que Dieu l'eust appellée de cette vie, si ne laisserois-je pas de me ranger tousiours à mon devoir, et de suiure cette forte inclination qui m'attache naturelle- à vostre seruice. Mais n'ayant assez de bon heur ny de merite pour vous en rendre des preuues conformes à mon desir, ie vous supplie très-humblement de m'excuser si ie n'y satisfais qu'en partie en vous dédiant cet Ouurage. Il est plein de tant de belles diuersitez, qu'on en treuvera difficilement vn autre qui soit plus utile et plus agréable. Car i'ose bien dire que les esprits curieux qui se delectent à la lectures des liures rares, treuueront amplement à se contenter en celuy-cy, où sans sortir de leur Cabinet, et sans courir fortune de faire naufrage, ils pourront trauerser les Mers, voir les plus belles Prouinces du Monde, s'entretenir de choses estranges et inouyes, considerer dans les diuerses façons de viure des peuples que nous appellons Barbares, leur Religion, leurs Loix, leurs grandes richesses, leur gouuernement en temps de paix et de guerre, et en vn mot se représenter comme en vn tableau tout ce que l'Europe, l'Afrique et l'Asie ont de plus exquis et esmerueillable en leur estenduë. Mais, quelques belles que soient ces choses, et quelque lustre que leur apporte ce Voyageur Portugais, ie m'asseure que s'il estoit encore en vie, et s'il auoit le bon-heur de s'arrester prés de Vous, il confesseroit veritablement de n'auoir iamais veu en tous ses voyages un Royaume plus fleurissant que celuy-cy, ny vn homme qui vous valût en ce qui regarde le gouuernement d'vn Estat, et les actions les plus Heroïques. Aussi n'y a-t'il celuy qui ne demeure d'accord auecque raison, que vous estes ce vray Athlas sur la vigilance duquel se repose cette Monarchie, que les plus grandes vertus sont petites à comparaison des vostres, et qu'en vos conseils il y a ie ne sçay quoy de miraculeux, qui affermit les armes des bons François, et les faict tomber des mains des rebelles. Vueille le Ciel, MONSEIGNEVR, adjouster à vos prosperitez vne longue suitte d'années, afin que nostre inuincible Hercule assisté de vos sages conseils, acheue de purger son pays de Monstres, et qu'en qualité de Roy TRES-CHRESTIEN il s'en aille planter la Croix en la contrée des infideles, et dans les lieux les plus esloignez que cet Autheur nous a descrits en ce volume de ses Voyages Aduantureux. Ie vous le presente comme vn agreable diuertissement à ces grandes occupations qui vous font veiller pour la tranquillité publique. Vous y donnerez le lustre, et preuenant la mesdisance par le tesmoignage que vostre Grandeur donnera de la cognoissance des veritez qui y sont, vous clorrez la bouche à tant de Critiques qui condamnent de fausseté ce que la foiblesse de leurs esprits ne peut comprendre. Ce qui m'a obligé de le traduire en François, a esté pour descouurir plusieurs singularitez que les autres Historiens n'ont point touchées en leurs Ouurages, et monstrer par mesme moyen les grandes choses que les Portugais ont faictes aux Indes Orientales, quoy que la reuolution du temps leur en ait depuis desrobé le fruict, et qu'aujourd'huy les Espagnols s'en attribuent toute la gloire. Recevez donc s'il vous plaist cet essay de ma bonne volonté que ie confesse estre peu de chose à l'esgal de l'inuiolable desir que i'ay de viure et mourir,

MONSEIGNEVR,

Vostre tres-humble et tres-obeyssant seruiteur, B. FIGVIER.

DEFFENCE

APOLOGETICQUE

DE L'HISTOIRE ORIENTALE

DE

FERNAND MENDEZ PINTO.

S'IL est vray que les Autheurs se rendent recommandables par leurs ouurages, il ne faut point mettre en doute que par celuicy Fernand Mendez Pinto n'ayt acquis vne reputation qui le fera reuiure à iamais. C'éstoit vn homme doüé d'vne grande viuacité d'esprit, et d'vne memoire excellente; ce qui paroist assez par les grandes preuues qu'il en donne en ses *Voyages aduanturenx*, dans lesquels il tesmoigne d'auoir retenu par cœur vne infinité de belles choses, qu'vne longue experience luy fist cognoistre aux despens de ses trauaux. Aussi ne fut-ce pas sans raison que les plus grands Princes d'Asie et d'Europe firent tant d'estat de luy, qu'ils lui donnerent souuent audience pour auoir part à ses Relations, et ainsi se délasser des plus importantes affaires de leur Royaume; Car il est certain que le Roy Dom Philippe II, Prince vrayement Catholique, et comblé de plusieurs grandes vertus, prenoit vn merueilleux plaisir à son entretien, et qu'il employoit beaucoup de temps au recit qu'il luy faisoit de ses aduantures; Ce qu'il n'eust pas fait sans doute s'il n'y eust veu de grandes lumieres de verité, pource que c'estoit vn Prince qui sçauoit fort bien discerner l'histoire d'auecq la fable. A cause de quoy il deferoit beaucoup de choses au iugement de ce grand Autheur, sçachant bien qu'il est raisonnable que les Princes ayent en vne considération tres-particulière, ceux qui ont beaucoup enduré pour la Religion ou pour la deffence de leur pays. Et sans mentir il faudroit auoir peu d'inclination pour les honnestes gens, si l'on ne se laissoit toucher aux miseres qu'ils ont souffertes pour le seruice de leur Roy, et pour s'acquerir de l'honneur par les voyes de la vertu. Tellement que ce seroit priuer cet Autheur d'vne gloire qui luy est iustement deuë, que de ne loüer point cette Histoire qu'il nous a laissée, où il se void combien luy sont obligez ceux de sa nation, pour leur auoir donné tant de belles preuues de son courage, par les diuerses fortunes qu'il a couruës en ses voyages; ils ont esté si penibles, et en si grand nombre, que i'oseray bien dire à sa loüange, que de tous les Autheurs qui ont escrit des choses du Leuant, il n'y en a point qui en ayt dit plus que luy. Que s'il se trouue quelques esprits qui tiennent pour fables ce qu'il nous raconte icy des grandes richesses de la Chine, et de plusieurs autres Royaumes dont il est faict mention dans ce liure; ensemble de tant de statuës d'or et d'argent, de tant de pretieux meubles, de Lampes, de Throsnes, de Chaires, de Licts, de Pierreries, et finalement de tant de grandeurs, et de milions de reuenu, ie ne m'obstineray point à les vouloir conuaincre d'ignorance, puis qu'ils ne sont point d'humeur à se laisser persuader; Mais cela n'empeschera pas aussi que ie ne rapporte plusieurs choses pour confirmation des veritez que cet Historien peut auoir escrites; ce qui sera possible capable où de les faire mourir d'enuie, où de les mettre entierement dans le desespoir par le moyen de l'admiration.

Des richesses et grandeurs de ce pays de Leuant, et particulierement du Royaume de la Chine le Pere Nicolas Trigault de la Compagnie de IESVS, traicte diffusément en son liure intiulé, *De Christiana expeditione apud Sinas*, Dans tout le liure premier, principalement au chapitre 6. *De Senensis reip. administrat.* Frere G. de la Croix en son liure de la Chine aux chapitres 3. 4. 5. et 19. le Pere Iean de Lucena en la vie du Pere S. François Xauier, au liu. 10. depuis le 17. ch. iusques au 24. Ant. Galuan au Traicté de la descouuerte de ces pays, au fueillet 59. et en son Histoire de la Floride. Le pere Mendoza en son Histoire de la Chine, au chap. 2. du liure 3. Trigault en son liu. 1. c. 7. §. Palatij Regis. Le Docteur Babia en la troisiesme partie de son Histoire Pontificale, ch. 18. en la vie de Sixte V. Boterus en ses relations, Frere Iean des Saincts en son hist. Ethiopienne Orientale, chap. 8. et en l'hist. Ecclesiastique de Iaymé de Rebullosa, Ribadeneyra, Mathieu et Louys Gusman dans les hist. Orientales en plusieurs chapitres. Le Pere Blaise de Valere, de la Compagnie de IESVS. Ioseph de Acosta, Paul, Pierre de Leon, le sieur Zarate, Michel Vazquez de Padilla. Frere Pierre Martir, Cosme Cefas, Euesque de Chiapa, François Lopez de Gomorra, Hierosme du Pré, Ferdinand de Cordouë, Frere Hierosme Romain. Ledit Rebullosa, Boterus, et Illescas, Anth. de Herrera, Pinede, Frere Prudent de Sandobal, et Garcilasso en ses Commentaires Royaux en plusieurs endroits, particulierement au ch. 20. du liure troisiesme.

Au chap. 24. Il dict des jardins, fontaines et autres lieux de plaisance, faits d'or au naturel, et des Temples d'vne grandeur estrange faits de mesme matiere. Lisez Blaize de Valera, et Pierre de Ciesa, au chap. 94. Inca au ch. 1. du 9. liu. Acosta ch. 22. et Zarati ch. 14. du liu. 1. et se peut voir ce qu'en dit Ferdinand Lopé de Castagneda, en son histoire, parlant des Mogores, ce qui doit satisfaire.

Pource qui est de ce que Ferdinand Mendez escrit des Gouuerneurs de ces Royaumes, de l'estroitte obseruance de la Iustice, des noms des Iuges, vice-Rois, Magistrats, Capitaines, Gouuerneurs, Ministres de l'Estat. Boterus en en ses Relations Vniuerselles en dict de mesme. Trigault en plusieurs endroicts, et particulierement en tout le chap. 6. du liure 1. *De Senensis Reip. administ.* Le Pere de la Croix aux chap. 16. 17. 18. 19. et 20. En la 3. page du liu. Pontifical de Babia, en la vie de Sixte V. Iean de Luzena en la vie de S. François Xauier, dans tout le liu. 10. Mendoce aux chapitres 9. et 10 du 3. liure, et en plusieurs autres chapitres de son nouueau Monde. Mafeus en son histoire Orientale, et dans les lettres de la Chine, que le Pere Guerrier de la Compagnie de IESVS, a escrit. Pour ce qui concerne la grande quantité de prisons et autres particularitez, cela se pourra voir plus au long en l'histoire de la Chine. De Mendoze au chap. 12. du liu. 1. Cruz chap. 9. et 22. Trigault en plusieurs endroicts de son histoire, Lucena au 21. ch. du liu. 10. et Alexandre Valignario en ses Lettres Missiues.

De ce qui est parlé touchant la grande quantité de peuples qui sont en ces pays. Lisez Lucena au chap. 19. du liu. 10. et pour les tributaires, Trigault en plusieurs endroicts, principalement au chap. 2. *De Nomine situ, et magnitudine Regni Sinarum,* au §. *verum ne.*

Pour les estranges et prodigieux enfantemens des femmes: lisez Strabon liu. 5. Ledit Mendoze, ch. 3. du liu. 3.

Fernand Mendez au ch. 89. escrit d'vn Temple construit sur grande quantité de colomnes. Lisez le Pere la Croix, au ch. 7. chez Trigault, et Mendoze ch. 3. liu. 1. dans Mafeus, et F. Anth. de S. Romain, et au liure de George Bruno, de la cité du Monde.

En ceste histoire sont depeintes des grandes statuës de bronze et de fer. Il faut voir les chapitres 1. 3. 4. et 5. du premier liure du Pere Fr. la Croix, Mendoze, liu. 1. ch. 9. et 10. et le 7. chap. du liu. 2. de Boterus en la Relation de Siam. Rebullosa en son hist. Ecclesiastique, fueillet 117. et 118. F. Iean des Saincts en son hist. Æthiopienne, chap. 7. et 12. Lucena, liu. 7. chap. 1. 6. 8. et 9. Trigault, liu. 1. chap. 9. §. *statuæ*. Mafeus et S. Romain au chap. 90. Mendoze au chap. 7. liu. 1. et en la seconde partie ch. 14. et en plusieurs endroicts de son Itinéraire, Lucena liu. 19. ch. 19. Ledit Trigault audit liu. 1. ch. 8. §. *Vrbes nonnullæ*. Marc Paul Benoist, Odericq, Bruno, et Ortelius.

De la maniere qu'il dict au ch. 97. qu'ils ont pour esleuer des canards dans les ruisseaux et les riuieres, comme ils les relaschent et qu'ils les r'assemblent au soir. Voyez F. la Croix aux chap. 7. et 8. Mendoze, chap. 21. Trigault: liu. 1. ch. 2 et plusieurs autres Autheurs.

Et pour ce qui est escrit des villes qu'ils bastissent sur les rivieres et sur la mer auec vn nombre infiny de nauires, au ch. 98. lisez Lucena au chap. 19 du liu. 10. Mendoza dans ses Itinéraires, chap. 17. le Pere la Croix aux chap. 8. et 12. Trigault, chap. 3. liu. 1. §. *Nauium copia*, Lucena liu. 1. chap. 19.

Pour le regard de ce qui est parlé de la muraille qui separe la Tartarie de la Chine. Voyez Lucena au liu. 10. chap. 21 de la Croix chap. 2. et 4. Trigault, liu. 1. ch. 2.

et au liure 5. chap. 12. Anth. Galuan en ses Commentaires, fueillet 70. Mendoze en la premiere partie, liu. 1. chap. 5. et en la seconde, chap. 17. Babia en la seconde partie de son Pontificat, chap. 18. et generalement tous les Autheurs de ces quartiers de la Chine.

Dans le chap. 109. de ce que Fernand escrit du Tresor des Morts, Qu'on lise Lucena en son liu. 7. chap. 8. Trigault, Croix et Mendoze. Paul Ioue en l'hist. des Turcs : c'est encores vne autre merueille ce que escrit Passauinus en la description des Perses : et Belorus en la Chronologie des Roys de Perse : De mesme en escriuent Celius et Augustinus Corion, de la guerre des Cimbres, en laquelle il mourut si grande quantité de Turcs, ce qui arriua près de Marseille, que de leurs ossemens on en fit les clostures des jardins de son territoire. Anthoine Bouffin en ses Decades de Hongrie.

Nostre Autheur employe plusieurs chapitres en la description des superbes edifices de tout ce Levant, les mesmes grandeurs et facultez se peuuent voir dans tous les autres Autheurs qui traictent de ce pays d'Asie, où ils les depeignent estrangement grands et riches. Lucena au liure cinquiesme de la Vie de S. François Xauier. Le Pere F. Louys Floys en ses lettres : le mesme Lucena au chap. 8.

Parlant du Temple dedié à vn Singe : lisez chose semblable en Boterus en ses Relations de celui qui estoit dedié à vn Lézard. et de plusieurs autres grands et prodigieux Temples aussi bastis en l'honneur de plusieurs animaux. Tous les Historiens qui traictent de la Chine en parlent amplement.

Pour le nombre innombrable de Religieux et Religieuses, (ainsi les nomment-ils,) qui seruent au culte de ces faulses Deïtez : suffit de lire le Pere la Croix en son chap. 1. et si l'on veult en prendre entier esclaircissement, que l'on voye Damien de Gois en l'histoire du Roy Don Emanuel, Iean Pierre Mafeus aux liures 11. et 14. Sainct Romain et Trigault : Et pour s'oster de doute en la lecture de ces choses, comme incroyables, il faut lire le ch. 16. du liure du Preste-Iean, fait par François Aluares. F. Iean des Saincts en son histoire Æthiopienne, chap. 17. Louys de Parame de *Origine Inquisitionis*, l. 2. ch. 19. intitulé *In Sexta œtate Mundi*. Razis en sa Chronique de Sainct Dominique, fueillet 299. Galuan en ses Descouuertures, fueillet 70. Lucena en plusieurs endroicts de son liure. Mendoze aux chap. 8. 19. 20. et 23. et par tous les liures 1. et 2. Frere Gaspard de la Croix, chap. 5. 7. et 9. Boterus en ses Relations de la Chine. Narsingue, Iapon et Siam. Rebullosa, fueil. 141. Leonard Abel en ses Relations. Paul Marian en ses Iournées d'Egypte, et plusieurs autres.

Pour ce qui est de l'appareil, somptuosité et magnificence des banquets de ces gens-là, des comedies, festes, danses, serenades et musiques, de la diuersité d'instrumens. Lucena en escrit au liu. 10, ch. 13. Mendoze, liu. 3, ch. 18. Trigault, liu. 1, ch. 7, §. *Conuiuia*, et en douze autres §. Ledit Mendoze dans le liu. 1, ch. 24 et 28. Et encores que Trigault disc en son liu. 3, chap. 28, que les Chinois ne sçauent pas encores que c'est qu'Espinette, toutesfois lisez le chap. 14. du pere la Croix, qui dit y en auoir veu plusieurs. Mendoze aussi au liu. 3, ch. 14. Pour ce qui touche leurs festins, lisez Mafeus, liu. 6 de son histoire. Sainct Romain en la sienne, sans qu'il soit besoin de vous cotter les lieux et les chapitres qui en parlent fort amplement, et generalement Trigault, *de Expeditione apud Chinas*.

De la façon de sacrifier, Voyez F. Iean des Saincts,

chap. 8 de son Ethiopie, Damien de Gois en l'histoire du Roy Don Emanuel Mendoze, en son Itineraire, ch. 26. Trigault, dans tout le chap. 10 du liu. 1. Lucena, en plusieurs endroits du liu. 7. La Croix, chap. 13. Boterus, en ses Relations, les Cartes du Iapon et de la Chine, Mathieu Ricio, Sainct Romain et Mafeus.

Dans les chap. 118 et 119 du present liure, l'Autheur traicte du Chasteau de Nixiancoo. Il faut lire diligemment le liure du Pere Nicolas Trigault, *de Christiana Expeditione*, liu. 4, chap. 11, quoy qu'en parle autrement le P. Mendoze en son liu. 3, qui n'a escrit en cet endroit que sur des Relations mal prises et assez mal entenduës, qui ne peuuent subsister par la verité qui se trouue de ce recit dans presque tous les autres Autheurs qui ont traicté de la Chine, ainsi que la pluspart d'iceux l'ont veu, et dont presque tous leurs œuures sont remplis, sans qu'il soit besoin en rien cotter. Le lecteur apprendra à leur ouuerture ce qui en est dict: et qui plus est, on verra dans le chap. 6 du liu. 3 de la seconde partie de Mendoze, comme il se contrarie, demeurant d'accord auec les autres, qu'il y a des chasteaux et forteresses, parlant du Corsaire Limahon, lequel fuyant deuant l'armée des Espagnols sortant des Isles Philippines, s'alla sauuer dans vn fort qui est dans l'Isle de Pangasinam, mesmes au chap. 30 du mesme liure. On peut encore lire Polenus en son liure des Stratagemes, *Vegetius de re Militari*. Vanucius, Escalante, et Vasconzelos en vn pareil Traicté.

Concernant ce qui est dict par Fernand des Penitences et mortifications qui se donnent en la Chine dans le Temple de Tinagoogoo, des Processions qui s'y font, et de ceux qui s'y sacrifient. Lisez F. Jean des Saincts, chap. 8 de son histoire Æthiopienne. Mendoze, en son Itineraire, ch. 28.

Trigault, liu. 1. chap. 10, et en la seconde partie de l'hist. de la Chine. De Mendoze, chap. 21. Galuan, en ses Descouuertures, fueillet 56. Mafeus, S. Romain, Boterus, et F. Antoine de Gouea en la Iournée de l'Archeuesque de Goa.

Pour le regard des oyseaux qu'ils appellent Corbeaux marins instruicts à la chasse des Muges. Le curieux pourra lire dans le liure de la Chine du P. la Croix, au chap. 12. Des Saincts, liu. 3. chap. 17. Mendoze, liu. 3. ch. 22. Trigault, Ricius, Mafeus, Sainct Romain, et autres.

Pour sçauoir ce qui est dict du grand nombre des idoles et statuës, Mendoze en parle amplement au liu. 1. ch. 9. et au liu. 2. chap. 7. et en plusieurs autres endroicts. Des Saincts, en la seconde partie de son hist. Æthiopienne, chap. 7. Lucena en tout le liure 7. Trigault, liu. 1. chap. 10. §. *Idolorum Multitudo.* Rebullosa, depuis le fueillet 116 iusques au 120. F. la Croix en plusieurs endroicts de son liure. Damien de Gois, Boterus en ses Relations du Pegu, Bania en la troisiesme partie de son Pontificat, chap. 18. *In Vita Sixti quinti.*

Fernand fait vne assez ample narration de certains hommes qu'il nomme Caloges et Fingoas, qui ont des pieds ronds comme les vaches, et les mains veluës. Pour estre esclaircy de ceste verité, lisez Galuan en ses Descouuertures, aux fueillets 31. et 72. Gaspard de la Croix, au chap. 7.

Des arcs triomphaus qu'ils ont dans les ruës, ensemble de la maniere de les accommoder et enrichir lors qu'ils solemnisent quelques festes : lisez la Croix, au chap. 7.

Des Vniuersitez. Il faut lire Trigault, au chap. 3. du liure 1. et au 5. du mesme liure, qui commence *De Artibus apud Sinas liberalibus, ac scientiis, etc.*, et en un autre intitulé : *De Artibus apud Sinas mechanicis.*

Pour appuy de ce que dict nostre Autheur des estranges ceremonies desquelles ils vsent les vns enuers les autres lors qu'ils se saluënt à la rencontre, et qu'ils se visitent, il faut lire Mafeus en son hist. Indienne, liu. 6. fueillet 134, commençant par ces mots : *Salutandi ritus inter plebeios*, *etc.*, et Mendoze en plusieurs endroicts de son liure dict le semblable. Trigault, au chap. 7 du liu. 1. au tiltre *De Sinarum ritibus nonnullis,* descrit des façons de salut fort agreables et pleines de ciuilité. Tout ce chapitre est fort plaisant à lire. Babia, en la 3. partie de son hist. Pontificale en la vie de Gregoire treiziesme.

Touchant ce que l'Autheur escrit de S. François Xauier, de sa vie, miracles, propheties, mort : ensemble ce qu'il rapporte de Don Aluaro, de Ataide et Diego Pereyra, tout cela se peut voir et remarquer particulierement, et par le menu presque en mesmes paroles dans tout le liure 9. de Lucena, Ribadeneyra, Louys de Guzman et Mafeus. Babia en son Hist. Pontificale, liu. 3. chap. 16. en la vie de Gregoire. 313. Trigault par tout le chap. 1. du liu. 2. en 22 §§, depuis le premier qui commence, *Beatus Franciscus Xauierus primus Sinensus expeditionis auctor.* Boterus en la Relation de la Chine et Iapon. Rebullosa feuillet 172. Mathieu Ricio en ses Commentaires, liure 2. et F. Anthoine de Sainct Romain en son Hist. Orientale.

Nostre Autheur parle du Sepulcre qu'il descouurit en des contrées fort escartées, dans lequel estoit l'oncle du dernier Roy de Malaca. Le Lecteur verra Barrios en ses Decades, et les Commentaires d'Alphonse d'Alburquerque.

L'Histoire du Roy Bramaa, ses victoires et ses couquestes se trouueront dans les Relations de Boterus. Le Pere la Croix aux chapitres 2. et 4. Mafeus et S. Romain.

L'entrée que firent les Tartares dans la Chine, et le Siege qu'ils poserent deuant la ville de Pequin. Boterus en ses Relations, la Croix chap. 4. Paul Ioue, Anthoine Armenius, et Mathias de Micuy en discourent assez amplement.

Pour confirmer ce que Fernand dit de la venuë des Achenes dans le Royaume de Aaru, le Lecteur saura que, dans la tour de Tumbo, en la ville de l'Isbone, il y a vne lettre missiue escrite à Don Jean 3. Roy de Portugal, par Pierre de Faria, qui estoit lors Capitaine de Malaca escrite le 25. Decembre 1534.

De la subuersion des prouinces de Cuy et Sansij, escrite au chap. 222. et des choses funestes et espouuantables qui y arriuerent lors. Le P. la Croix en a escrit le semblable au chap. 29.

Du Angeroo le Iapon, qui apres auoir esté faict Chrestien, fut nommé Paul de Saincte Foy. Babia en escrit de mesme en son liure de la 3. partie Pontificale, ch. 96. Boterus en sa Relation du Iapon. Lucena en plusieurs endroicts des liures 3. 7. et 10. Rebullosa, fueillets 161. 162. et 163. Trigault, liu. 2. chap. 1. §. *Beatus Franciscus*. Mafeus, liu. 14. S. Romain, et plusieurs autres.

Et pour ce qu'il dit de leurs Dieux Fatoquis, Amida, Xaca, Gizon et Canom, et de resueries, songes et mensonges qu'ils content d'eux, de leur origine, et des reuerences et respect qu'ils leur portent, on peut voir tout cela en Mafeus, au liure 12. de son Histoire Indienne, et au 1. et 4. de ses Epistres. Trigault liu. 1. et 2. Boterus en ses Relations, S. Romain et autres.

Autant que ie viens de citer d'Autheurs pour preuue des

2.

veritez contenuës en ceste Histoire, autant pourrois-je produire icy de raisons que ie passe soubs silence, pour n'aller iusques à l'infiny ; joinct que ie sçay bien qu'il y a des esprits si altiers, et qui abondent si fort en leur sens, qu'ils ne veulent iamais demordre des opinions qui ont vne fois pris racine dans leur teste : que s'ils me viennent dire en suitte de cecy qu'il leur semble comme impossible que Fernand Mendez Pinto ayt retenu les particularitez de tant d'aduantures estranges. A cela ie leur respondray que les hommes que la nature a doüez de quelque esprit, n'oublient iamais les principales choses qui leur sont aduenuës durant les prosperitez, ou dans les disgraces de la fortune, dont ils marquent mesme iusques aux moindres circonstances. Cela estant, ie ne pense pas que ceux qui liront ce liure s'estonnent de ce que son Autheur en deduit si particulierement les aduantures, pource qu'il n'est pas difficile à la memoire de se les remettre quand le discours le veut ainsi, attendu que les idées des biens ou des maux, des contentemens ou des douleurs, des prosperitez ou des infortunes, sont de si forts caracteres, qu'estant vne fois imprimées dans l'imagination et aux sentimens, le temps n'est pas capable de les effacer, veu qu'il n'est point d'homme si insensé que de s'oublier soy-mesme.

ADVERTISSEMENT.

AV LECTEVR.

Afin que pour récompense de la peine qu'on a pris à vous donner en nostre langue les Voyages aduantureux de Fernand Mendez Pinto, vous ne faciez un sinistre iugement des fautes que vous y pourrez rencontrer, et n'en donniez le blasme au Traducteur, ie vous aduerty que pour faire reussir cét ouurage à la perfection, on n'a espargné aucune sorte de peine, estude et diligence de la façon que l'on a trauaillé apres par l'espace de sept ou huict ans, pendant lesquels on a fait toutes recherches possibles dans les Histoires des Indes, tant Orientales qu'Occidentales, pour exprimer plus nettement les pensées de cet Autheur, y ayant fort peu de chose à désirer en ceste version qui ne contente le Lecteur: Et combien que pour en rendre la correction parfaicte on y ait apporté vn soin du tout extraordinaire; cela n'a pas empesché qu'il ne se soit coulé quelques fautes, qui neantmoins ne laissent pas d'estre tolérables, pource que la pluspart se treuuent dans les noms propres des peuples et des pays estrangers, qui pour n'auoir rien de commun auec les nostres, nous semblent tousiours barbares, quelque peine qu'on prenne de ne les point altérer. Quant aux fautes qui peuuent changer ou corrompre le sens (lesquelles sont en petit nombre), nous en auons fait vn Errata, laissant à part celles qui sont legeres, et que la prudence du Lecteur pourra facilement suppleer. Mais possible que vous n'y regarderez pas de si près, principalement dans vne si grande diuersité de matières, qui sont contenues en ce Volume, où ie m'asseure que vous lirez fort peu de choses qui ne vous soient agreables. Car icy les melancoliques trouueront sans doute des sujets de raillerie dans les superstitions des Gentils, les plus sérieux des maximes remarquables en leur gouuernement politique: les doctes de l'admiration en la diuersité des sectes et des opinions de plusieurs nations différentes: les affligez du contentement en la considération des disgraces, et des prospéritez de la vie; les sages des subtilitez d'esprit, en ce qui regarde les coustumes de ces peuples d'Asie; les malheureux des exemples pour se consoler eux-mesmes par les infortunes d'autruy; les auaricieux des richesses en abondance, et les grands courages des sujets d'entreprise et de guerre. En vn mot, ie ne doute point que ces Relations ne contentent tous ceux qui prendront la peine de les lire, horsmis les ignorans, qui possible n'y trouueront rien à leur goust. Car, comme dit fort bien Senecque, tels esprits extrauagans ont cela de commun auec la folie, de blasmer indifféremment toutes choses, et s'en dégouster sans sçauoir pourquoy. Aussi veux-ie bien qu'ils sçachent que ie ne pretens point icy de me rendre complaisant à leur humeur, mais bien de m'accommoder à celle des sages, de l'approbation desquels dépend toute la gloire de cet ouurage.

LES VOYAGES
ADVANTVREVX
DE
FERNANDO MENDEZ PINTO.

CHAPITRE PREMIER.

De quelle façon i'ay passé ma ieunesse dans le Royaume de Portugal, iusques au iour de mon embarquement pour aller aux Indes.

Tovtes les fois que ie me represente les grands et continuels trauaux qui m'ont accompagné depuis ma naissance, et parmy lesquels i'ay passé mes premières années, ie trouue que j'ay beaucoup de raison de me plaindre de la fortune, en ce qu'elle semble auoir pris vn soin particulier de me persécuter, et de me faire sentir ce qu'elle a de plus insupportable, comme si sa gloire n'eust point eu d'autre fondement que sa cruauté. Car n'estant pas contente de m'auoir faict naistre, et viure miserable en mon païs durant ma ieunesse, non sans apprehender les dangers qui me menaçoient, elle m'a conduit aux Indes Orientales, où, au lieu du soulagement que ie m'en allois y chercher, elle m'a faict treuuer vn accroissement à mes peines, à mesure que mon aage s'est augmenté. Puis donc qu'il a pleu à Dieu de me deliurer de tant de dangers, et me garantir des fureurs de cette fortune ennemie, pour me rendre en vn port de salut et de seureté, ie voy que ie n'ay point tant de sujet de me plaindre de mes travaux passés, que i'en ay de luy rendre graces des biens faicts que iusqu'à présent i'ay receu de luy, puis que par sa diuine bonté il m'a conservé la vie afin de me donner moyen de laisser à mes enfans pour mémoire et pour héritage ce discours rude et mal poly. Car mon intention n'est autre que de l'escrire pour eux, afin qu'à l'aduenir ils puissent voir combien grandes ont esté les fortunes que i'ay couruës par l'espace de 21. an que i'ay esté treize fois captif, et dix-sept fois vendu aux Indes, en Ethiopie, en l'Arabie heureuse, à la Chine, en Tartarie, à Madagascar, en Sumatra, et en plusieurs autres Royaumes et Prouinces de cet Oriental Archipelago, des confins de l'Asie, que les Autheurs Chinois, Siames, Gueos, et Lecquiens, nomment auecque raison en leur Géographie les paupieres du monde, de quoy i'espere traitter cy apres en particulier et fort amplement. Par où les hommes pourront prendre exemple à l'aduenir, et resolution à ne perdre courage, quelques trauerses et trauaux de la vie qui leur arriuent. Car toutes les disgraces de la fortune ne doiuent point nous esloigner tant soit peu du devoir que nous sommes obligez de rendre à Dieu, à cause qu'il n'y a point de trauaux, pour grands qu'ils soient, que la nature humaine ne treuue supportables, estant fauorisée de l'assistance diuine. Or afin que l'on m'ayde à rendre graces au Seigneur tout-puissant, de ce qu'il a vsé envers moy d'une misericorde infinie sans auoir esgard à tous mes pechez, que ie confesse estre la cause et l'origine de toutes mes infortunes, et tenir de cette mesme puissance diuine la force et le courage d'y auoir resisté, en m'eschappant de tant de dangers la vie sauue; Ie prends pour commencement de ce mien voyage, le temps que i'ay passé en ce Royaume de Portugal, et dis qu'apres y auoir vescu iusques à l'age de dix ou douze ans en la misere et pauureté de la maison de mon Pere, dans la Ville de Monte-mor Ouelho, vn mien Oncle desireux de m'aduancer à vne meilleure fortune, que celle où i'estois réduit alors, et me desrober aux caresses et aux mignardises de ma Mere, me mena en cette Ville de Lisbonne, où il me mit au seruice d'vne Dame de maison et de parenté tres-illustre. A quoy il fust poussé par l'espérance qu'il eust, que par la faueur d'elle mesme et de ses parens il pourroit paruenir à ce qu'il desiroit pour mon aduencement. Ce qui aduint en la mesme année, en laquelle dans la Ville de Lisbonne se fist la pompe funebre du defunct Roy dom Emanuel d'heureuse memoire, qui fut le iour de saincte Luce, treziesme de Decembre, de l'année 1521. ce qui est la chose la plus ancienne dont ie me puisse ressouuenir. Cependant l'intention de mon Oncle eust vn succez tout à fait contraire à ce qu'en son imagination il se promettoit en faueur de moy. Car ayant esté au seruice de cette Dame enuiron vn an et demy, il me suruint vne affaire qui me meit en vn manifeste danger de ma vie. Tellement que pour m'exempter de la mort ie fûs contraint d'abandonner son logis auec toute la diligence qui me fut possible : Mais comme i'estois en fuitte, la peur me talonnoit de telle sorte, que ie ne sçauois quelle route prendre, ny mesme où i'allois pour lors. Et sans mentir ie n'estois pas moins troublé que celuy qui voit la mort presente à ses yeux, et s'imagine d'en estre suiuy. Comme ie fuyois de cette sorte, et semblois desesperer de ma vie, i'arriuay insensiblement au guay de Pedra, qui est vn petit Port ainsi nommé. Là ie trouuay vne carauelle d'Alfama, qui estoit chargée des cheuaux, et du bagage d'vn Seigneur qui s'en alloit à Setuual, où tenoit sa Cour alors le Roy Dom Iuan troisiesme, que Dieu absolue, à cause d'vne grande peste suruenuë en plusieurs endroits du Royaume. Iugeant donc que cette Carauelle estoit sur le poinct de demarer du port, ie m'y embarquay, et partis le lendemain. Mais helas! peu de temps apres que nous eusmes faict voyle en pleine mer, ayans gaigné jusques en vn lieu nommé Cezimbre, nous fusmes attaquez par un Corsaire François, qui nous ayant abordez, fist sauter dans notre nauire, quinze ou vingt de ses gens, qui ne trouuans aucune résistance en nous, s'en firent les maistres, pource qu'ils nous surprirent au despourueu. Or apres qu'ils nous eurent tous saccagez, ils viderent dans leur vaisseau toute la marchandise dont le nostre estoit chargé, qui se montoit à plus de 6000 ducâs, puis ils le coulerent à fonds. Tellement que de dix-sept qui demeurasmes en vie, il n'y en eust pas vn seul qui pût s'exempter de la seruitude. Car tous garrottez et liez que nous estions pieds et mains, ils nous firent entrer dans leur vaisseau, en intention de nous aller vendre à la Rache en Barbarie; mesme comme nous estions ainsi parmy eux nous connusmes qu'ils y portoient des armes pour les vendre aux Mahumetans, et en faire commerce auec eux. Pour ce dessein ils nous menerent treize iours entiers, sans nous traitter autrement qu'à coups de foüet. Mais au bout de 13. iours, la fortune voulut qu'enuiron le Soleil couché ils découurirent vn nauire, auquel ils donnerent la chasse toute la nuict, le suiuant à la route, comme vieux Corsaires, vsitez de longue main à tels brigandages. L'ayant ioint enuiron l'aube du iour, ils luy feirent vne salue de trois Cannonades, puis l'inuestirent à mesme temps, auecque beaucoup de courage. Or bien qu'à l'abord il se fist quelque résistance par les nostres, si est-ce qu'ils ne laisserent pas de s'en rendre maistres y donnant la mort à six Portugais, et à dix ou douze Esclaues. Ce vaisseau estoit grandement beau, et appartenoit à vn Marchand Portuguais, de la ville de Condé, nommé Siulestré Godinho, que plusieurs autres Marchands de Lisbonne auoient chargé à sainct Tomé de grande quantité de succre et d'esclaues; De sorte que ces pauures gens là se voyant ainsi volez et captifs se meirent à regretter leur perte, qu'ils estimoient se monter à 40000. ducats. Ce qui fut cause que ces Corsaires se voyant Maistres d'vn si riche butin, changerent le dessein qu'ils auoient d'aller à la Rache, et firent voile du costé de France emmenant auec eux Esclaues ceux des nostres, qu'ils iugerent propres pour le seruice de leur nauigation. Pour nous autres qui restasmes, ils nous laisserent de nuict à la rade, en vn lieu nommé *Melides*, où nous demeurasmes tous nuds miserablement, et couuerts seulement des playes, que nous auions sur le corps, causées par le grand nombre de coups de foüet que nous auions receus les iours precedens. En ce pitoyable equipage nous arriuâmes le lendemain matin à sainct Iacques des Cacen. Là nos miseres furent soulagées par les habitans du lieu, principalement par vne Dame qui pour lors y estoit, nommée Dona Beatrix fille du Comte de Villanouva, et femme d'Alonso Perez Pantoja, Commandeur et grand Preuost de la mesme ville. Or apres que les malades et les blessez furent tous gueris, chacun de nous s'en alla où il croyoit estre son mieux, pour y soulager sa pauureté. Pour moy chetif que i'estois, auec six ou sept de ceux qui m'accompagnoient en ma misere, ie pris le chemin de Setuual. Là ie ne fus pas si tost arriué, que ma bonne fortune me meit au seruice de Francisco de Faria, Gentilhomme du grand Commandeur de sainct Iacques, qui pour recompense de quatre annees de seruice que ie luy auois rendus, me donna à ce mesme Commandeur pour le seruir à la Chambre; comme en effect je le seruis depuis vn an et demy. Mais d'autant que les gages que l'on donnoit pour lors dans la maison des Princes estoient si peu de chose qu'ils ne pouuoient suffire pour m'entretenir, la necessité me contraignist de quitter mon Maistre, auecque dessein de m'ayder de sa faueur, et tascher de m'embarquer pour aller aux Indes. Car c'estoit là l'intention principale que i'avois alors, et le moyen le plus fauorable que ie pouuois esperer pour remedier à ma pauureté. Ainsi bien qu'en ce temps là ie n'eusse que fort peu de commoditez, ie ne laissay pourtant de m'embarquer, me soubmettant à la fortune bonne ou mauuaise, de quelque façon qu'elle me pût arriuer en ces contrées loingtaines.

CHAPITRE II.

Comment ie partis de ce Royaume pour m'en aller aux Indes, et du succez qu'eust l'Armée nauale auec laquelle ie m'embarquay.

Ce fût en l'année 1537, et le vnziéme iour de Mars, que ie partis de ce Royaume auec vne flotte de cinq nauires, où il n'y auoit aucun General; car châcun de ces vaisseaux estoit commandé par vn Capitaine particulier. Par exemple dans le nauire nommé la Reine; commandoit Dom Pedro de Sylua, dict le Coq, fils du Comte Admiral Dom Vasco de Gama, qui estoit ce mesme nauire, dans lequel à son retour il apporta les ossemens de son Père, qui estoit decedé aux Indes quelque temps auparauant. En quoy cela se rencontra de remarquable pour luy, que le Roy Dom Iouan, qui se trouva pour lors à Lisbonne, fist receuoir ces mesmes ossemens auecque tant d'apareil, qu'on ne veit iamais de pompe funebre, si elle n'estoit de quelque Roy, plus honnorable, et plus magnifique que celle là. Dans le nauire nommé sainct Roch, commandoit Dom Fernando de Lima, fils de Diego Lopez de Lima, grand Preuost de la Ville de Guimaranes, qui mourut valeureusement en la defence de la forteresse d'Ormus, dont il fût Capitaine l'année suiuante 1538. Dans celle qu'on appeloit saincte Barbe estoit Capitaine George de Lima, Cousin de ce mesme Dom Fernando de Lima, et qui estoit pouruen de la charge de Capitaine en la Ville de Chaül. Dans le vaisseau qu'on appelloit Fleur de la Mer, estoit reconnu pour Chef Lope Vaz Vagado, Capitaine ordinaire des courses de Mer; Et dans le cinquiesme et dernier nauire, nommé Galega où se perdist depuis Pedro Lopez de Sousa, commandoit Martin de Freitas, natif de l'isle de Madere, qui cette mesme année fut tué à Damao, auecque 35. hommes qui le suiuoient. Comme tous ces vaisseaux voguoient par des routes différentes, ils arriuerent en fin à bon port en vne Ville nommée Mozambiq. Là nous treuuasmes qu'hiuernoit le nauire de sainct Michel, où commandoit Duart Tristao, qui partist de là richement chargé, pour s'en retourner en Portugal. Toutesfois ie croy qu'il fut pris en cette nauigation, ou qu'il fist naufrage, comme il n'arriue que trop souuent en ce voyage des Indes; car l'on n'en a eu depuis aucune nouuelle. Après que nos cinq vaisseaux furent equippez de tout ce qui leur estoit nécessaire, et prests à faire voile de Mozambiq, le Lieutenant de la forteresse, nommé Vincent Pegado, fist voir aux Capitaines des cinq nauires susdites vn mandement du Gouuerneur, nommé Nunho de Cunha, par lequel il commandoit tres-expressément que tous les vaisseaux Portugais qui aborderoient ce port cette année là, eussent à s'en aller à Diu, et laisser leurs gens à la garde de la forteresse, pour le soupçon que l'on auoit de l'Armée du Turc, que l'on attendoit alors d'heure en heure aux Indes, à cause de la mort du Soldan Bandur Roy de Cambaye, que le susdit Gouuerneur auoit mis à mort l'Esté precedent : Comme cette affaire estoit grandement importante; elle fust cause que tous les Chefs, et autres qui auoient eu commandement, s'assemblerent pour deliberer là dessus. A la fin pour remedier à la necessité presente, ils conclurent, que trois de ces cinq Nauires appartenans au Roy, s'en iroient à Diu, conformément à ce qui estoit porté par le mandement susdit, et que pour le regard des deux autres qui estoient à des Marchands particuliers, dont les Procureurs avoient des-jà protesté de tous despens, dommages, et interests, ils poursuivroient leur route vers Goa : les trois Nauires du Roy ayant fait voyle à Diu, et les deux autres des Marchands vers Goa, il plust à Dieu les conduire à bon port. Or au mesme instant que les trois Nauires du Roy furent arriués à l'emboucheure du port de Diu, ce qui aduint le 5 de Septembre, en la mesme année 1538. Antonio de Siluera, frère de Louys de Siluera, Comte de Sortelha, qui y estoit pour lors Capitaine, leur rendist tous les tesmoignages à luy possibles de la resiouissance que leur arriuée luy apportoit. Pour preuue de cela il leur fist à tous largesse de son propre bien, tenant table ouuerte à plus de sept cens hommes qu'ils auoient amenez auec eux, sans y comprendre les aumosnes secrettes, et les dons extraordinaires, par le moyen desquels il pourueut aux necessitez que durant leur nauigation ils auoient souffertes. Ce qui fist que les soldats de l'armée considerant que ce Capitaine les traittoit d'vne façon du tout splendide et Royale, qu'il les payoit par aduance, que luy mesme leur distribuoit leur solde et leur munition, faisoit penser les malades, et se monstroit secourable aux necessiteux, cela leur rehaussa tellement le courage, que de leur propre mouuement ils s'offrirent à y demeurer pour le seruir, sans qu'ils y fussent contraints en aucune façon, comme ils ont accoustumé de l'estre en ces pays là dans toutes les forteresses qui attendent vn siege. Cela fait, si tost que les trois Nauires eurent vendu toutes les Marchandises qu'ils auoient apportées, ils firent voile à Goa, sans emmener auec eux, que les Officiers des Vaisseaux, et quelques gens de Marine pour les conduire; là ils sejournèrent quelque temps, iusques à ce que le Gouuerneur leur eust donné des dépeches pour s'en aller à Cochin; où estant arriuez ils y chargerent les marchandises, qui leur estoient propres, et s'en retournerent touts cinq en ce Royaume de Portugal, où ils arriuerent à bon port : par mesme moyen ils emmenerent en leur compagnie vn autre Nauire tout neuf qui auoit esté fait aux Indes, et qui portoit le nom de sainct Pierre, duquel estoit Capitaine Manuel de Macedo, qui est celuy là mesme qui fist porter à Lisbonne ce grand Basiliq, que nous appellons ordinairement le Canon de Diu, pour y auoir esté pris auec deux autres de la mesme forme, en la mort de Soltaon Bandur Roy de Cambaye; et l'on tient que ces trois pieces sont du nombre des quinze que Rumecan, General de l'Armée du Turc apporta de Suez, en l'année 1534, lors que Dom Pedro de Castel branco, partist de ce Royaume auec les douze Carauelles de Secours, ce qui aduint au mois de Nouembre.

CHAPITRE III.

Comment ie m'embarquay à Diu, pour m'en aller au destroit de la Mecque, et de ce qui m'arriua en ce voyage.

Dix-sept iours apres que nous fusmes arriuez à la forteresse de Diu, où pour lors l'on faisoit equipper deux Fûtes, pour aller au destroit de la Mecque, en intention d'y prendre langue, et s'enquerir du dessein de l'armée Turquesque, de qui la venuë estoit grandement apprehendée aux Indes, pour ce que dans l'vne de ces mesmes Fûtes, appellée Siluera, estoit Capitaine vn de mes meilleurs amis; la bonne esperance qu'il me donna du voyage qu'il s'en alloit faire, fust cause que ie m'embarquay auec luy pour l'y accompagner, à quoy m'obligea l'asseurance qu'il me donna de son amitié, ioinct qu'il me promit que par sa faueur ie pourrois deuenir riche facilement et en peu de temps, ce qui estoit la chose du monde que ie desirois le plus volontiers. M'asseurant donc sur les promesses que me faisoit ce Capitaine, et me laissant tromper à mes esperances, ie m'imaginois des-jà posseder de grandes richesses, et des thresors infinis, ne me souuenant pas combien sont ameres et peu certaines les promesses des hommes, et que ie ne pouuois recueillir beaucoup de fruict du voyage que ie m'en allois entreprendre, à cause qu'il y faisoit dangereux, et qu'il estoit hors de saison de nauiger en ce pays-là. Estans donc partis du port de Diu, nous nauigeasmes en vn temps plein de broüillards, à cause que c'estoit sur la fin de l'hyuer qui sembloit vouloir recommencer, si impetueux estoient les vents, et si grosses les pluyes. Neantmoins pour violente que fut cette tempeste, à trauers l'obscurité de l'air nous ne laissâmes pas de découurir les Isles de Curia, Muria, et Auedalcuria, à la veuë desquelles nous nous iugeasmes tout à fait perdus, et sans esperance de vie. Cela fust cause que pour euiter le danger nous tournasmes la prouë de nostre Vaisseau par le vent Sudest, ne sçachans point alors d'autre moyen que celuy-là pour éuiter le naufrage. Mais de bonne fortune pour nous Dieu voulut que nous donnasmes fonds à la pointe de l'Isle de Socotora. Là nous anchrâmes incontinent vne lieuë plus bas que le lieu où Dom Francisco d'Almeyda fist bastir une forteresse en l'annee 1507. lors qu'il s'y en alla de Portugal pour premier Vice-Roy. En ce mesme lieu nous fismes aiguade, et vne assez bonne prouision de viures, que nous achettasmes des Chrestiens du pays, qui sont encores descendans de ceux que, dans les contrees des Indes et de Ciromandel, l'Apostre S. Thomas conuertit à nostre saincte Foy. Nous estans ainsi rafraichis nous partismes de ce lieu en intention d'emboucher le détroit; de manière qu'apres auoir nauigé neuf iours auec vn temps fauorable, nous nous trouuasmes au droit de Mazua. Là enuiron le Soleil couché nous découurismes en pleine Mer vne voyle; et luy donnasmes si bien la chasse, qu'auant la fin de la premiere garde de la nuict nous l'abordasmes d'assez pres. Alors pour satisfaire au desir que nous auions de sçauoir du Capitaine par douceur et de courtoisie, ce que nous pretendions touchant l'armée des Turcs, nous luy demandasmes si elle n'estoit point partie de Sues, ou s'il ne l'auoit point rencontrée en quelque lieu ; et afin d'en estre mieux esclaircis, nous parlasmes assez haut à tous ceux qui estoient dans le Nauire. Mais la responce qu'ils nous firent fut telle, que sans nous dire vn seul mot, ils nous tirerent douze volées de Canon, donc les cinq estoient de petits pierriers, et les autres sept, des pieces de campagne, ensemble quantité de mousquetades, comme par vn certain mespris qu'ils faisoient de nous. Auec cela en signe d'allegresse, et comme croyant desjà nous tenir, ils firent retentir de leurs cris confus tout l'air d'alentour. Puis pour mieux nous brauer et nous estonner, ils nous monstroient de temps en temps plusieurs Banderoles, et bonnets, nous faisant aussi paroistre du haut de leur pouppe, quantité de Cymeterres tous nuds dont ils faisoient le molinet en l'air, ce qui paroissoit à trauers l'esclat, et le cliquetis de leurs armes. Par mesme moyen vsant contre nous de grandes menaces, ils disoient que nous eussions à les approcher, et nous rendre à eux. A cette première veuë pleine de tant de rhodomontades et de braueries, nous demeurasmes en doute et fort estonnés; Ce qui fut cause que les Capitaines de nos deux Fustes tindrent conseil auec les soldats pour sçauoir ce qu'ils feroient, et conclurent pour l'aduis le plus asseuré, qu'on les battroit à grands coups d'artillerie, iusques au lendemain matin; et que le iour estant venu, on les pourroit combattre et inuestir auec plus de facilité, n'estant nullement à propos de les laisser aller sans leur faire emporter le chastiment qu'ils méritoient pour leur presomption. En effet cela fust ainsi executé, et durant tout le reste de la nuict nous leur donnasmes la chasse, les combattans à coups de Canon. Ainsi le matin venu, leur Nauire se treuuant fort mal traitté, et tout brisé se vint rendre entre nos mains. En cette rencontre 64. hommes des leurs y demeurerent sur la place. De sorte que de 80. qu'ils estoient, la pluspart se voyant reduits aux extremitez, se ietterent dans la mer; car ils aimoient bien mieux mourir dans l'eau, que de se laisser brusler par la grande quantité de pots, et de tels autres artifices de feu, que nous leur auions lancez. Tellement que de tout ce nombre de 80. il n'en eschappa que cinq fort blessés, dont l'vn estoit Capitaine du Nauire. Cettuy-cy par la force des tourmens ausquels il fust exposé par le commandement de nos deux Capitaines, confessa qu'il venoit de Iudaa, d'où il estoit natif, et que l'armée Turquesque estoit desia partie de Suez, auec dessein de prendre Adem, pour y faire par apres bastir vn forteresse deuant que s'en aller attaquer les Indes; Qu'au reste cela estoit expressement porté par la comission que le grand Turc en auoit enuoyée de Constantinople au Bacha du grand Caire, qui s'en venoit, pour estre Général de l'armée; Par mesme moyen il confessa plusieurs autres choses conformes à notre intention; entre lesquelles il dit qu'il estoit Chrestien renié; Maliorquin de pays, natif de Cerdenha, et fils d'vn nommé Paul Andrez, marchand de la mesme Isle, et que depuis, quatre ans s'estant rendu amoureux d'vne fort belle Mahumetane Grecque de nation, qu'il recognoissoit pour femme, il auoit pour l'amour d'elle renié le Christianisme, et suiui la loy de Mahomet. Nos Capitaines bien estonnez de cela, luy proposerent doucement de quitter ceste abominable croyance pour reprendre celle des Chrestiens, à quoy l'impie fit responce auec vn courage aussi brutal et obstiné, qu'il ne vouloit nullement entendre à quitter sa loy, se monstrant si endurcy en la resolution de la suiure qu'il sembloit y estre né, et n'auoir iamais fait autre profession. De ces paroles les Capitaines tirans vne consequence infaillible, de l'aueuglement de ce miserable et de son obstination à ne croire en la tres-saincte verité Catholique, ils se portèrent incontinent d'vn si grand zèle à l'amour de Dieu, qu'ils luy firent lier les pieds et les mains, et puis apres luy auoir attaché vne grosse pierre au col, ils le ietterent tout vif en la mer, où le miserable participe maintenant aux tourmens de son Mahomet, et luy tient compagnie en l'autre monde, apres auoir esté son confidant en cestuy-cy. Cette execution faicte de cet infidelle, nous mismes dans l'vne de nos Fustes les autres prisonniers, en suitte de cela nous coulasmes à fonds leur Vaisseau, auec la marchandise dont il estoit chargé, qui consistoit en balles de teintures, telles que peut estre le Pastel entre nous, qui pour lors nous estoit inutile. Il est vray que nos fismes nostre profit de quelque pieces de Camelot, dont les soldats se saisirent pour s'en habiller.

CHAPITRE IV.

Nostre partement à Mazua pour nous en aller de là par terre vers la Mere du Preste-Iehan en la Forteresse de Gileytor.

Nous partismes expres de ce lieu en intention de nous acheminer à Arquico, terre du Preste-Iehan Empereur d'Ethiopie, car nous auions vne lettre à donner, qu'Antonio de Syluera enuoyoit à vn sien facteur, nommé Henry Barbosa, qui depuis trois ans estoit en ce pays là, par le commandement du Gouuerneur Nuno de Cunha. Ce chef et quarente des siens eurent ce bon heur de s'eschapper de la reuolte du Roy Xael, où Dom Emanuel de Meneses fut fait esclaue, avec plus de cent soixante Portugais, ausquels fut prise pareillement la valeur de plus de quatre cens mille escus, sans y comprendre six Vaisseaux Portuguais, qui furent ceux là mesme que Soliman Bacha, Vice Roy du Cayre, emmena auec les viures et les munitions de son armée, lors qu'en l'année mil cinq cens trente-huict il s'en alla mettre le siege deuant la Forteresse de Diu; où il faut remarquer que cela se fist par l'expres commandement du Roy Xael, qui fist vn present de ces Nauires au Cayre, et y enuoya par mesme moyen soixante Portuguais esclaues. Pour le surplus des autres Portuguais qui resterent, il les donna pour aumosne à son faux Prophete Mahomet, afin que par ce nombre d'esclaves, la maison de la Mecque s'authorisast d'auantage, comme il est traicté plus au long en l'estat du gouuernement de ce mesme Nuno de Cunha.

Comme nous fusmes arriuez à Gottor, vne lieuë plus bas que le port de Mazua, nous y fusmes tous receus fort courtoisement, tant des habitans que d'vn Portuguais, nommé Vasco

Martins de Seixas, natif de la ville d'Obidos, qui pour satisfaire au commandement de Henry Barbosa, y seiournoit depuis vn mois en attendant l'arriuée de quelque nauire Portuguais. La cause de son séjour n'estoit que pour lui bailler vne lettre du mesme Henry, comme en effet il en chargea les deux Capitaines de nos Fustes. Par ceste lettre il leur donnoit aduis de l'estat de l'armée du Turc, et les supplioit en quelque façon que ce fust, de luy enuoyer quelques Portuguais. Pour les y esmouuoir plus facilement, il leur remonstroit que cela estoit important pour le service de Dieu et du Roy, et que pour luy il ne pouuoit les aller trouuer, pour estre dans la forteresse de Gileytor, employé à la garde de la Princesse de Tigremahon mere du Preste-Iehan, auec quarante Portugais qui l'assistoient. Les deux Capitaines des Fustes ayant veu ceste lettre la communiquerent à leurs principaux soldats, et en teindrent le conseil. Pour toute deliberation il fust arresté, que quatre d'entre eux s'en iroient trouuer Barbosa auec Vasco Martins, et qu'ils luy porteroient la lettre qu'Antonio de Syluera lui enuoyoit. La chose ne fust pas si tost résoluë qu'elle fust executée : car le lendemain trois autres Portugais et moy partismes pour cet effect, et nous en allasmes par terre montez sur de bonnes Mules, que le Ciquaxy Capitaine de la ville nous enuoya par l'ordonnance de la Princesse mere de l'Empereur, lequel mandement Vasco Martins apporta expres, assisté de six Abissins qui nous tindrent compagnie. Ce mesme iour nous allasmes coucher à vn Monastère fort noble et de grand reuenu, nommé Satilgaon; le lendemain deuant que le Soleil fust leué nous nous mismes en chemin le long d'vne riuiere, et eusmes à peine fait enuiron cinq lieuës, que nous arriuasmes en vn lieu nommé Bitonte, où nous passâmes la nuict dans vn Conuent de Religieux, dedié à sainct Michel, là nous fûmes fort bien receus, tant du Prieur, que des Religieux : Quelque temps apres nostre arriuée, le fils de Bernagais Gouuerneur de cet Empire d'Ethiopie, ieune gentil-homme fort dispos, et courtois, aagé d'enuiron dix-sept ans, s'en vint nous trouuer accompagné de trente hommes, tous montez sur des Mulets, et luy sur vn Cheual harnaché à la Portugaise; son harnois estoit de velours violet, frangé d'or, que depuis deux ans, le Gouuerneur Nuno de Cunha luy auoit enuoyé des Indes, par vn certain Lope Chanoca, qui fut depuis fait esclave au grand Caire; de quoy le fils du Gouuerneur ayant eu aduis, il l'enuoya tout aussitôt rachepter par un marchand Iuif natif de la ville d'Azebibe, mais le mal-heur voulut que le Iuif y fut à peine arriué, qu'il le trouva mort, ce qui fut tellement sensible à ce ieune Prince, quand il en apprit les nouuelles, que ce mesme Vasco Martins nous asseura que dans le mesme Monastere de sainct Michel, il luy fist faire des funerailles les plus honorables qu'il vit iamais. Là selon ce qu'il nous en dit, assisterent plus de quatre mille Prestres, sans y comprendre vn plus grand nombre de nouices, qu'ils appellent en leur langue *Santileos*. Ce ne fut pas le tout encores, car ce mesme Prince sçachant que le deffunct auoit esté marié à Goa, et mesme qu'il y auoit trois petites filles, encores fort ieunes et pauures, il leur fist vne aumosne de trois cens Oqueas d'or, qui valent la piece douze Croisades de nostre monnoye, liberalité vrayement royalle, et que je rapporte icy, tant pour accroistre la grandeur de ce Prince, qu'afin que cela serue d'exemple aux autres, et les rende plus charitables à l'aduenir.

Le lendemain matin nous continuâmes nostre voyage à l'intention de faire nos diligences. Pour cet effet nous monstasmes sur de bons Cheuaux, que ce Prince nous fist bailler. Auec cela pour ne nous renuoyer point sans compagnie, il nous donna quatre hommes des siens qui durant nostre voyage nous firent vn traictement magnifique. Nostre giste fut en vn logement fort beau appelé Betenigus (qui signifie maison royale ;)

et sans mentir ce n'est pas sans raison que l'on l'appelle ainsi, car de quelque part que l'on tourne la veuë ce lieu est enuironné de bois de haute-fustaye, qui ont bien trois lieuës de circuit, et n'est pas à croire combien ces arbres sont agreables, pour ce que ce ne sont que Cedres, Cyprés, Palmiers, Datiers, et Cocos semblables à ceux des Indes. En ce lieu nous passasmes la nuit, et y reposasmes auec toute sorte de contentement : le lendemain passant outre à cinq lieuës par iour, nous trauersasmes vne grande plaine, où il y auoit quantité de beaux bleds : de là nous arriuasmes à vne montagne nommée Vangaleu, habitée par des Iuifs qui sont fort blancs et de belle taille : mais grandement incommodez, à ce que nous en pûmes recognoistre alors par leur équipage. Deux iours et demy apres nous arriuasmes en vn bon bourg nommé Fumbau, esloigné de deux lieuës seulement de la forteresse de Gileytor, là nous trouuasmes Barboso, ensemble les quarante Portugais susdits, qui nous receurent auec de grands tesmoignages de ioye; ce que neantmoins ils ne pûrent faire sans respandre des larmes en abondance; car bien qu'ils y fussent fort à leur aise, et maistres absolus de tout le païs comme ils disoient, si est-ce qu'ils ne s'imaginoient aucunement que ce lieu fust destiné pour les exilez.

Chose qui leur sembloit fort esloignée de l'extreme contentement qui leur fust arriué s'ils eussent esté en leurs païs.

Mais pource que lors de nostre arriuée il estoit nuict, et que nous auions besoin de donner au repos ce peu de temps qui nous restoit, Barboso fut d'aduis que nous ne veissions point la mere du Prince iusques au lendemain matin, qui estoit vn Dimanche 4. d'Octobre, ainsi la nuict s'estant escoulée, et le iour venu, apres nous estre bien deslassez, accompagnez que nous estions de Barboso, et de ses 40 Portugais, nous allasmes droit au Palais de la Princesse, que nous treuuasmes en estat d'ouyr la Messe dans sa Chappelle : estant aduertie de nostre arriuée, elle nous fist entrer aussi tost; Alors nous nous meismes tous quatre à genoux deuant elle, et auec toute sorte d'humilité nous luy baisâmes l'esuentail qu'elle tenoit en sa main. A ces submissions nous adioustâmes plusieurs autres ceremonies à leur mode, conformément à l'aduis que nous en auoient donné les Portugais qui nous y conduisoient. Elle nous receut à mesme temps auec vn visage riant, et pour nous tesmoigner l'extreme plaisir qu'elle prenoit à nous voir; Certainement, nous dit-elle, vous ne sçauriez croire combien m'est agreable la venuë de vous autres vrais Chrétiens; car auec ce qu'elle a tousiours esté desirée de moy, mes yeux la desirent encore à toute heure, tout ainsi qu'on voit un beau iardin esmaillé de fleurs attendre apres la rosée de la nuict : venez donc à la bonne heure, car ie vous souhaitte encore vne fois, que vostre entree en ma maison soit aussi heureuse, comme le fust anciennement celle que fist en la terre saincte de Ierusalem, la vertueuse Reine Heleine. Finissant son discours là dessus, elle nous fist asseoir sur des nattes, qui estoient esloignées d'elle de cinq ou six pas seulement. Alors apres nous auoir tesmoigné par son action vn contentement extraordinaire, elle s'enquit de nous de certaines choses qu'elle desiroit apprendre, et pour lesquelles elle nous asseura d'auoir vne grande inclination. Premierement elle nous demanda le nom de nostre S. Pere le Pape, ensemble combien il y auoit de Roys en la Chrestienté, et si quelqu'vn de nous n'auoit point fait le voyage de la Terre Saincte. Sur quoy elle rendoit grandement coupables les Princes Chrestiens, pour l'extreme nonchalance et le peu de soing qu'ils tesmoignoient auoir à ruiner la puissance du Turc, qu'elle disoit estre l'ennemy commun qui les maistrisoit. Elle voulut aussi sçauoir de nous, si le pouuoir du Roy de Portugal estoit grand aux Indes, et par mesme moyen les forteresses qu'il y auoit, les lieux où elles estoient plaçees, et de quelle façon ils se defendoient. Elle nous fist plusieurs autres semblables demandes, ausquelles nous respondismes du mieux que nous pûmes, afin de tascher à la contenter : elle nous congedia là dessus, et nous nous en retournâmes à nostre logement, là nous demeurasmes neuf iours, que nous employasmes à passer le temps à l'entretien de cette Princesse, auec qui nous eusmes tout plein d'autres deuis sur diuers sujets. Ce terme estant expiré nous allasmes prendre congé d'elle, et luy fusmes baiser les mains. En les luy baisant elle nous tesmoigna vn ressentiment de tristesse, qu'elle auoit de nous voir partir. Certainement nous dit elle, ie suis faschee de ce que vous auez à gré de vous en retourner si tost : neantmoins puisque c'est vne chose qu'il faut faire, et dont i'ay du desplaisir, allez vous en à la bonne heure, et puisse t'elle estre aussi bonne, qu'à vostre arriuée aux Indes vous soyez aussi bien receus des vostres, comme l'ancien Roy Salomon receut autresfois nostre Royne de Saba dans l'admirable palais de sa grandeur. Alors auparauant que partir elle nous fit donner à tous quatre-vingt Oqueas d'or, qui valent 240. ducats de nostre monnoye : Elle nous fist aussi conduire par vn Naïque, qui auoit auec luy vingt Abissins, tant pour nous seruir de guides, et nous deffendre des voleurs dont ce païs estoit plein, que pour nous fournir de viures et de montures iusqu'à ce que nous fussions arriuez au port d'Arquico, où nos Fustes nous attendoient. Par mesme moyen aussi Vasco Martins de Seixas receut vn riche present de plusieurs ioyaux d'or et de pierrerie, que cette mesme Princesse enuoyoit au Gouuerneur des Indes. Mais le malheur voulut que ce present fust perdu en ce voyage, comme nous dirons cy-apres.

CHAPITRE V.

Comment nous partismes du port d'Arquico, et de ce qui nous arriua par la rencontre que nous fismes de trois vaisseaux Turcs.

Apres que nous fusmes de retour au port d'Arquico, où nous treuuasmes nos compagnons qui calfeutroient nos Fustes, et les equippoient de ce qui leur estoit necessaire pour le voyage, nous leur aydasmes à trauailler par l'espace de neuf iours. A la fin toutes choses estant prestes nous fismes voile, et partismes de ce lieu le Mardy 6. Nouembre 1537. Nous emmenasmes auec nous Vasco Martius de Seixas, porteur du present, et de la lettre dont l'auoit chargé la Princesse, pour offrir de sa part l'vn et l'autre au Gouuerneur des Indes. Nous auions encore en nostre compagnie vn Euesque Abissin de nation, qui venoit en Portugal en intention de s'en aller de là à sainct Iacques de Galice, à Rome, à Venise, et de passer par apres en Ierusalem, qu'il desiroit voir principalement à cause de la saincteté du lieu; vne heure deuant le iour nous quittasmes le port, et nauigeasmes le long de la coste auec le vent en poupe, iusques à ce qu'vn peu apres midy nous montasmes la pointe du cap de Goçam, et deuant qu'arriuer en l'isle des Ecueils, veismes trois vaisseaux sur le fer, qui nous sembloient estre Geluas ou Terrades, de l'autre costé, qui sont des noms des vaisseaux de ce païs là. D'abord nous leur donnasmes la chasse, et les gaignasmes à la voile et à la rame, pource que le vent s'abaissant, la mer se calmoit. De sorte que nous nous obstinasmes si fort à les poursuiure, qu'en moins de deux heures les ayants attaints de fort prés nous eusmes moyen de discerner toutes leurs rames : Ce qui nous fit voir au vray que c'estoient des Galiottes Turques. Les ayant recognuës, nous prismes la fuitte aussi tost, et tournasmes voile vers la terre, le plus à la haste que nous peusmes pour nous eschapper d'vn si grand danger qui nous menaçoit. Il ne tint pas à nous que nostre fuitte ne fust aussi grande qu'il nous fust possible : Mais soit que les Turcs soupçonnassent nostre dessein, ou qu'ils le reconnussent, tant y a qu'auec vn grand bruit et des hurlemens à leur mode, en moins d'vn quart d'heure ils se meirent tous à la voile contre nous, suiuant nostre route auec leurs voiles escartelées de plusieurs couleurs, ensemble leurs banderoles de soye. Et d'autant qu'ils auoient le vent fauorable, ils s'en vindrent fondre sur nous, ayant gaigné le dessus du vent, tellement que nous ayant approchez à la portee d'vn bien petit fauconneau, ils tirent contre nous toute leur artillerie, auec laquelle ils tuerent neuf de nos hommes, et en blesserent 26. ce qui fut cause que nos Fustes en demeurerent toutes rompuës, et qu'vne bonne partie de nostre equipage fust ietté dans la mer. Cependant au fort de nostre mal-heur, les Turcs ne perdirent point de temps, et nous sceurent ioindre de si pres, que de leur pouppe ils nous blessoient aisement auec le fer de leurs lances. Or pource qu'il estoit encore resté dans nos Fustes quarante deux bons soldats, qui pour n'auoir esté blessez, pouuoient encore vaillamment combattre, ceux-cy reconnoissans que de leur valeur et de la force de leurs bras dépendoit la conseruation de leur vie, delibererent de se deffendre. Auec cette resolution ils attaquerent courageusement le Capitaine de ces trois Galiottes, dans l'vne desquelles estoit Solyman Dragut, General de cette flotte. Leur abord fut si furieux, qu'ils l'assaillirent de pouppe à prouë, et y meirent à mort vingt-sept Iannissaires. Toutesfois comme elle fût secouruë des deux autres Galiottes qui estoient demeurées vn peu en arriere, elles firent sauter en mesme temps dans celle que nous auions si rudement abordée quarante Turcs de secours, qui nous affoiblirent fort, et nous firent perdre courage, car nous en fusmes si mal traittez, que de cinquante quatre que nous estions en tout, il n'en resta plus qu'vnze de vifs, encore en mourut-il deux le lendemain, que les Turcs firent coupper par quartiers, qu'ils pendirent au bout de leurs vergues, pour marque de leur victoire, et ainsi ils les porterent iusques à la ville de Mocaa, de laquelle estoit Gouuerneur le beau-pere de ce mesme Solyman Dragut qui nous auoit pris. Cetuy-cy assisté de tous les habitans, attendoit son Gendre sur l'embouchure du port, pour le receuoir, et luy donner le bon accueil de la victoire qu'il venoit de gaigner sur nous. En sa compagnie il auoit vn sien Cacis, lequel estoit Maulana, principale dignité Sacerdotale; et d'autant que peu de iours auparauant il auoit esté en pelerinage à la Mecque, dans le Temple du Prophete Mahomet, il estoit tenu de tout le peuple pour un sainct homme. Cét imposteur s'en alloit par la Ville sur vn Char de Triomphe, entouré d'vne tapisserie de soye. Du haut de ce Char il faisoit plusieurs ceremonies, et donnoit de grandes benedictions au peuple, qu'il exhortoit à rendre toutes sortes de loüanges à leur Prophete, pour la victoire que Solyman Dragut auoit gaigné contre nous autres. Si tost que nous fusmes arriuez en ce lieu, l'on nous y fit mettre pied à terre à neuf qui estions restez en vie, et qu'on auoit liez d'vne grosse chaisne. Auecque nous estoit l'Euesque Abissin, si couuert de playes, qu'il en mourut le lendemain, et nous fist connoistre en cette derniere fin, qu'il partoit du monde auec vne repentance de vray Chrestien, ce qui nous encouragea et consola grandement. Cependant tous les habitans qui s'estoient assemblez à l'entour de nous, sçachant que nous estions les Chrestiens que l'on emmenoit captifs, transportez d'vn excez de colere, nous donnerent vne si grande quantité de soufflets, qu'il faut que i'aduouë, que pour moy ie ne pensois pas de m'eschapper iamais en vie de leurs mains. A quoy les incitoit principalement la meschanceté du Cacis, qui leur faisoit accroire qu'ils gaignoient plenière

Indulgence enuers Mahomet, à nous frapper, et nous mal-traitter de ceste sorte ; Ainsi tous enchaisnez que nous estions, et persecutez des vns et des autres, nous fusmes menez en triomphe par toute la Ville, où l'on n'oyoit que cris et acclamations, où s'entre-mesloient plusieurs sortes de Musiques, tant d'instruments, que de voix. Auecque cela, il n'y auoit femme, pour retirée qu'elle fust, qui n'accourût à ce bruit pour nous voir, et nous faire quelque outrage : car depuis les moindres enfans iusques aux hommes les plus aagez; tous ceux qui nous regardoient passer, nous iettoient du haut des fenestres, et des balcons, des pots pleins d'vrine, et d'autres ordures, pour plus grand blasme et mespris du nom Chrestien. A quoy ils se portoient à l'enuy les vns des autres, à cause que leur maudit Prestre continuoit tousiours à leur prescher, qu'ils gaignoient les pardons à nous mal-traiter. Tellement que pas vn d'eux ne vouloit paroistre nonchalant à s'acquerir du merite, et faire vne penitence qui leur coustoit si peu, employans pour cét effet tout le iour en pareilles Stations. Ayans esté tourmentez de cette sorte iusques au soir, à la fin apres qu'on nous eust bien pourmenés ainsi garottez que nous estions, nous fusmes conduits en vne obscure basse-fosse. Là nous demeurasmes dix-sept iours exposez à toutes sortes d'angoisses, et sans y auoir pour tous viures pendant ce temps-là, qu'vn peu de farine d'auoine par iour, qui nous estoit distribuée le matin pour tout le reste de la iournée. Quelquesfois aussi l'on nous donnoit cette mesme portion en pois cruds, seulement trempez dans l'eau, que nous mangions ainsi, sans prendre autre nourriture.

CHAPITRE VI.

Mutinerie arriuée en la Ville de Mocaa, le subject d'icelle, ensemble ce qui en aduint, et par quelle voye ie fus mené iusques dans Ormuz.

Pource que nous autres miserables estions la pluspart si fatiguez, que nous n'en pouuions plus, et mal pansez de nos playes, qui estoient grandes et dangereuses; joinct que ces courages barbares nous traittoient auec toute sorte d'inhumanité dans cette obscure prison. Le lendemain matin, de neuf que nous y estions entrez, il s'en treuua deux de morts, dont l'vn se nommoit Nunno Delgado, et l'autre André Borges, tous deux hommes de courage et de bonne famille. Le iour precedent, comme on les pourmenoit par la Ville auecque nous, le malheur voulut qu'ils receurent sur la teste deux coups qui penetroient si auant, qu'ils furent cause de leur mort si prompte, et pour n'en auoir esté pancez assez à temps. Le matin venu, le Geolier, qu'ils appellent en leur langue *Mocadan*, s'en alla dans le cachot, où treuuant morts les deux Chrestiens, nos compagnons, sans les oser toucher, ny emporter hors de là, il referma promptement la prison, et s'en alla dire la nouuelle de leur mort au Guazil de la Iustice, que nous appellons Seneschal ou Iuge, lequel s'y en vint en personne, suiuy d'vn assez bon nombre d'Officiers, et de beaucoup d'autres gens, auec vn grand et redoutable appareil. Puis, apres auoir commandé qu'on leur ostast leurs fers, il les fist lier par les pieds auec vn cercle. Cela faict, voyla qu'à l'instant on se meit à les traisner hors de la prison, et de-là par toute la Ville, dont les habitans, iusques aux enfans, les poursuiuirent à la foule à grands coups de pierres, iusqu'à ce qu'en fin, lassez de bourreler de cette sorte ces pauures corps, ils les ietterent dans la mer tous par pieces. Le lendemain apres midy, nous autres sept, qui estions restez en vie, fusmes attachez tous ensemble, et menez en la place publique, pour y estre vendus à l'encant. Là tout le peuple s'estant assemblé, ie fûs le premier que l'on meit en vente. Alors comme le crieur eust offert tout haut de me liurer à quiconque me voudroit achepter, voila que le Cacis Malana, qui estoit ce mesme imposteur qu'ils tenoient pour Sainct, et qui leur preschoit que l'on gaignoit les pardons à nous faire du mal, se treuua là tout incontinent, ayant à sa suitte dix ou douze autres Cacis ses inférieurs, tous Prestres comme luy de leur malheureuse secte. A son arriuée, s'adressant à Heredim Sofo, capitaine de la Ville, qui presidoit à cét encant, il luy demanda que par aumosne il eust à nous enuoyer à la maison de la Mecque, disant qu'il estoit prest à s'y en retourner, et qu'ayant resolu de faire ce pelerinage au nom de tout le peuple, il n'estoit pas raisonnable d'y aller sans y porter quelque offrande au corps du Prophete Noby (ainsi nomment-ils leur Mahomet), chose, disoit-il, qui desplairoit entierement à Razaadate Maulana, principal Prestre de la Ville de Medina Talnab, qui sans cela n'octroyeroit aucune sorte de grace ny de pardon aux habitans de cette Ville, qui pour leurs grandes offences auoient vu extréme besoin de la faueur de Dieu et de son Prophete.

Le Capitaine ayant oüy parler ainsi le Cacis, lui remonstra que pour son particulier il n'auoit aucun pouuoir de disposer de tout le butin à sa volonté, et qu'il s'adressast à Solyman Dragut, son Gendre, à cause que c'estoit luy qui nous auoit faits esclaues, tellement qu'à luy seul appartenoit le droit de faire de nous ce que bon luy sembleroit. Il est vray, adjousta-il, que ie ne pense pas qu'il veuille contre-dire vne intention si saincte que celle-cy. Tu as raison, luy respondist le Cacis; mais il faut aussi que tu sçaches que les choses de Dieu, et les aumosnes faites en son nom, perdent leur valeur et leur force, lorsqu'elles sont criblées par tant de mains, et espluchées par tant d'opinions humaines. Ce qui est cause que peu souuent s'en ensuiuent des resolutions diuines, principalement en vn subject tel que celuy-cy, dont tu peux disposer absolument, en qualité de Souuerain Capitaine de ce peuple. D'ailleurs, comme il ne se treuuera personne à qui telle chose soit des-agreable, ie ne croy pas qu'elle te doiue non plus apporter aucun sujet de mescontentement. Car outre que cette demande est fort iuste, elle est encore agreable à nostre Prophète Noby, qui est l'absolu Seigneur de cette prise; attendu que la victoire est venuë de sa saincte main, et qu'auec autant de fausseté que de malice, tu en veux attribuer la gloire à la valeur de ton Gendre et au courage de ses soldats. A mesme temps voyla qu'vn Iannissaire, qui estoit Capitaine d'vne des trois Galiottes qui nous auoient faicts esclaues, homme que son extréme valeur mettoit en tres grande estime parmy eux, et qui s'appelloit Copa Geynal, irrité de ce qu'il auait oüy dire à ce Cacis, tant à son mespris, que de tous les autres soldats, qui auoient faict d'estranges efforts de vaillance pour nous reduire à la chaisne, luy dit ces mots pour response. Asseurément il vous vaudroit mieux pour le salut de vostre ame, distribuer à ces pauures soldats les excesssiues richesses que uous possedez, qu'auecque des feintes paroles, pleines d'hypocrisie, et de tromperies, tascher de leur desrober ces esclaues, qui ont cousté la vie à tant de braues guerriers, leurs compagnons d'armes, par la main de ceux-là mesme que vous voyez ainsi liez et captifs; sans doute ils nous sont assez chers vendus, à nous qui sommes demeurez en vie, pour les auoir acheptez au prix de nostre sang que nous auons respandu en abondance. De quoy sont des tesmoignages certains les coups dont nous sommes tous couuerts, qui sont bien plus rouges du sang des blessures que nous auons receuës d'eux, que de celles que nous leur auons faictes; combien que nous les ayons reduits en l'estat où les voyla maintenant. L'on n'en dira pas de mesme de vostre Cabayge (robe Sacerdotale à leur mode) qui pour nette et polie qu'elle soit, ne laisse pas de couurir en vous vne pernicieuse habitude d'estre larron et Corsaire du bien d'autruy. Par ainsi desistez-vous hardiment de la damnable volonté que vous avez conceuë contre les Maistres absolus de cette prise, de laquelle vous ne serez point possesseur; et cherchez à faire quelque autre present aux Cacis de la Mecque, afin qu'ils cachent vos larrecins, ensemble vos autres meschancetés, pourveu que cela ne se fasse aux despens de nos vies et de nostre sang, mais plustost des biens que vos Ancestres vous ont laissez, et que vous augmentez par des inuentions pleines de meschancetez et de tromperies.

Ce Cacis Moulana ayant oüy vne response si librement faite par ce Capitaine, la treuua fort rude, et de mauuaise digestion, à cause qu'elle estoit en faueur des gens de guerre. Ce qui fut cause qu'en termes dissimulez, et esloignez de tout respect, il se meit à blasmer le Capitaine, et les soldats qui estoient là presens, lesquels, tant Turcs que Mahumetans, se sentans offencer par de si mauuaises raisons, se liguerent, et se mutinerent contre luy, et contre le reste du peuple, à la faueur duquel il auoit parlé si insolemment, sans que cette mutinerie se pût appaiser en aucune façon que ce fust; combien que le Gouuerneur de la Ville, beau-pere du susdit Solyman Dragut y fit son possible, accompagné qu'il estoit de tous les Officiers de la Iustice. En vn mot, pour ne m'arrester long-temps aux particularitez de cette affaire, ie diray que de cette petite mutinerie, s'engendra vne contention si rude, et si enflammée qu'elle ne finist qu'auecque la mort de plus de six cens personnes, tant d'vne part que d'autre. Mais en fin le party des soldats se treuuant le plus fort des deux, fut cause qu'ils meirent la plus grande partie au pillage, principalement la maison de ce mesme Cacis Moulana, à qui ils tuerent sept femmes et neuf enfans, dont les corps et le sien aussi furent desmembrez et iettez dans la mer auecque beaucoup de cruauté. Ils vserent de ce mesme traittement enuers tous ceux de sa maison, sans donner la vie, non pas seulement à vn qui eust le nom d'estre à lui. Quant à nous autres sept Portugais, qui estions ainsi liez et exposez en vente à la place publique, nous ne treuuasmes point de meilleur remede pour sauuer nos vies, que de retourner dans l'obscurité de ce mesme cachot d'où nous estions sortis, sans qu'il fût besoing qu'aucun Officier de Iustice nous y menast. Et voyla comme se passa ce tumulte, qui dura tout le long du iour. Et sans mentir, nous treuuasmes que ce nous fut vne bien grande faueur que le Geolier nous receut dans la prison.

Or cette mutinerie ne cessa que par l'authorité de Solyman Dragut, General des trois Galiottes, qui nous auoient pris. Car cetuy-cy auec des paroles toutes pleines de respect et de douceur, meit fin à la rebellion du peuple, et appaisa les plus mutinez; ce qui monstre assez que la courtoisie a cela de propre d'obliger ceux-là mesme qui ne la connoissent point. Cependant Heredim Sopho, Gouuerneur de la Ville, ne sortist de la meslée qu'à son grand desaduantage, à cause qu'à la premiere rencontre qu'il y fist, on luy coupa vn bras. Trois iours apres que ce desordre fût appaisé, nous fusmes derechef menez tous sept à la place, afin d'y estre vendus auecque le reste du butin, qui consistoit en diuerses hardes, et en artillerie, qu'ils auoient prise dans nos Fustes; toutes lesquelles choses furent alors venduës, et données à fort bon marché. Pour moy, miserable que ie fus, et le plus mal-heureux de tous, le sort, ennemy iuré de mon bien, me fist tomber entre les mains d'vn Grec resnié, lequel ie detesteray toute ma vie, pource qu'en l'espace de trois mois que ie fûs auecque luy, il me traitta si cruellement, que me voyant comme reduit au desespoir, pour ne pouuoir supporter le mal qu'il me faisoit; pour m'en desliurer, ie fûs sept ou huict fois sur le poinct de m'empoisonner, ce que i'eusse fait sans doute, si Dieu par sa diuine misericorde et bonté, n'eust destourné loing de moy ce meschant dessein. Ce que i'estois resolu d'executer en partie, afin de luy faire perdre l'argent que ie luy coustois, pour ce que c'estoit l'homme du monde le plus auare, le plus inhumain, et le plus cruel ennemy du nom Chrestien, que l'on eust iamais peu rencontrer. Mais à la fin des trois mois il pleust à Dieu me desliurer des cruelles mains de ce Tyran, qui de crainte de perdre l'argent que ie luy coustois, s'il me fust aduenu de me faire mourir volontairement, dequoy luy auoit donné aduis vn de ses voisins, qui luy dict l'auoir reconneu à mon visage, et à mes façons de faire, et lequel prenant pitié de moy luy conseilla de me vendre, cela fut cause qu'il s'y accorda bien tost apres; car il me vendist à vn Iuif, nommé Abraham Muça, natif d'vne Ville, qu'ils nomment en ces quartiers-là Toro, esloignée d'vne lieuë et demie du Mont Sinay. Cetuy-ci se fist bailler pour le prix de mon rachapt, la valeur de 300. reales en dates, qui estoit la Marchandise dont ce Iuif faisoit traffic d'ordinaire. Auecque ce nouueau Maistre, ie partis pour m'en aller de Babylone à Cayxem, en la compagnie de plusieurs Marchands. De là il me mena à Ormuz, et m'y presenta à Dom Fernand de Lima, qui pour lors estoit Capitaine de la forteresse; ensemble au Docteur Pedro

Fernandez, Commissaire General des Indes, qui en ce temps-là residoit à Ormuz, pour le seruice du Roy, et ce par l'ordre du Gouuerneur Nuno de Cunha. Ces deux cy, à sçauoir Fernandez, et de Lima, donnerent pour moy au Iuif deux cens *Pardaos* de recompense, qui valent la piece trente-sept sols six deniers de nostre monnoye, dont partie estoit de leur argent, et le surplus des aumosnes qu'ils auoient fait quester pour moy par la Ville; tellement que nous demeurasmes l'vn et l'autre, à sçauoir le Iuif, contant et satisfaict d'eux, et moy en pleine liberté comme auparauant.

CHAPITRE VII.

De ce qui m'aduint depuis que ie m'embarquay à Ormuz, iusques à mon arriuée aux Indes.

Me voyant par la misericorde de Dieu desliuré des trauaux que ie viens de dire, apres que i'eus sejourné dix-sept iours à Ormuz, ie m'embarquay pour m'en aller aux Indes dans le Nauire d'vn nommé George Fernandez Taborda, qui s'en alloit à Goa mener des cheuaux. En la route que nous prismes nous fismes voile auec vn vent si fauorable, qu'en dix-sept iours nous arriuasmes à la veuë de la forteresse de Diu. Là costoyant la terre, par l'aduis des Capitaines, pour tascher d'apprendre quelques nouuelles, toute cette nuict nous vismes le long de la côte vn grand nombre de feux. Par fois aussi nous oyons tirer plusieurs coups d'artillerie ; ce qui nous meit fort en peine, à cause que nous ne pouuions nous imaginer ce que cela pouuoit estre, et pourquoy l'on tiroit ainsi de nuit ; tellement que cette veuë extraordinaire fist naistre parmy nous des opinions toutes differentes. Durant cette incertitude, tout ce que nous aduisasmes pour le mieux, fût de nauiger le reste de la nuict, nos voyles à demy baissées, iusqu'à ce que le lendemain matin à la faueur du iour, nous apperceusmes vne grande quantité de voiles Latines, qui entouroient toute la forteresse. Quelques-vns nous asseuroient au vray que c'estoit l'arriuée du Gouuerneur, nouuellement venu de Goa, pour faire la paix de la mort du Soultan Bandur, Roy de Cambaye, qui vn peu de temps auparauant auoit esté tué. D'autres asseuroient que c'estoit l'Infant du Roy Dom Louys, frere du Roy Dom Iouan 3. là nouuellement arriué de Portugal, et que les voiles Latines qui s'y voyoient en grand nombre, estoient les Carauelles qui l'auoient amené, à cause qu'on l'attendoit aux Indes de iour en iour. Il y en auoit aussi qui disoient que c'estoit le Patemarcaa, auec les cent Fustes de Camorin, Roy de Calicut, et quelques-vns asseuroient que par bonnes et suffisantes raisons, ils iustifieroient que c'estoient les Turcs. Comme nous estions dans cette diuersité d'opinions, tous effrayez de la crainte que nous causoit ce que nous voyons deuant les yeux, voyla que du milieu de cette flotte sortirent cinq Galeres fort grandes, qui auoient les voiles barrées de verd et de rouge, auec grande quantité de flammes, bannieres, et gaillardets, que nous voyons par-dessus leurs tentes, au haut de leurs arbres, et au bout de leurs antennes; joinct que quelques-vnes de ces mesmes banderoles et flammes estoient tellement longues, qu'il s'en falloit fort peu que de leurs pointes elles ne touchassent la mer à fleur d'eau. Ces Galeres ainsi équipées se demeslerent, et sorties qu'elles furent du milieu de leur armée, elles firent voile, et tournerent leurs prouës vers nous, d'vne façon si hardie, et si courageuse, qu'à leur nauigation nous iugeasmes incontinent qu'elles estoient Turques. Ce que nous n'eusmes pas plustost reconneu au vray, que nous fismes force de voile pour les fuïr, et gaigner la haute mer, non sans vne grande apprehension, que pour nos pechez

5.

il ne nous arriuast vn autre accident pareil à celuy que nous auions esuité depuis peu. Ces cinq Galeres ayans remarqué nostre fuitte, prirent resolution de nous suiure, et nous donnerent la chasse iusqu'à la nuit, en laquelle il pleust à Dieu qu'elles gaignerent le bord vers la terre, et s'en retournerent à l'armée d'où elles estoient sorties. Tellement que tout autant de gens que nous estions dans notre Nauire, nous voyans libres d'vn si grand danger, nous en fusmes grandement contents, et arrivasmes deux iours apres en la Ville de Chaul, où nostre Capitaine, et les Marchands seulement meirent pied à terre. Là ils s'en allerent tout aussi-tost visiter le Capitaine de la forteresse, nommé Simon Guedez, à qui ils firent le recit de ce qui leur estoit arriué. Surquoy pour toute response; Asseurément, leur dit-il, vous estes fort obligez de rendre graces à Dieu, de ce que sa puissante main vous a desliurez du peril le plus grand que vous ayez iamais couru. Car sans son assistance il vous estoit impossible de sortir de ce peril, ny d'en faire le recit auec vne allegresse semblable à la vostre. Il leur déclara là dessus que l'armée qu'ils auoient rencontrée estoit celle-là mesme, qui depuis vingt iours tenoit assiegé Antonio de Silueyra, composée d'vn grand nombre de Turcs, desquels estoit General Solyman Bachat, Vice-

Roy du Caire; et que les voiles par eux veuës en quantité, estoient cinquante et huict Galeres Royales et bastardes, chacune desquelles portoit cinq pieces de canon par prouë, et quelquesvnes de ces pieces estoient de batterie, sans y comprendre huit autres grands vaisseaux, pleins de Turcs de reserue pour le secours, et pour remplacer ceux qui mourroient à l'armée. A toutes ces choses il adjousta qu'ils auoient vne grande abondance de viures, ensemble plusieurs munitions de guerre, et trois cens pieces de batterie, entre lesquelles il y auoit 12. Basilics. Ceste nouuelle nous ayant rendu tous estonnez et confus, nous rendismes infinies loüanges à nostre Seigneur, pour nous auoir faict la grace d'estre desliurez d'vn si grand danger.

CHAPITRE VIII.

Du succez que nous eusmes en nostre voyage de Chaül à Goa, et de ce qui m'aduint particulierement y estant arriué.

Nous ne demeurasmes à Chaül qu'vn iour seulement, apres lequel nous fismes voile vers Goa; et aduancez que nous fusmes iusques à la riuiere de Carapatan, nous rencontrasmes Fernand de Morais, Capitaine de trois Fustes, qui par le commandement du Vice-Roy Dom Garcia de Noronha, estoit nouuellement arriué de Portugal, et s'en alloit à Dabul, afin de voir s'il ne pourroit point prendre ou brusler vn vaisseau Turc, qui estoit dans le port, chargé de viures par le commandement du Bachat. Ce mesme Fernand de Morais n'eust pas si tost reconneu nostre Nauire, qu'il requist à nostre Capitaine que de 20. hommes qu'il auoit auecque luy, il eust à luy en bailler quinze pour subuenir au grand besoing qu'il auoit de gens, à cause que le Viceroy l'auoit fait embarquer trop promptement, et qu'il importoit que cela se fist ainsi pour le seruice de Dieu, et de son Altesse. Apres plusieurs contestations de part et d'autre qui se firent sur ce subiect, et que ie passeray soubs silence pour abreger ce discours; à la fin ils demeurerent d'accord que nostre Capitaine donneroit douze hommes des quinze que Fernand de Morais luy demandoit, et dont il se contenta. De ceux-cy i'en fus vn du nombre, pour estre tousiours des plus reiettez. Le Nauire estant party pour aller à Goa, Fernand de Morais auec ses trois Fustes continua son voyage, et prist la route du port de Dabul. Là nous arriuasmes le iour suiuant, à neuf heures du matin, et y prismes vne Patache de Malabar, qui chargée de coton et de poiure, estoit à l'anchre au milieu du port. L'ayant prise nous fismes mettre aux tourmens le Capitaine et le Pilote, qui nous confesserent incontinent que peu de iours auparauant il estoit venu exprez en ce port vn Nauire de Bachat, afin d'y charger des viures, et que dedans ce vaisseau estoit vn Ambassadeur, qui auoit apporté à Hidalcan vne fort riche Cabaya, vestement des Gentilshommes de ce païs, laquelle il n'auoit voulu accepter, pour n'estre par ce moyen sujet au Turc; à cause que c'est la coustume des Mahumetans, de ne point faire cette sorte d'honneur, si ce n'est du Seigneur au Vassal; qu'au reste ce refus auoit tellement fasché l'Ambassadeur, qu'il s'en estoit retourné sans prendre aucune sorte de prouisions de viures, et qu'Hidalcan auoit faict response qu'il estimoit bien plus que son amitié, pleine de tromperies, celle du Roy de Portugal, comme ayant vsurpé sur luy la ville de Goa, apres luy auoir faict offre de l'ayder de sa faueur et de ses forces à la reprendre. En suitte de ces discours il fut dict, qu'il n'y auoit seulement que deux iours que le vaisseau dont ils parloient estoit party du port, et que le Capitaine de ce Nauire, qui se nommoit Cide Ale, auoit fait declarer la guerre à Hidalcan, iurant qu'aussi tost que la forteresse de Diu seroit prise, ce qui ne tarderoit au plus que huict iours, selon l'estat auquel il l'auoit laissée, Hidalcan perdroit son Royaume, ou la vie, et que là il reconnoistroit combien peu luy seroient vtiles les Portugais en qui il auoit tant de confiance. Auecque ces nouuelles le Capitaine Morais s'en retourna à Goa, où il arriua dans deux iours, pour y rendre compte au Vice-Roy de ce qui s'estoit passé. Là nous treuuasmes Gonzallo Vaz Coutinho, lequel auecque cinq Fustes s'en alloit à Onor, pour y demander à la Reyne vne Galere de l'armée de Solyman, qui auoit esté iettée en ces ports par vn vent contraire. Or d'autant qu'vn des Capitaines de ces Fustes m'estoit grandement amy, me voyant pauure et nécessiteux, il me fist embarquer auecque luy pour faire ce voyage, me faisant donner en outre cinq ducats de paye, que i'acceptay tres-volontiers, soubs l'esperance que i'eus que par là Dieu m'ouuroit vn chemin à vne meilleure fortune. Alors le Capitaine et les soldats voyans bien en quelle misere i'estois, m'assisterent aussi de quelques hardes qu'ils auoient de surplus, et ainsi ie me treuuay tout rapiecé, comme les autres soldats mes compagnons, qui n'estoient pas plus heureux que moy. Le lendemain matin, qui estoit vn Samedy, nous partismes de la rade de Bardées, et le Lundy suiuant nous moüillasmes l'anchre dans le port d'Onor. Là afin que les habitans du lieu reconneussent le peu de conte que nous tenions de cette grande armée, nous fismes vne grande salue d'artillerie, accommodans nos Antennes en façon de guerre, auec vn grand bruit de fifres et de tambours, afin que de ces monstres exterieures ils inferassent que nous faisions fort peu d'estime des Turcs.

CHAPITRE IX.

Des choses que Gonzallo Vas Continho fist, et traitta auecque la Royne d'Onor.

L'ARMÉE estant arrestée, apres que nostre salue d'artillerie fut faite, le Capitaine Gonzallo Vas Continho, enuoya Bento Castanho, homme fort discret et tres-eloquent, vers la Royne d'Onor, pour luy porter vne lettre de la part du Vice-Roy, et luy dire comme quoy il n'y venoit qu'en intention de se plaindre d'elle, à cause qu'elle auoit iuré paix et amitié auecque le Roy de Portugal, et que neantmoins elle souffroit que les Turcs, ennemis mortels des Portuguais abordassent en ces ports. La response qu'elle fist à cela fut, « Que luy et ceux de sa compagnie estoient les bien venus, qu'elle les estimoit grandement pour estre vassaux du Roy de Portugal, et que pour le regard de ce qu'il disoit touchant la paix qu'elle auoit auecque ce Prince, et auecque ses Gouuerneurs, qu'elle estoit veritable, et tres-iuste; qu'au reste elle desiroit de le maintenir toute sa vie. Mais que pour ce qu'il disoit des Turcs, qu'elle en prendroit son Dieu à tesmoin, et que luy sçauoit bien que c'estoit contre son gré qu'elle les auoit receus et soufferts dedans ses Ports. Mais que se voyant trop foible pour résister à de si puissants ennemis, elle auoit esté contraincte de dissimuler, ce qu'elle n'eust faict si elle se fust treuuée auec des forces à suffisance; au reste pour descouurir apertement son dessein, elle offroit, et son pouuoir et ses gens pour les repousser des enuirons de ses Ports, joinct que luy mesme ayant amené autant de gens qui luy en falloit pour les chasser, qu'il ne feignist point de le faire, et que de son costé elle l'assisteroit de tout son possible, ce qu'elle lui confirmoit par sermens, le iurant ainsi par les Sandales dorées, chausseure du Souuerain Dieu qu'elle adoroit. » A ces paroles elle adjousta, « qu'elle seroit aussi contente si Dieu luy donnoit la victoire contre eux, comme si le Roy de Narsingue de qui elle estoit esclaue, la faisoit asseoir à table auec sa femme. » Gonzallo Vaz Continho oüit de ceste sorte le contenu de cét Ambassade, ensemble les compliments que luy fist la Royne, et bien que ce fust la moindre chose qu'il esperoit d'elle, il le dissimula neantmoins auec beaucoup de prudence : puis apres s'estre amplement instruit des gens du pays, de l'intention des Turcs, du lieu où ils estoient, et de ce qu'ils faisoient alors, il pensa à ceste affaire, puis l'ayant bien considérée il traicta tout à loisir de l'importance d'icelle, conformément à l'opinion de ceux auec qui il en auoit communiqué. Ainsi toutes choses estant exactement balancées pour son honneur, pour conseruer celuy de la banniere du Roy de Portugal, il attaqua la Galere, en intention de la prendre, ou du moins de faire tout son possible afin d'y mettre le feu, auec esperance que Dieu pour qui nous combattions, nous seroit à tous secourable contre ces ennemis de sa saincte Foy. L'ayant ainsi arresté, et faict signer de tous nous autres, il entra dans la riuiere enuiron la portée de deux Fauconneaux. Là il eut à peine anchré, que voyla venir à bord de nostre Fuste vn petit bateau qu'ils nomment *Almadia*, qui s'en venoit de l'autre costé de la riue, auec vn Brachmane qui parloit bon Portugais. Cestuy-cy fist à nostre Capitaine vn message de la part de la Royne, par lequel elle le prioit instamment, qu'en faueur du Vice-Roy il eust à se desister de l'entreprise qu'il auoit faicte, et de n'attaquer les Turcs en aucune façon que ce fust, ce qu'elle disoit ne se pouuoir faire sans vne trop grande temerité, comme ayant esté aduertie par ses espions, qu'ils s'estoient fortifiez d'une bonne tranchée qu'ils auoient faicte prez du fossé, dans lequel ils auoient mis la Galere, que cela estant il lui sembloit auec raison qu'il luy falloit beaucoup plus de force qu'il n'en auoit, pour venir à bout d'vne si grande entreprise; qu'au reste elle prenoit Dieu à tesmoing du desplaisir que luy apportoit dans l'ame l'extréme apprehension qu'elle auoit qu'il ne luy arriuast quelque malheur. A ces paroles le Capitaine respondit en termes plains de prudence et de courtoisie, disant qu'il baisoit les mains à son Altesse, pour la grande faueur qu'il luy faisoit, et pour un si bon aduis; mais que touchant le combat des Turcs qu'il ne pouvoit suiure son conseil, et qu'ainsi il ne laisseroit pas de passer outre; pour ce que lors qu'il estoit question d'en venir aux mains, les Portugais n'auoient pas accoustumé de s'enquerir s'il y auoit peu d'ennemis, ou s'ils estoient en grand nombre; attendu que plus il y en auroit, plus de perte il leur en reuiendroit, et à luy plus de profit et d'honneur. Auec ceste response fut congedié le Brachmane, à qui le Capitaine fist present d'vne piece de camelot vert, et d'vn chappeau doublé de satin rouge, auec quoy il s'en retourna fort content.

CHAPITRE X.

Comment Gonzallo Vaz Continho, Capitaine General, attaqua la Gallere des Turcs, ensemble l'entreprise qu'il fist de la brusler.

Le Brachmane estant congedié, Gonzallo Vaz Continho prist resolution de se battre contre les Turcs, mais deuant que passer outre il fut aduerty par des espions de quelle sorte de stratagemes ils vouloient vser contre nous, et comme quoy la nuict precedente par la faueur de la Royne ils auoient mis la Galere dans vn fossé, et fait tout aupres vne terrasse fort haute, sur laquelle ils auoient flanqué vingt-cinq pieces d'Artillerie; mais pour tout cela Gonzallo ne laissa pas de partir pour s'en aller où estoient les ennemis. Se voyant pres d'eux enuiron la portée d'vn Canon, il sortit de sa Fuste, et mist pied à terre auec quatre-vingts hommes seulement. Et d'autant que le reste des hommes qu'il auoit amenez de Goa pour ceste entreprise, ne faisoit en tout que le nombre de cent, il les laissa pour la garde des Fustes. Ainsi apres auoir bien rangé ses gens en un corps de bataille, il se mist à marcher courageusement contre ses ennemis, qui nous voyant aller contre eux, se resolurent de se deffendre en vaillants hommes. Pour cet effect ils sortirent vingt-cinq ou trente pas hors de leurs tranchées, où le combat se commença de part et d'autre, auec tant de furie, qu'en moins de demy quart d'heure il en demeura sur la place quarante-cinq de morts, entre lesquels il y eut seulement huit des nostres; alors le Capitaine Général n'estant pas content de ceste premiere charge, leur en donna vne seconde, par le moyen de laquelle il pleust à Dieu leur faire tourner le dos, si bien qu'ils firent retraicte pesle-mesle, comme gens qui par leur faute et par leur desroute tesmoignoient l'appréhension qu'ils auoient de la mort. Cependant nous les poursuiuismes iusques dans leurs tranchées, où ils nous tournerent visage, et nous firent teste tout de nouueau, en quoy l'ardeur fut si grande de part et d'autre, et nous nous treuuasmes si auant dans la meslée les vns parmy les autres, et si embarrassés que nous nous of-

fencions auec les pommeaux de nos cymeterres.
En mesme temps arriuerent nos Fustes qui le
long du riuage s'en estoient venuës à la rade
pour nous secourir, comme en effect elles tirerent sur nos ennemis toute nostre artillerie, si
à propos qu'elles abbatirent vnze ou douze de
leurs plus vaillants Iannissaires, qui portoient
entr'eux des bonnets verts, pour marque de leur
noblesse. Ceste mort effraya si fort les autres,
qu'ils quitterent le camp aussi-tost; de sorte que
par ce moyen ils nous donnerent loisir de mettre
le feu dans la Gallere, par l'exprez commandement du General Gonzallo. Pour cét effect apres
qu'on y eut ietté dedans cinq pots de poudre,
le feu se prist dans ceste mesme Gallere, auec tant
de violence, que nous y vismes toutes les apparences que l'on ne sçauroit dire, qu'elle ne tarderoit guere à estre entierement consommée,
car le mas et l'antenne s'en alloient estre desia
tous embrasez, si les ennemis conoissans en quel
danger ils estoient, n'eussent esteint ce feu courageusement. Cependant les nostres s'obstinerent
plus fort que iamais à se rendre les maistres du
fossé, et à deffendre en vaillants soldats ce qu'ils
auoient desia gaigné par leur courage. Ce que
voyant les ennemis, pour faire leur dernier effort contre nous, ils mirent le feu à vne grosse
piece d'artillerie, laquelle à ce que nous en iu-

geasmes depuis par la balle, estoit vne double piece de batterie, qui auec vn sacquet de pierre nous mist à mort six des nostres, dont le principal estoit Diego Vaz Continho, fils du Capitaine General. Dauantage il y eut quinze ou seize autres de blessez, à cause de quoy nous fusmes tous mis en desroute. Alors les ennemis ayant reconneu le dommage qu'ils venoient de nous faire, se mirent tous à crier fort haut en signe de victoire, et à rendre graces à leur Mahomet; ce qui fist qu'alors nostre General oyant nommer leur faux prophete qu'ils inuoquoient, pour mieux encourager ses soldats; « Mes compagnons d'armes, leur dict-il, puisque ces chiens appellent le Diable à leur ayde, prions tous le sainct nom de Iesus-Christ, qu'il soit à la nostre. » Cela dit, ils attaquerent encore vne fois la tranchée, ce que les ennemis n'eurent pas si tost apperceu qu'ils tournerent le dos finement et, prirent la fuitte vers la Gallere, en intention de s'y fortifier. Mais à mesme temps ils furent suiuis par quelques-vns des nostres, qui ne tarderent guere à gaigner la moitié de leurs tranchées. Alors les perfides presques tous réduits au desespoir de se voir auec si peu de force, meirent le feu secrettement à vne mine qu'ils auoient faicte à l'entrée de leur tranchée, dont l'execution fut telle, que six de nos Portugais, et huict esclaues y demeurerent sur la place, sans y comprendre quelques autres que la violence du feu rendit perclus de leurs membres : d'ailleurs la fumée en estoit si grande et si espaise, que difficilement nous pouuions nous entrenoir. De maniere que le Capitaine Gonzallo apprehendant qu'il ne luy arriuast vne perte encore pire que les précédentes, fist sa retraicte vers le rivage. Par mesme moyen il fist porter par ceux qui estoient restez en vie, tous les morts, et tous les blessez, et ainsi il s'en alla où estoient ses Fustes, où tous s'estans embarquez, ils s'en retournerent à force de rames, au mesme lieu d'où elles estoient venuës, où auec vn grand sentiment de douleur il fist enterrer les morts, et penser ceux que le fer ou le feu auoit endommagés, qui se treuuerent en grand nombre.

CHAPITRE XI.

De ce qui nous arriua le lendemain que Gonzellao Vaz partit pour s'en aller à Goa.

Ce mesme iour qui nous fut si funeste à tous, l'on fist le dénombrement de nos soldats, pour sçauoir combien il en estoit demeuré de morts en ce combat en attaquant la tranchée; nous treuuasmes alors que de quatre vingts que nous estions, il n'y en auoit que quinze de morts, cinquante-quatre de blessez, et neuf d'estropiez pour toute leur vie. Tout le iour et la nuict d'apres, ceux qui estoient restés des nostres ne cesserent de trauailler, et de faire bonne garde, pour esuiter les surprises des ennemis. Le lendemain si tost qu'il fut iour, vn Ambassadeur arriua de la part de la Royne d'Onor, qui s'en vint visiter le Capitaine Gonzallo, auec vn grand present qu'il luy fist de poulles, de poullets, et d'œufs frais, pour soulager les malades. Mais bien que pour lors ces choses nous fussent grandement necessaires, si est-ce qu'au lieu de les receuoir, nostre General les refusa, et témoignant d'estre grandement fasché contre la Royne, il ne pût s'empescher de lascher quelques paroles vn peu plus rudes qu'il ne sembloit necessaire, disant que le Vice-Roy seroit bien-tost aduerty des mauuais offices qu'elle auoit rendus au Roy de Portugal, et combien il estoit obligé de luy payer ceste debte, quand l'occasion s'en presenteroit. Qu'au reste afin qu'elle fust plus asseurée de ce qu'il luy disoit estre vray, il luy laissoit pour vn tesmoignage tres-asseuré de son dire, son fils mort et enseuely dans ses terres auec les autres Portugais, que par ses pratiques elle auoit faict massacrer miserablement, pour s'estre renduë fauorable au dessein des Turcs; en vn mot, qu'il la remercieroit vne autrefois plus amplement du present qu'elle luy enuoyoit, pour dissimuler ce qu'elle auoit executé contre luy, dont il luy donneroit quelque iour vne recompense selon son merite.

Auec ceste responce, l'Ambassadeur s'en retourna tout effrayé des langages que Gonzallo luy auoit par plusieurs fois repeté. Estant arriué chez la Royne sa Maistresse, il luy sceut si bien confirmer la verité de la response qu'il luy apportoit de la part du Capitaine, qu'elle iugea tout incontinent que ceste Gallere luy seroit sans doute vn subjet de luy faire perdre son Royaume; et qu'ainsi pour esuiter vn si grand malheur il falloit necessairement que par toutes sortes de voyes elle taschast de ne point rompre la paix auec nostre General. Dequoy s'estant conseillée aux siens, par leur aduis elle dépescha derechef vers luy pour Ambassadeur vn autre Brachmane, homme d'aage, majestueux, et son plus proche parent. A son arriuée où estoient nos Fustes, le Capitaine Gonzallo luy fist vn fort bon accueil; puis apres les ceremonies et les compliments ordinaires, le Brachmane ayant demandé qu'il luy fust permis de faire le recit de son Ambassade; « Seigneur, dit-il au

« Capitaine, si vous me donnez audience, ie
« prendray la parole deuant vous, et vous diray
« le sujet qui m'ameine icy de la part de la Reyne
« d'Onor ma Maistresse. » A ces paroles Gonzalo
respondit, « que les Ambassadeurs auoient tou-
« siours seureté de leurs personnes, et permis-
« sion de declarer librement le contenu de leur
« Ambassade, si bien qu'il pouuoit dire hardi-
« ment tout ce qu'il voudroit. » Le Brachmane
l'ayant remercié, « Certainement, continua-t-il,
« il ne m'est pas possible de vous representer
« combien est sensible à la Royne ma Maistresse
« la mort de vostre fils, et des autres Portugais
« qui demeurerent hier sur la place, en la ba-
« taille qui se donna. Et sans mentir, ie vous iure
« par sa vie, et par le Cordon de Brachmane que
« ie porte, marque de ma dignité de Prestre,
« donnée à tous ceux qui en font profession,
« comme moy qui l'exerce dés ma ieunesse, pour
« me faire discerner d'auec le reste du peuple ;
« qu'elle s'est tellement affligée quand elle a sceu
« vostre désastre, et le funeste succez de vostre
« combat, qu'elle n'eust pas esté plus faschée si
« au mesme instant on luy eust faict manger de
« la chair de vache (qui est le plus grand peché
« qui se commette entre nous) à la principale
« porte du Temple, où son pere est enseuely.
« Par où vous pouuez iuger, Seigneur, combien

« est grande la part qu'elle prend à vostre ennuy.
« Mais puis qu'aux choses faictes il n'y a point
« de remede, elle desire, et vous supplie tres-
« instamment de luy confirmer de nouueau la
« paix que les autres Gouuerneurs luy ont tou-
« siours accordée par le passé. Dequoy elle vous
« supplie d'autant plus, qu'elle sçait que vous en
« auez tout pouuoir de la part du Vice-Roy. Cela
« estant, elle vous asseure, et vous donne sa
« parole, que dans 4. iours elle fera brusler la
« Galere qui vous a donné tant de peine, et
« mettra les Turcs hors des limites de son
« Royaume, qui est tout ce qu'elle peut faire,
« et dont ie vous viens asseurer. Ce qu'elle ne
« manquera d'executer dans le mesme terme de
« quatre iours. »

Le Capitaine qui sçauoit combien importante estoit ceste affaire, accepta tout incontinent la promesse du Brachmane, et luy dit qu'il estoit content que ceste paix se renouuelast entr'eux; comme en effect elle fut tout aussi-tost publiée de part et d'autre, auec toutes les ceremonies qu'ils ont accoustumé de faire en tel temps. Le Brachmane s'en retourna là-dessus vers la Royne, qui depuis fist tout son possible pour ne manquer de parole. Mais d'autant que le Capitaine Gonzallo ne pût attendre les quatre iours qu'elle luy auoit demandez, pour l'extréme danger où il voyoit exposez nos blessez; il se resolut de s'embarquer, tellement que nous partismes ce mesme iour apres midy. Toutesfois pour vser de preuoyance, il laissa en ce mesme lieu vn nommé George Neogueyra, auec commission expresse de remarquer exactement tout ce qui se passeroit en ceste affaire, et d'en donner de certaines nouuelles au Vice-Roy, pource que la Royne l'en auoit ainsi requis.

CHAPITRE XII.

Des choses qui se passerent durant ce temps là, iusqu'à ce que Pedro de Faria arriuast dans Malaca.

Le lendemain le Capitaine Gonzallo Vaz Coutinho, arriua à Goa auec ce qui luy restoit de gens. Là il fut grandement bien receu du Vice-Roy, auquel il rendit conte du succez de son voyage, ensemble de ce qui estoit arresté auec la Royne d'Onor, qui luy auoit promis de brusler la Galere dans quatre iours, et de chasser les Turcs de tous les confins de son Royaume; dequoy le Vice-Roy fut grandement satisfaict. Cependant apres que i'eus demeuré vingt et trois iours entiers dans la mesme Ville de Goa, où i'acheuay de me guerir de deux blesseures que i'auois receuës en combattant en la tranchée du Turc, l'extréme incommodité où ie me voyois reduit, fist que par le conseil d'vn Pere Religieux, mon amy, ie m'en allay offrir mon seruice à vn Gentilhomme, nommé Pedro de Faria, qui pour lors estoit pourueu de la charge de Capitaine dans Malaca; d'abord il fut trescontent de me receuoir pour soldat, et me promist auec cela que dans sa compagnie il me donneroit quelque aduantage plus qu'aux autres, durant le voyage qu'il s'en alloit faire auec le Vice-Roy. Car c'estoit en ce mesme temps que le Vice-Roy Dom Garcia de Noronha faisoit ses preparatifs pour s'en aller au secours de la forteresse de Diu, qu'il sçauoit asseurément estre assiegée, et en grand danger d'estre prise, par les grandes forces que le Turc y auoit mises deuant, ce qui fut cause que pour y remedier, le Vice-Roy leua à Goa vne puissante armée nauale, composée d'enuiron deux cens vingt cinq vaisseaux, dont il y en auoit quatre-vingt-trois de haut bord, à sçauoir grosses Nefs, Gallions, et Carauelles, et pour le surplus il consistoit en Brigantins, en Fustes, et en Galeres. Dans lesquels vaisseaux l'on asseuroit qu'il y auoit bien dix mille honnestes gens, ensemble trente mille hommes de Chourme, tant pour la guerre, que pour la nauigation d'vne armée si redoutable, sans y comprendre vne grande quantité d'esclaues Chrestiens. Ce qu'il y auoit de pire en tous les preparatifs, estoit qu'il ne s'y passoit rien dequoy n'eust aduis le Bachat General de l'armée du Turc, par les lettres que luy enuoyoient exprez Hidalcan, Camorin, Roy de Calicut, Inezamaluc, Acedecan, et plusieurs autres Princes Payens et Mahumetans, qui pour cest effect entretenoit quantité d'espions. Le temps de faire voile estant venu, et l'armée pourueuë de choses necessaires, le Vice-Roy s'embarqua le Samedy quatorziesme Nouembre 1583. Neantmoins cinq jours se passerent deuant que demarer du port, pource qu'il attendoit que tous ses hommes fussent prests pour s'embarquer auec luy. Cependant la veille du iour qu'il deuoit partir, il arriua vn Catur de la Ville de Diu, auec vne lettre d'Anthonio de Silueyra, Capitaine de la forteresse, par laquelle il donnoit aduis au Vice-Roy, que les Turcs s'estoient retirez, et auoient leué le siege. Quoi que ceste nouuelle fust bonne, si ne laissa-elle pas de causer vne notable tristesse à toute l'armée, pour l'extréme desir qu'auoient tous les nostres de s'en aller combattre les ennemis de nostre Foy. Cela fut cause que le Vice-Roy demeura là cinq iours de surplus, durant lesquels il pourueut à toutes les choses necessaires à la conseruation de son Gouuernement des Indes; pour cét effect du mesme lieu où il estoit anchré, il enuoya en Portugal deux Nauires commandés par Martin Alfonse de Sousa, et par Vincent Pegado. Par mesme moyen il enuoya dans l'vn de ses vaisseaux, le Docteur Fernand Rodriguez, de Castelbranco, Intendant de ses Finances, auec commission de le faire charger de poiure à Cochin, et d'arrester le Gouuerneur precedent Nuno de Cunha. qui peu de iours auparauant y estoit arriué dans le Nauire Saincte Croix, fort indisposé de sa personne, et mal satisfaict du peu de respect qu'on luy portoit, croyant luy en estre deub dauantage, à cause de ses seruices. Le Vice-Roy ayant ordonné toutes ces choses, comme i'ay dict cy-deuant, commanda tout incontinent que l'on eust à faire voile, et ainsi il partit de ceste emboucheure de Goa vn Ieudy matin sixiesme de Decembre. Le quatorziesme iour de sa nauigation il s'en alla moüiller l'anchre à Chaül, où il demeura trois iours, pendant lesquels il entra en conference auec Inezamaluc, et pourueut à quelques affaires grandement importantes à la seureté de la forteresse. Apres cela il fist esquipper quelques vaisseaux de l'armée qu'il pourueut de soldats et de viures ; puis il partit de-là pour aller à Diu. Mais le malheur voulut pour luy qu'ayant gaigné les pointes de *Daanuu*, comme il trauersoit le Golphe, il suruint tout à coup vne si furieuse tempeste, qu'auec ce qu'elle separa son armée nauale, elle causa la perte de plusieurs vaisseaux, principalement de la Galere bastarde qui se perdit dans l'emboucheure de Dabul, ayant pour Capitaine Dom Aluaro de Noronha, fils du Vice-Roy, et Capitaine General de la marine. Dans ce mesme Golphe fist aussi naufrage la Galere nommée *Espinheyro*, où commandoit Iean de Sousa, surnommé *Rates*, pour estre fils d'vn Prieur d'vn lieu ainsi appellé. Neantmoins durant ce désastre la pluspart de ceux qui estoient dedans se sauuerent par le prompt secours que leur donna Christophle de Gama, fils du Comte Admiral, qui fut celuy-là mesme que les Turcs firent mourir quelque temps apres dans le pays du Preste-Iean. Durant ce naufrage se perdirent encore sept autres Nauires, dont i'ay oublié le nom ; de maniere qu'il se passa plus d'vn mois, deuant que le Vice-Roy se fust releué de la perte qu'il auoit faicte, et qu'il eust rassemblé le nombre de gens que ceste tourmente luy auoit dissipés en diuers lieux. A la fin le seiziesme Ianuier 1539. il arriua à la ville de Diu, où il fist rebastir la forteresse, la meilleure partie de laquelle auoit esté démolie par les Turcs ; si bien qu'il sembloit qu'elle se fust deffenduë des assiegeants, plustost par vn grand miracle, que par la force. Or pour en venir à bout plus facilement, il fist publier que tous les Capitaines, auec leurs soldats prissent chacun la charge de rebastir le quartier qui leur seroit donné ; et d'autant qu'il n'y auoit point de Chef qui eust plus de gens que Pedro de Faria, il fut d'aduis de luy donner pour son quartier le Bouleuart qui regardoit la mer, ensemble la fausse-braye, qui estoit du costé de la terre. A quoy il trauailla si exactement, qu'en vingt-six iours de temps, l'vn et l'autre furent remis en meilleur estat qu'auparauant, par le moyen de trois cens soldats qui s'y employerent. Cela faict, pour ce qu'il se treuua que c'estoit le quatorziesme Mars, et le commencement de la nauigation pour aller à Malaca, Pedro de Faria fist voile à Goa, où en vertu d'vne patente qu'il auoit du Vice-Roy, il acheua de s'équipper de tout ce qui luy estoit necessaire ; depuis il partit de Goa le treiziesme Auril, auec vne flotte de huict Nauires, quatre Fustes, et vne Galere, dans lesquels vaisseaux il y auoit cinq cens hommes, qui eurent le vent si fauorable, qu'ils arriuerent à Malaca, le cinquiesme iour de Iuin, en la mesme année 1539.

CHAPITRE XIII.

Comme Pedro de Faria receut à Malaca vn Ambassadeur que luy enuoya le Roy des Batas, et de ce qui se passa entr'eux.

Pedro de Faria succeda à la charge de Capitaine de Malaca à Dom Esteuan de Gama; et y fût auecque la flotte, sans qu'en cette nauigation il luy aduint aucune chose qui merite d'estre mise par escript. Or d'autant qu'à son arriuée, Dom Esteuan de Gama n'auoit encore acheué le temps de sa commission, il ne fût point mis en possession de ce Gouuernement, iusques au iour qu'il deuoit entrer en charge. Toutesfois, à cause que Pedro de Faria estoit Gouuerneur de la forteresse, et nouuellement arriué; joinct qu'en ce temps-là il commençoit d'entrer en charge, les Roys voisins l'enuoyerent visiter par leurs Ambassadeurs, qui luy vindrent tesmoigner la grande ioye qu'ils auoient de sa bien-venuë, par les offres qu'ils luy firent de leur amitié, et d'vne mutuelle conseruation de paix auecque le Roy de Portugal. Or parmy ces Ambassadeurs il y en auoit vn de la part du Roy des Batas, qui du costé de l'Ocean demeure en l'isle de Samatra, où l'on tient pour chose asseurée qu'est l'isle d'Or, que le Roy de Portugal, Dom Iouan troisiesme, s'est mis en estat de faire descouurir par l'aduis de quelques Capitaines du païs. Cét Ambassadeur, qui estoit beau-frere du Roy des Batas, nommé Aquarem Dabolay, lui apportoit vn riche present de bois d'Aloës, Calambaa, et cinq quintaux de Benjoin à fleurs, auec vne lettre escrite sur de l'escorce de Palmier, où se lisoient ces paroles.

« Ambitieux plus que tous les hommes du
« seruice du Lyon Couronné, assis au Throsne
« espouuentable de la Mer, par le pouuoir in-
« croyable du soufflement de tous les vents,
« Prince riche et puissant du grand Portugal,
« ton maistre et le mien, auquel en toy Pedro
« de Faria, Baron de la Colonne d'Acier, i'obeys
« nouuellement par vne sincere et veritable ami-
« tié, afin que désormais ie me rende son subject
« auec toute l'affection et la pureté qu'vn vassal
« est obligé de tesmoigner à son Maistre, moy
« Angeessiry, Timorraja, Roy des Batas, desirant
« de m'insinuer en ton amitié, afin que tes su-
« jets s'enrichissent des fruicts de ce mien païs,
« ie m'offre par vn nouueau traitté à remplir les
« magazins de ton Roy, qui est le mien, d'or, de

« poivre, de camfre, de benjoin, et d'aloy, à
« condition qu'auuec vne entiere confiance tu
« m'enuoyeras vn sauf-conduit, escript et signé
« de ta propre main, par le moyen duquel tous
« mes Lanchares, et Iurupanges, puissent naui-
« guer en seureté. Dauantage, en faueur de cette
« nouuelle amitié, ie te supplie derechef que tu
« me secoures des balles à canon, et des poudres
« que tu as de trop dans tes magazins, et qui te
« sont inutiles par consequent; car ie n'eus iamais
« si grand besoin que i'ay maintenant de toute
« sorte de munitions de guerre. Cela estant, ie
« te seray grandement redeuable si par ton
« moyen ie puis vne fois chastier ces parjures
« Achems, ennemis mortels de ton ancienne Ma-
« laca, auec lesquels ie te iure que ie n'auray
« iamais de paix tant que ie viuray, iusques à ce
« que i'aye tiré raison du sang de mes trois en-
« fans qui m'en demande la vengeance, et qu'auec
« cela i'aye satisfaict aux larmes que ie voy couler
« des yeux de leur noble Mere, qui les ayant
« alaittez, et esleuez, m'ont esté tuez depuis par
« ce cruel Tyran Achem, dans les Villes de Iacur
« et de Lingau. Dequoy t'entretiendra plus par-
« ticulierement de ma part Aquarem Dabolay,
« frere de la desolée Mere de ces enfans, que ie
« t'enuoye pour confirmation de nostre nouuelle
« amitié, afin, Seigneur, qu'il puisse traitter

« auecque toy de tout ce que bon te semblera,
« tant pour le seruice de Dieu, que pour le bien
« de ton peuple. De Panaju, le 5. iour de la
« 8. Lune. »

Cét Ambassadeur receut de Pedro Faria tous
les honneurs qu'il luy pût faire à leur mode; et
incontinent apres qu'il luy eust baillé la lettre,
elle fut traduitte en Portugais de la langue Ma-
laya, en laquelle elle estoit escritte. Apres cela,
cét Ambassadeur luy fist dire par son Interprete
le sujet du discord qu'il y auoit entre ce Tyran
Achem, et le Roy des Batas, qui procedoit de ce
qu'Achem ayant depuis quelque temps proposé
à ce Roy des Batas, qui estoit Gentil, de suiure
la Loy de Mahomet, à condition qu'il le marieroit auec vne sienne sœur, et que luy pour cét
effect quitteroit sa femme, qui estoit aussi Gentile, et mariée depuis vingt-six ans. Or d'autant
que le Roy des Batas ne luy voulut point accorder cela, le Tyran Achem incité par vn sien Cacis, luy declara la guerre tout aussi-tost; Ainsi
chacun d'eux ayant mis sur pied vne grosse armée, ils se donnerent tous deux vne sanglante
bataille, qui dura plus de trois heures, pendant
laquelle Achem connoissant le grand aduantage
qu'auoient sur luy les Batas, apres auoir perdu
vn grand nombre de ses gens, il fist sa retraitte

en vne Montagne appellée *Cagerrendan*, où les Batas le tindrent assiegé par l'espace de vingt-trois iours. Or à cause que durant ce temps-là beaucoup de soldats tomberent malades; joinct que le camp ennemy vinst à manquer de viures, ils feirent tous deux la paix à condition qu'Achem donneroit à Bata cinq barres d'or (qui valent deux cens mille escus de nostre monnoye) pour payer les soldats estrangers qu'il auoit auecque luy, et que Bata marieroit son fils aisné auec la sœur d'Achem, qui estoit celle-là mesme pour le sujet de laquelle on auoit fait cette guerre. Cét accord estant faict et signé de part et d'autre, le Bata s'en retourna en son païs, où il ne fût pas si tost arriué, que s'asseurant en ce traitté de paix, il se defist de son armée, et congedia tous ses soldats. La tranquillité de cette paix ne dura pas dauantage de deux mois et demy, pendant lesquels il vinst au Roy Achem 300. Turcs, qu'il attendoit du destroit de la Mecque depuis vn long temps, et lesquels il auoit enuoyé querir dans quatre vaisseaux chargez de poivre, dans lesquels l'on fist aussi venir quantité de caisses, pleines de mousquets et d'escoupettes, ensemble plusieurs pieces d'artillerie de bronze, et de fer. Alors la premiere chose que fist Achem, ce fut de ioindre ces 300. Turcs, auec quelques gens qu'il auoit encore; puis feignant d'aller à Pacem prendre vn Capitaine qui s'estoit reuolté contre luy, il se ietta subtilement sur deux places nommées Iacur et Lingau, qui appartenoient à Bata, lesquelles il surprit lors que ceux de dedans y pensoient le moins. Car ce qui leur ostoit la défiance, c'estoit la paix nouuellement faite entr'eux; tellement que par ce moyen il luy fut facile de se rendre maistre de ces forteresses. Les ayant prises il mit à mort le fils de Bata, auec sept cens Ouroballones, c'est ainsi qu'on appelle les plus nobles, et les plus vaillans du Royaume. Cependant le Roy Bata se ressentant à bon droit d'vne si grande trahison, à sçauoir de la mort de ses trois fils, et de la prise de ses places, iura sur la teste de son Dieu *Quiay Hocombinor*, principale Idole de la secte des Gentils, qui la tiennent pour leur Dieu de Iustice, de ne manger, ny fruict, ny sel, ny chose quelconque qui luy pût apporter la moindre saueur à la bouche, qu'il n'eust premierement vengé la mort de ses trois enfans, et qu'il n'eust tiré raison de cette perte; protestant derechef qu'il estoit résolu de mourir en faisant vne guerre si iuste. Pour cét effect, afin d'y mieux paruenir, le Roy Bata desirant de faire reüssir son dessein, assembla deslors vne armée de 15000. hommes, tant naturels, qu'estrangers, et ce par le moyen du secours que luy donnerent quelques Princes ses amis. N'estant pas content de cela, il implora par mesme moyen les forces de nous autres Chrestiens. Et voylà pourquoy il proposa à Pedro de Faria de contracter auecque luy la nouuelle amitié, dont nous auons parlé cy-deuant. De quoy Pedro de Faria fût tres-content, pource qu'il connoissoit en effet que telle chose importoit grandement au seruice du Roy de Portugal, et à la conseruation de la forteresse; joinct que par ce moyen il esperoit de beaucoup augmenter le reuenu des doüanes, ensemble son profit particulier, et celuy de tous les Portugais, pour le grand commerce qu'ils ont en ces contrées du Sud.

CHAPITRE XIV.

Du surplus qui se passa en cette affaire, iusqu'à ce que Pedro de Faria m'enuoya vers le Roy de Bata, et de ce que ie vis en ce voyage.

Apres que Pedro de Faria eust receu la lettre du Roy Bata, et conneu pour quelle affaire il luy auoit ennoyé son Ambassadeur, il donna ordre qu'on le receut auecque toute sorte d'honneurs. Cela faict, dix-sept jours après son arriuée à Malaca, il le congedia : mais auparauant il luy accorda tout ce qu'il luy auoit demandé par son Ambassade ; mesme il luy donna quelque chose de surplus, comme quantité de pots, de dards, et bombes à feu. Auecque cela l'Ambassadeur partist de cette forteresse si content et si satisfaict, qu'il en versa des larmes de ioye ; mesme il fut remarqué que passant deuant la grande porte de l'Eglise, il se tourna vers elle, les mains jointes, et les yeux esleuez au Ciel. Puis, comme s'il eust parlé à Dieu ; « Puissant « Seigneur, dict-il publiquement, qui en repos « et en grande ioye vis là haut assis sur le thre- « sor de tes richesses, qui sont les esprits formez « par ta volonté, ie te promets que si c'est ton « bon plaisir de nous donner la victoire contre « ce Tyran Achem, et permettre que nous regai- « gnions sur luy ce qu'auec vne insigne trahi- « son il nous a osté en ces deux places de Iacur « et Lingau, que tousiours auec vne grande et « fidelle sincerité nous te reconnoistrons en la « Loy des Portugais, et en la saincte Verité en « laquelle consiste le salut de ceux qui sont nez « au monde. D'auantage nous te ferons bastir en « nostre païs de belles Maisons parfumées de « bonnes odeurs, où tous les viuans t'adoreront « les mains jointes, comme il s'est tousiours « faict jusqu'à maintenant dans les terres du

« grand Portugal. Voyla ce que ie te promets de-
« rechef, et te iure auec toute la fermeté d'vn
« bon et fidelle serviteur, que le Roy mon Mais-
« tre ne reconnoistra iamais d'autre Roy que le
« grand Portugais, qui est maintenant Seigneur
« de Malaca. »

Ayant fait cette protestation, il s'en alla droict
s'embarquer à la mesme Lanchare où il estoit
venu, et fut accompagné de dix ou douze Balons, qui sont de petites barques, qui s'en allerent iusques en l'Isle d'Vpe, esloignée du port
de demie lieuë seulement. Là mesme le Bandara
de Malaca (qui est comme l'Intendant de la Iustice entre les Mahumetans, et le plus absolu en
ce qui touche le commandement et la dignité)
se treuua exprez par la commission qu'il en eust
de Pedro de Faria, pour le traitter en ce partement. Comme en effect il luy fist vn grand festin
à leur mode, lequel fût accompagné de haults-
bois, tambours, trompettes, et cymbales; ensemble d'une bonne musique de voix accordées
au son des harpes, des doucines, et des violes,
le tout à la façon de Portugal. Dequoy cét Ambassadeur s'esmerueilla tellement, qu'il en meit
le doigt à la bouche, action coustumiere de ce
païs, quand ils s'estonnent de quelque chose.
Cependant sur l'aduis que donnerent certains
Mahometans à Pedro de Faria, vingt iours apres

le partement de cét Ambassadeur, que s'il enuoyoit au Royaume des Batas quelques marchandises des Indes, il y pourroit profiter beaucoup, et encore dauantage sur celles qu'on pourroit tirer de ce païs; pour cét effet il fist équipper vn Iurupango, de la grandeur d'vne petite Carauelle, où pour lors il ne voulut hazarder que dix mille ducats. Or afin de les faire profiter, il meit dans ce vaisseau vn certain Mahometan, natif de Malaca, et me demanda si i'y voulois aller aussi pour luy tenir compagnie, adjoustant qu'en tel cas ie l'obligerois infiniment, pour ce que par ce moyen, sous pretexte d'estre enuoyé Ambassadeur en ce païs-là, ie pourrois voir le Roy Bata, et mesme m'en aller auecque luy contre Achem, chose qui me seroit profitable en quelque façon. Or afin qu'estant de retour de ce païs-là, ie luy fisse vn véritable recit de tout ce que i'y aurois veu, il me pria de bien remarquer tout ce qui s'y passeroit, et de m'informer par mesme moyen s'il estoit vray qu'en ces contrées fût l'Isle d'Or si fort renommée, de laquelle il auoit intention d'escrire au Roy de Portugal, s'il en découuroit quelque chose. Sans mentir i'eusse bien voulu m'excuser de faire ce voyage, à cause que ces païs m'estoient inconnus, et les habitans tenus d'vn chacun pour estre grandement perfides et traistres;

joinct que ie n'y pouuois pas beaucoup profiter, pour n'auoir que cent ducats deuant moy. Mais d'autant que ie n'osay point m'opposer à la volonté de ce Capitaine, ce fût à mon grand regret que ie m'embarquay auec l'infidelle, qui estoit conducteur de la Marchandise. Le Pilote trauersa de Malaca au port de Surotilau, qui est en la côte du Royaume d'Aaru, costoyant tousiours l'Isle de Samatra, vers la Mer Mediterranée, iusqu'à ce qu'en fin nous arriuasmes à vne certaine riuiere nommée *Hicanduré*. Apres auoir employé cinq iours de temps à tenir tousiours cette route; nous arriuasmes à un havre appelé *Minhatoley*, esloigné de neuf lieuës du Royaume de Peedir. De là nous fismes canal sur cette mesme riuiere, qui n'a en cét endroit que vingt trois lieuës de largeur. Nous treuuans en fin de l'autre costé de la Mer Oceane, nous y nauigeasmes quatre iours durant, et nous en allasmes moüiller l'anchre en vne petite riuiere nommée *Guateamgim*, qui n'auoit que sept brasses de fonds, sur laquelle nous fismes six ou sept lieuës. Or durant que nous y nauigions auec vn bon vent, nous vismes à trauers vn boccage, qui estoit à la riue d'icelle, vne telle quantité de couleuures, et d'autres animaux rampans, non moins prodigieux pour leur longueur, que pour leurs formes estranges, que ie ne m'estonneray pas si ceux qui liront cette Histoire, ne daigneront croire ce que j'en raconteray ; principalement les personnes qui n'auront point voyagé ; sçachant bien que ceux qui ont peu veu, ne doiuent croire aussi que fort peu, au prix de beaucoup qui croiront ceux qui ont beaucoup veu. Le long de cette riuiere, qui n'est pas autrement large, il y auoit vn grand nombre de lezars, que l'on peut plus proprement appeler serpens, à cause qu'il s'y en voyoit d'aussi grands qu'vn petit vaisseau qu'on appelle *Almadia*, auecque des escailles sur l'eschine, et la gueule large de deux pieds. Ceux du païs nous ont asseuré, que ces animaux sont si hardis, qu'il s'en treuve quelque fois, qui seuls attaquent vne *Almadia*, principalement quant ils voyent qu'il n'y a que quatre ou cinq personnes, et la coule à fonds auecque leurs queuës, afin d'en manger les hommes, qu'ils aualent tous entiers, sans les démembrer. Nous veismes aussi en ce lieu là vne estrange espece d'animaux, qu'ils appellent *Caquesseitan*. Ils sont de la grandeur d'vne grosse Oye, fort noirs, et escaillez sur le doz, auec vn rang de pointes aiguës, qu'ils ont sur l'eschine, et qui sont de la longueur d'une plume à escrire. Dauantage, ils ont des aisles semblables à celles des chauue-souris, le col fort long, et sur la teste vn petit os, faict comme un argot de coq, auec vne queuë fort longue, semée de tâches noires et vertes, comme les lezars de ce païs. Ces animaux sautent et volent ensemble, ainsi que les sauterelles, et de cette façon ils vont à la chasse des Singes, et de telles autres bestes, qu'ils poursuiuent iusques au plus haut des arbres, et s'entretiennent de cette chasse ordinairement. Nous y apperceusmes aussi des couleuures chaperonnées, grosses comme la cuisse d'vn homme, et si venimeuses, que les Negres du païs nous disoient que si leur vent touchoit quelque chose viuante, elle mouroit à mesme temps, sans qu'il y eust moyen d'y mettre remede, quelque antidote qu'on y appliquast. Nous en vismes encore d'autres, qui n'estoient pas chaperonnées, ny si venimeuses que les precedentes, mais beaucoup plus grosses et plus longues; joinct qu'elles auoient la teste de la grosseur d'vn veau. L'on nous dit que celles cy vont à la chasse de cette sorte. Elles montent sur les arbres sauuages, dont il y en a dans ce païs vn assez bon nombre, et entortillans quelque branche auecque la pointe de leur queuë, elles laissent prendre leur corps en bas. Par mesme moyen, mettant leur teste sur l'herbe au pied de l'arbre, elles appuyent contre terre vne de leurs oreilles, afin que par cét artifice elles puissent ouïr si quelque chose remuë durant la tranquillité de la nuit. Que si de hazard vn bœuf, vn sanglier, ou quelqu'autre animal vient à passer par dessous l'arbre, ou pres d'iceluy, elles le saisissent auec leur gueule; et d'autant qu'elles ont desia leur queuë arrestée en haut à la branche de l'arbre, elles n'attrappent chose quelconque qu'elles n'attirent sur l'arbre; tellement que de cette façon rien ne leur eschappe. Là nous apperceusmes aussi une grande quantité de Magots, gris et noirs, de la hauteur d'vn gros mâtin, desquels les Negres de ce pays ont plus de peur que de tous les autres animaux, pour ce qu'ils attaquent auec tant de hardiesse, que nul ne leur peut resister.

CHAPITRE XV.

De ce qui m'aduint à Panagû, auecque le Roy des Batas, deuant qu'il partist pour s'en aller contre Achem.

Comme nous eusmes fait enuiron sept ou huict lieuës amont la riuiere, nous arriuasmes en fin en vne petite ville nommée *Batorrendan*, qui signifie en nostre langue *Pierre-frite*, esloignée de Panaju d'vn quart de lieuë seulement. Là estoit pour lors le Roy des Batas, qui s'apprestoit à s'en aller combattre Achem. Ce Roy ayant receu la lettre et le present que ie luy portois de la part du Capitaine de Malaca, me fist receuoir par le Xabandar, qui est celuy qui auec vn pouuoir absolu gouuerne tout ce qui appartient aux affaires de l'armée. Ce General accompagné de cinq Lanchares, et douze Ballons (qui sont des vaisseaux ainsi nommez, dont ils vsent d'ordinaire) s'en vinst me treuuer au port où j'auois anchré. Puis auec vn grand bruict de tambours Imperiaux, de cloches, et d'acclamations populaires, il me mena iusques à vn quay de la ville, appellé *Campalator*. Là le Bendara, Gouuerneur du Royaume m'attendoit en grande solemnité, accompagné de plusieurs Ourobalons et Amborrajas, qui sont les plus nobles de sa Cour, ce qui n'empeschoit pas que la pluspart d'entr'eux ne fussent fort pauures, et mechaniques, tant en leur habits, qu'en leur façon de viure, par où j'ai cogneu que le païs n'estoit pas si riche qu'on le faisoit dans Malaca. Arriué que je fus au Palais du Roy, après que j'eus trauersé la premiere basse-court; à l'entrée de la seconde ie treuuay vne vieille femme, accompagnée d'autres gens beaucoup plus nobles et mieux vestus que ceux qui estoient venus au devant de moy. D'abord cette vieille m'ayant faict signe de la main, comme si elle m'eust commandé d'entrer. « Homme de Malaca, me « dit-elle, ton arriuée en ces terres du Roy mon « Maistre, est aussi agreable à sa volonté, que « la pluye l'est au labourage de nos ris en vn « temps sec et aride. Entre donc en toute asseu- « rance, et que rien ne te donne de l'apprehen- « sion; car les peuples que tu vois icy par la « bonté de Dieu, ne sont pas autres que ceux de « ton pays, si bien que l'esperance que nous « auons en ce mesme Dieu nous faict croire « qu'il nous maintiendra tous ensemble iusqu'à « la fin du monde. » Cela dit, elle me mena où estoit le Roy, à qui ie fis vne reuerence à la mode du pays, mettant par trois fois le genoüil en terre, puis ie luy baillay la lettre et le present que ie luy apportois, qu'il accepta très-volontiers, et me demanda le subject qui m'amenoit là? A quoy ie luy fis response selon la commission que i'en auois, que i'estois venu pour seruir son Altesse à la guerre, où i'esperois auoir l'honneur de l'accompagner, et de ne le quitter point iusqu'à ce qu'il s'en retournast vainqueur de ses ennemis. A cela i'adjoustay que ie desirois voir la ville d'Achem; ensemble sa situation, ses fortifications, et quel fonds auoit la riuiere, pour m'esclaircir si les grands vaisseaux, et les Galions y pourroient nauiger ay-

sément, à cause que le Capitaine de Malaca auoit faict dessein de venir secourir son Altesse, si tost que ses gens seroient de retour des Indes, et de luy liurer entre les mains le Tyran Achem, qui estoit son ennemy mortel. Ce pauure Roy creut tout aussi tost mes paroles pour veritables, et ce d'autant plus qu'elles estoient conformes à son desir; de maniere que s'estant leué du Throsne où il estoit assis, ie vis qu'il s'alla mettre à genoux devant la carcasse de la tête d'vne vache, couronnée de fleurs, qui auoit les cornes dorées, et qui estoit sur des tablettes, enfoncée dans la muraille; alors ayant les mains jointes, et les larmes aux yeux : « Toy, dit-il, qui sans
« estre contraincte par aucun amour maternelle,
« à laquelle la nature t'ait obligée, resioüis con-
« tinuellement tous ceux qui veullent de ton
« laict, comme faict la propre mere celuy qu'elle
« a mis au monde, sans participer, ny aux mi-
« seres, ny aux travaux que souffre d'ordinaire
« celle de qui nous prenons naissance, sois fauo-
« rable à la priere que ie te fais maintenant. Elle
« n'est autre, sinon que je te supplie de tout
« mon cœur, que dans les prairies du Soleil, ou
« auec le payement et la recompense que tu re-
« çois, tu es contente des biens que tu fais çà
« bas, tu veuilles, s'il te plaist, conseruer en
« mon endroit la nouuelle amitié de ce bon Ca-

« pitaine, afin qu'il mette en execution tout ce
« qu'il vient de me dire. » A ces mots tous ces
Courtisans qui estoient à genoux comme luy,
dirent trois fois pour responce, *Pachy par au
tinacor*, c'est-à-dire, « ô qui pourroit voir cela,
et puis mourir tout incontinent ? » Là-dessus
le Roy se leua, et en essuyant ses yeux qu'il
auoit tous baignez de larmes, qui procedoient
du zele de la priere qu'il auoit faicte ; il s'enquist de moy de plusieurs choses particulieres
des Indes, et de Malaca. Ayant passé quelque
temps à cela, il me congedia fort courtoisement, auec promesse de bien faire valoir la marchandise que le Mahumetan conduisoit au nom
du Capitaine de Malaca, qui estoit la chose que
ie desirois le plus. Or d'autant qu'à mon arriuée le Roy faisoit desia ses preparatifs pour
s'en aller contre Achem, et qu'il ne pensoit
qu'aux choses necessaires pour son voyage,
apres que i'eus demeuré neuf iours en la ville de
Panaju, Capitale de ce Royaume des Batas, il
partit auec quelques troupes en intention de
s'en aller en vn lieu nommé *Turban*, qui estoit
à cinq lieuës de là, où la plupart de ses gens
l'attendoient ; là il arriua vne heure devant que
le Soleil fust couché, sans qu'on luy fist aucune
sorte de reception, et sans luy donner le moindre témoignage d'allegresse, à cause du deuil

qu'il avoit de la mort de ses trois fils, qui estoit si grand, que depuis il ne se fist voir en public qu'auec de grandes demonstrations de tristesse.

CHAPITRE XVI.

Comme le Roy des Batas partist de Turban, pour aller vers Achem, et de ce qui se passa apres leur entre-ueuë.

Le lendemain matin le Roy des Batas partist de Turban, pour s'en aller au Royaume d'Achem, qui estoit à dix-huict lieuës de là. Il menoit auecque luy quinze mille hommes de guerre, desquels il y en avoit huict mille Batas, et le surplus estoient Menancabes, Lusons, Audraguires, Iambes, et Bournées, que les Princes ses voisins luy auoient enuoyé de secours, auec quarante Elephans, et douze charrettes de petite artillerie, à sçauoir de Faucons, Berches, et autres pieces de campagne, parmy lesquelles il y en auoit trois où estoient les armes de France, qui furent prises en l'an 1526, au temps que Lopo Vaz de Sampayo estoit Gouverneur de l'Estat des Indes. Lesquelles pieces se treuuerent dans vn nauire qui arriua auecque des François, duquel estoit Capitaine et Pilote vn Portugais, natif de la ville de Condé, nommé Rosado. Or ce Roy des Batas ne faisant que cinq lieuës par iour, arriua en une riuierre appelle *Quilem*. Là par des espions du Roy Achem, lesquels on y prit; il sceut que son ennemy l'attendoit à *Tondacur*, à deux lieuës de la Ville, pour se voir auecque luy à la campagne, et qu'il auoit à sa suite force Estrangers, à sauoir Turcs, Cambayans, et Malabares de la côte des Indes. Alors le Roy des Batas ayant faict assembler son conseil de guerre, meit en déliberation cette affaire, et fist appeller ses Capitaines, qui luy conseillerent d'attaquer l'ennemy deuant qu'il se fût rendu plus fort. Auec cette resolution ayant quitté la riuiere, il marcha plus viste que de coustume, et arriua à dix heures du soir au pied d'vne montaigne, à demy lieuë du camp de l'ennemy; où apres s'estre reposé plus de trois heures, il se meit à marcher en campagne en fort bon ordre. Pour cét effect il diuisa son armée en quatre bataillons, et passant derriere vne butte, comme il fût au bout d'icelle, il descouurit vne grande plaine semée de riz, où les ennemis s'estoient serrez en 2 gros bataillons. D'abord que les deux armées se découurirent, et qu'au son de leurs trompettes, cloches, et tambours, les soldats se furent donnez le signal auecque des cris, et des hurlemens incroyables, ils s'attaquerent valeureusement. Or le combat fut à peine commencé, qu'ils se ietterent vne quantité de bombes, flesches, et autres artifices à feu; et ainsi s'estans joints de plus prez, ils en vindrent aux mains auecque tant de courage, qu'à voir vne si grande furie, i'en tremblois d'apprehension. La bataille continua de cette façon plus d'vne heure, sans qu'il fut possible de part ny d'autre de cornoistre à qui l'aduantage demeureroit. A la fin Achem ayant preueu que s'il s'obstinoit dauantage il perdroit vne bonne partie de son armée, pour ce que ses gens estoient fort lassez, il fist sa retraitte vers vne petite butte, qui estoit du costé du Sud, esloignée de Bata tant seulement de la portée d'vn Fauconneau. Là son intention estoit de se fortifier dans des tranchées qu'il auoit faict faire tout contre vn rocher, qui estoient en forme d'vn iardin, où d'vn labourage de riz. Mais un frere du Roy d'Andragie luy rompist ce dessein; pour ce qu'auec deux mille hommes qu'il meit au deuant, il luy couppa chemin, et l'empescha de passer; tellement que leur querelle deuint au mesme estat qu'elle estoit auparavant. Et ainsi le combat recommença entr'eux avecque tant de furie, que se blessans cruellement les vns les autres, ils tesmoignoient bien qu'ils esgaloient en courage toutes les autres nations. Par ce moyen deuant qu'Achem eust gaigné les tranchées, il perdist plus de quinze cens hommes des siens, du nombre desquels estoient les cent soixante Turcs, qui peu de iours auparauant lui estoient venus du détroit de la Mecque, et deux cens Sarrazins Malabres, auec quelques Abissins, qui estoient les meilleurs hommes qu'il eust auec luy; et d'autant qu'il s'en alloit estre enuiron midy, et que la chaleur estoit fort grande, le Roy des Batas se retira vers la montagne, où il passa tout le reste du iour à faire penser les malades, et ensevelir les morts. Or pour ce qu'il n'estoit pas encore bien resolu touchant ce qu'il deuoit faire, comme n'ayant pas reconnu le dessein de l'ennemy, durant toute cette nuict il eut soing que de bonnes sentinelles fussent posées de toutes parts. Le lendemain le Soleil ne commença pas si tost de paroistre, qu'avec ses premiers rayons il luy fist voir la vallée où les gens d'Achem auoient esté le iour precedent; mais comme il ne s'y treuua plus aucun d'eux, cela luy fist croire que l'ennemy estoit défait. Sur ceste creance pour mieux poursuivre la premiere pointe de la victoire, il congedia tous les blessez, qu'il iugea n'estre plus propres au combat, et suiuit l'ennemy iusqu'à la ville. Y estant arriué deux heures auparauant que le Soleil fust couché ; premier que se camper, pour monstrer qu'il auoit encore assez de force pour combattre ses ennemis, et leur resister, il se resolut de leur en donner des preuues ce iour-là, par le moyen de quelque acte signalé. Pour cét effect il brusla deux des fauxbourgs de la ville; ensemble quatre Nauires, et deux Gallions, qui estoient hors de l'eau, et dans lesquels les Turcs estoient venus du détroit de la Mecque. Et certainement le feu se prist si fort dans ces six vaisseaux, sans que les ennemis osassent iamais sortir de la ville pour l'esteindre, qu'en fort peu de temps ils furent tous consommez. Apres cét éuenement, le Roy des Batas, qui se voyant fauorisé de la fortune ne vouloit perdre aucune occasion, commença d'attaquer un fort, nommé *Penacao*, qui auec douze pieces d'artillerie deffendoit l'entrée de la riuiere, il s'y en alla doncques en personne, se meit à l'escalade à la veuë de tous les siens; et apres auoir faict planter septante ou octante eschelles, il fist si bien qu'il y entra dedans sans perdre que trente-sept hommes; s'estant rendu maistre de ceste place il fit passer par le fil de l'espée tous ceux qui s'y treuuerent, iusqu'au nombre de sept cens hommes, à pas un desquels il ne voulut sauuer la vie. Ainsi le iour de son arriuée il fit trois choses fort mémorables, et qui animerent de telle sorte les siens, qu'ils voulurent tous ceste mesme nuict aller attaquer la ville, et l'eussent fait asseurément s'il ne les en eust empesché; car pour ce que la nuict estoit fort obscure, et ces gens lassez, il se contenta de ce qu'il auoit fait, et en rendit graces à Dieu.

CHAPITRE XVII.

De ce que fist encore le Roy des Batas, après le succez de de ceste iournée.

Le Roy des Batas tinst ceste ville assiegée par l'espace de vingt-trois iours, durant lesquels deux sorties furent faictes, où rien ne se passa de memorable, car il n'y fut tué de part et d'autre que dix hommes tant seulement; mais comme les victoires et les bons succez de la guerre ont accoustumé d'encourager le victorieux; il arriue quelquesfois que les foibles se font si forts, et les poltrons si hardis, que posants bas toute crainte, ils ne feignent point d'entreprendre les choses les plus difficiles et dangereuses; d'où il s'ensuit aussi assez souuent que les vns s'aduancent, et les autres se ruinent. Cela ne parut que trop éuident en ce que ie remarque de ces gens-là ; car le Roy des Batas voyant que celui d'Achem s'estoit retiré auec vne grande demonstration de se confesser vaincu, en vinst iusqu'à ce point de hardiesse, que luy et ses gens croyant qu'il fust impossible de leur resister, et se confiants en ceste vaine opinion qui les aueugloit, coururent deux fois fortune de se perdre, pour les actions temeraires qui furent par eux commises. En la seconde sortie que firent les habitans, les gens du Roy des Batas les attaquerent vertement par deux endroicts ; dequoy s'estant apperceus ceux d'Achem, faisans mine d'estre les plus foibles, ils se retirerent vers la mesme forteresse où l'ennemy leur auoit pris le iour precedent douze pieces d'artillerie, et où ils estoient entrez par escalade, suiui d'vn de ses Capitaines, à qui l'occasion estant favorable il y monta pesle-mesle auec les siens, pour ce qu'il luy sembloit que la victoire luy fust asseurée. Mais comme ils furent tous dans les tranchées, les gens d'Achem leur tournerent visage, et se deffendirent courageusement ; puis lors qu'ils furent meslez ensemble, les vns pour entrer, et les autres pour deffendre l'entrée ; ceux d'Achem meirent le feu à une grande mine qu'ils auoient faicte, qui pour estre de pierres seiches, eut vn tel effect, qu'elle ietta en l'air le Capitaine des Batas, et plus de trois cents hommes des siens, qui furent tous mis en pieces, auec vn si grand bruit, et vne si espaisse fumée, que ce lieu sembloit estre le naturel portraict de l'enfer. Cependant les ennemis firent vn grand cry; et voila qu'en mesme temps le Roy d'Achem sortit en personne, accompagné de cinq mille soldats, tous hommes determinez, et qui sans reconnoistre chargerent les Batas auec furie. Et pour ce que ny les vns, ny les autres ne pouuoient s'entreuoir à cause de la fumée de ceste mine, il se fist entr'eux vne batterie si confuse et si cruelle, que pour en dire le vray, ie ne puis raconter comme le tout se passa. C'est pourquoy il me suffira de dire qu'en l'espace d'vn quart d'heure que dura ce combat, il demeura sur la place plus de quatre mille hommes des deux costez, desquels le Roy des Batas perdit la meilleure partie; cela luy donna suject de se retirer auec ce qui luy resta de gens en vn roc que l'on appeloit *Minacaleu*, où prenant le soing de faire penser les blessez, il se treuua qu'il y en auoit plus de deux mille de nombre, sans y comprendre les morts, qui pour ne pouuoir estre enseuelis si soudainement, furent exposés au courant de la riuiere. Ainsi par l'éuenement de ceste meslée les deux Roys se tindrent en paix quatre iours durant, à la fin desquels vn matin comme on ne pensoit à rien moins, l'on vist paroistre au milieu de la riuiere du costé de *Penatican*, vne flotte de quatre-vingt six voiles, auec vn grand bruict de musique et d'allegresse, où se remarquoient aussi plusieurs estendarts, et bannieres de soye. D'abord cet object estonna grandement les Batas, pour ne sauoir ce que c'estoit. Toutesfois ceste mesme nuict leurs espions prirent cinq pescheurs, lesquels mis à la gehenne, confesserent que c'estoit l'armée que le Roy d'Achem auoit depuis deux mois enuoyée à Teuassery, pour ce qu'il auoit guerre auec le Sornau, Roy de Ciam, et disoit-on que ceste armée estoit composée de 5000. hommes Lussons et Sornes, tous gens d'eslite, et qui auoient pour General vn Turc nommé Hametecam, nepueu du Bacha du Caire. Là dessus le Roy des Batas faisant son profit de ceste confession des pescheurs, prist resolution de se retirer en quelque façon que ce fust, iugeant bien que le temps ne lui permettoit pas d'attendre vne seule heure, tant pour ce que les forces de son ennemy estoient beaucoup plus grandes que les siennes, que pour le secours qu'ils attendoient de Pedir, et de Pazen, où l'on disoit pour certain qu'il y auoit dix Nauires plains d'Estrangers. Ainsi ce Roy ne fust pas si tost fortifié en ceste resolution, que la nuict suiuante il partit fort triste, et fort mal-content du mauuais succés de son entreprise, en laquelle il auoit perdu plus de trois mille cinq cens hommes, sans y comprendre, ny les blessez qui estoient en plus grand nombre, ny ceux qui auoient esté bruslez dv feu de la mine. Cinq iours apres son partement il arriua à Panaaju, où il congédia tous ses gens, tant ceux du pays que les Estrangers ; cela faict, il s'embarqua dans vne petite Lanchare, et s'en alla amont la riuiere, sans auoir pour toute compagnie que deux ou trois de ses favoris. Auec ce peu de suitte il se rendit en vn lieu nommé *Pachissaru*, où si tost qu'il se fut rendu, il s'enferma quatorze jours, en maniere de neufuaine, dans le Pagode d'vne Idole que l'on appelloit *Ginnassereo*, qui signifie *Dieu de Tristesse*. A son retour à Panaaju il m'enuoya querir auec le Mahometan, qui conduisoit la marchandise de Pedro de Faria. La premiere chose qu'il fist fut de s'enquerir particulieremeut de luy si la vente en auoit esté bonne, adjoustant que s'il luy en estoit deub encore quelque chose, il commanderoit qu'on le payast à l'instant. A cela le Mahometan et moy fismes responce que tout s'estoit bien porté, moyennant la faueur de son Altesse, et que nous estions fort satisfaicts de ce que nous auions vendu. Qu'au reste le Capitaine de Malaca ne manqueroit point de reconnoistre ceste courtoisie, luy enuoyant du secours pour le venger de son ennemy le Roy d'Achem, à qui il feroit bien rendre toutes les terres qu'il auoit iniustement vsurpées sur luy. Le Roy m'ayant oüy parler de ceste sorte fut quelque temps à penser là-dessus, puis pour responce à mes paroles; « Ha Portugais, me dit-il, puisque tu m'obliges à te dire librement ce que ie pense, ne me croy point desormais si ignorant, que tu me puisse iamais persuader, ny que ie sois capable de m'imaginer que celuy qui durant trente ans n'a peu se venger luy-mesme, ait moyen de me secourir à present en si peu de temps; ou bien s'il te semble que ie me trompe, dis-moy ie te prie d'où vient que ton Roy et ses Gouuerneurs n'ont point empesché ce cruel Roy d'Achem de gaigner sur vous la forteresse de Pazem, et la Galere qui alloit aux Moluques; ensemble trois Nauires en Queda, et le Gallion de Malaca, au temps que Garcia y estoit Capitaine, sans y comprendre ny les 4. Fustes qui furent prises depuis à Salengor, ny les deux Nauires qui venoient de Bengala, ny le Iunco, et le vaisseau de Lopo Chanoca, ny beaucoup d'autres vaisseaux dont ie ne peux me souuenir maintenant, dans lesquels, comme l'on m'a asseuré, cest inhumain a mis à mort plus de mille Portugais, et faict vn butin extrêmement riche. Veux-tu dire que cela n'est pas vray ? Que si cela est, et s'il arriue que ce Tyran vienne encore une fois contre moy, comment veux-tu que ie m'asseure sur la parole de ceux qui ont esté vaincus si souuent : il m'est donc bien force de demeurer tel que ie suis auec trois de mes enfans morts, et la pluspart de mon Royaume destruit; joinct que vous-mesmes n'estes guere plus asseurez que moy dans vostre forteresse de Malaca. » Il faut que iaduouë que ceste responce faicte auec tant de ressentiment, me rendit tout à faict honteux, reconnoissant qu'il ne disoit rien que de véritable, tellement que ie n'osay luy parler d'auantage de secours, ny luy reiterer pour nostre honneur les promesses qu'auparauant ie luy auois faictes.

CHAPITRE XVIII.

De ce que ie fis auecque le Roy des Batas, iusqu'à ce que ie m'embarquay pour aller à Malaca.

Le Mahometan et moy nous en estant retournez en nostre logis ne partismes encore de quatre iours, et prismes ce temps pour acheuer de faire embarquer cent barres d'estain, et trente de benjouin, qui estoient encore sur terre. Alors comme nous fusmes entierement satisfaicts de nos marchands, et prests à partir, ie m'en allay treuuer le Roy à son Passeiuan, qui est vne grande place deuant le Palais, où ceux du païs font leurs plus solemnelles foires. Là ie luy fis sçauoir qu'il ne nous restoit plus rien à faire qu'à partir s'il plaisoit à sa grandeur de nous le permettre; l'accueil qu'il me fist alors fut fort bon, et il ne dist pour responce; Ie suis grandement ioyeux de ce que Hermon Xabandar (qui est le chef de la Iustice de guerre) m'asseura hier que la Marchandise de vostre Capitaine auoit esté bien venduë, mais possible que ce qu'il en disoit n'estoit pas tout de bon, et qu'il espargnoit la verité pour me complaire, et pour s'accommoder au desir qu'il reconnoissoit que i'en auois; voila pourquoy, continua-il, ie te prie de me declarer librement si ce qu'il m'en a dit est veritable, et si le Mahometan qui l'a amenée est entierement satisfaict : car ie ne voudrois point qu'aux despens de mon honneur ceux de Malaca eussent de quoy murmurer contre les Marchands de Panaaju, disant qu'ils ne sont point véritables en leurs paroles, et qu'il n'est point de Roy qui les puisse contraindre à payer leurs debtes; et ie te iure par la foy de bon Payen, que cest affront ne me seroit pas moins insupportable à ma condition, que s'il m'aduenoit de faire la paix auec ce Tyran et parjure ennemy que i'ay, qui est le Roy d'Achem. A cela luy ayant respondu qu'asseurément nous auions fait toutes nos affaires, et qu'il ne nous estoit rien deub dans son pays; certes, nous repliqua-il, ie suis fort content de sçauoir que cela est ainsi. C'est pourquoy puis qu'il ne reste plus rien à faire dans ces contrées, ie treuue à propos que tu t'en ailles, sans t'arrester dauantage. Car voicy vn temps grandement propre à faire voile, et esuiter les grandes chaleurs qu'on endure ordinairement en passant le Golphe. Ce qui est cause que les Nauires sont bien souuent iettées à Pazem par vne fortune de mer; dequoy ie prie Dieu qu'il te preserue, car ie t'assure que si la mauuaise fortune t'y portoit, les gens d'Achem te mangeraient tout vif à belles dents, et que le Roy mesme s'y emploiroit le premier, pour ce que la chose du monde dont ces inhumains se vantent le plus, c'est de porter sur le timbre de leurs armes la deuise de *beuueurs de sang troublé des miserables Caffres*, qu'ils disent estre venus du bout du monde, les appelant *hommes tyranniques, et usurpateurs en souuerain degré des Royaumes d'autruy aux terres des Indes, et aux Isles de la mer.* Aussi est-ce le tiltre dont ils font gloire plus que de tout autre, et qu'ils se donnent particulièrement pour leur auoir esté enuoyé de la maison de la Mecque, en recompense des lampes d'or qu'ils ont offertes à l'Alcoran de leur Mahomet, comme ils ont accoustumé de faire toutes les années. Au reste combien que par le passé i'aye souuent donné aduis à ton Capitaine de Malaca de se donner soigneusement garde de ce Tyran d'Achem, tu ne laisseras pas de l'en aduertir encore de ma part; car sçache qu'il n'eut et n'aura iamais d'autres pensées que de chercher tous les moyens à luy possibles pour le tirer hors des Indes, et en rendre maistre le Turc, qui pour cest effect pretend de luy enuoyer vn grand secours; mais i'espere que Dieu y mettra si bon ordre, que toutes les malices et les ruses de ce desloyal reüssiront au contraire de ses intentions. Apres m'auoir tenu ces langages, il me bailla vne lettre pour responce à l'Ambassade que ie luy auois faicte, auec vn present qu'il me pria de donner de sa part au Capitaine de Faria, qui estoit de six iauelots ferrez d'or; ensemble de douze Cates de bois Calambuco, chacune desquelles pesoit 20. onces, ensemble vne boite de grand prix, faicte de coquille de tortuë de mer, garnie d'or, et plaine de grosses semences de perles, où il y auoit encore seize belles perles de conte; pour moy il me donna deux Cates d'or, et vn petit coutelas, garny de mesme. Puis il me congedia auec la mesme demonstration d'honneur qu'il m'auoit tousiours donnée, me tesmoignant en particulier que l'amitié qu'il auoit faicte auec ceste nation, demeuroit tousiours inuiolable de de son costé. Ainsi ie m'embarquay pour m'en retourner auec Aquarem Dabolay, son beaufrere, qui estoit celuy-là mesme qu'il auoit enuoyé Ambassadeur à Malaca, comme i'ay dit cydeuant. Estant party du port de Panaaju, nous arriuasmes à deux heures de nuict, en vne petite Isle nommée *Apefingau*, esloignée d'vne lieuë et demie de l'emboucheure, et peuplée de pauures gens, qui ne viuent que de la pesche qu'ils font des aloses, encore n'en peuuent-ils garder que les œufs des femelles, à faute de sel, comme aux riuieres d'Auru et de Siaca, de l'autre costé de la mer Mediterranée.

CHAPITRE XIX.

Des choses qui se passerent à mon arriuée au Royaume de Queda, en la côte de la terre ferme de Malaca, et de ce qui m'aduint aussi durant le sejour que i'y fis.

Le lendemain matin, partis que nous fusmes de ceste Isle de Fingau, nous courusmes la côte de la mer Oceane, vingt-cinq lieuës durant, iusque à ce que nous embouchasmes en fin le détroit de *Minhagaruu*, par où nous estions entrés; puis passans la contre-côte de ceste autre mer Mediterranée, nous continuasmes nostre route le long d'icelle, et arriuasmes en fin pres de Pullo Bugay : là nous trauersasmes la terre ferme, et passant par le port de Iunçalan, nauigeasmes deux iours et demy auec vn vent fauorable. En suitte de cela ayant gaigné la riuiere de Parles, au Royaume de Queda, nous y fusmes cinq iours à l'anchre, en attendant que le vent fust propre pour passer outre. Pendant ce temps-là, le Mahometan et moy, par le conseil de quelques Marchands du païs, nous nous en allasmes visiter le Roy auec vn Odiaa, ou present de plusieurs choses conuenables à nostre dessein, qu'il receut auec de grandes demonstrations d'en estre content. Comme nous fusmes arriuez en sa Cour, nous treuuasmes qu'auec vn grand appareil, accompagné de belle Musique, de dances, de cris d'allegresse, et de quantité de pauures ausquels il donnoit à manger, il faisoit solemnellement la pompe funebre de son pere, que luy-mesme auoit poignardé, en intention d'espouser sa propre mere, apres l'auoir engrossée. Dequoy n'estant pas content, pour esuiter les murmures qu'vn acte si meschant et si horrible eust peu causer parmy le peuple, il fist publier que sur peine d'vne mort fort rigoureuse, aucun ne fust si hardy que de parler de ce qui s'estoit passé ; pour raison dequoy il nous fut dit en ce lieu, que par vne nouuelle maniere de tyrannie il auoit desia faict mourir les Principaux de son Royaume, et quantité de Marchands, dont il auoit faict confisquer les biens à son profit, et mis par ce moyen plus de deux millions d'or dans ses coffres. Ainsi lors que nous y arriuasmes, nous apperceusmes que l'apprehension estoit si grande parmy le peuple, qu'il n'y auoit celuy pour hardy qu'il fust, qui osast lascher la moindre parole sur ce subject. Or d'autant que le Mahometan mon compagnon, qui s'appelloit Coja Ale estoit naturellement libre de la langue, et homme qui ne feignoit point de dire tout ce qui luy venoit à la fantaisie, il se fist accroire que pour estre Estranger, et facteur du Capitaine de Malaca, il pouuoit auec plus de liberté que ceux du païs, dire tout ce que bon luy sembloit, sans que le Roy le deust punir pour cela, comme ses sujets. Mais il se treuua bien loing de son compte, et ceste presomption luy cousta la vie ; car estant invité en vn festin par vn autre Mahometan comme luy, qui se disoit son parent, et qui estoit Marchand Estranger, natif de Patane ; comme l'un et l'autre se furent bien remplis de vin et de viande, à ce que i'ay sceu depuis, ils se meirent à discourir hardiment, et sans aucun respect des brutalitez, et des parricides du Roy ; dequoy ils eurent à peine ouuert la bouche, que le Roy en estant aduerty par des epions qu'il auoit de tous costez pour ce suject, fist incontinent assieger la maison, et prendre les conuiez, qui estoient dix-sept de nombre ; ces miserables estants amenez deuant luy, estroittement garottez, il ne les eust pas si tost veus, que sans observer aucune forme de Iustice, et sans vouloir escouter leurs raisons bonnes ou mauuaises, il les fist tous cruellement mettre à mort ; ils finirent leurs iours d'vn supplice qu'ils appellent entr'eux *Gregoge*, qui est tel, qu'on scie les pieds, les mains, et le col à ceux qu'on y a condamnez, et finalement le milieu du corps iusqu'à l'eschine, comme ie l'ai veu depuis. Ceste execution faicte, le Roy craignant que le Capitaine de Malaca ne s'offençast de ce qu'il auoit ainsi faict mourir son facteur auec les autres seditieux, et que pour ce subject il ne fist arrester quelques marchandises qu'il auoit à Malaca, m'envoya querir la nuict suiuante au Iurupango où i'estois endormy, sans auoir sceu aucune chose de ce qui s'estoit passé; ie m'en allay donc au palais du Roy à l'heure de minuit, et vis dans la basse court vn grand nombre d'hommes armez de cuirasses, de coutelas, et de lances; et il faut que i'aduouë que la veuë de ces gens-là me sembla vne nouueauté si estrange, qu'elle me mist dans vne confusion de défiance, et de pensées, pour n'estre aduerty d'où cela pouuoit proceder, et craignant que ce ne fût quelque trahison pareille à celles qu'ils ont autresfois pratiquées contre nous, dont ie voulus m'en retourner; ceux qui me menoient, connoissants que ma peur venoit de ces soldats que ie voyois ainsi en armes, me dirent que je n'apprehendasse aucune chose, et que c'estoient des gens que le Roy enuoyoit dehors pour prendre vn voleur. Voyla ce qu'ils me dirent pour me r'asseurer, dequoy toutesfois ie fus si peu satisfaict, qu'vne soudaine peur me saisissant à l'instant, il ne me fut pas possible de proferer la moindre parole qui leur fust intelligible. Neantmoins m'estant vn peu remis, ie leur fis entendre le mieux que ie peus, qu'ils me permissent de m'en retourner au vaisseau, pour y chercher des clefs que i'y auois oubliées, et que pour recompence ie leur baillerois quarante escus en or. A quoy les sept hommes qui me menoient firent responce, qu'ils ne me laisseroient point partir de-là, quand mesme ie leur donnerois tout l'argent de Malaca, et que s'ils m'accordoient cela, le Roy leur feroit trancher la teste. Ceste response redoubla mon apprehension; Ioinct qu'en mesme temps ie me vis enuironné de quinze ou vingt de ceux qui estoient en armes, qui me garderent toute la nuict. Le lendemain matin ils s'en allerent dire au Roy que i'estois là; tellement qu'vn peu apres l'on me fist entrer pour parler à luy. Il faut que j'aduouë que ie n'eus iamais si belle peur, et que i'estois alors plus mort que vif. Ainsi entré que ie fus en la seconde cour, ie treuuay le Roy monté sur vn Elephant, et accompagné de plus de cent hommes, sans y comprendre ses gardes qui estoient encore en plus grand nombre. Comme il me vid venir à luy, tout troublé que i'estois, et hors d'haleine, il me dit par deux fois, *Iaugano tacor*, qui signifie, *N'ayes point de peur, mais vien-t'en pres de moy, et tu sçauras le subject pourquoy ie t'ai envoyé querir.* Là-dessus ayant faict signe de la main à dix ou douze de ceux qui estoient plus proches de luy : par mesme moyen il me fist signe aussi que ie regardasse. Ie tournay donc ma veuë du costé qu'il me monstroit, et vis quantité de corps estendus sur la place, et noyez dans vne grande mare de sang, entre lesquels ie recogneu le More Cojaale, auec qui i'estois venu. Ce que i'eus bien à peine apperceu qu'à mesme temps ie perdis les sentiments et le peu de forces qui me restoient. Alors comme vn homme troublé et hors de soy-mesme, me iettant au pied de l'Elephant sur lequel le Roy estoit monté : Seigneur, luy dis-je la larme à l'œil, oblige moy ie te prie de me prendre pour ton esclaue, plustost que de faire finir mes iours par les tourments qui ont osté du monde les corps que voila ; ie te iure par la foy de Chrestien que ie n'ay point merité la mort, comme ne t'ayant iamais offensé. Qu'il te souuienne aussi que ie suis nepueu du Capitaine de Malaca, qui te donnera pour moy telle somme d'argent que tu voudras, joinct que tu as dans ton port le Iuonpango dans lequel ie suis venu, auec quantité de marchandises, que tu peux prendre dés maintenant s'il te plaist ainsi. M'oyant parler de ceste sorte, « A Dieu ne plaise, s'escria-il, que ie face iamais telle chose, non, non,

« n'ayes point de peur, assie toy seulement, et te
« r'asseure, car ie voy bien que tu es tout effrayé;
« puis lors que tu seras hors d'apprehension et
« en estat de m'ouyr, ie te diray pourquoy i'ay
« faict tuer le More qui est venu auec toy, et
« sans mentir s'il eust esté Portugais ou Chres-
« tien, ie te iure par ma Loy que ie ne l'eusse
« point faict mourir, quand mesme il m'eust tué
« mon propre fils. » Mais recognoissant que pour
tout ce qu'il me pouuoit dire, la peur ne me
quittoit point, et que l'asseurance qu'il taschoit
de me donner par ces paroles n'estoit pas capable de me remettre, il me fist apporter vn pot
tout plain d'eau, de laquelle ie beu quantité,
auec cela il commanda à vn des siens de me faire
vent auec vn esuentail, afin de me rafraischir.
En ceste action se passa vne bonne heure de
temps, à la fin de laquelle ayant recogneu que la
peur m'auoit quitté peu à peu, et que ie pouuois respondre d'vn bon sens aux demandes
qu'il me feroit. Portugais, me dit-il, ie sçay bien
que les jours passez l'on t'a dict que i'ai tué mon
Pere, comme en effect ie l'ay mis à mort, pour
ce que i'ay sceu qu'il me vouloit tuer luy-mesme,
poussé à cela par les rapports de quelques esclaves qui luy avoient faict accroire que ma mere
estoit enceinte de mon faict, dequoy iamais ie
n'ay eu la moindre pensée : par où tu peux voir

ce que peuuent les mauuaises langues. Il est bien vray qu'estant asseuré que sans aucune raison il vouloit adjouster foy à ces faux rapports, et mesmes qu'il auoit desia conspiré contre ma vie, ie l'ay preuenu pour m'exempter de danger, tellement que par ce moyen ie l'ay pris dans les pieges que luy-mesme m'auoit tendus. Mais Dieu sçait combien ç'a esté contre ma volonté que telle chose est aduenuë, et comme quoy i'ay tousiours faict gloire de luy rendre les deuoirs d'vn fils tres-obeïssant, comme l'on peut voir encore à présent : car pour empescher que ma mere ne reste point seule triste et desolée, comme sont beaucoup d'autres vefues, me voyant estre la cause de son malheur, et obligé de la soulager, ie te laisse à penser maintenant si l'on me doit blasmer autrement qu'à tort, puisque pour elle i'ay refusé plusieurs grands partis que l'on m'auoit proposés, tant à Pataue, Berdio, Tanauçarin, Siaca, Iambe, qu'en Andragie, qui n'estoient pas moins que sœurs et filles de Roys que l'on me vouloit donner avec de riches doüaires. Voyant doncques que l'on auoit semé ces faux bruits de moy, pour arrester les langues des mesdisans qui parlent effrontément de tout ce qui leur vient en la pensée, i'ay faict publier que nul ne fust si hardy de parler de ceste affaire. Mais d'autant que sans auoir esgard à mes defenses, ce tien compagnon que tu vois là estendu en la compagnie de ces autres chiens tels que luy, dict hier de moy publiquement tant de mal, que i'ay honte de le raconter, alleguant meschamment que i'estois vn pourceau, ou pire qu'vn pourceau mesme, et ma mere vne chienne chaude; pour le punir de ses calomnies, et conserver mon honneur, i'ay esté contrainct de le faire executer, ensemble ces autres chiens qui n'ont pas esté moins mesdisans que luy. C'est pourquoy ie te prie instamment, qu'en qualité de mon amy tu ne treuues point estrange mon proceder, pource qu'autrement i'en serois fort affligé. Que si de fortune tu t'imagines que ie l'aye faict à dessein, afin de prendre la marchandise du Capitaine de Malaca; asseure-toy que ie n'en ay iamais eu la volonté. Car c'est vne chose que tu luy peux certifier veritablement; mesme ie te iure par ma Loy, que i'ay tousiours esté grand amy des Portugais, et le seray toute ma vie. Alors ayant vn peu relasché de l'émotion que i'auois euë n'aguere, ie luy respondis que son Altesse auoit fort obligé son grand amy et frere le Capitaine de Malaca, par l'execution de ce Mahometan, qui auoit desrobé vne partie de la marchandise dont il estoit conducteur, et que reconnoissant que sa meschanceté estoit découuerte, il m'auoit voulu empoisonner par deux fois; à quoy j'adjoustay que ce chien estant yure ne cessoit d'aboyer contre tout le monde, et disoit tout ce qui luy venoit à la bouche. Ceste responce ainsi faicte à l'improuiste, et de telle sorte que ie ne sçauois ce que ie disois, ne laissa pas de contenter le Roy, qui me faisant approcher de luy; Certainement, continua-il, par ce que tu viens de me respondre, ie connois que tu es homme de bien, et grandement mon amy; car pour ce que tu es tel, tu expliques mes actions en bonne part; au contraire de ces chiens, ou de ces mâtins que tu voy là couchez et veautrez dans leur propre sang. Ayant dict cela, il osta de sa ceinture vne bajonette garnie d'or, et me la donna, auec vne lettre qu'il addressoit à Pedro de Faria, il me congedia par mesme moyen auec de tres-foibles excuses, de ce qu'il auoit faict tuer ce Mahometan; ie me separay donc d'auec luy le mieux que ie peus, l'asseurant que ie tarderois encore en ce lieu dix ou douze iours. Ie ne le fis pas neantmoins, et m'embarquay tout incontinent dans mon Iurupango, où ie fus à peine arriué, que sans attendre vn seul moment, ie fis faire voile à mes matelots, et laissay l'anchre en mer, m'imaginant tousiours que ceux du pays venoient apres moy pour me prendre, à cause de la grande peur, et de l'extréme danger de mort que i'auois couru quelques heures auparauant.

CHAPITRE XX.

De ce qui m'arriua depuis que ie fus party de la riuiere de Parles, iusqu'à mon retour à Malaca, et des relations que ie fis de certaines choses à Pedro de Faria.

Estant party de la riuiere de Parles, vn Samedy enuiron Soleil couché, ie fis toute la diligence qui me fut possible, et continuay ma route iusqu'au Mardy suiuant, qu'il pleust à Dieu me faire arriuer aux Isles de Pullo Sambillan, premiere terre de la côte de Mallayo. Là de bonne fortune ie treuuay trois Nauires Portugais, deux desquelles venoient de Bengala, et l'autre de Pegu, où commandoit Tristan de Gaa, qui auoit autresfois esté Gouuerneur de la personne de Dom Laurens, fils du Vice-Roy Dom François d'Almeda, qui depuis fût mis à mort par Miroocem à la rade de Chaül, de quoy il est amplement traicté dans les Histoires du decouurement des Indes. Ce mesme Tristan me fournit beaucoup de choses dont i'avois vn extréme besoing, comme de cordages, et de mariniers; ensemble de deux soldats, et d'vn Pilote; puis luy-mesme, et les deux autres vaisseaux eurent tousiours soing de moy iusqu'au port de Malaca. M'y estant desembarqué, la premiere chose que ie fis, fût de m'en aller à la forteresse, pour y saluër le Capitaine, et luy rendre conte de tous les succez de mon voyage. Par mesme moyen ie l'entretins amplement sur ce que i'auois veu plusieurs riuieres, ports, et havres nouuellement descouuerts en l'Isle de Samatra, tant du costé de la Mer Mediterranée, que de l'Ocean. Ie luy parlay aussi du commerce des habitans du pays, qui iusques alors n'en auoient point eu encore auec les Portugais. En suitte de cela ie luy declaray quelle estoit toute ceste côte, quels ces ports, et quelles ces riuieres. A quoy ie n'oubliay point d'adjouster les situations, les haulteurs, les degrez, les noms, et les profondeurs des ports, suiuant l'ordre qu'il m'en auoit donné à mon partement. Auec cela ie lui fis vne description de la rade où s'estoit perdu Rosado, Capitaine d'vn vaisseau François, et un autre nommé Matalote de Brigas, aussi Capitaine d'vn autre Nauire, qui par vne tempeste de mer fut ietté dans le port de Diu, en l'an 1529. du regne de Sultan Bandur, Roy de

Cambaye. Ce Prince les ayant tous conuertis à la Loy Morisque, fut cause qu'ils renierent leur foy iusqu'au nombre d'octante deux, qui apres s'estre faits renegats, le suiuirent depuis en l'année 1533. et lui seruirent de Canonniers, en la guerre qu'il eut contre le Roy de Mogor, où ces miserables moururent sans qu'il en eschappast un seul. En outre ie luy apportay la description d'vn lieu propre à l'anchrage, dans la rade *Pullo Botum*, où se perdit autresfois le Nauire Bisquain, que l'on disoit estre celuy-là mesme dans lequel Magellan fist le tour du monde, et que l'on appelle le vaisseau *Vittoria*, qui trauersant l'Isle de Iooa, fist naufrage à l'emboucheure de Sonde. Ie luy fis aussi recit de plusieurs differentes nations, qui habitent le long de cest Ocean, et de la riuiere Lampon, d'où l'or de Menancabo est transporté au Royaume de Campar, sur les fleuues de Iambes et Broteo. Car les habitans du païs affirment que leurs Chroniques font foy, qu'en ceste mesme ville de Lampon, il y auoit anciennement vn Bureau de Marchands, estably par la Royne de Saba, dont quelques-vns tiennent qu'vn bien-facteur nommé Nausem, luy enuoya vne grande quantité d'or, qu'elle fist depuis porter au Temple de Hierusalem, lors qu'elle y fut voir le sage Roy Salomon. De là mesme quelques-vns tiennent qu'elle s'en reuint enceinte d'vn fils, qui succeda depuis à l'Empire d'Ethiopie, que nous appellons maintenant le Preste-Iean, de la race duquel les Abyssins se vantent d'estre descendus. Ie luy dis encore l'ordre qu'on tient ordinairement à la pesche de la semence des perles, qui se fait entre Pullo Tiquos, et Pullo Quenim, d'où les Batas en souloient anciennement porter quantité à Pazem, et à Pedir, que les Turcs du détroit de la Mecque, et les Nauires de Iudaa prenoient en eschange des marchandises qu'ils apportoient du grand Caire, et des ports de toute l'Arabie heureuse. I'obmets plusieurs autres choses que ie luy racontay, les ayant apprises du Roy des Batas, et des Marchands de la Ville de Panaju. Ioinct que ie luy baillay par escript l'information que i'auois faicte de l'Isle d'Or, dequoy il m'auoit grandement prié. Ie luy dis comme cette Isle est le long de la riuiere de Calandor, à cinq degrez du costé du Sud, enuironnée de plusieurs bancs de sable, et de grands courants d'eau ; qu'au reste elle peut estre esloignée d'enuiron cent soixante lieues de la poincte de l'Isle de Samatra ; de tous lesquels rapports Pedro de Faria demeura fort satisfaict, tant pour le regard de ce que ie luy en disois, que de la lettre que ie luy auois apportée de la part du Roy des Batas. Aussi en fist-il la relation tout de mesme au Roy Dom

Iouan troisiesme d'heureuse mémoire, qui l'année d'apres ordonna pour Capitaine à descouurir ceste Isle d'Or, François d'Almeida, Gentilhomme de sa maison, homme de merite, et grandement capable de ceste charge; comme en effect il l'auoit demandée au Roy long temps auparauant, pour recompense des seruices par luy rendus dans les Isles de Banda, de Molucques, de Ternate, et de Geilolo. Mais le malheur voulut que ce mesme François d'Almeida estant party des Indes pour s'en aller en ce lieu, mourut d'vne fiévre aux Isles de Nicubar. Dequoy le Roy de Portugal ayant eu des nouuelles certaines, il honora de ceste charge pour la seconde fois vn certain nommé Diogo Cabral, natif de l'Isle de Madere. Neantmoins la Iustice la luy osta depuis, par l'exprez commandement de Martin Alphonso de Sousa, qui pour lors estoit Gouuerneur; ce qui proceda en partie de ce qu'on disoit qu'il auoit murmuré contre luy. Il la bailla donc à Hierosme Figuercydo, Gentilhomme du Duc de Bragance, qui en l'année mil cinq cens quarante deux, partit de Goa auec deux Fustes, et vne Carauelle, où il auoit quatre-vingts hommes, tant Soldats, qu'Officiers de marine. Mais l'on tient que son voyage fut sans effect, pource que selon les apparences qu'il en donna depuis, il sembloit qu'il desirast de s'enrichir au de-là de son esperance, par l'ordre et la charge qu'il en avoit. Pour cet effet il passa vers la côte de Tanassery, où il prist quelques Nauires, qui venoient du détroit de la Mecque, d'Adem, d'Alcosser, de Iuda, et d'autres lieux de la côte de Perse. Et vrayement ce butin fut la seule cause de sa perte, et fist que pour ne l'auoir égallement partagé auec ses soldats, et n'estre demeuré d'accord auec eux, ils se mutinerent contre luy; si bien qu'apres luy auoir faict plusieurs indignitez, qu'il me semble n'estre pas à propos de mettre en auant, ils le lierent pieds et mains, et ainsi garotté le menerent en l'Isle de Ceilan : là il fut mis à terre, au port nommé Galle, et la Carauelle, ensemble les deux Fustes, furent amenées au Gouuerneur Dom Ioan de Castre. La necessité presente fist qu'il leur pardonna ceste faulte, à cause que soubs sa conduite ils accompagnerent l'armée qui s'en alloit à Diu, pour y secourir Dom Ioan Mascarenhas, que les Capitaines du Roy de Cambaye tenoient pour lors assiégé. Depuis, il ne se parla point du découurement de cette Isle d'Or, quoy que cela semble importer beaucoup au commun bien de ce Royaume de Portugal, s'il plaisoit à Dieu qu'on en pût venir à bout.

CHAPITRE XXI.

Comme il arriua à la forteresse de Malaca un Ambassadeur du Roy d'Aaru, et de ce qu'il y fist durant son sejour.

Vingt-cinq iours apres que ie fus arriué à Malaca, auec la mesme responce du Roy des Batas, dont i'ay desia fait mention; ie treuuay que Dom Estienne de Gama y estoit encore Capitaine de la forteresse. Cependant il y arriua vn Ambassadeur du Roy d'Aaru, pour luy demander secours de gens, ensemble quelques munitions de guerre, comme de la pouldre, et des balles, pour se deffendre d'vne grosse flotte que le Roy d'Achem faisoit acheminer contre luy, en intention de le priuer de son Royaume, et nous pouuoir estre plus proche voisin, afin qu'ayant gaigné ce passage, il luy fust à l'aduenir plus facile d'enuoyer ses armes contre nostre forteresse de Malaca, joinct que depuis peu trois cents Turcs luy estoient venus du détroit de la Mecque : dequoy Pedro de Faria ne fut pas si tost aduerty, que se representant combien importante estoit ceste affaire au seruice du Roy, et à la conseruation de la forteresse; il en donna aduis à Dom Estienne de Gama, qui apres l'auoir receu, fut encore Capitaine de ce mesme Fort, par l'espace de six sepmaines. Cela fut cause en partie qu'il s'excusa enuers luy de traitter du secours dont il estoit question, disant que le temps de son Gouuernement s'en alloit escheu, et que luy commençant le sien, le deuoir de sa charge l'obligeoit à disposer de cette affaire, et à penser au danger qui le menaçoit.

A ces paroles Pedro de Faria fist response, que s'il vouloit renoncer au temps qui lui restoit d'estre Gouuerneur, ou luy donner vne libre commission de disposer des magasins publics, il pouruoiroit au secours qu'il iugeroit necessaire. En vn mot sans m'amuser à desduire au long ce qui se passa entre l'vn et l'autre, il me suffira de dire que cet Ambassadeur fut entierement esconduit de sa demande par ces deux Capitaines, dont l'vn luy dit pour excuse, qu'il n'estoit encore entré en charge, et l'autre qu'il se voyoit sur le point de finir la sienne; il s'en retourna fort mal satisfaict de ce refus, et eust vn si grand ressentiment de l'iniustice qu'il croyoit estre faicte à son Roy, que le mesme matin qu'il s'embarqua, ayant rencontré fortuitement ces deux Capitaines à la porte de la forteresse, il dit tout haut deuant eux publiquement, et la larme aux yeux. « O Dieu! qui par un pouuoir et une Majesté souueraine, regnes au plus haut de tous les Cieux, c'est maintenant qu'auec des soupirs arrachez du plus profond de mon ame, ie te prends pour iuge en ma cause, et pour tesmoin du iuste sujet que i'ay de vous faire ceste requeste à vous autres Messieurs les Capitaines, et ce au nom de mon Roy fidele vassal qu'il est par hommage iuré par ses Ancestres à l'ancien Albuquerque, Lion espouuentable au bruit des vagues de la mer, au puissant Roy de toutes les nations, et aux peuples des Indes, qui sont aux terres du grand Roy de Portugal, qui nous promist qu'en cas que les Roys de ce Royaume ne rompissent iamais l'hommage de bons et fideles subjects, luy et ses successeurs s'obligeoient de le défendre contre tous leurs ennemis, comme leur souuerain Seigneur qu'il estoit. Puis qu'il est donc vray que nous n'auons point encore rompu cet hommage, quelle raison auez vous Messieurs de ne point accomplir ceste obligation et verité de vostre Roy, principalement puis que vous sçauez que pour son seul respect ce perfide Tyran d'Achem nous prend nostre païs. Car il n'a point d'autres raisons à nous reprocher, sinon que mon Roy est aussi bien Portugais et Chrestien, que s'il estoit né en Portugal. Et toutesfois maintenant qu'il vous prie de le secourir au besoin, en qualité d'alliez et de vrais amis, vous vous en excusez auec des raisons qui n'ont point de force. Car tout le secours que nous vous requerons pour nostre asseurance, et pour empescher que cet enuieux ne s'empare de nostre Royaume, est fort peu de chose, et nous vous demandons seulement quarante ou cinquante Portugais qui nous dressent en l'art militaire auec leurs armes et arquebuses, afin que ce nous soit vn moyen de prendre plus à gré la fatigue de la guerre. Auec cela nous vous prions de nous assister de quatre barils de poudre, et de deux cents boulets de pieces de campagne. Ce qui est fort peu de chose à comparaison de ce qui vous restera. Que si vous ne nous refusez point vostre ayde, outre que nous serons grandement satisfaicts de vostre amitié, nostre Roy vous en demeurera si fort obligé, qu'il seruira tousiours auec vne grande fidelité, comme esclaue et captif, le Prince du Grand Portugal vostre Maistre, et le nostre aussi, au nom duquel et du mien, ie vous supplie Messieurs, vne, deux, et cent fois que vous ne laissiez pas d'accomplir ce qui est de vostre deuoir, car ce que ie vous demande publiquement est de si grande importance, qu'en cela il s'agist d'auoir le Royaume d'Aaru pour vostre, et de rendre asseurée cette forteresse de

Malaca, afin que le Roy d'Achem nostre ennemy ne s'en puisse rendre maistre comme il desire, se seruant pour cet effect des mesmes moyens qu'il a cy-deuant practiquez, s'aydant à present de diuerses nations estrangeres, qu'il ne cesse de retirer dans son Royaume. Or d'autant qu'il luy importe grandement d'auoir le nostre, pource qu'il l'empesche plus que tout autre de mettre son dessein en execution, il le veut vsurper sur nous maintenant, en quoy son dessein n'est autre que de ne bouger de ce destroit auec ses armées, iusqu'à ce (comme les siens mesmes ne feignent point de s'en vanter tout haut) qu'il vous puisse empescher le commerce des drogues de Banda et des Molucques, ensemble le commerce et la nauigation des mers de la Chine, de Sunda, de Borneo, de Timor, et du Iappon. Dequoy nous sommes bien asseurez, pour l'auoir appris par l'accord qu'il a faict n'agueres auec le Turc par l'entremise du Bacha du grand Caire, qui luy a faict esperer qu'il l'assisteroit auec de grandes forces; ioinct que vous le pouuez encore auoir appris par les lettres que ie vous ay renduës. Ie vous remets derechef en memoire la requeste que ie vous fais auiourd'huy au nom de mon Roy, pour ce qui touche les seruices du vostre, de la part duquel ie vous requiers encore vne fois, que puis qu'à present vous pouuez mettre remede au mal que vous voyez sur le poinct d'estre conceu, vous l'effaciez promptement. Et ne sert de rien que l'vn de vous s'en excuse sur ce que le temps de son Gouuernement s'en va finy, et que l'autre allegue pour sa raison qu'il n'est point encore entré en charge, puis qu'il vous doit suffire de scauoir que tous deux estes esgalement obligez de le faire. »

Ayant finy ceste harangue en forme de requeste, qui pour lors ne luy fut en rien profitable, il se baissa contre terre, d'où il leua deux pierres, auec lesquelles il frappa sur vne piece d'artillerie; puis ayant presque les larmes aux yeux, « Le Seigneur qui nous a créées, adjous- » ta-il, nous deffendra s'il luy plaist. » Il s'embarqua à mesme temps, et partit auec vn grand mescontentement, pour la mauuaise response qu'il remportoit. Cinq iours apres son partement il fut dit à Pedro de Faria que l'on murmuroit sourdement par la ville, à cause du peu de respect que luy, et Dom Estienne auoient tesmoigné à ce Roy; combien qu'il fust leur amy, et des Portugais; joinct qu'il auoit rendu de fort bons offices à la forteresse, pour le subject de laquelle l'on prenoit maintenant son Royaume. C'est aduis luy faisant reconnoistre sa faute, et mesme auoir honte de son proceder, il tascha de le pallier par quelques excuses; puis il enuoya pour secours à ce Roy trois quintaux de pouldre à canon, vn demy quintal de pouldre fine, cent pots à feu, cent bales de Berches (pieces de canon ainsi nommées,) cinquante bales de faucons, douze harquebuzes, quarante sacquets de pierre, soixante morions, vne cotte d'armes faite d'escailles de lames de fer, auec des cloux dorez, le tout doublé de satin cramoisy pour sa personne; ensemble plusieurs autres vestements de diuerses sortes, et vne vingtaine de pieces de Caracas, qui sont des toiles peintes, ou des tapis de coton qui viennent des Indes, et des draps de Malayos, qui est ce de quoy ils s'habillent d'ordinaire en ce païs, tant pour sa femme, que pour ses filles; ainsi ayant mis tout cela ensemble dans vne Lanchare à rames, il me pria de les conduire et de les presenter de sa part au Roy d'Aaru. A quoy il adjousta que telle chose importoit grandement au seruice du Roy de Portugal, et qu'à mon retour auec ce qu'il me recompenseroit il me donneroit vne bonne paye; joinct qu'il m'employeroit en vn voyage où je pourrois faire fortune, ce que j'acceptay, et ce fut bien à la mal-heure, et pour mes pechez, à cause de ce qui m'en arriua depuis, comme l'on verra cy-apres. Ie m'embarquay doncques vn Mardy matin, cinquiesme d'Octobre 1539. et fis tant de diligence, que le Dimanche ensuiuant i'arriuay à la riuiere de Punetican, sur laquelle est située la ville d'Aaru.

CHAPITRE XXII.

Comment ie m'en allay trouuer le Roy d'Aaru, à qui ie donnay le present que Pedro de Faria luy enuoyoit, et de ce que ie fis estant auec luy.

Ie n'eus pas si tost gaigné la riuiere de Punetican, que ie mis pied à terre, et m'en allay droict à vne tranchée, à laquelle le Roy faisoit trauailler en personne à l'entrée de la riuiere, pour empescher le débarquement aux ennemis. M'estant presenté à luy, il me receut auec vne grande demonstration d'allegresse. Alors ie luy donnay la lettre que Pedro de Faria luy enuoyoit, par laquelle il luy faisoit esperer qu'à l'aduenir il l'iroit secourir en personne, s'il en estoit besoing, et y adjoustoit plusieurs autres compliments, qui ne coustoient rien à dire, dont le Roy se tinst pour grandement content; car il s'imaginoit desia que l'effect s'en deust ensuiure veritablement.

Mais apres qu'il eust veu le present que ie luy fis, qui consistoit en poudre, et en autres munitions; il en fut tellement ioyeux, que s'estant mis à m'embrasser; Mon bon amy, me dit-il, ie t'asseure que la nuict passée i'ay songé que de la forteresse du Roy de Portugal mon Maistre, me venoient tous ces biens que ie vois maintenant deuant moy, par le moyen desquels, auec l'assistance de Dieu i'espere deffendre mon Royaume, et le seruir comme i'ai tousiours faict iusqu'à maintenant; de quoy peuuent rendre bon tesmoignage tous les Capitaines qui ont cy-deuant commandé dans Malaca. Là-dessus apres s'estre enquis de moy de certaines choses qu'il desiroit sçauoir, tant pour le regard des Indes, que du Royaume de Portugal; il recommanda à ses gens le trauail de la tranchée, où tous s'occupoient auec beaucoup d'ardeur; puis me prenant par la main, tout à beau pied qu'il estoit, auec cinq ou six Gentils-hommes qu'il auoit prez de luy, sans aucune autre compagnie, il me mena droict à la ville, qui estoit à vn quart de lieuë de la tranchée; là il me fist vn fort bon accueil dedans son Palais, où il me traitta magnifiquement, et mesme il me fist saluer sa femme, chose qui se practique fort rarement en ce pays là, et que l'on impute à un honneur particulier. Alors me la faisant voir auec les larmes aux yeux, qu'il respandoit en grande abondance; Portugais, me dit-il, voicy le sujet pour qui ie redoute la venuë de mes ennemis; car n'estoit que ie suis retenu de ma femme, et engagé à ce que l'honneur m'oblige de faire; ie te iure par la Loy de bon More, que ie les preuiendrois en leurs desseins, sans y employer d'autres hommes que les miens. Car ce n'est pas d'aujourd'huy que ie sçay quel homme c'est que le perfide Achem, ensemble combien loing s'estend sa puissance. Et sans mentir, c'est le seul or qu'il possede en abondance, qui couure la foiblesse des siens, et par le moyen duquel il gaigne les forces des Estrangers, dont il se sert tous les iours. Or afin que tu acheue d'oüir combien vile, triste, et odieuse est la pauureté et combien elle est nuisible à vn pauure Roy, tel que ie puis estre; vien-t'en auec moy, et par ce peu de choses que ie te feray voir à present, tu connoistras s'il n'est pas vray que la fortune m'a esté grandement chiche de ses biens. Cela dit, il me mena dans son Arcenal, qui estoit couuert de chaume, et me monstra tout ce qu'il y auoit dedans, dont il poüuoit dire auec raison que ce n'estoit rien à comparaison de ce dequoy il auoit besoing pour repousser l'effort de deux cens trente vaisseaux, remplis de gens aguerris, tels que sont les Achems, meslez auec les Turcs Malabares; En suitte de cela, me racontant auec vne action fort triste, comme vne personne qui par ce recit qu'il me faisoit, déchargeoit son cœur de la grande peine où il estoit, et de l'affront qui le menaçoit; il me dit, qu'il n'auoit pour tout que six mille hommes Aaruns, sans secours d'aucune autre personne, ensemble 40. pieces de petite artillerie, comme Fauconneaux et Berches, où il y auoit aussi vn demy Spoir de fonte, qui luy auoit esté vendu autresfois par vn Portugais, nommé Antonio Garcia, jadis Receueur des peages, ports, et entrées de la forteresse de Pacem, que George d'Albuquerque auoit depuis faict escarteler dans Malaca, à cause qu'il traittoit par lettres auec le Roy de Binthan, par vne maniere de trahison qu'ils tramoient ensemble. Par mesme moyen il me dit qu'il auoit aussi quarante mousquets, vingt-six Elephans, cinquante hommes de cheual pour garder la place, dix ou douze milliers de bastons à demy bruslez, et qu'ils nomment *Salignes*, dont les pointes estoient frottées de poison; et pour deffendre la tranchée cinquante lances, quantité de pavois, mille pots de chaux viue, reduitte en poussiere, pour s'en seruir lors qu'on l'attaquerait, au lieu des pots de feu; ensemble trois ou quatre barques toutes chargées de gros cailloux. En vn mot il m'entretint de ses autres miseres et pauuretez, qui me firent connoistre qu'il estoit tellement despourueu des choses qui luy estoient fort necessaires pour remedier à vne si grande necessité, que ie ugeay dés l'heure que les ennemis n'auroient pas beaucoup de peine à s'emparer de ce Royaume. Neantmoins m'ayant demandé ce qui me sembloit de ceste abondance de munitions qui estoit dans ses magasins, et s'il en auoit assez pour receuoir les hôtes qu'il attendoit; Ie luy respondis qu'oüy, et que cela suffisoit pour les traicter : mais luy reconnoissant mon dessein, fut quelque temps à songer, puis branslant la teste; Certainement, me dit-il, si le Roy de vos autres Portugais, sçauoit maintenant le grand gain que ce luy seroit, si ie ne perdois mon Royaume, et aussi combien il perdroit, si les gens d'Achem me prenoient Aaru, il chastieroit sans doute le peu de soing de ses Capitaines, lesquels, aueugles qu'ils sont, et veaultrez dans leur auarice, ont laissé prendre pied si auant aux forces de mon ennemy, que i'ay belle peur que lors qu'ils le voudront tenir en bride, ils ne le puissent faire, ou s'ils le peuuent, que ce ne soit auec vne grande despence. Ie voulu respondre à ces paroles qu'il m'auoit dites auec vn extréme ressentiment; mais il me défist toutes mes raisons par des veritez si claires, que ie n'eus plus le courage de luy faire aucune responce, pour n'auoir dequoy contredire toutes ses plainctes

D'ailleurs, il me representa plusieurs actions assez noires et criminelles, dont il chargeoit quelques particuliers. Dequoy ie suis bien content de ne rien escrire, tant pour ne m'esloigner de mon recit, que pour n'auoir fait dessein de descouurir les fautes d'autruy. Pour conclusion de son discours, il me dit le peu de chastiment ordonné aux coulpables de ces choses, et les grandes recompenses qu'il auoit veu faire à ceux qui ne l'auoient point merité. A quoy il adjousta, que si le Roy desiroit d'accomplir entierement le debuoir de sa charge, et conquester par armes des peuples si esloignez de son Royaume, et les conseruer; il luy estoit aussi necessaire de punir les meschans, que de récompenser les gens de bien. Toutesfois, que si par aduanture il estoit tel de croire que la nonchalance, et le peu de soing de chastier les criminels, luy pûssent acquerir le tiltre de debonnaire; qu'en tel cas ses subjets n'auroient pas si tost reconneu si cela procedoit de son inclination naturelle, qu'ils prendroient à l'heure mesme telle liberté qu'ils voudroient; ce qui pourroit estre cause à l'aduenir, de reduire les forces de ses conquestes, au mesme estat où Malaca se voyoit reduitte. Ceste harangue finie, il se retira dans sa maison, et m'enuoya loger en celle d'vn Marchand Gentil, natif du Royaume d'Andragie, qui durant cinq iours que i'y demeuray me traitta magnifiquement; quoy que pour en dire le vray, en ce temps-là i'eusse treuué bien plus agréable quelque pauure viande en vn autre logis que le sien, pour ce que ie m'y fusse tenu plus asseurément, car en ceste maison ie n'estois qu'en crainte, pour les continuelles allarmes que les ennemis y donnoient; joinct que le lendemain de mon arriuée, des nouuelles certaines vindrent au Roy, que les gens d'Achem estoient desia partis de leur pays, et qu'auparauant qu'il fust huit iours ils arriueroient. Ce qui fut cause que le Roy se hasta de tout son possible, tant pour donner ordre aux choses ausquelles il n'auoit pas encore pourueu, qu'à faire sortir de la Ville les femmes, et tous ceux qu'il iugea n'estre propres au combat; comme ils furent dehors, il commanda qu'ils se retirassent 5. ou 6. lieuës auant dans le bois, ce qui fut executé auec vn désordre où la pitié se mesloit si fort, que i'en estois effrayé moy-mesme, et Dieu sçait si ie ne me repentois pas d'y estre venu, car à n'en point mentir, c'estoit vne chose bien digne de compassion de voir comme quoy la Royne faisoit sa retraitte dans le bois, montée sur vn Elephant, accompagnée de quarante, ou de cinquante vieillards qui la suiuoient peslemesle, si transis de peur, que i'acheuay d'inferer par là que les Achems prendroient infailliblement ce pays auec fort peu de despence. Cinq iours apres mon arriuée, le Roy m'enuoya querir et me demanda quand ie m'en voulois en aller; à quoy ie fis responce que ce seroit quand sa grandeur me le commanderoit, mais que ie serois bien-aise que ce fust au plutost, pour ce que le Capitaine me deuoit enuoyer à la Chine auec ses marchandises; Tu as raison, me respondit-il, puis ostant deux brasselets d'or massif qu'il portoit aux poignets, et qui pesoient enuiron trente escus d'or; Ie te prie, me dit-il en me les baillant, de ne m'imputer point à auarice si ie te donne si peu de chose : car tu peux t'asseurer que mon desir a tousiours esté d'auoir beaucoup pour donner beaucoup. Par mesme moyen tu donneras de ma part cette lettre, et ce diamant à ton Capitaine à qui tu diras que ce que ie crois luy deuoir de surplus pour les plaisirs qu'il m'a faict en me secourant de ses munitions qu'il m'a enuoyées par toy, ie remets à les luy apporter moy-mesme, lors qu'auec plus de repos que ie n'en ay maintenant, ie me verray desliuré de mes ennemis.

CHAPITRE XXIII.

Des choses qui m'arriuerent apres mon partement d'Aaru.

Ayant pris congé du Roy d'Aaru, ie m'embarquay tout incontinent, et partis presqu'à Soleil couché, allant à val la riuiere à force de rames, iusques à vn hameau qui est à son emboucheure, composé de dix ou douze maisons couuertes de chaume. Ce lieu n'est habité que de gens fort pauures, et qui ne gaignent leur vie en ce païs qu'à tuer des Lezards, du foye desquels ils font du poison pour frotter les poinctes des flesches dont ils combattent. Car le poison de ce lieu, principalement celuy qu'ils nomment *Pocausilim*, est tenu d'eux pour le meilleur de ces contrées, à cause que la blessure en est sans remede. Le lendemain apres que nous fusmes partis de ce hameau, nous fismes voile le long de la côte auec vn vent de terre, iusqu'au soir que nous doublasmes les Isles de Anchepisan, puis le reste du iour, et partie de la nuict nous cinglasmes en mer pour nous esloigner de terre. Mais enuiron la premiere garde le vent se changea en Nordest, car tels vents sont ordinaires en ceste Isle de Samatra : ce qui fist que la mer fut esmeuë de telle sorte par la violence de la tourmente, que nous pensions tous estre perdus, à cause que nostre Lanchare n'auoit plus, ny mast, ny voile, l'vn et l'autre ayant esté mis en pieces par la tempeste; d'ailleurs l'eau y entroit desia par trois endroicts proches de la quille, et l'abondance en fut si grande en fort peu de temps, qu'incontinent nous allasmes à fonds sans pouuoir sauuer aucune chose que ce fust. Peu de gens aussi s'eschapperent, car de vingt-huict hommes que nous estions dedans, il y en eust vingt-trois de noyez en moins de demy quart d'heure. Pour nous autres cinq qui restasmes par la misericorde de Dieu, tous blessez que nous estions, nous passasmes le reste de la nuict sur des escueils, où les vagues de la mer nous ietterent. Là tout ce que nous peusmes faire fut de nous plaindre les larmes aux yeux, du triste éuenement de nostre infortune. Et d'autant qu'en ce temps-là nous ne sçauions, ny quel conseil prendre, ny quelle route, à cause que le païs estoit tout marescageux, et enuironné d'vne si espoisse garenne, qu'vn oyseau, pour petit qu'il fust, eust peu difficilement passer à trauers les branches, tant ses arbres sauuages estoient touffus; nous demeurasmes donc là par l'espace de trois iours accroupis sur le petit rocher, où nous n'avions pour tous aliments que les limons et les immondices que l'escume de la mer y produisoit. Apres ce temps-là que nous passasmes miserablement, et auec beaucoup de peine, sans sçauoir à quoy nous resoudre, nous marchasmes tout vn iour le long de l'Isle de Samattra, enfoncez dans la vase iusqu'à la ceinture, et enuiron le Soleil couché nous arriuasmes à l'embouchure d'vne petite riuiere, large d'vn traict d'arbalestre, que nous n'osasmes entreprendre de passer à nage, pour estre profonde, et nous fort lassez. Ainsi nous fusmes contraincts de passer toute la nuict en ce lieu, enfoncez dans l'eau iusqu'au col. A ceste misere estoit jointe la grande incommodité que nous apportoient les taons et des mouscherons, qui sortis des bois prochains nous picquoient de telle sorte, qu'il n'y auoit pas vn de nous qui ne fust tout en sang. Le lendemain, si tost que nous apperceusmes le iour, qu'vn chacun de nous desiroit fort de voir, bien que nous eussions peu d'esperance de viure, ie demanday à mes quatre compagnons, tous Mariniers, s'ils connoissoient ce pays-là, et s'il n'y auoit point aux enuirons quelque hameau où l'on pût treuuer du monde? Surquoy le plus vieil de tous, qui estoit marié à Malaca, ne pouuant retenir ses larmes; Hélas, me respondit-il, le lieu qui nous est maintenant le plus propre à vous et à moy, c'est le seiour de la mort, que par la miraculeuse assistance du Tout-Puissant, il faudra que nous rendions conte de nos pechez deuant qu'il soit peu de temps. Voilà pourquoy il est necessaire de nous tenir prests, sans differer dauantage, puis qu'il est certain que nous deuons bien-tost espreuuer vne peine beaucoup plus grande que celle que nous endurons à present; prenons donc en patience ce qui nous est enuoyé de la main de Dieu. Pour moy ie te prie de ne perdre point courage, quelque chose que tu voye, et que l'apprehension de mourir ne t'effraye point, puisque tout bien consideré il n'importe que ce soit aujourd'huy, ou demain. Cela dit, il m'embrassa fort estroittement, et auec les larmes aux yeux, il me pria de le faire Chrestien; pour ce, disoit-il, qu'il tenoit pour vne chose asseurée, laquelle il confessoit et croyoit fermement, qu'il luy suffisoit de l'estre pour sauuer son ame; ce qu'il ne pouuoit faire autrement dans la maudite secte de Mahomet, où il auoit vescu insqu'alors, et de quoy il demandoit pardon à Dieu. Ayant acheué de proferer ces dernieres paroles, il demeura mort entre mes bras. Car il estoit si foible qu'il n'en pouuoit plus, tant pour n'auoir mangé de long-temps, que

pour vne grande blesseure que le fracas de la
Lanchare luy auoit faicte à la teste, par où l'on
luy voyoit toute la ceruelle gastée et pourrie,
comme n'ayant esté pansé; joinct que dans sa
playe il y estoit entré vne quantité d'eau salée,
et que les mouscherons l'auoient endommagée
par leur morsure. Et certainement ce fut bien
à mon grand regret que ie ne le peu secourir,
tant pour le peu de commodité que i'en auois,
que pour me treuuer si foible, que presque à
chasque pas que ie faisois, ie tombois dans l'eau
comme esuanoüy, à cause de la grande abondance de sang que ie perdois, pour les blesseures
que i'avois à la teste, et sur les espaules. L'ayant
ensepuely dans la vase le mieux que nous peusmes, les autres trois Mariniers et moy prismes
resolution de trauerser la riuiere, pour nous en
aller dormir sur des grands arbres que nous
voyons de l'autre costé, de crainte des Tygres et
des Crocodiles dont ceste contrée est plaine,
sans y comprendre beaucoup d'autres animaux
fort veneneux, comme vne infinité de ces couleuures chapperonnées, dont i'ay parlé cy-deuant
au 14. chap. et tout plain d'autres serpents
esmaillez de verd et de noir, dont le venin est
si contagieux, qu'ils tuënt les personnes seulement de leur haleine. Ceste resolution ainsi
prise, i'en prié deux de passer les premiers, et

l'autre de demeurer auec moy pour me soulager dans l'eau, à cause que pour mon extreme foiblesse ie pouvois à peine me soustenir sur les pieds. Alors voila que l'vn des deux se ietta tout incontinent dans l'eau, tous deux nous exhortans à les suiure, et à n'auoir point de peur. Mais hélas! ils furent à peine au milieu de ceste riuiere, qu'ils se veirent attaquez par deux grands Lezards, qui tout deuant nous, et en vn instant les meirent en pieces, et les traisnerent à fonds, laissants la riuiere toute sanglante, ce qui nous fut vn objet si effroyable, que nous n'eusmes pas mesme la force de crier; et pour moy ie ne sçay, ny qui me tira hors de l'eau, ny comme quoy i'eschappay. Car ie m'estois desia mis dans l'eau iusqu'à la ceinture, auec cest autre marinier qui me tenoit par la main, à qui l'apprehension du danger present auoit osté la connoissance de soy-mesme.

CHAPITRE XXIV.

De quelle rencontre ie fus mené en la Ville de Siaca, et de ce qui m'y aduint.

Me treuuant reduit à l'extremité que ie viens de dire, ie fus plus de trois heures si hors de moy, que ie ne pouuois ny parler, ny pleurer. A la fin l'autre marinier et moy nous remismes dans la mer, où nous fusmes le reste de la iournée. Le lendemain matin ayant descouuert vne barque qui s'en venoit chercher l'emboucheure de la riuiere; si tost qu'elle fut pres de nous, nous sortismes hors de l'eau, et nous mettant à genoux auec les mains jointes, et esleuées, nous les priasmes de nous venir prendre. A l'heure mesme ils cesserent de ramer, et considerants le miserable estat où la fortune nous auoit reduits, ils iugerent incontinent que nous auions faict naufrage. De manière qu'apres nous auoir abordez, ils nous demanderent ce que nous desirions d'eux. A cela nous leur respondismes que nous estions Chrestiens, habitans de Malaca, et qu'à nostre retour d'Aaru la tempeste nous auoit ainsi mal-traittez depuis neuf iours; qu'au reste nous les prions pour l'amour de Dieu de nous emmener auec eux où bon leur sembleroit. Là-dessus il y en eust vn parmy eux, que nous iugeasme estre le principal, qui prenant la parole, à ce que je voy, nous dit-il, vous n'estes pas en estat de nous pouuoir seruir, et gaigner la despence que vous nous ferez, si nous vous receuons dedans nostre barque. C'est pourquoy, si vous auez quelque argent caché, il est à propos que vous nous le donniez auparauant, et puis nous vserons enuers vous de la charité que vous nous demandez par vos larmes. Car autrement c'est en vain que vous esperez quelque remede de nous. Cela dit, ils firent semblant de s'en vouloir retourner, si bien que nous les priasmes derechef en pleurant de nous receuoir pour esclaues, et de nous aller vendre où il leur plairoit; à quoy i'adjoustai qu'on leur donneroit pour moy telle rançon qu'ils voudroient, comme ayant l'honneur d'appartenir de bien prez au Capitaine de Malaca; bien, nous respondirent-ils alors, nous sommes contents de n'user pas davantage de refus, à condition que si ce que tu dis n'est veritable, apres t'auoir lié les pieds et les mains, nous te ietterons tout vif dans la mer. Leur ayant repliqué de le faire ainsi en cas que cela ne fust, il y en eut quatre parmy eux qui se ietterent à terre tout aussi tost, et nous meirent dans leur barque; car nous estions si foibles alors, et en si piteux estat, que nous ne pouuions nous remuer. Comme ils nous y tindrent dedans s'imaginants que par le moyen des fers, et du foüet, ils nous feroient confesser où nous auions caché nostre argent, se persuadans tousiours que nous leur en donnerions, ils nous firent lier tous deux au pied du mast, puis auecque deux doubles cordes ils nous mirent tous en sang, nous frappans en hommes insensibles à la pitié. Or d'autant qu'à force de me battre ils m'auoient rendu demy mort, pour me faire reuenir, ils ne me donnerent point à moi comme à mon compagnon, d'vn certain breuuage composé d'vne maniere de chaux, destrempée dans de l'vrine, dont l'effect fut tel, qu'en ayant pris, vn si furieux vomissement le surprist, qu'il vuida ses poulmons, et son foye; de sorte qu'il en mourut vne heure apres. Et par ce que dans ce qu'il vomit ils n'y treuuerent point d'or comme ils esperoient, Dieu voulut que cela fust cause qu'ils ne m'en firent point autant qu'à luy, mais seulement ils me lauerent les playes qu'ils m'auoient faictes à coups de foüet, auec le mesme breuuage, pour empescher que ie n'en mourusse. Ce qui toutesfois me causa vne douleur si extréme, que i'en fus à l'article de la mort.

Estant party de ceste riuiere, que l'on nomme *Arissumhée*, nous allasmes le lendemain apres disner prendre terre en vn lieu dont les maisons estoient couuertes de chaulme, appellé Ciaca, qui est du Royaume de Iambes, là ils me tindrent vingt-sept iours, durant lesquels assisté de la faueur diuine, ie receus vne entiere guerison de mes playes. Alors ceux qui auoient part à ma personne, qui estoient sept de nombre, voyant que ie ne leur pouuois estre vtile en leur mestier, qui estoit de ne bouger de l'eau pour pescher, m'exposerent à l'encan par trois fois, sans qu'il se treuuast iamais personne qui me voulust achepter. Ce qui fût cause que se défiants de me pouuoir vendre, ils me meirent hors de leur maison, pour ne me point donner à manger, puisque ie ne leur estois propre à rien. Il y auoit desia trente-six iours que i'estois hors de leur pouuoir, abandonné par ces inhumains, et mis à la pasture comme vn cheual de rebut, sans qu'il me restast d'autre inuention pour viure, que de demander de porte en porte quelque petite aumosne, que l'on me donnoit fort rarement, à cause que tous ceux de ce pays estoient grandement pauures, lors qu'vn iour, comme i'estois couché au Soleil, sur le sable, le long du riuage de la mer, où ie me plaignois à part moy de mes infortunes, Dieu permit qu'il vint à passer par là fortuitement vn Mahometan, natif de l'Isle de Palimban ; cestuy-cy ayant esté autrefois à Malaca en la compagnie des Portugais, me voyant ainsi nud, et estendu sur le sable, me demanda si ie n'estois point Portugais aussi, et que i'eusse à luy dire la verité. A quoy ie luy fis responce que ie l'estois en effect, et nay de parens fort riches, qui luy donneroient pour ma rançon tout ce qu'il voudroit, s'il me vouloit mener à Malaca, ou i'estois nepueu du Capitaine de la forteresse, comme fils d'vne sienne sœur. Le Mahometan m'oyant parler ainsi; s'il est vray, me respondit-il, que tu sois tel que tu dis, quel si grand peché peux-tu auoir faict pour estre reduit au miserable estat où ie te vois maintenant? Alors ie luy racontay de poinct en poinct comme ie m'estois perdu, et de quelle façon les sept pescheurs qui m'auoient là mené dans leur barque, et depuis dans leur maison, m'en auoient chassé finalement, pour n'auoir treuué personne qui me voulust achepter. A ces mots il me tesmoigna d'estre grandement estonné; si bien qu'apres auoir esté quelque temps tout pensif; Estranger, me dit-il, sache que ie ne suis qu'vn pauure Marchand, tellement incommodé, que tout mon bien ne vault pas dauautage de cent Pardains, qui valent la piece vingt-cinq sols de nostre monnoye;

auec ce peu d'argent ie me suis mis au traffic des œufs d'Alauses, esperant par ce moyen de gaigner ma vie, ce que iamais ie n'ay sceu faire. Mais estant bien asseuré maintenant de pouuoir gaigner quelque chose à Malaca, si le Capitaine et les Officiers de la doüane ne me faisoient le tort que i'ay oüy dire qu'ils font à plusieurs Marchands de leurs marchandises, dequoy i'ay veu plusieurs personnes se plaindre, ie serois tres-content de m'y en aller. C'est pourquoy si tu iuges que ie m'y puisse rendre en asseurance, et que pour ton respect ie n'y reçoive aucun déplaisir, ie tascheray de te rachepter des pescheurs, desquels tu dis estre esclaue ; à cela ie luy respondis la larme à l'œil, qu'en l'estat où ie me voyois pour le present, ie iugeois bien qu'il n'y auoit pas d'apparence qu'il se fiast à moy de ce que ie luy dirois, tant pour mon extréme misere, qu'à cause qu'il luy pouuoit sembler que le desir d'estre deliuré de captiuité, me luy fist priser ma personne plus qu'on ne la feroit à Malaca. Mais que neantmoins s'il vouloit adjouster foy à mes serments, puis que pour l'heure ie n'auois point d'autre asseurance à luy donner, ie luy iurerois, et signerois de ma main, que s'il me menoit à Malaca, le Capitaine luy feroit beaucoup d'honneur pour l'amour de moy, et qu'auec ce qu'il ne prendroit rien des

droits que deuoit sa marchandise, ce qu'il auroit fourny pour moy luy seroit payé dix fois
au double. Bien, me repartit le Mahometan, ie
suis content de te rachepter, et te reconduire à
Malaca, à la charge que tu ne diras rien de ce
que nous auons conclud ensemble, de peur que
tes Maistres ne te mettent à si haut prix, que ie
ne te puisse tirer de leurs mains, bien que i'en
ay la volonté. Alors luy ayant confirmé par serment de ne rien faire que ce qu'il voudroit,
comme iugeant bien qu'en effect cette condition
estoit necessaire à executer mon dessein, cela
fut cause qu'il eut de la creance en moy, et qu'il
s'y fia fort facilement.

CHAPITRE XXV.

Comment ie m'en allay à Malaca auec le Marchand Mahometan, et des choses qui s'y passerent.

Quatre iours apres cest accord, pour me
rachepter plus facilement, le Marchand Mahometan se seruit de l'entremise d'vn homme natif
du pays, qui s'en alla soubs main treuuer les

pescheurs, auec lesquels il sceut si bien dissimuler ceste affaire, qu'ils luy accorderent mon rachapt fort facilement, car ils s'ennuyoient desia grandement de m'auoir, tant pour ce que i'estois bien malade, que pour ne leur pouuoir estre vtile en aucune façon que ce fust. D'ailleurs, il y auoit desia vn mois que i'estois hors de leur maison, et eux en fort mauuaise intelligence ensemble; joinct que tous sept participoient à la vente qu'ils esperoient faire de ma personne. A quoy contribuoient encore plusieurs autres choses qu'il pleust à Dieu permettre, afin qu'ils fissent peu d'estime de moy. Ainsi par le moyen du tiers que le Mahometan employa pour traicter de la vente de ma personne, ces pescheurs demeurerent d'accord auec le Marchand, moyennant la somme de sept mazes d'or, qui valent enuiron huict liures quinze sols de nostre monnoye. Le Mahometan ne m'eut pas si tost rachepté qu'il m'emmena en sa maison, où ie fus cinq iours hors de la tyrannie de ces pescheurs, et en vne captiuité bien meilleure que la precedente. Voila donc comme ie tombay soubs le pouuoir de ce nouueau Maistre, qui s'en alla à cinq lieuës de là, en vn lieu nommé *Sorobaya*, où il acheua de charger son vaisseau de marchandise, qui, comme i'ay desia dict consistoit en œufs d'aloses.

Car ils sont en si grand nombre en cette riuiere, que les habitans n'en peuuent faire aucun profit, si ce n'est de ceux des femelles. Aussi en chargent-ils tous les ans plus de deux mille vaisseaux, qui portent du moins cent cinquante, ou deux cens barils, chacun desquels contient bien vn millier d'œufs, sans que du reste du poisson ils en puissent tirer aucun argent. Apres que le Mahometan eust chargé la Lanchare de ceste Marchandise, il prist tout incontinent la route de Malaca, où estant abordé fort heureusement, trois iours apres il me mena à la forteresse pour y voir le Capitaine, auquel il raconta le traicté que nous auions faict ensemble. Cependant Pedro de Faria fut si estonné de me voir en vn si triste équipage, que les larmes luy en vindrent aux yeux; puis il me dit que i'eusse à parler tout haut, afin de connoistre si c'estoit moy qu'il voyoit, pour ce que ie ne luy paroissois plus estre moy-mesme, à cause de la grande deformité de mon visage. Et d'autant qu'il auoit esté plus de trois mois sans recepuoir de mes nouuelles, et qu'vn chacun me tenoit pour mort, il vint tant de gens me voir, que la forteresse en estoit plaine. Là il n'y eut celuy qui la larme à l'œil ne me demandast le subject de mon infortune, et qui m'auoit mis en vn si mauuais estat. Alors leur ayant rendu compte à tous des aduantures de mon voyage, de mesme façon que ie les ay desia racontées, ils en demeurerent si estonnez, que ie vis alors les vns s'en aller sans dire mot, et les autres baisser les espaules, et faire le signe de la Croix par admiration de ce qu'ils m'auoient oüy dire. Par mesme moyen la compassion qu'eurent de moy les assistans fut si grande, qu'ils m'en firent voir des effects, et me donnerent tant d'aumosnes, que i'en demeuray beaucoup plus riche que ie n'estois auparauant que de m'en aller à ce malheureux voyage. Quant à Pedro de Faria, il fist donner tout à l'heure soixante ducats au Marchand Mahometan qui m'auoit amené, ensemble deux pieces de bon Damas de la Chine. Dauantage, il l'exempta au nom du Roy de tout ce qu'il deuoit à la doüane, pour les droicts de sa marchandise, qui se montoient presqu'à pareille somme, tellement qu'il demeura fort content du marché qu'il auoit faict auec moy. Or afin que ie fusse mieux traitté et sollicité, le Capitaine me fist loger en la maison d'vn Greffier de la doüane Royale, qui pour estre marié en ce païs-là, il luy sembla que chez luy plustost qu'en autre lieu ie treuuerois mes commoditez ; comme en effect i'y fus grandement bien traitté, et y garday le lict par l'espace de plus d'vn moys, qu'il plût à Dieu me donner une parfaicte santé.

CHAPITRE XXVI.

De l'armée que le Roy d'Achem enuoya contre le Roy d'Aaru, et de ce qui luy aduint en arriuant à la riuiere de Paneticau.

APRES que i'eus recouuert ma santé, Pedro de Faria m'enuoya querir à la forteresse, où il s'enquist de moy des choses que i'auois faites auec le Roy d'Aaru, ensemble comment, et en quel endroit ie m'estois perdu. Là-dessus ie luy fis vne ample relation de tout le succez de mon voyage, et de la perte qui m'estoit aduenuë; dequoy il demeura tout estonné. Mais deuant que traitter d'autre chose, il est necessaire de rapporter icy quelle fut la fin de cette guerre de ces deux Roys d'Aaru et d'Achem, et quel l'appareil de leurs armes, afin que par là paroisse clairement la desolation que i'ay si souuent predite auec tant de gemissements et de larmes, touchant nostre Malaca, forteresse grandement importante à l'Estat des Indes; à cause de quoy ie n'ay peu retenir maintesfois mes plaintes, ce qui toutesfois est une chose qui semble estre mise en oubly par ceux qui auec plus de sujet en deuroient auoir la memoire tousiours presente. Car ie reconnois que la raison veut que de deux choses il en faut executer vne, à sçauoir, ou ruiner entierement la puissance du Roy d'Achem, ou par elle-mesme perdre miserablement tout le pays que nous auons conquis le long de la côte du Sud, comme Malaca, Banda, Maluco, Sunda, Borneo, et Timor, et deuers le Nord, la Chine, le Iappon, et les Lechies, plusieurs autres terres et ports, où les Portugais ont vn tres-grand interest, pour le trafic qu'ils y font iournellement. Aussi y esperent ils plus de profit qu'en aucun autre de ces endroicts descouuerts, au de-là du Cap de bonne esperance ; pour ce que l'estenduë en est si grande, qu'elle contient le long de la côte plus de trois mille lieuës, comme l'on pourra voir aysément par les Globes et les cartes du monde qui en traittent au long, s'il est ainsi que leur graduation soit veritable. D'ailleurs si ceste perte aduenoit, ce que Dieu ne permettra point s'il luy plaist par son infinie misericorde, bien que nous ne le meritions que trop pour nostre nonchalance, et pour nos pechez, nous courrions fortune de perdre aussi la doüane de Mandouim, de la ville de Goa, qui est la meilleure chose que le Roy de Portugal ait aux Indes ; car c'est des Ports et des Isles que nous auons cy-deuant nommées, d'où dépend la plus grande partie de son reuenu; en quoy ie ne comprends point les espiceries telles que sont la muscade, et les cloux de giroffle, ni les macis que l'on apporte de ces contrées en son Royaume. D'ailleurs, ie ne treuue pas à propos de parler icy de tout ce que ie pourrois dire de surcroist sur ce subject, comme en estant tesmoing oculaire; car ce que i'en ay dit me semble suffire pour monstrer la grande importance de cette affaire, qui ne sera pas si tost reconneuë que je m'asseure qu'on y apportera du remede. Maintenant pour reuenir à mon discours, ie diray que ce Tyran d'Achem fut conseillé par les siens, que s'il vouloit prendre Malaca, il n'en pourroit venir à bout en aucune façon que ce fust s'il l'attaquoit par mer, comme il auoit faict desia plusieurs fois, au temps que Dom Estienne de Gama, et ses predecesseurs estoient Capitaines de la forteresse, ou bien que pour s'en rendre maistre de ce costé, il falloit qu'il gaignast premierement le Royaume d'Aaru, afin de se fortifier par apres sur la riuiere de Panetican, où ses armes pourroient soustenir de plus prez la guerre qu'ils pretendoient de luy faire. Car alors il auroit moyen de fermer auec moindres frais les détroits de Cincapura et de Sabaon, et ainsi empescher nos Nauires de passer és mers de la Chine, de Sunda, de Banda, et des Molucques; joint que par mesme voye ils pourroient auoir les profits de toutes les drogues qui viennent de ce grand Archipelague, afin d'effectuer le nouueau contract, qui par l'entremise du Bacha du grand Caire, auoit esté fait auec les Turcs; et certainement ce conseil sembla si bon au Roy d'Achem, que l'approuuant pour le meilleur, et pour le plus asseuré, il fist tenir preste une flotte de cent soixante voiles, dont la pluspart estoient Lanchares de rame, et Galiottes, ensemble quelques Calaluzes du païs de Iaoa, et quinze Nauires de hault bord, fournies de munitions, et de viures. Dans ces vaisseaux il fist embarquer dix-sept mille hommes, à sçauoir douze mille combattans, et le surplus tous gens de Chourme, et Pionniers. Parmy ceux-cy il y auoit quatre mille Estrangers, Turcs, Abissins, Malabares, Gusarates, et Luzons de l'Isle de Bornée. Leur General estoit vn nommé Heredin Mahomet, beau-frere du mesme Roy, marié auec vne sienne sœur, et Gouuerneur du Royaume de Baarros. Toute ceste flotte arriua sans danger à la riuiere de Panetican, où pour lors estoit le Roy d'Aaru, auec six mille hommes du pays, sans qu'il y eust pas vn Estranger; tant pour estre fort incommodé, que pour auoir un païs dépourueu de viures pour l'entretien des soldats. A leur arriuée les ennemis treuuerent qu'il faisoit fortifier la tranchée, dont i'ay parlé cy deuant. Alors sans vser d'autre délay, ils commencerent à faire iouër leur artillerie, et à battre la ville du costé de la mer, auec vne grande furie qui dura six iours entiers. Cependant les habitans se deffendirent fort vaillamment; quoy que cela ne se fist pas sans que de part et d'autre il y eust beaucoup de sang respandu. Ce qui fut cause que le General des Achems connoissant qu'il n'aduançoit pas beaucoup, fit mettre pied à terre à ses gens, qui flancquerent douze grosses pieces, et ainsi la batterie recommença par trois diuerses fois, auec tant d'impetuosité, qu'elle démolist l'vn des deux forts qui deffendoit l'entrée de la riuiere. Ce fut par là mesme qu'à la faueur de certains ballots de coton qu'ils conduisoient deuant eux, ils assaillirent un matin la principalle forteresse. En cest assaut estoit Capitaine vn certain Abissin, appelé Mamedecan, qui depuis vn mois, ou enuiron, estoit arriué de Iuda, pour confirmer la nouuelle alliance que le Bacha du Caire auoit accordée au Roy d'Achem, de la part du grand Seigneur, par lequel traicté il luy donnoit vne maison de doüane au port de Pazem. Cét Abissin se rendit maistre du bouleuart, auec soixante Turcs, quarante Ianissaires, et quelques Mores Malabares, lesquels planterent cinq enseignes, et plusieurs guidons. Cependant le Roy d'Aaru, à force d'encourager les siens auec des promesses, et des paroles, telles que le temps present requeroit, fist si bien qu'auec vne valeureuse resolution ils attaquerent les ennemis, et regaignerent le bouleuart que n'agueres ils auoient perdu; de sorte que le Capitaine Abyssin y demeura sur la place auec tous ceux qui estoient dedans auec luy. Le Roy voulant alors s'ayder d'vn si bon succez, comme vne personne qui recherchoit la victoire, fist à mesme temps ouurir les portes de la tranchée, et s'estant mis en campagne auec vne bonne partie des siens, il combattit si vaillamment contre ses ennemis, qu'il les mist tous en déroute. Par mesme moyen il leur prist 8. des 12. pieces d'artillerie qu'ils auoient desembarquées, et ainsi il fist sa retraicte en toute asseurance. A l'heure mesme il se fortifia le mieux qu'il pût, afin de soustenir plus facilement les assauts que ses ennemis luy deuoient donner.

CHAPITRE XXVII.

De la mort du Roy d'Aaru, et de la cruelle iustice qu'en firent les ennemis.

Le Roy d'Achem voyant le mauuais succez qu'il auoit eu en ceste iournée, eut plus de regret de la mort du Capitaine Abyssin, et de la perte de ces huict pieces d'artillerie, que de tous ceux qui auoient esté tuez au combat. Il fist doncques assembler son conseil de guerre pour prendre vne resolution. Là-dessus tous furent d'aduis de continuer le siege commencé, et d'assaillir la tranchée de tous costez; ce qui fut executé si promptement, qu'en dix-sept iours qu'ils y trauaillerent, ils l'attaquerent par neuf diuerses fois, tellement qu'à force d'inuentions et d'artifices de feu qu'vn Ingenieur Turc, qu'ils auoient auec eux, leur inuentoit tous les iours, ils démolirent presque la plus grande partie de la tranchée. Dauantage, ils abbattirent deux des principaux forts du costé du Sud, ensemble vn grand terre-pleine, qui en forme de fausse-braye deffendoit l'entrée de la riuiere, dequoy ne pût empescher l'effect, toute la resistance du Roy d'Aaru ; quoy que les siens se deffendissent si vaillamment, que le Roy d'Achem y perdist plus de deux mille cinq cens hommes, sans y comprendre ceux que le fer et le feu auoient endommagez, dont le nombre estoit bien plus grand que des morts ; joinct que la pluspart moururent incontinent à faute d'estre pensez. Pour le regard du Roy d'Aaru, il ne fist perte que de quatre cens hommes ; neantmoins pour ce que le nombre des siens estoit petit, et ses ennemis mieux en ordre, et mieux armez, au dernier assault qui fut donné le 13. iour de la Lune, cette bataille se termina malheureusement par l'entiere défaite des gens du Roy d'Aaru ; car le malheur voulut pour luy qu'ayant faict vne sortie par le conseil d'vn sien Cacis, en qui il se fioit grandement, il arriua que ce traistre se laissa gaigner par le moyen d'vn bar d'or, qui est vn poids de quarante mille ducats, dont le Roy d'Achem luy fist vn present : ce que le Roy ne sçachant point en ceste sorte, il attaqua ses ennemis courageusement, et leur liura vn sanglant combat, où l'aduantage luy demeura selon le iugement de plusieurs. Mais d'autant qu'il auoit laissé pour Capitaine de la tranchée ce mâtin et perfide Cacis, il sortit quelque temps apres, accompagné de cinq cens hommes, soubs pretexte de s'en aller à son secours, afin de l'assister à poursuiure vn si bon commencement qu'il auoit. Dequoy s'estant apperceu vn des Capitaines de l'ennemy, qui estoit Mahometan Malabare, nommé Cutiale Marcaa, il parut incontinent sur pied, et auec six cens Mahometans Gusarates, et Malabares qu'il auoit amenez à dessein, il gaigna les portes de la tranchée, que le traistre Cacis ne voulut aucunement deffendre, à cause du bar d'or qu'il auoit receu ; tellement que par ce moyen le Capitaine Mahometan se fist incontinent Maistre de la tranchée, à faute de resistance, et d'abord il y tua tout autant de malades et de blessez qu'il y treuua, dont le nombre se montoit à quelques quinze cens hommes, à pas vn desquels il ne voulut donner la vie. Cependant le malheureux Roy d'Aaru, qui ne pensoit à rien moins qu'à la trahison de son Cacis, voyant sa tranchée prise, accourut pour le secourir, à cause que c'estoit la chose qui luy importoit le plus. Mais ne se treuuant pas le plus fort il fut contraint de quitter le camp. Alors comme il taschoit de faire retraitte vers les fossez de la ville, sa mauuaise fortune voulut, qu'vn Turc son ennemy le tua d'vn coup d'harquebuse. De cette mort s'ensuiuit la perte de tous les autres, à cause du grand désordre qu'elle apporta parmy eux. Dequoy les ennemis furent si ioyeux, que voyant le corps de cét infortnné Roy estendu sur le champ de bataille parmy les autres morts; ils le prirent incontinent; puis apres lui auoir tiré les entrailles, ils le salerent, et le meirent dans vne caisse. Ils le presenterent depuis au Roy d'Achem, lequel auec plusieurs ceremonies de Iustice, le fist scier publiquement par diuerses pieces, et cuire dans vne chaudiere plaine d'huyle et de poix, auec vne espouuentable publication, dont la teneur estoit telle.

« Voicy la Iustice que faict faire Soultan Laradin, Roy de la terre des deux Mers, et Pastil des lampes d'or de la chapelle du Prophete Noby, qui veut, et luy plaist, qu'ainsi scié, et cuit dans le feu, patisse l'ame de ce miserable Mahometan, pour auoir esté transgresseur de la Loy de l'Alcoran, et de la parfaicte croyance des Mousselimans, de la maison de la Mecque. Car ceste execution est fort iuste et conforme à la saincte doctrine du Liure des Fleurs, veu que ce meschant s'est faict voir en toutes ses œuures sans aucune crainte de Dieu, ne cessant d'enuoyer des aduis touchant les plus secrettes affaires de ce Royaume, à ces maudits chiens du bout du monde, qui par vne grande offence, et vne insigne tyrannie, jointe à nos pechez, et à nostre nonchalance, sont maintenant Seigneurs de Malaca. » Ceste publication acheuée il se fist vu bruict effroyable parmy le peuple, qui pour responce s'escria, « Ce chastiment n'est que trop petit pour vn crime si execrable. » Voyla veritablement de quelle façon cela se passa, et comme à la perte du Royaume d'Aaru fut jointe la mort de ce pauvre Roy, qui viuoit en si bonne intelligence auec nous, et lequel à mon aduis nous eussions peu secourir auec peu de fraiz et de peine, si au commencement de ceste guerre on l'eust assisté de ce qu'il auoit enuoyé demander par son ambassadeur. De vous dire maintenant à qui en a esté la faulte, c'est de quoy ie laisse le iugement à ceux qu'il touche le plus de le sçauoir.

CHAPITRE XXVIII.

De ce qui se passa au Royaume d'Aaru, apres la mort du Roy, et comme la Royne s'en alla à Malaca.

Après que ce malheureux Roy d'Aaru eust fini ses iours miserablement, de la façon que ie viens de dire, et que son armée fust mise en déroute, l'on n'eust pas beaucoup de peine à prendre la ville et tout le Royaume. Alors le General des ennemis refist les tranchées, et les fortifia de toutes les choses qu'il iugea necessaires à la conservation et l'asseurance du surplus qu'ils auoient gaigné. Cela fait il y laissa vne garnison de huict cens hommes des plus courageux de son armée, ausquels commandoit vn certain Mahometan Lusan, nommé Sapetù de Raja, et partist incontinent apres auecque le reste de ses gens. C'est la commune opinion qu'il s'en alla treuuer le Roy d'Achem, et que ce Tyran le receut auecque beaucoup d'honneur, pour le bon succez de ceste entreprise. Car, comme i'ay desia dit, n'estant auparauant que Gouuerneur et Bandara du Royaume de Baarros, il luy donna le tiltre de Roy; si bien que tousiours depuis il fut appellé Sultan de Baarros, qui est le propre nom de ceux qui sont Roys entre les Mahometans. Or cependant que ces choses se passoient, la desolée Royne estoit à sept lieuës d'Aaru, où estant aduertie et assurée de la mort du Roy son mary, et du triste succez de cette affaire, à mesme temps elle resolut de se ietter dans le feu, pour le luy auoir ainsi promis durant qu'il estoit en vie, en luy confirmant cette promesse auecque de grands sermens. Mais les siens ne luy voulant pas permettre d'executer vn dessein si desesperé, luy apporterent pour cét effet plusieurs raisons fort valables. De manière, qu'à la fin vaincuë par leurs persuasions : « Sans mentir, leur dit-elle, combien que ie vous accorde ce que vous me demandez, si est-ce pourtant que ie veux bien que vous sçachiez, que ny toutes les considérations que vous m'auez alléguées, ni les paroles dont vous vous seruez à farder le zele de bons et fidelles subjects, ne seront pas capables de me destourner d'un si genereux dessein, comme est celuy que i'ay promis à mon Roy, mon Mary, et mon Maistre, si ce n'est que Dieu me fasse connoistre en mon ame, que viuante ie pourray mieux vanger l'injure qu'on luy a faict; aussi ie iure par son sang deuant tous vous autres, que tant que ie viuray ie chercheray tous les moyens de le faire, et pour ceste occasion ie me submettray à vne si grande extremité, que mille fois ie me feray Chrestienne s'il en est besoing, afin que pendant que ie viuray, ie puisse venir à bout de mon dessein que ie desire le plus. » Auec cette ardeur et ces paroles, sans faire plus long sejour, elle se mist sur vn Elephant, accompagné de trois cens hommes pour la garder, et de plusieurs autres, qui apres la vindrent joindre. Auec eux elle fist vn gros de sept cens hommes, puis elle s'achemina vers la Ville, à dessein d'y mettre le feu, afin que ses ennemis n'en eussent point la possession. Alors n'y treuuant qu'enuiron quatre cens Achems empeschez apres le pillage de quelques hardes qui estoient restées, incitant les siens à se monstrer resolus en cette occasion, elle leur representoit les larmes aux yeux le deuoir qui les obligeoit à ce faire. Alors elle attaqua si valeureusement ses ennemis, que de quatre cens qu'ils estoient dans la ville, l'on nous asseura depuis à Malaca, qu'il en estoit resté fort peu de viuans. Cela fait, se reconnoissant trop foible pour l'execution du surplus de son dessein, elle s'en retourna dans le bois, où elle sejourna vingt iours, pendant lesquels elle leur fist la guerre, les surprist, et pilla tant de fois comme ils alloient querir de l'eau, du bois et autres choses dont ils auoient besoing, qu'ils n'osoient plus sortir hors la Ville pour se pouruoir de ce qui leur estoit necessaire, et s'il eust esté possible qu'elle eust peu continuer cette guerre encore autres vingt iours, elle les eust tellement affamez, qu'ils eussent esté contraincts de se rendre. Mais d'autant qu'en ce temps-là il plût continuellement à cause du climat; joinct que la terre estoit plaine de buissons, et de marescages, et que les fruits dont ils se nourrissoient dans les bois se pourrissoient tous; si bien que la pluspart de ses gens estoient malades, sans qu'en ce lieu on leur pust donner aucun remede, ny secours; la Royne fut contrainte de s'en aller vers vne riuiere nommée *Minhaçumbaa*, qui estoit à cinq lieuës de là, sur laquelle s'estant embarquée dans seize vaisseaux à rames, tels qu'elle les pût assembler, lesquels estoient Paroos de pescheurs, et auec iceux s'en vinst à Malaca, sur la creance qu'à son arriuée on ne luy refuseroit rien de ce qu'elle pourroit demander.

CHAPITRE XXIX.

De la reception qui fut faicte à la Royne d'Aaru, à son arriuée à Malaca, et de ce qui se passa entre elle et Pedro de Faria, Capitaine de la forteresse.

Pedro de Faria estant aduerty de la venuë de la Royne, l'enuoya receuoir par Aluaro de Faria son fils, et Capitaine General de la marine, auec vne Galere de cinq Fustes, deux Catures, et vingt Balons, accompagné de trois cents hommes, sans y comprendre plusieurs personnes du pays. Ainsi elle fut menée à la forteresse, de laquelle on luy fist vne honorable salue d'artillerie, qui dura l'espace d'vne bonne heure. Ayant mis pied à terre, et veu certaines choses que Pedro de Faria lui desiroit monstrer, pour estre necessaires à nostre dessein, comme la doüane, la riuiere, l'armée, la manufacture, la maison des pouldres et autres choses qui estoient desia preparées pour cét effect ; elle fut logée en vne belle maison, et ses gens qui estoient au nombre de six cens, au champ de *Ilher*, sous des cabanes et des tentes où l'on les accommoda le mieux que l'on pust. Durant tout le temps qu'elle y demeura, qui fut d'enuiron cinq mois, elle continua tousiours à requerir ce qu'elle desiroit, qui estoit du secours et de la faueur, pour vanger la mort de son mary ; surquoy elle alleguoit plusieurs raisons assez fortes pour n'estre esconduite de sa demande. Mais en fin reconnaissant le peu de secours que nous luy pouuions donner, et que tout nostre fait n'estoit pour elle qu'vn entretien de paroles, desquelles elle ne voyoit aucun fruit ; elle se delibera de parler clairement à Pedro de Faria, afin de s'instruire de luy touchant ce qu'il luy avoit promis. Pour cét effect, l'attendant vn Dimanche à la porte de la forteresse, à l'heure que la place estoit plaine de monde, et qu'il sortoit pour aller à la Messe, elle l'aborda, et alors après s'estre rendu de part et d'autre les compliments, et les cérémonies accoustumées, elle lui dit. « Noble et valeureux Capitaine, ie vous supplie grandement par la generosité de vostre race, que vous ne fermiez point les oreilles à ce peu de choses que i'ay à vous dire. Considerez ie vous prie qu'encore que ie sois Mahometane, et que le grand nombre de mes pechez m'ait renduë aueugle en la claire connaissance de votre saincte Loy; Toutesfois pour ce que ie suis femme, et que j'ay esté Royne, vous me devez porter quelque respect, et regarder ma misere auec des yeux de Chrestien. » A ces mots Pedro de Faria ne sceut d'abord que respondre. En fin posant bas sa toque, il luy fist vne grande reuerence, et apres auoir esté tous deux long temps sans parler, la Royne salüa la porte de l'Eglise, qui estoit deuant elle, puis elle parla derechef à Pedro de Faria; « Certes, lui dit-elle, ces desirs que j'ay tousiours eu de vanger la mort de mon mary, ont esté et sont encore si grands, que j'ay deliberé de chercher tous les moyens qui me seront possibles pour le faire, puisque pour la foiblesse de mon sexe la fortune ne m'a permis de porter les armes. Croyant donc que celuy cy qui est le premier que ie me suis resoluë d'esprouuer, fust le plus asseuré, et duquel j'ay faict plus d'estat, que de pas vn des autres, pour m'estre fiée à l'ancienne amitié que i'ay tousiours euë auec vous autres Portugais, et à l'obligation de laquelle ceste forteresse m'est redeuable, sans y comprendre plusieurs autres considérations que vous sçauez bien; ie suis à present venuë pour vous prier les larmes aux yeux, qu'au nom du Serenissime Roy de Portugal, mon Seigneur, de qui mon mary a tousiours esté sujet, et loyal vassal, que vous me veuilliez ayder et secourir en mon aduersité, à quoy vous m'auez promis en public, de ne manquer, en la présence de plusieurs nobles personnes; et cependant ie voy maintenant qu'au lieu d'effectuer la promesse que vous m'auez tant de fois repetée, et de vous en acquiter, vous alleguez pour excuse que vous en auez escript au Vice-Roy, et n'ayant de besoing de tant de forces que vous dites que l'on m'enuoyera pour cét effect, pour ce qu'auec cent hommes, et les miens qui sont fugitifs par le pays en attendant mon retour, ie me fais forte, bien que ie ne sois qu'vne femme, qu'en moins d'vn mois ie reprendray tout mon pays, et vangeray la mort de mon mary, qui est ce que ie desire le plus, estant aydée de Dieu Tout-puissant, de la part duquel ie vous prie et requiers pour le seruice et l'honneur du Serenissime Roy de Portugal mon Maistre, seul azyle asseuré de mon vefuage, que puisque vous le pouuez vous le faciez promptement, pour ce qu'en la diligence consiste ce qu'il y a de plus important en cette affaire, et le faisant ainsi vous coupperez le chemin à l'intention de cét ennemy, qui ne tend qu'à la ruine de ceste forteresse, comme vous pouuez reconnoistre par les moyens qu'il a procurez pour ce faire. Si vous desirez de m'envoyer le secours que ie vous demande, ie l'attendrai icy volontiers, sinon, esclaircissez-m'en, pour ce que vous me nuisez autant en me faisant perdre le temps, comme vous m'apporteriez de dommage si vous me refusiez ce que ie vous ay demandé auec tant d'ardeur, et que vous estes obligé de faire en qualité de Chrestien, comme le sçait fort bien le Seigneur Tout-puissant du Ciel et de la terre, lequel ie prends à tesmoing en ceste mienne requeste. »

CHAPITRE XXX.

Comme la Royne d'Aaru partist de Malaca pour s'en aller à Bintam, et de ce qu'elle fist auec le Roy de Iantana.

Pedro de Faria ayant oüy cette desolée Royne, luy disoit publiquement en luy remettant en memoire les obligations qu'il auoit de faire ce qu'elle luy demandoit ; vaincu par sa propre oubliance, et presque honteux de cette faute en laquelle il estoit tombé, luy fist responce, qu'en foy de Chrestien, et en vérité, il auoit escript cette affaire au Vice-Roy, et que sans faute dans peu de temps il esperoit des gens de secours, s'il n'y auoit quelque trouble aux Indes qui les empeschast de venir, et qu'à cause de ce il luy conseilloit et la prioit de demeurer en ce lieu de Malaca, iusqu'à ce que dans peu de temps il luy eust faict voir cette vérité. A quoy ceste Princesse affligée ayant repliqué sur l'incertitude d'vn tel secours, Pedro de Faria se mist presqu'en colere, par ce qu'il croyoit qu'elle estoit en méfiance de la verité; si bien qu'au fort de sa passion il lascha quelques paroles plus rudes que de raison. Alors la desolée Royne, la larme à l'œil, tenant les mains vers le Ciel, et regardant la porte de l'Eglise, qui estoit presque vis à vis d'elle, si remplie de sanglots, qu'elle ne pouuoit presque parler. « La claire fontaine, » dit-elle, « c'est le Dieu qui s'adore en ceste maison, de la bouche duquel procede toute verité; mais les hommes de la terre sont des cloacques d'eau trouble, où par nature demeurent continuellement les changemens et les fautes. C'est pourquoy se doit tenir pour maudit celuy qui se confie à l'ouuerture de ses levres; car ie vous asseure, Seigneur Capitaine, que depuis que ie me cognois iusqu'à present, ie n'ay veu ny ouy autre chose, sinon que plus les malheureux, tel qu'estoit mon mary, et telle que ie suis, font pour vous autres Portugais, et moins faictes vous pour eux, et plus vous deuez, moins vous voulez payer. Cela estant, ie recognois clairement, et il faut s'asseurer que le guerdon de la nation Portugaise, consiste plus aux faueurs qu'aux merites des personnes. Et pleust à Dieu, que ce que mes pechez me font maintenant connoistre, le defunct Roy mon mary eust connu il y a vingt neuf ans, parce qu'il n'eust pas vescu si deceu de vous autres comme il a faict. Mais puis qu'il est ainsi, une seule chose me reste à present pour consolation de mes plaintes, qui est d'en voir plusieurs aussi scandalisez de vostre amitié, que ie le suis maintenant; car si vous n'auez l'asseurance, ny la volonté de me donner secours, pourquoy vous y estes vous si librement engagé auec moy pauure femme desolée, et vefue de ma pretention, et de ce que i'esperois treuuer en vous, de qui ie me treuue trompée par vos trop grandes promesses?» Apres ces paroles elle tourna le dos au Capitaine, et sans le vouloir plus escouter s'en retourna incontinent en son logis, puis fist équiper les vaisseaux qui l'auoient amenée, et le lendemain elle partit pour aller à Bintan, où pour lors estoit le Roy de Iantana, qui selon le rapport qui nous en a esté faict depuis à Malaca, luy fist de tres-grands honneurs à son arriuée : elle luy raconta tout ce qu'elle auoit faict auec Pedro de Faria, et comme elle auoit perdu les asseurances de nostre amitié. A quoy l'on tient que le Roy fist cette response, « Qu'il ne s'estonnoit point du peu de verité qu'elle disoit auoir recogneuë en nous, et qu'elle ne le treuuast pas estrange, parce que nous l'auions monstré à tout le monde en plusieurs occasions. » Pour mieux confirmer son dire, il luy recita quelques exemples particuliers des choses qu'il disoit nous estre arriuées, ce qui sembloit d'abord estre conforme à son intention. Toutesfois comme Mahumetan et nostre ennemy, il leur donnoit telle couleur qu'il les faisoit paroistre plus énormes qu'ils n'estoient, ainsi apres luy auoir raconté plusieurs choses de nous fort mal faictes, où il entremesloit des perfidies, des voleries, et des tyrannies, y adjoustant plusieurs mauuais noms, sans donner à cognoistre les raisons desquelles l'on se pouuoit defendre à l'encontre, encore qu'ils fussent abominables, à la fin il luy dict, qu'il luy promettoit par la loy de bon Roy et de bon Mahumetan, qu'elle se verroit dans peu de temps par son moyen remise en son Royaume sans qu'il en manquast vn seul poulce de terre; et afin qu'elle fût plus asseurée de ce qu'il luy promettoit, il luy dit qu'il estoit content de la prendre pour femme, si elle le vouloit ; parce qu'en ce faisant il auroit plus de sujet d'estre ennemy du Roy d'Achem, à qui pour son sujet il seroit contrainct de declarer la guerre, s'il ne vouloit à l'amiable se desister de ce qu'il luy auoit pris. A quoy elle fist response, qu'encore que l'honneur qu'il luy faisoit fust fort grand, qu'elle ne l'acceptoit point neantmoins, s'il ne luy promettoit en doüaire de venger la mort de son autre mary, disant que c'estoit là sa seule pretension, sans laquelle elle n'eust point accepté d'estre Royne de tout le monde. Le Roy par le conseil des siens luy accorda sa requeste, et le luy promit ainsi par vn serment solennel, qui fut pris dans vn liure de leur secte, sur lequel il mist sa teste pour l'asseurer de la promesse qu'il luy auoit faicte.

CHAPITRE XXXI.

De la sommation que le Roy de Iantana enuoya faire au roy d'Achem, sur ce qui concernoit le Royaume d'Aaru, et de la responce qui luy fut faicte.

Apres que le Roy de Iantana eust faict ce serment entre les mains d'vn sien grand Cacis, qui s'appelloit Raja Moulana, vn iour de feste qu'ils solemnisent leur *Ramadan*, il s'en alla à l'Isle de Campar, où apres auoir celebré les ceremonies de leurs nopces, il tinst Conseil de ce qu'il deuoit faire sur le subiet où il s'estoit engagé, pour ce qu'il reconnoissoit la chose assez difficile, à cause qu'il estoit necessaire de hazarder beaucoup du sien. La derniere resolution qu'il prist, fut qu'auparauant qu'entreprendre aucune chose il eust à enuoyer sommer le Roy d'Achem, sur le droict que de nouueau il auoit au Royaume d'Aaru, à cause du mariage qu'il auoit faict auec la Royne d'iceluy, sa nouuelle femme, et que selon la responce qu'il en auroit qu'il resoudroit apres, sur ce qu'il auroit à faire. Ce Conseil sembla si bon au Roy, qu'il expedia et

enuoya incontinent au Roy d'Achem vn Ambassadeur, auec vn present de riches iouyaux d'or, et de draps de soye, et vne lettre qui contenoit ces mots. « Sibri Layaquendou, pracamaa de
« raja, legitime Roy par succession du patrimoine
« de ma captiue Malaca, vsurpée par le ioug ty-
« rannique, force de bras, et l'iniustice des infi-
« deles Roys de Iantana et Bintan, et des susdicts
« Rois d'Andragie et de Lingaa. A toy Siry, soul-
« tan Aaradin, Roy d'Achem, et de tout le surplus
« de la terre des deux mers, mon vray frere par
« l'ancienne amitié de nos Ayeulx, fauory par le
« cachet doré de la saincte maison de la Mecque,
« pour bon et fidelle Daroes, comme les Datos
« Monalas, lesquels pour l'honneur du Prophete
« Noby, ont voyagé sterilement dans les miseres
« de ceste vie; Moy ton allié en chair et en sang,
« te fais sçauoir par mon Ambassadeur, que les
« iours passez de la septiesme Lune de cette pre-
« sente Année, s'en vinst à moy plaine d'vn grand
« trauail et affront, la noble vefue Anchesiny,
« Royne d'Aaru, auec le visage triste, et les yeux
« baignez de pleurs, se prosternant par terre, et
« s'esgratignant les ioües à belles ongles, et me
« dict que tes Capitaines luy auoient pris son
« Royaume, auec les deux riuieres de Laue et Pa-
« netican, et tué Aliboncar son mary, auec cinq
« mille Amborrajas, et Ouroballons, tous gens de

« remarque qu'il auoit auec luy, et captiué trois
« mille enfans qui n'auoient encore iamais peché,
« lesquels ayants les mains liées auec des cordes,
« l'on foüettoit continuellement sans aucune pitié
« comme s'ils eussent esté fils de meres infidelles.
« C'est pourquoy estant esmeu comme ton frere,
« en la proximité que le sainct Alcoran nous en-
« seigne, et à laquelle il nous oblige, ie l'ay receuë
« soubs la protection de ma verité, afin qu'estant
« plus asseuré, ie me puisse informer de la raison,
« et du droict que pour ce faire tu as peu auoir,
« et ayant reconneu par ses sermens que tu n'en
« as aucun, ie l'ay receuë pour ma femme, afin
« que plus librement ie puisse deuant Dieu de-
« mander le sien. Ie te prie donc, comme estant
« ton vray frere, que tu luy rendes ce que tu luy
« as pris, et que de tout cela tu luy en fasses vne
« bonne et entiere restitution, puis qu'en la Loy
« professée de nostre verité, tu y es obligé. Et
« quant au proceder que tu doibs tenir en la res-
« titution que ie te demande, elle se doibt faire
« par l'ordre que Syribican mon Ambassadeur te
« monstrera, et ne le faisant ainsi conformément
« à ce que par Iustice ie te demande, ie me declare
« ton ennemy pour ceste Dame, à laquelle ie me
« suis obligé par vn serment solemnel de la de-
« fendre en son affliction. » Cet Ambassadeur
estant arriué à Achem, le Roy le fist receuoir

honorablement, et prist la lettre qu'il luy portoit. Mais apres en auoir faict ouuerture, et veu ce qu'elle contenoit, il le voulut incontinent faire mourir, ce qu'il eust faict sans doute, si quelqu'vn des siens ne l'en eust diuerty, luy disant, que s'il le faisoit, cela luy causeroit vne grande infamie. Ainsi congediant sur l'heure cet Ambassadeur, sans vouloir prendre son present, pour le mespriser d'auantage il luy bailla une lettre pour response de celle qu'il luy auoit apportée, où estoient ces mots, « Moy le Soultan
« Alaradin, Roy d'Achem, de Baarros, de Peedir,
« de Paacem, et des Seigneuries de Dayaa et Batas,
« Prince de toute la terre des deux mers Mediter-
« ranée et Oceane, et des mines de Menencabo,
« et du Royaume d'Aaru nouuellement pris auec
« iuste cause, A toy Roy remply de ioye, et desi-
« reux d'vn douteux heritage, i'ay veu ta lettre
« escrite à la table de tes nopces, et par les in-
« considerées paroles d'icelle i'ay recogneu l'yuro-
« gnerie de tes Conseillers et Secretaires; à la-
« quelle ie ne voulois respondre n'eust esté la
« priere des miens. C'est pourquoy ie tedis que
« tu ne m'en tiennes point pour excusé : car ie te
« confesse que ie ne veux point estre loüé de toy;
« et touchant le Royaume d'Aaru tu n'as que faire
« d'en parler si tu veux demeurer en vie; il suffit
« que ie l'ay faict prendre, et qu'il est à moy,

« comme bien tost sera le tien, si tu t'és marié à
« dessein auec Anchesiny, afin qu'à ce sujet tu t'en
« puisses preualoir du droict d'vn Royaume, qui
« desia n'est plus sien. C'est pourquoy tu demeu-
« reras auec celle comme les autres maris auec leurs
« femmes, qui cultiuans la terre se contentent du
« labeur de leurs mains. Reprens premierement
« ta Malaca, puis qu'elle a esté autrefois tienne,
« et lors tu penseras à ce qui n'a iamais esté à toy,
« ie te fauoriseray comme vassal et non comme
« frere, comme tu te qualifies. De ma grande et
« Royale Maison du riche Achem, le mesme iour
« de l'arriuée de ce tien Ambassadeur, que i'ay
« expedié incontinent sans le vouloir dauantage
« voir ny ouïr, comme il te pourra dire lors que
« tu l'auras de retour chez toy. »

CHAPITRE XXXII.

*Du surplus qui arriua entre le Roy de Iantana et celuy
d'Achem, sur le sujet de ceste Ambassade.*

L'Ambassadeur du Roy de Iantana estant congedié auec cette response le mesme iour de son
arriuée, ce qu'ils tiennent entre eux pour vn

grand affront, il remporta le present que le Roy d'Achem n'auoit voulu accepter, pour mespriser dauantage et celuy qui l'enuoyoit, et celuy qui l'apportoit, lequel arriua à Compar où lors estoit le Roy de Iantana, qui ayant sceu toutes ces choses, l'on dict qu'il en demeura si triste et si fasché, que ses domestiques ont asseuré l'auoir veu plusieurs fois pleurer en particulier, comme se ressentant du peu d'estat que ce Tyran Roy d'Achem avoit faict de luy : il tint donc pour la seconde fois Conseil là dessus, où fut conclu qu'en toutes façons il luy feroit la guerre comme à son ennemy mortel, que la premiere chose qu'il falloit faire, c'estoit de reprendre le Royaume d'Aaru, et la forteresse de Panetican, auant qu'il l'eust fortifiée d'auantage : le Roy fist diligemment leuer vne grosse armée de deux cens voiles de rames, dont la pluspart estoient Lanchares, Ioangas, Calaluses, et quinze Iuncos de haut bord, pourueues des munitions necessaires à cette entreprise, et fist Capitaine General de cette armée le grand Laque Xemena son Admiral, de la valeur duquel les Histoires des Indes traittent en diuers lieux. A cettuy cy il donna 2000. hommes de combat, et quatre mille de Chourme, et des Mariniers tous bien choisis et vsitez à la guerre. Cet Admiral partit incontinent auec sa flotte, et arriua à la riuere de Panetican, où estoit la forteresse des ennemis. Alors ils l'attaquerent par 5. fois, et s'en allerent à l'escalade auec 300. eschelles, s'aydans de plusieurs inuentions et artifices de feu. Mais cognoissant qu'ils ne la pouuoient prendre de cette sorte, ils commencerent à la battre auecque 40 grosses pieces d'artillerie, lesquelles tirerent sans discontinuer par l'espace de sept iours entiers, à la fin desquels la plus grande part de la forteresse fut ruinée et mise par terre. Ce que voyant les ennemis ils donnerent incontinent l'assaut, et y entrerent si valeureusement qu'ils y mirent à mort 1400. Achems, la pluspart desquels estoient entrez le iour d'auparauant que la flotte y fust arriuée, conduite par un Capitaine Turc nepueu du Bacha du Caire, nommé *Morado Arraiz*, lequel y fut aussi tué auec deux cens Turcs qu'il auoit auecque luy, sans que Laque Ximena voulût donner la vie à pas vn d'iceux. Apres cela il vsa d'une si grande diligence à faire rebastir ce qui estoit tombé, s'aydant de stacquades de bois et de terrasses, où la pluspart des soldats trauailloient, qu'en douze iours la forteresse fut rebastie, et demeura aussi forte qu'auparauant, joint qu'il l'augmenta de deux boulleuarts. La nouuelle de cette flotte, que le Roy de Iantana faisoit aux ports de Bintan et de Compar arriua aux oreilles du Tyran

Roy d'Achem, lequel craignant perdre ce qu'il auoit gaigné, mît incontinent sur mer vne autre armée de 1420. voiles, Fustes, Lanchares, Galiots, et 15. Galeres de 25. bancs chacune, dans lesquelles il fist embarquer 15000. hommes, sçauoir 12000. combattans, et le surplus gens de chourme, et fist General de cette armée le mesme Heredin Mahomet, qui auparauant auoit (comme i'ay desia dit) pris le Royaume d'Aaru, à cause qu'il le recognoissoit homme de grand esprit, et bien fortuné en guerre, lequel estant party auec cette armée, arriua en vn lieu nommé *Aapessumhee*, quatre lieuës pres de la riuiere de Penetican, où il sceut par quelques pescheurs qu'il fist prendre et mettre aux tourments, tout ce qui s'estoit passé en la forteresse et dans le Royaume, et comme Laque Xemena s'estoit emparé tant de la terre que de la mer en l'attendant. A cette nouuelle l'on dit que Heredin Mahomet demeura fort embarrassé; parce que veritablement il ne croyoit pas que les ennemis pûssent tant faire en si peu de temps. A cause de quoy il fist assembler son Conseil, où il fut conclud, que puisque la forteresse et le Royaume estoient pris, et tous les hommes qu'il y auoit laissez, taillez en pieces, joint que les ennemis estoient fort puissans tant par mer que par terre, qu'il falloit qu'il s'en retournast, pour ce que le temps n'estoit nullement propre à leur dessein. Toutesfois Heredin Mahomet fut de contraire opinion, disant qu'il vouloit plustost mourir en homme de courage, que viure en deshonneur et en effeminé, et que puisque son Roy l'auoit choisi pour cet effect, qu'il ne plûst à Dieu qu'il perdit vn seul point de la reputation en laquelle chacun le tenoit; c'est pourquoy il promettoit et iuroit par les os de Mahomet, et par toutes les lampes qui perpetuellement brusloient en sa Chappelle, de faire mourir pour traistres tous ceux qui s'opposeroient à son opinion, et de les faire cuire et boüillir tous vifs en vne chaudiere pleine de poix; comme aussi deuoit-il faire au mesme Laque Xemena; et auec ces boüillans desseins il partit du lieu où il estoit ancré, auec grands cris et retentissemens d'instrumens, comme tambours, cloches, et autres; ainsi qu'ils ont accoustumé de faire en semblables occasions. De cette façon à force de rames, et de voiles, ils gaignerent l'entrée de la riuiere, et venant à la veuë de l'armée de Laque Xemena lequel estoit desia prest, et renforcé de bon nombre de soldats, qui nouellement luy estoient arriuez de Pera, Bintan, Siaca, et de plusieurs autres endroicts d'alentour, il partit incontinent du lieu où il estoit, et se vint rendre au milieu de la riuiere. Apres s'estre saluez de part et d'autre auec l'artillerie, ils se ioignirent auec autant de violence qu'ils en auoient de desir. Le combat fut si grand que durant vne heure et demie l'on ne sceut recognoistre l'aduantage des deux partis, iusqu'à tant que Heredin Mahomet General des Achems fut tué d'vne bombe à feu, qui le frappant par l'estomach le mist en deux pieces. Alors la mort de ce Chef descouragea les siens de telle sorte, que voulans retourner vers vne pointe nommée Batoquirin, auec intention de s'y vnir ensemble, et s'y fortifier attendant la nuict, à la faueur de laquelle ils auoient enuie de fuïr, ils ne peurent executer leur dessein, à cause du grand courant de l'eau qui les separa et dispersa en diuers endroicts. Par ce moyen l'armée du Tyran Roy d'Achem demeura au pouvoir de Laque Xemena, qui la desfist, sans qu'il s'eschappast d'icelle que quatorze voiles, et les autres cent soixante et six furent toutes prises, et dans icelles furent aussi mis à mort à treize mille cinq cens hommes, sans y comprendre les quatorze cens qui estoient morts en la tranchée. Ces quatorze voiles estans ainsi eschappées s'en retournerent à Achem, où estans elles donnerent aduis au Roy de tout ce qui s'estoit passé, dequoy l'on dict qu'il s'attrista de telle sorte, qu'il demeura vingt iours sans se faire voir de personne; à la fin desquels il fist trancher la teste à tous les Capitaines des quatorze voiles, et à tous les soldats qui estoient dedans, il leur fist raser la barbe, leur enjoignant expressément sur peine d'estre sciez tous vifs, qu'ils eussent à l'aduenir à aller vestus en habits de femmes, ioüans auec des tambours de Biscaye en tous les lieux où ils iroient, et que quand ils feroient quelque serment que ce fust en disant, *Ainsi Dieu me ramene mon mary, comme cela est vray*, ou bien, *Puisse-je auoir du plaisir de ceux que i'ay enfanté*. Ces hommes se voyans contraints à vn chastiment si scandaleux pour eux, se bannirent presque tous du pays, et plusieurs se donnerent la mort volontairement, les vns auec du poison, les autres par le licol, et les autres par le glaiue. Recit qui est entierement conforme à la verité, sans que i'y adjouste rien du mien. Ainsi le Royaume d'Aaru demeura déliuré des mains de ce Tyran Roy d'Achem, et au pouuoir du Roy de Iantana iusques à l'année 1574. que le mesme Roy d'Achem auec vne flotte de deux cens voiles, feignant de s'en aller surprendre Pataue, se ietta finement vne nuict sur Iantana, où le Roy estoit pour lors, lequel il prist auec sa femme, ses enfans, et plusieurs autres captifs qu'il emmena en son pays, où sans donner la vie à pas vn il les fist tous mourir cruellement, et au Roy il luy fist sauter la ceruelle hors de la teste auec un gros baston pointu. Apres ces executions sanglantes il posseda le Royaume d'Aaru, où incontinent il fist recognoistre pour Roy son fils aisné, qui est celuy qui fut tué à Malaca, la venant assieger au temps de Denys Pereyra, fils du Comte de Feyra Capitaine de la forteresse, qui la defendit si valeureusement qu'il sembloit que ce fust plustost vn miracle qu'vne œuure naturelle, à cause que le pouuoir de cet ennemy estoit si grand, et le nostre si petit à comparaison du leur, que l'on peut dire auec verité qu'ils estoient deux cens Mahumetans contre vn Chrestien.

CHAPITRE XXXIII.

Comment ie partis de Malaca pour m'en aller à Pan, et de la rencontre que ie fis de vingt-trois Chrestiens, qui s'estoient perdus sur mer.

Pour reprendre le discours où i'estois cy-deuant, ie diray que lorsque ie fus guery de la maladie que m'auoit causé ma captiuité de Siaca, Pedro de Faria desirant treuuer quelque occasion pour m'aduancer, et me faire gaigner quelque chose, m'enuoya dans vne Lanchare au Royaume de Pan, auec dix mille ducats de son bien, pour les mettre entre les mains d'un sien Facteur qui y residoit, nommé Tomé Lobo, et pour m'en aller delà à Pataue, qui est encore à cent lieuës par delà. Pour cet effect il me donna vne lettre et vn present pour le Roy, et vne ample commission de traicter auec luy de la liberté de cinq Portugais, qui dans le Royaume de Siam estoient esclaues de Monteo de Bancha son beau-frère. Ie partis doncques de Malaca auec ce dessein. Or le septiesme iour de nostre voyage, comme nous estions à l'opposite de l'Isle de Pullo Timano, qui peut estre distante de Malaca de quatre vingts dix lieuës, et de dix ou douze lieuës de l'emboucheure de Pan, vn peu auant le iour nous ouïsmes par deux fois de grandes plaintes sur mer, et ne pouuant pour lors à cause de l'obscurité qu'il faisoit, recognoistre ce que c'estoit, nous demeurasmes tous suspens en diuerses opinions, d'autant que nous ne sçauions nous imaginer ce que ce pouuoit estre, tellement que pour l'apprendre ie fis mettre le voile au vent, et auec les rames m'en aller du costé où nous auions entendu ces plaintes, guettans tous la veuë baissée à rez d'eau, pour voir et ouïr plus facilement ce qui nous tenoit si fort en peine. Apres que nous eusmes continué en cette action vn assez long temps, nous vismes fort loing de nous une chose noire qui flottoit sur l'eau, et ne pouuant descouurir d'abord ce que c'estoit, nous prismes conseil de nouueau, de ce que nous auions à faire. Or bien que nous ne fussions que quatre Portugais dans nostre Lanchare, les aduis furent differents les vns des autres, et pour moy ie fus requis de ce qui ne m'importoit. Au reste, l'on me dict que ie deuois aller droit où Pedro de Faria m'enuoyoit, et que perdant vne seule heure de temps, ie mettois le voyage en danger, et la marchandise en risque ; ioinct qu'à faute de faire mon deuoir ie luy rendrois fort mauuais compte de ma commission. A quoy ie fis responsé, que pour chose qui pût arriuer, ie ne laisserois de sçavoir ce que c'estoit, et que si ie faillois en le faisant comme ils me vouloient faire accroire, que la Lanchare n'appartenoit qu'à Pedro de Faria, et que c'estoit à moy à luy rendre compte de sa marchandise, et non pas à eux, qui dans le vaisseau n'auuoient autre chose que leurs personnes, qui n'estoient pas plus en danger que la mienne ; durant ce debat il pleust à Dieu que le iour parust, à la faueur duquel nous veismes des gens qui s'estoient perdus sur mer, lesquels flottans pesle-mesle nageoient sur des planches, et autres pieces de bois. Alors sans rien craindre nous tournasmes nostre prouë vers eux, et à force de voiles et de rames nous les allasmes trouuer, et les ouïsmes crier six ou sept fois, sans qu'ils proferassent autres paroles, sinon, Seigneur Dieu, misericorde! A la veuë de ce nouueau et pitoyable spectacle nous demeurasmes si confus d'estonnement, que nous en estions presque hors de nostre sens, et faisant auec diligence mettre en mer vne partie des Mariniers de la Lanchare qui les prirent et les mirent dedans, vingt-trois personnes qu'ils estoient, à sçauoir quatorze Portugais, et neuf esclaues, qui tous estoient si desfigurez de visage, qu'ils nous faisoient peur, et si foibles qu'ils ne pouuoient ny parler ny se soustenir. Apres auoir esté ainsi accueillis par nous, et traittez le mieux que nous peusmes, nous leur demandasmes le subject de leur infortune, à quoy vn de la troupe respondit en pleurant; Messieurs, ie me nomme Fernand Gil Porcalho, et l'œil que vous voyez qui me manque me fut creué par les Achems, à la tranchée de Malaca, quand pour la seconde fois ils vindrent pour surprendre Dom Estienne de Gama, lequel desirant de me faire du bien, pour ce qu'il me voyoit pauure comme i'estois alors, me donna congé d'aller aux Molucques, où plût à Dieu que ie n'eusse esté, puis que mon voyage deuoit auoir vn tel succez : car depuis que ie partis du port de Talagame, qui est la rade de nostre forteresse de Ternate ; apres que nous eusmes nauigé vingt et trois iours auec vn temps fauorable, et ce dans vn Iunco qui portoit mille barres de cloux de giroffle, qui valoient plus de cent mille ducats ; le malheur voulut pour moi qu'à la poincte de Surabaya, en l'Isle de Ioa, il s'esleua un vent de Nord si impetueux que les vagues en estoient croisées ; si bien que nostre Iunco se rompit par la prouë, qui nous contraignit d'alleger le tillac. Ainsi nous passasmes cette nuict à la riue, sans monstrer au vent vn seul poulce de voile, à cause que la mer estoit trop esmeuë, et ses vagues trop insupportables. Le lendemain matin nous conneusmes que nostre Iunco s'en alloit à fonds, sans que d'iceluy il se soit peu sauuer que les 23. personnes que vous voyez de 147. qui estions dedans. De maniere qu'il y a desia 14. iours que nous sommes sur ces planches, sans auoir durant ce temps-là mangé autre chose qu'un mien esclaue, Cafre de nation, et qui nous mourut, duquel nous nous sommes substantez l'espace de 8. iours, et encore cette mesme nuict derniere il mourut deux Portugais, que nous n'auions voulu manger, quoy que nous en eussions bon besoing, parce qu'il nous sembloit que du iour au lendemain deuoient finir auec nostre vie les trauaux que nous voyons deuant nos yeux.

CHAPITRE XXXIV.

De ce qui se passa au Royaume de Pan, apres que i'y fus arriué auec ceux qui s'estoient perdus sur la mer.

Le recit que cét homme venoit de nous faire nous ayant rendus tous pensifs, et tous pleins d'estonnement, pour le voir luy et ses compagnons reduicts en vn estat si déplorable, nous fusmes de mesme grandement esmerueillez du moyen par lequel Dieu les auoit deliurez si miraculeusement. Nous luy en rendismes doncques graces, et consolasmes ces nouueaux hostes, en leur representant toutes les choses que le deuoir de vrais Chrestiens, et nostre peu de capacité nous obligeoient de leur dire. Apres cela nous leur fismes part de nos vestements, ce qui les soulagea quelque peu en leur nécessité, et les couchasmes dans nos licts ordinaires. Auecque cela nous leur appliquasmes les remedes qui nous sembloient estre necessaires à leur repos; car pour n'auoir dormy de long-temps ils estoient tous estourdis si fort de la teste, qu'ils se laissoient cheoir avec des esblouïssemens si grands, qu'ils leur faisoient perdre la connoissance plus d'vne heure de temps. Cela fait nous allasmes chercher le port de Pan, où nous arriuasmes presque sur la minuit, donnants fonds à la rade, vis à vis d'vn petit lieu peuplé, nommé *Campalarau*. Le lendemain dés la pointe du iour nous voguasmes à la rame à mont la riuiere, iusqu'à la Ville qui en estoit esloignée d'vn peu plus d'vne lieuë, où nous treuuasmes Tome Lobo qui, comme i'ai desia dit, y residoit pour facteur du Capitaine de Malaca, entre les mains duquel ie mis les marchandises que ie menois. Ce mesme iour il mourut trois des 14. Portugais que nous auions treuuez perdus, vn desquels estoit Fernand Gil Porcalho, capitaine du Iunco qu'ils auoient perdu, et qui nous auoit faict le recit de leur désastre. Cinq ieunes hommes Chrestiens moururent aussi, que nous iettasmes tous dans la mer, auecque des pierres attachées aux pieds et au col, afin qu'ils allassent à fonds, pour ce qu'on n'auoit point voulu permettre de les enseuelir dans la ville, encore que Tome Lobo leur voulust bailler pour ce faire la somme de 40. ducats, alleguans pour leurs raisons que s'ils le souffroient, leur païs demeureroit maudit, et incapable de nourrir chose aucune, à cause que les deffunts n'estoient purgez de la grande quantité de pourceau qu'ils auoient mangé, qui estoit le plus detestable et enorme peché de tous ceux que l'on pouuoit s'imaginer ; pour les autres qui resterent en vie, Tome Lobo les recueillit fort bien, et leur bailla honnestement à tous ce qui leur estoit nécessaire, iusqu'à ce qu'ils fussent gueris, et retournez à Malaca. Quelques jours apres, comme ie voulois poursuiure mon voyage pour aller où i'auois intention de me rendre, qui estoit à Patane, Tome Lobo ne me le voulut permettre, me priant instamment de n'y point aller, et me dit qu'il ne se tenoit point asseuré en cette ville, à cause qu'il auoit esté aduerty qu'un Tuan Nerrafa, homme de reputation, et des Principaux de la Ville, auoit iuré de le brusler dans sa maison, auec toute la marchandise qui y estoit, disant qu'à Malaca le facteur du Capitaine luy avait pris la valeur de cinq mille ducats de benjoin, soye, et bois d'aloes, à beaucoup moindre prix qu'il ne valoit, et qu'il luy auoit payé le tout à sa volonté, et que non content de ce il luy auoit donné en payement des hardes pourries, dont il ne pouuoit faire profit; joinct que les cinq mille ducats d'employ qu'il auoit faict, et qui dans Malaca en valoient plus de dix mille, outre le change des marchandises valables qu'il en pouuoit aisément rapporter, et dont le profit se deuoit monter à pareille somme de dix mille ducats, que le tout néantmoins ne s'estoit reduit qu'à la somme de sept cents ducats; qu'au reste pour se vanger de ce tort il auoit feint des querelles à dessein, pour l'obliger à sortir, afin de le faire tuer, et qu'en cas que telle chose arriuast, il seroit à propos que ie m'y treuuasse pour empescher qu'à faute de secours, la marchandise que i'avois ne vinst à se perdre. Luy ayant donné là-dessus quelques raisons pour faciliter mon voyage, il ne les voulut point approuuer, et me contredict en toutes mes propositions. Pour conclusion ie luy remonstray que si le malheur vouloit pour luy qu'on l'assassinast, comme il le disoit, afin d'auoir sa marchandise, ie ne pourrois me sauuer non plus que luy, et qu'ainsi puisqu'il tenoit cêt aduis pour certain, comme il me l'asseuroit; ie m'estonnois fort de ce qu'il auoit permis que les vnze Portugais s'en allassent, auec lesquels luy-mesme deuoit plustost s'embarquer, pour faire voile à Malaca. A ces paroles demeurant vn peu estonné; Hélas! me dit-il, Dieu sçait comme quoy ie m'en repens maintenant; mais puisque ie n'ay faict ce que vous dictes, faictes maintenant ce dequoy ie vous prie, et le demandez de la part du Seigneur Capitaine, à qui ie m'en vay escrire de tout ce dont ie vous ay parlé, et ie suis bien asseuré qu'il ne prendra pas en bonne part que vous me laissiez icy tout seul auec sa marchandise, qui n'est pas en si petite quantité qu'elle ne passe plus de trente mille ducats d'employ, sans y comprendre ce qui m'appartient qui vaut bien autant. Cette requeste qu'il me faisoit auec tant d'instance me rendant confus d'vn costé, et de l'autre considerant l'extréme danger que ie courois en cas que i'y demeurasse, ie ne sçauois à quelle de ces deux extremitez me resoudre. A la fin apres auoir bien pensé à l'affaire, ie fus contrainct de demeurer d'accord auecque luy, qu'en cas que dans quinze iours il ne s'embarquast auec moy dans ma Lanchare, pour s'en aller à Patane auecque sa marchandise reduicte en or, ou en pierreries, dont la ville estoit abondante, que sans luy ie pourrois m'en aller où bon me sembleroit, offre qu'il fut contrainct d'accepter, et ainsi nous en demeurasmes là-dessus.

CHAPITRE XXXV.

Comment le Roy de Pan fut tué, par qui, ensemble quel en fut le sujet, et de ce qui nous arriua à Tome Lobo et à moy.

L'APPRÉHENSION talonna de si prez Tome Lobo, que de peur qu'il eust que ce dequoy on l'auoit asseuré, ne luy arriuast véritablement; il vsa d'vne telle diligence à vendre sa marchandise par le moyen du bon marché qu'il en fist, qu'en moins de 8. iours il en vuida son magazin, et les autres lieux où elle estoit. Par mesme moyen sans vouloir prendre en eschange ny poivre, ny cloux de giroffle, ny autres telles drogues qui occupassent trop de lieu, il trocqua le tout pour de l'or de Menencabo, et pour des diamants qui estoient venus dans les Iurupangos du pays de Lauo, et de Taucampura, et aussi pour des perles de Borneo, et de Solor. Or comme il eust presque tout receu, et que nous eusmes faict dessein de nous embarquer; le lendemain le malheur voulut que la nuict suiuante il arriuast vne chose grandement effroyable, qui fut, qu'vn nommé Coja Geinal, Ambassadeur du Roy de Bornée, qui depuis trois ou quatre ans residoit à la Cour du Roy de Pan, homme merueilleusement riche, tua le Roy pour l'auoir treuué couché auec sa femme; ce qui fut cause qu'il se fist vne si grande esmotion dans la ville, qu'elle sembloit estre vn tulmulte d'enfer plustost qu'vne chose humaine; dequoy s'estant apperceus quelques vagabonds et faineants, qui ne demandoient pas mieux que de semblables occasions afin de faire ce qu'ils n'eussent auparavant osé entreprendre, pour la crainte qu'ils auoient du Roy, ils firent vne troupe de cinq ou six cent, lesquels séparés en trois bandes s'en allerent droict à la maison où demeuroit Tome Lobo. L'ayant attaquée par six ou sept endroits, ils y entrerent de force, quelque resistance que nous peussions faire pour les en empescher, veu mesme qu'en la deffendant, vnze de nos hommes y demeurerent, du nombre desquels estoient les trois Portugais que i'auois amenez de Malaca. Durant cette violence, tout ce que pût faire Tome Lobo fut de s'eschapper auec six grands coups d'espée, l'vn desquels luy auoit abbattu la jouë droite, iusqu'au col; si bien qu'il pensa mourir de ce coup. Il nous fut doncques force à tous deux de leur abandonner la maison, ensemble toute la marchandise qui estoit dedans, et de nous retirer dans la Lanchare, où nous nous rendismes auec cinq garçons, et huict Mariniers, sans sauuer aucune chose que ce fust de nostre Marchandise, qui se montoit à cinquante mille ducats en or seulement, et en pierreries. Dans ceste Lanchare nous passasmes toute la nuict affligez d'vne estrange sorte, et tousiours au guet pour voir la fin de cette mutinerie, qui estoit semée parmy le peuple, comme i'ay desia dit.

Alors voyant que tout alloit de mal en pis, et qu'il ne falloit point esperer de rien sauuer de notre marchandise, nous treuuasmes plus à propos de nous en aller à Patane, que de nous mettre en danger d'estre tuez, comme plus de quatre mille personnes le furent. Auec cette resolution nous partismes de ce lieu, et dans six iours arriuasmes à Patane. Là nous fusmes fort bien receus des Portugais qui estoient en ce pays, ausquels nous racontasmes tout ce qui s'estoit passé dans Pan, et le piteux estat où nous auions laissé cette miserable ville. Cét accident les affligea tous d'vne estrange sorte, si bien que desirant d'y apporter quelque remede, esmeus à cela d'vne veritable affection de bons Portugais, ils s'en allerent tous au Palais du Roy, où ils luy firent leurs plainctes du tort que l'on auoit faict au Capitaine de Malaca. Surquoy ils le prierent qu'il leur fust permis de recouurer, s'il estoit possible, la perte qu'ils auoient faicte, et d'vser du droict de represailles sur toutes les marchandises qu'ils treuueroient estre du Royaume de Pan, iusqu'à la concurrence de la somme qui leur auoit esté volée; le Roy les ayant oüis en leur plainte, et leur accordant à l'instant ce qu'ils demandoient; Il est raisonnable, leur dit-il, que vous fassiez comme l'on vous a faict, et que vous voliez ceux qui premièrement vous ont volez, principalement en vne chose qui appartient au Capitaine de Malaca, à qui tous vous autres estes si fort obligez. Les Portugais l'ayant remercié de cette faueur, s'en retournerent en leurs maisons, où ils conclurent de se saisir de tout ce qu'ils treuueroient estre du Royaume de Pan, iusqu'à ce qu'ils eussent entièrement recouuré leur perte. Il arriua donc neuf iours apres, qu'estants aduertis qu'à dix-huict lieuës de-là, sur la riviere de Calantan, il y avoit trois Iuncos de la Chine grandement riches, et qui appartenoient à des marchands Mahumetans, natifs du Royaume de Pan, qu'vne fortune de mer auoit contrainct de se sauuer en ce lieu, nos gens se resolurent de s'en aller fondre sur eux. Pour cet effect de trois cens Portugais, qui pour lors estoient en ce païs, nous en choisismes quatre-vingts, auec lesquels nous nous embarquasmes en deux Fustes, et dans vn Nauire rond, bien fournis de toutes les choses que nous iugeasmes estre nécessaires à cette entreprise ; ainsi nous partismes trois jours après auec diligence, de peur qu'estans descouuerts par les Mahumetans du pays, ils n'en donnassent aduis à ceux que nous allions chercher ; de ces trois vaisseaux estoit General vn Ioan Fernandez Dabreu, natif de Madere, et fils du père nourricier du Roy Dom Ioan. Cestuy-ci estoit dans le Nauire rond avec quarante soldats ; et dans les autres deux Fustes commandoit Laurens de Goes, et Vasco Sermento son cousin, tous deux natifs en Portugal, de la ville de Bragance, et grandement experimentez en la Milice nauale. Le iour d'après nos vaisseaux arriuerent à la riuiere de **Calentan** ; là nous ne vismes pas plustost à l'ancre les trois Iuncos, desquels l'on nous auoit donné aduis, que nous les attaquasmes fort vaillamment, et bien que ceux qui estoient dedans firent d'abord tout leur possible pour se defendre, si est-ce qu'en fin toute leur resistance fut inutile ; car en moins d'vne heure nous les rangeasmes tous soubs nostre pouuoir, tellement que septante-quatre des leurs y demeurerent, et il n'y eust de nostre costé que trois hommes de tuez, mais beaucoup de blessez. Ie ne veux point m'amuser icy à deduire en particulier ce que firent ceux de l'vn et de l'autre party, pource que cela me semble superflu. Il me suffira de dire ce qui est le plus propre à ce discours ; il faut donc sçauoir qu'après que les trois Iuncos se furent rendus, et qu'on les eut pris (comme i'ay desia dit) nous fismes voile tout aussi-tost, et les emmenasmes auec nous, à cause que tout le pays estoit desia mutiné. Alors de ce mesme lieu nous prismes la route de Patane, et fauorisez du bon vent nous y arriuasmes le lendemain après midy. A nostre abord nous iettasmes l'ancre en mer, et saluasmes la ville auec beaucoup d'allegresse et de bruict d'artillerie, chose qui fist perdre toute patience aux Mahumetans du pays ; car bien que cela se passast en vn temps de paix, et auquel ils se disoient estre de nos amis, ils ne laisserent pas neantmoins de faire tout leur possible, et à force de presens qu'ils donnerent aux Gouuerneurs et aux fauoris du Roy, de tascher qu'il rendist nulles les prises que nous auions faites, et mesme qu'il nous chassast hors de son pays, à quoy néantmoins le Roy ne voulut iamais consentir, disant que pour rien du monde il ne romproit la paix que ses Ancestres auoient faicte auec les Chrestiens de Malaca, et que tout ce qu'il pouuoit faire en tel cas, c'estoit de seruir de tiers tant pour les vns que pour les autres. Il nous pria là dessus que les trois Necodas, Seigneurs ou Capitaines des trois Iuncos, ainsi appellez en leur pays, nous rendans ce qu'on auoit pris au Capitaine de Malaca, nous eussions aussi à leur rendre leurs vaisseaux libres auec le surplus, chose que Ioan Fernandez Dabreu et les autres Portugais accorderent tres-volontiers, pour tesmoigner au Roy le desir qu'ils auoient de le contenter. Aussi leur en sceut-il fort bon gré, et par des paroles de courtoisie, il leur donna de grandes preuues de sa bonne volonté. De cette façon furent recouurez les cinquante mille ducats que Pedro de Faria et Tomé Lobo auoient perdus. Depuis ce temps-là les Portugais furent tousiours en grande estime dans le pays, si bien que leur valeur les rendit redoutables aux Mahumetans. Vn peu apres les soldats nous asseurerent que dans les trois Iuncos que nous auions pris, il y auoit seulement en lingots d'argent, sans y comprendre les autres marchandises dont ils estoient chargez, la valeur de cent mille Taeis, qui valent trois cent mille ducats de nostre monnoye.

CHAPITRE XXXVI.

Du triste succés qui nous arriua à l'emboucheure de Lugor.

Apres auoir sejourné vingt et six iours en ce lieu de Patane, pour acheuer d'y vendre vn peu de marchandise de la Chine, pour m'en retourner au plustost, il arriua de Malaca vne Fuste commandée par vn nommé Antonio de Faria de Sousa, qui se rendit là par l'expres commandement de Pedro de Faria, pour y traicter auec le Roy de quelque accord, ensemble pour luy confirmer de nouueau l'ancienne paix qu'il auoit auec Malaca, et le remercier par mesme moyen du bon traictement qu'il faisoit dans son Royaume à ceux de la nation Portugaise, comme aussi pour traicter de plusieurs autres choses semblables, selon l'importance du commerce et de la saison; car c'estoit pour lors la chose du monde qui nous touchoit dauantage. Cette intention estoit couuerte d'vne belle lettre d'Ambassade, et d'vn beau present de pierrerie, enuoyé au nom du Roy de Portugal nostre Maistre, et pris dans ses coffres, comme tous les Capitaines de ce lieu ont accoustumé de faire. Or d'autant que ce mesme Antoine de Faria auoit apporté en ce païs pour dix ou douze mille escus de draps et de toiles des Indes, dequoy on luy auoit faict credit à Malaca, comme il vit que ces marchandises estoient de si mauuais debit en ce lieu, qu'il ne se treuuoit pas vn marchand qui en voulust, le peu d'esperance qui luy restoit de les pouuoir vendre le fist resoudre d'y hyuerner iusqu'à ce ce qu'il eust trouué quelque expedient pour s'en desfaire. Il fut donc conseillé par quelques-vns des plus anciens du pays de l'envoyer à Lugor, qui est vne grande ville du Royaume de Siam, cent lieuës plus bas vers le Nord. Ils luy alleguerent pour raison, que ce port estoit fort riche, et de grand debit, à cause qu'il y auoit vn grand nombre de Iuncos de l'Isle de Iaoa, ensemble des ports de Laue, Tanjampura, Iapara, Demaa, Panaruca, Sidayo, Passaruan, Solor, et Borneo, dont les marchands auoient accoustumé de bien achepter de semblables marchandises, en eschange d'or, ou de pierrerie. Ce conseil fut incontinent approuué par Antonio de Faria, qui se mist en deuoir de l'executer. Pour cet effect il mist ordre de recouurer vn vaisseau sur le port, à cause que la Fuste dans laquelle il estoit venu, ne pouuoit aucunement faire ce voyage. Ces choses ainsi disposées il deputa pour son Facteur vn nommé Christouan, homme qui s'entendoit grandement bien au negoce. En la compagnie de cestuy-cy s'embarquerent quelques seize hommes, tant soldats que marchands, auec esperance qu'vn escu leur en vaudroit six ou sept, du moins tant en la marchandise qu'ils y menoient, qu'en celle qu'ils esperoient d'en rapporter. Ainsi moy chetif estant l'vn des seize, nous partismes du port vn Samedy matin, et nauigeasmes auec vn vent fauorable suiuant la coste iusqu'au Ieudy matin, que nous arriuasmes à la rade de Lugor, et ancrasmes à la riuiere. Là il fut trouué à propos de passer le reste du iour, afin de nous informer amplement de ce qu'il nous falloit faire, tant pour la vente de nos marchandises, que pour l'asseurance de nos personnes. Et sans mentir nous y apprismes de si bonnes nouuelles, que nous esperions desia d'y gaigner plus de six fois au double, et d'y auoir asseurance pour tous de franchise et de liberté durant tout le mois de Septembre, suiuant l'ordonnance du Roy de Siam, à cause que c'estoit le mois des Sumbayas des Roys. Pour mieux esclaircir cecy il faut sçauoir que dans toute cette coste de Malaye, et dans le pays commande vn grand Roy; qui pour vn tiltre fameux et recommandable sur tous les autres Roys, se faict appeller

Prechau Saleu, Empereur de tout le Sornau, qui est vn pays où il y a treize Royaumes, par nous vulgairement appellez Siam, ausquels sont subjects et rendent hommage quatorze petits Roys, qui auoient accoustumé anciennement, et mesmes estoient obligez de s'en aller en personne en la ville de Odiaa, capitale de cet Empire de Sornau, qui est maintenant vn Royaume pour y apporter le tribut; à quoy chacun d'eux estoit obligé, et de faire la Sumbaya à leur Empereur, qui estoit proprement luy baiser le coutelas qui estoit à son costé. Or d'autant que cette ville est située à 50. lieuës dans le pays, et que les courans des riuieres y sont fort grands, ces Roys estoient quelquesfois contraints d'y passer l'hyuer auec yne despense fort grande. Dequoy le Prechau Roy de Siam ayant eu aduis par vne requeste, que tous ces 14. Roys luy firent ensemble, il eust agreable de leur changer cette grande subjection en vne autre plus petite. Il ordonna donc qu'à l'aduenir il y auroit en son nom vn Vice-Roy dans la ville de Lugor, qu'ils appellent en leur langue *Poyho*, auquel en son nom ces quatorze Roys s'en iroient de trois ans en trois ans luy rendre l'hommage et l'obeyssance qu'ils auoient accoustumé de luy faire à luy-mesme; qu'au reste lors que chacun s'acquiteroit des hommages qu'ils deuoient de trois années passées, durant tout le mois qu'ils le viendroient faire, leur marchandise seroit franche de tous imposts, comme aussi celle de tous les autres marchands, tant naturels, qu'estrangers, qui durant ce mois entreroient dans ce pays, ou en sortiroient. Or pource que nous y arriuasmes au temps de cette franchise, il y auoit vn si grand nombre de marchands qui s'y rendoient de toutes parts, qu'on nous asseura qu'il y auoit au port de cette ville plus de quinze cent vaisseaux tous chargez d'vne infinité de marchandises de grand prix. Voilà la bonne nouuelle qu'on nous apprist lors que nous arriuasmes à l'embouchure de la riuiere; dequoy nous fusmes si contents, qu'à l'heure mesme nous resolusmes aussitost que le vent seroit vn peu fauorable d'y entrer dedans. Mais helas! nous fusmes si malheureux, que nous ne peusmes voir ce dequoy nous auions vn si grand desir. Car enuiron les dix heures, comme nous estions sur le poinct de nous mettre à table, nous n'eusmes pas plustost disné en intention de faire voile, que nous vismes venir sur la riuiere vn grand Iunco auec les trinquets, et la mezaine, qui s'esgalant à nous, et recognoissant que nous estions Portugais, fort peu de nombre, et nostre vaisseau petit, fila son cable, se laissant deriuer sur nous en mer, iusqu'à ce qu'il fust esgal à nostre prouë du costé des tribords, lors ceux qui estoient dedans nous ietterent des crampons attachez à deux grosses chaines de fer fort longues. Ainsi comme leur vaisseau estoit grand, et le nostre petit nous demeurasmes accrochez par le leur. Apres qu'ils nous eurent accrochez de cette sorte, voila que nous vismes sortir de dessous le tillac enuiron 70. ou 80. Mahumetans qui s'y estoient cachez iusqu'alors, parmy lesquels il y auoit aussi des Turcs. A mesme temps il se fist vn grand cry parmy eux, et ils nous ietterent quantité de pierres, de dards et de lances, qui tomboient si dru dessus nous, qu'il sembloit que ce fût de la gresle, tellement que de seize Portugais que nous estions, il en demeura 12. sur la place, auec 36. autres, tant garçons que Mariniers. Quant à nous 4. Portugais apres nous estre sauués d'vne si meschante rencontre, nous nous iettasmes tous dans la mer, où il y en eust vn de noyé, et nous 3. qui restions gaignasmes la terre le mieux que nous pûmes, et ainsi fort blessez que nous estions, et passans à trauers la vase où nous enfondrions iusqu'à my-corps, nous allâmes nous cacher dans le bois. Cependant les Mahumetans du Iunco entrez dans le nostre, n'estant pas contans du massacre qu'ils auoient faict des nostres, tous forcenez de rage, tuerent encore six ou sept garçons qu'ils treuuerent blessez sur le tillac, sans vouloir donner la vie à pas vn d'eux. Cela faict, ils embarquerent dans leur Iunco toute la marchandise de nostre vaisseau, puis ils y firent vn grand trou, par le moyen duquel ils le coulerent à fonds. Alors ils laisserent leur ancre dans la mer, et les crampons auec lesquels il nous auoient accrochez, puis ils se mirent incontinent à la voile, pour l'apprehension qu'ils auoient d'estre recogneus.

CHAPITRE XXXVII.

De l'aduenture que nous eusmes nous trois, apres nous estre cachez dans le bois.

Comme nous vismes que nous trois estions eschappez de cette malheureuse rencontre tous blessez, et sans esperance d'aucun remede, nous eusmes recours aux pleurs, et en hommes forcenez nous commençasmes à nous outrager le visage. Car en ce desastre il nous estoit impossible de nous resoudre, si fort nous estions estonnez de ce que nous auions veu depuis demie heure. En cette desolation nous passasmes le reste de cette triste iournée : mais comme nous apperceusmes que le lieu estoit marescageux, et remply de quantité de couleuures et de lezards, nous trouuasmes que pour nostre mieux il nous y falloit demeurer toute cette nuict. Comme en effect nous l'y passasmes enseuelis dedans la vase iusqu'à l'estomach. Le lendemain si tost qu'il fut iour nous allasmes le long de la riuiere, et fismes en sorte d'arriuer à vn petit canal que nous n'osasmes passer, tant pour estre fort profond, que pour le grand nombre de lezards que nous y vismes. Ainsi nous passasmes la nuict en ce mesme lieu auecque beaucoup de peine, et y demeurasmes cinq iours entiers, sans pouvoir ny passer outre, ny reculer, à cause des marescages tous jonchez d'herbes; il mourut cependant vn de nos compagnons nommé Bastien Anriquez homme riche, et qui auoit perdu 8000. escus dans la Lanchare. De cette façon, de tout ce nombre de gens que nous estions auparauant, il ne resta plus que Christouan Borralho et moy, qui nous mismes à pleurer au bord de cette riuiere, sur le corps du pauure defunct qui n'estoit qu'à demy enterré. Car nous estions alors si foibles, que nous ne pouuions nous remuer, ny presque parler, tellement que nous faisions desia nostre compte d'acheuer à passer en ce lieu, ce peu d'heures que nous esperions de viure. Le lendemain qui estoit le 7. iour de nostre desastre, enuiron Soleil couchant, nous vismes venir à la rame à mont la riuiere, vne grande barque chargée de sel, et qui ne fut pas si tost pres de nous, que nous nous prosternasmes à terre, prians ceux qui estoient dedans de nous venir prendre. Eux bien estonnez de nous voir s'arresterent incontinent, et se mirent à nous considerer, comme gens qui s'estonnoient fort de nous voir ainsi à genoux, et les mains leuées au Ciel, comme si nous eussions esté en prieres. Neantmoins sans nous respondre autrement, ils firent mine de vouloir suiure leur route, ce qui nous obligea derechef de les prier à haute voix, et les larmes aux yeux, de ne point souffrir qu'à faute de secours il nous aduint de mourir miserablement en ce lieu. Alors au bruict de nos cris et nos gemissemens, il sortit de dessous le tillac de la barque vne vieille femme, dont le regard plein de grauité la faisoit paroistre telle que nous la recogneusmes depuis. Nous voyant en si pitoyable estat, et blessez comme nous estions, touchée de nostre desastre, et des playes que nous lui monstrions, elle prist en main vn baston dont elle frappa quatre ou cinq fois les Mariniers, à cause qu'ils refusoient de nous prendre. Par ce moyen elle fist approcher la barque de terre, où se ieterent incontinent quatre ou cinq des gens du Nauire, qui par le commandement

qu'elle leur en fist, nous chargerent sur leurs
espaules, et nous mirent dans la barque. Cette
honorable femme bien faschée de nous voir ainsi
blessez, et couuerts de chemises et calçons tous
ensanglantez et fangeux, les fist incontinent
lauer, et apres nous auoir faict bailler à chacun
vn linge pour nous couurir, elle voulut que
nous fussions assis aupres d'elle. Puis commandé
qu'elle eust qu'on nous apportast à manger, elle
mesme nous en presentant de sa propre main :
« Mangez, mangez, nous dit-elle, pauvres estrangers, et ne vous affligez point de vous voir reduits
en l'equipage où vous estes ; car moy, que vous
voyez maintenant, et qui ne suis qu'vne femme,
qui n'ay pas atteint encore l'aage de 5o. ans, il
n'y en a pas six que ie me suis veuë esclaue, et
volée de plus de cent mille ducats de mon bien.
Ce n'est pas le tout encore, à cette infortune a
esté iointe la mort de trois fils que i'auois, et
celle de mon mary que ie tenois plus cher que
les yeux dont ie le regardois. Yeux, helas ! auec
lesquels ie vis mettre en pieces par les trompes
des Elephans du Roy de Siam, tant le pere comme
les fils, ensemble deux freres et vn gendre que
i'auois. I'ay mené tousiours depuis une vie aussi
triste que languissante, et à tous ces deplaisirs
en ont succedé beaucoup d'autres encore plus
grands. Car par une impitoyable fortune i'ay veu

trois miennes filles à marier, ensemble mes pere et mere, et trente-deux de mes parens, nepueux, cousins, iettez en des fournaises ardantes ; durant lequel temps leurs gemissemens et leurs cris estoient si grands qu'ils perçoient le Ciel, afin que Dieu les secourust en la violence de ce tourment insupportable. Mais hélas! l'enormité de mes pechez a bouché sans doute les oreilles à l'infinie clemence du Seigneur des Seigneurs, afin qu'il n'ouyst cette mienne requeste, qui me sembloit si iuste et si legitime; en quoy toutesfois ie me suis trompée, puisqu'il n'y a rien de plus asseuré que ce qu'il plaist à sa diuine Majesté ordonner. » A ce discours nous luy respondismes, que les pechez que nous auions aussi commis contre luy estoient cause de nostre infortune. Puisque cela est, nous repliqua-elle, meslant ses larmes aux nostres, il est tousiours bon d'auoüer en vos aduersitez, que les touches de la main de Dieu sont bien vrayes, pource qu'en cette verité, ensemble en vne confession de bouche, en vn desplaisir de l'auoir offensé, et en vne ferme resolution de n'y plus retourner, consiste tout le remede de vos trauaux et des miens. Nous ayant ainsi entretenus sur son infortune, elle s'enquist de nous des causes de la nostre, et de quelle façon nous auions esté reduicts en ce miserable estat. Là dessus nous luy racontasmes comme le tout s'estoit passé, sans que nous eussions peu recognoistre ny celuy qui nous auoit ainsi mal-traictez, ny le sujet qui l'auoit obligé à le faire. A cela les siens respondirent, que le grand Iunco dont nous parlions estoit à vn Mahumetan Guzarate de nation, nommé Goja Acem, qui ce mesme matin estoit sorty de la riuiere chargé de bresil, pour s'en aller en l'Isle d'Ainan. A ces mots cette bonne Dame frappant sa poictrine, et faisant paroistre qu'elle estoit grandement estonnée, Que l'on me fasse mourir, dit-elle, si cela n'est, car i'ay ouy ce Mahumetan dont vous parlez, se vanter publiquement deuant tous ceux qui le vouloient escouter, qu'il auoit autresfois mis à mort vn grand nombre de gens de la race de ceux de Malaca, et qu'il les hayssoit tellement, qu'il avoit promis à son Mahomet d'en tuer encore vne fois autant. Estonnez d'vne telle nouueauté, nous la priasmes de nous declarer qui estoit cet homme là, et le sujet qui l'obligeoit à nous vouloir tant de mal. La responce qu'elle nous fist là dessus, fut qu'elle n'en sçauoit autre raison, sinon qu'vn grand Capitaine de nostre nation, nommé Hector de Sylueira luy auoit tué son pere, et deux freres dans vn Nauire qu'il leur auoit pris au destroict de la Mecque, qui venoient du Iudas, et s'en alloient à Dabul. Voila ce que nous dist de luy cette

Dame, qui durant que nous fusmes ensemble, nous raconta plusieurs autres particularitez touchant la grande hayne que ce Mahumetan nous portoit, et sur ce qu'il disoit de nous pour tascher de nous rendre infames.

CHAPITRE XXXVIII.

Qui estoit cette femme que nous rencontrasmes, et comme elle nous enuoya à Patane, ensemble de ce que fist Antonio de Faria, lors qu'il apprist la nouuelle de nostre desastre, et la perte de sa marchandise.

Cette honorable femme estant partie du lieu où elle nous auoit trouuez, s'en alla à voile et à rame à mont la riuiere enuiron deux lieuës, jusques à ce qu'elle arriua à vn petit village, où elle passa la nuict. Le lendemain matin elle en partit, et s'en alla droict à la ville de Lugor, qui estait encore cinq lieuës plus avant. Y estant arriuée enuiron le midy, elle mist pied à terre, et se retira en sa maison, où elle nous mena elle-mesme, et nous y fist sejourner vingt-trois iours, pendant lesquels nous fusmes fort bien pansez, et pourueus abondamment des commoditez qui nous estoient necessaires. Cette femme estoit vefue et d'honorable maison, comme nous l'apprismes depuis, et qui auoit esté mariée au Capitaine General, qu'ils appellent Xabandar de Preuedim, que le Pate de Lasapara Roy de Quaijuan auoit tué en l'isle de Iaoa, dans la ville de Bancha, en l'année 1538. Lors qu'elle nous trouua, comme i'ay dit, elle venoit d'vn sien Iunco, qui estoit à la rade, chargé de sel. Et d'autant qu'il estoit grand, et qu'il ne pouuoit passer à cause des bancs de sable, elle le faisoit peu à peu descharger auec cette grande barque. Les 23 iours que i'ay dits estans expirez, Dieu voulut que nous eusmes entierement recouuert nostre santé. Alors cette vertueuse Dame nous voyant en estat de voyager, nous recommanda à vn marchand son parent qui s'en alloit à Patane, où il auoit encore quatre-vingts lieuës de chemin. Le marchand nous fit doncques embarquer auec luy dans vn Calaluz à rame, et ce mesme iour apres auoir pris congé de cette Dame, à laquelle nous estions tant obligez, nous partismes de compagnie, et nauigeans sur vne riuière d'eau douce nommée Sumheehitano, nous arriuasmes sept iours apres à Patane. Or d'autant qu'Antonio de Faria s'attendoit de iour en iour à nous voir de retour, auec esperance d'auoir des nouuelles qui luy deussent apporter vn bon succés de sa marchandise, si tost qu'il nous vit et qu'il sceut de nous ce qui s'estoit passé, il en demeura si triste et si mescontent qu'il fut plus de demie heure sans pouuoir dire le moindre mot. Auec cela les Portugais y vindrent en si grand nombre, que les maisons pouuoient à peine suffire à les contenir, à cause que de la pluspart d'entre eux, la Lanchare auoit aussi emporté de la marchandise, tellement que la valeur de sa charge se montoit à plus de soixante et dix mille ducats, dont la plus grande partie estoit en argent monnoyé, pour auec iceluy faire emploite d'or. Antonio de Faria voyant qu'il n'y auoit plus de remede, et que les douze mille escus qu'on luy auoit prestez à Malaca, auoient esté volez miserablement; comme quelques-vns le voulurent consoler en cette perte, il leur fist response, qu'il confessoit n'auoir pas le courage de s'en retourner à Malaca, et y voir ses creanciers. Car il apprehendoit à ce qu'il disoit, qu'ils ne luy fissent payer les obligations qu'il leur auoit faictes. A quoy il ne pouuoit satisfaire pour lors en aucune façon que ce fust; qu'ainsi il luy sembloit beaucoup plus à propos de poursuiure ceux qui luy auoient volé son bien, que de s'en aller vers ces autres qui l'en auoient accommodé, puis qu'il ne l'auoit plus. Alors il fist un serment public dessus le sainct Euangile, par lequel il dist, qu'outre ce qu'il iuroit, il promettoit à Dieu de partir incontinent de ce lieu, pour s'en aller chercher celuy qui l'auoit ainsi volé; qu'au reste il luy en feroit rendre cent fois autant, ou de gré, ou de force, quoy qu'il recogneust que cela ne se pouuoit, pour le grand dommage qui en estoit arriué. Aussi lui ayant esté tué seize Portugais, et trente-six autres, tant garçons que Mariniers Chrestiens, il n'estoit pas raisonnable que cela se passast de cette sorte, sans que le chastiment s'en ensuiuist. A quoy il adjousta que s'il n'y procedoit de cette sorte l'on nous en feroit vne encore le lendemain, et puis cent autres semblables. Tous les assistans loüerent grandement sa valeureuse resolution, et pour l'execution de cette entreprise, il se trouua beaucoup de ieunes soldats parmy eux qui s'offrirent à l'accompagner en ce voyage, d'autres aussi luy présentèrent de l'argent, et s'équipperent des choses qui leur estoient necessaires. Alors ayant accepté les offres que luy firent ses amis, il vsa d'vne telle diligence que dans dix-huict iours il fist ses préparatifs, et assembla cinquante-cinq soldats en ce voyage. Il fallut que i'y retournasse encore pauure infortuné que i'estois; car ie me voyois reduict à ce poinct que ie n'auois pas valant vn sol, ny personne qui me le voulust donner ny prester, joint que ie deuois à Malaca plus de cinq cent ducats, que m'auoient presté quelques-vns de mes amis, lesquels auec vne fois autant, mon malheur voulut que ce chien me les volast auec le bien des autres, comme i'ay dit cy-deuant, sans que de tout ce que ie possedois dans le monde, i'eusse peu sauuer autre chose que mon miserable corps blessé de trois coups de iavelot, et d'vn coup de pierre à la teste, dont ie me suis veu par trois ou quatre fois à l'article de la mort, mesme l'on m'en osta vn os icy à Patane; mais Christouan Borralho mon compagnon fut encore plus mal-traicté que moy d'vn pareil nombre de blesseures, qu'il receut en payement de deux mille cinq cent ducats qui luy furent volez comme aux autres.

CHAPITRE XXXIX.

Du partement que fist Antonio de Faria, pour s'en aller en l'Isle d'Ainan, afin d'y trouuer le Mahumetan Coja Acem, et de la rencontre qu'il eust auparauant qu'y arriuer.

Sitost qu'Antonio de Faria eust faict ses preparatifs, il partist de ce lieu de Patane vn Samedy neufuiesme May 1540. et mist la prouë par Nord-Nord-oüest, vers le Royaume de Champaa, à dessein d'y descouurir les ports et les havres, et là mesme par le moyen de quelque bon butin s'y en fournir de ce dont il auoit besoin, pource que la promptitude de son départ de Patane auoit esté si grande, qu'il n'auoit eu le temps de se bien pourueoir de ce qui luy estoit nécessaire, ny mesmes de viures et de munitions de guerre. Après auoir esté sept iours à la voile suiuant nostre route nous eusmes la veuë d'vne Isle nommée *Pullo Condor*, à la hauteur de huict degrez et vn tiers, du costé du Nord, et quasi Nord-oüest su-est, vers l'embouchure de Camboja, et ayant faict le tour de tous costez nous déscouurismes vers le Rhomb de l'Est vn bon havre, où nous trouuasmes l'Isle de Camboja, où estant vers l'Est nommé Bralapisan, esloigné de terre ferme de six lieuës ou enuiron, où nous trouuasmes vn Iunco de Lequios qui s'en alloit au Royaume de Siam, auec un Ambassadeur de Nautaquim de Lindau, Prince de l'Isle de Tosa, située à la hauteur de trente-six degrez, lequel ne nous eust pas plustost descouuert qu'il fist voile vers Antonio de Faria, et luy enuoya faire vn message par vn Pilote Chinois remply de compliments d'vne veritable affection. A quoy furent adjoustez ces mots de la part de tous, « Que le temps viendroit qu'ils communiqueroient auec nous la vraye amitié de la loy de Dieu, et de sa clemence infinie, qui par sa mort auoit donné la vie à tous les hommes, auec un perpetuel heritage en la maison des bons, et qu'ils croyoient qu'il deuoit estre ainsi apres avoir passé la moitié de la moitié des temps. » Auec ce compliment ils luy enuoyerent vn coutelas de grand prix, qui auoit la poignée et le fourreau d'or, et 26. perles qui estoient dans vne petite boëtte aussi d'or, faicte en forme de saliere; dequoy Antonio de Faria fut bien fasché, à cause qu'il ne pouuoit pas rendre le semblable à ce Prince, comme il estoit obligé de faire. Car lors que le Chinois arriua auec ce message, ils estoient esloignez de nous d'une grande lieuë dans la mer: nous mismes alors pied à terre, où nous fusmes trois iours à faire eau, et à pescher des Sargues et des Coruines en grande quantité, puis nous allasmes gaigner la coste de la terre ferme, pour y chercher vne riuiere nommée *Pullo Cambim*, qui diuise l'Estat de Camboja d'auec le Royaume de Champaa, à la hauteur de neuf degrez, où estans arriuez vn Dimanche dernier iour de May, le Pilote monta trois lieuës dans cette riuiere, où il ancra vis à vis d'vn grand bourg nommé Catimparu; là nous demeurasmes douze iours en paix, pendant lesquels nous fismes nostre prouision de ce qui nous estoit nécessaire. Mais à cause qu'Antonio de Faria estoit naturellement curieux, et qu'il s'efforçoit de sçauoir des gens du pays quelle nation habitoit plus auant, et d'où cette grande riuiere prenoit sa source, ils luy firent response qu'elle naissoit d'vn lac nommé *Pinator*, éloigné de cette mer du costé de l'Est de 260. lieuës au Royaume de Quitiruan, et qui estoit entouré de grandes montagnes, au bas desquelles sur le bord de l'eau il y auoit 38. villages, dont il y en auoit 13. fort grands, et les autres fort petits, et que seulement dans vn des grands nommé *Xincalcu*, il y auoit une si grande mine d'or, qu'ils estoient asseurez par le rapport des habitans du pays, qu'il ne se passoit iour que l'on n'en tirast vn bar et

16.

demy, qui selon la valeur de nostre monnoye est en vne année vingt-deux millions, et que quatre Seigneurs y auoient part, lesquels en estoient si ambitieux qu'ils se faisoient vne guerre continuelle les vns aux autres, chacun d'eux taschant de s'en faire maistre, mesme que l'vn d'eux nommé Rajahitau auoit dans la basse-court de sa maison, en des pots sous terre pleins iusqu'au goulet, six cens bars d'or en poudre, comme celuy de Menancabo de l'Isle de Samatra, et que si trois cens hommes de nostre nation l'alloient attaquer auec les harquebuziers, qu'indubitablement ils s'en feroient maistres; joint qu'en vn autre de ces villages nommé Buaquirim, il y auoit vne carriere, de laquelle on tiroit vne grande quantité de fins diamans, d'vne vieille roche, et de plus grand prix que ceux de Laue, et de Tanjampura en l'Isle de Iaoa. Antonio de Faria leur ayant demandé là-dessus plusieurs autres particularitez, ils luy firent un recit de la fertilité du pays, qui estoit à mont cette riuiere, aussi propre à souhaitter, que facile et de peu de fraiz à conquerir.

CHAPITRE XL.

Nostre partement pour aller en l'Isle d'Ainan, où nous auions eu nouuelles qu'estoit le Corsaire Coja Acem, et de ce qui nous arriua en ce voyage.

Estans partis de cette riuière de Pullo Cambim, nous nauigeasmes le long de la coste du Royaume de Champaa, iusques à vn havre nommé Saleyjacau dix-sept lieuës en à mont, vers le Nord, dans lequel nous entrasmes. Or pource qu'il n'y auoit là rien à gaigner, nous sortismes de ce lieu presqu'à Soleil couché, sans faire autre chose que voir et conter les bourgs, qui estoient le long du bord de l'eau, lesquels estoient au nombre de six, cinq desquels estoient comme des villages, et en l'autre paroissoient plus de mille maisons enuironnées d'arbres fort hauts, et de quantité de riuieres d'eau douce, qui descendoient d'vne montagne qui estoit du costé du Sud, en forme de muraille. Nous n'y voulusmes monter alors pour voir la ville, craignant de faire mutiner le peuple. Le matin suiuant nous arriuasmes à vne riuiere nommée Toobasoy, où Antonio de Faria ancra du costé de dehors, à cause que le Pilote ne se voulut hazarder d'y entrer, pour n'y auoir iamais esté, et pour ne cognoistre le fonds d'icelle. Comme l'on contestoit sur ce sujet, les vns pour y entrer, les autres pour n'en rien faire, nous vismes vne grande voile qui de haute mer venoit chercher ce port. Alors bien-aises de la receuoir auec tous les appareils necessaires à nostre dessein, nous l'attendismes sur l'ancre, sans bouger d'où nous estions. Comme elle fut pres de nous, nous la saluasmes, et arborasmes la banniere du pays, qu'ils appellent *Charachina*, qui est le signal d'amitié, accoustumé entr'eux en semblables occasions. Ceux du Nauire au lieu de nous respondre en la mesme sorte, comme ils sembloient le deuoir faire par raison, et recognoissans que nous estions Portugais, à qui ils ne vouloient aucun bien, nous dirent vne infinité de paroles vilaines et deshonnestes, et nous firent voir sur le haut de leur poupe, le derriere d'un esclaue Cafre, auec vn grand bruit et tintamarre de trompettes, tambours, et cloches, en se mocquant de nous comme par mespris. Dequoy Antonio de Faria se sentit tellement offensé, qu'il leur fist tirer vne volée de canon pour voir si cela les rendroit plus courtois. A cette canonnade ils firent response de cinq balles, scauoir trois de faulconneaux, et de deux autres petites pieces de campagne, que les Portugais appellent Camellos. Ce qui nous estonna fort, si bien que prenant conseil de ce que nous ferions alors, nous resolusmes de demeurer au lieu où nous estions, pour ne iuger à propos d'entreprendre vne chose si douteuse, iusqu'à ce que le lendemain le iour nous fist recognoistre les forces de ce vaisseau pour l'attaquer par apres auec plus d'asseurance, ou le laisser passer; ce conseil sembla bon à Antonio de Faria, et à tous nous autres, qui faisant bonne garde, et donnant ordre au necessaire, demeurasmes en ce lieu attendant le iour, et sur les deux heures apres minuict nous vismes sur l'horizon de la mer trois choses noires à fleur d'eau, que nous ne pûsmes bien recognoistre, ce qui fut cause que nous esueillasmes Antonio de Faria, qui pour lors estoit sur le tillac, et couché sur vn poulailler, et luy moustrasmes ce que nous voyons, qui n'estoit pas alors beaucoup loing de nous; et craignant comme nous faisions, que ce ne fussent des ennemis, il s'escria, *Arme, Arme, Arme*, il fut aussi-tost obey, et ainsi il s'asseura de ce dont il se doutoit touchant ce que nous auions veu; et recognoissans que c'estoient des vaisseaux de rame qui venoient à nous, nous prismes incontinent les armes, et fusmes posez par le Capitaine aux lieux les plus necessaires pour nous defendre. Il nous sembla pour lors les voyant venir, voguans à la sourdine, que c'estoient les ennemis du iour precedent, et d'autant qu'en ce lieu il n'y auoit aucune chose dequoy nous peussions auoir crainte, il dict aux soldats, Messieurs et frères, c'est vn voleur qui nous vient attaquer, à qui il semble que nous ne soyons que six ou sept, ainsi que l'on a de coustume d'estre en ces vaisseaux ; et afin qu'au nom de Iesus Christ nous puissions faire chose qui soit bonne, que chacun se baisse, afin qu'ils ne puissent voir pas un de nous, et lors nous cognoistrons leur dessein, et ce qu'ils veulent de nous. Cependant qu'on tienne prests les pots de poudre, par le moyen desquels et de nos espées, i'espere que nous viendrons à bout de cette aduanture. Que chacun aussi cache bien sa mesche, afin qu'ils ne voyent point de feu, et que par ce moyen ils puissent croire que nous sommes tous endormis ; ce qui fut incontinent faict comme il l'auoit ordonné auec prudence et conseil. Ces trois vaisseaux nous ayant approchez de la longueur d'un traict d'arbaleste, enuironnerent nostre lorche de poupe et de prouë; et apres nous auoir recogneus se tournerent se ioindre comme s'ils eussent faict vn nouueau conseil, et furent ainsi iointes l'espace d'vn quart d'heure.

Cela fait, ils se separerent en deux, sçavoir les deux plus petits ensemble, qui se mirent à nostre poupe, et l'autre plus grand, et qui estoit le mieux armé, nous attaqua du costé d'estribord. Alors chacun entra dans nostre Lorche de l'endroict qu'il croyoit estre le plus à propos, tellement qu'en moins d'vn demy quart d'heure, plus de quarante hommes y entrerent. Alors Antonio de Faria sortit de dessous le demy pont, où il estoit auec quelque quarante soldats, et inuoquant S. Iacques leur Patron, se ietta sur eux si courageusement, qu'en peu de temps il les mist presque tous à mort. Puis s'aydant de quantité de pots de poudre contre ceux qui estoient dans les trois vaisseaux, il acheva de les desfaire, et les contraignit de se ietter tous dans la mer. Auec cet aduantage nous sautasmes dans leurs Nauires, et les prismes toutes trois, et ainsi Dieu nous fist la grace, que sans aucun peril tout nous demeura entre les mains; ioint que de tous ceux qui s'estoient iettez dans la mer, il n'en fut repris que cinq, qui estoient encore en vie, l'vn desquels estoit l'esclaue Cafre qui nous auoit monstré son derrière, et les quatre autres estoient vn Turc, deux Achems, et le Capitaine d'vn Iunco nommé Similau, grand Corsaire, et nostre ennemy mortel; Antonio de Faria les fist incontinent mettre à la gehenne, pour sçauoir d'eux qui ils estoient, d'où ils venoient, et ce qu'ils nous vouloient. A cela les deux Achems respondirent brutalement; et comme l'on vouloit aussi guinder et lever l'esclaue qui estoit desia lié pour le tourmenter, il se prist à pleurer, priant qu'on ne luy fist point de mal; qu'au reste il estoit Chrestien comme nous, et que sans estre mis au tourment il diroit la verité de ce qu'on luy demanderoit. Antonio de Faria le fist deslier, et l'approchant aupres de soy, luy fist donner vn morceau de biscuit, et vne tasse de vin. Puis l'amadoüant par belles paroles, le pria de luy declarer la verité, puis qu'il estoit Chrestien ainsi qu'il disoit. A quoy il fist response en ces termes, Si ie ne la vous dis, ne me tenez point pour tel que ie suis, ie me nomme Sebastien, et ay esté captif de Gaspar de Mello, que ce chien de Similau, qui est là present, tua il y a enuiron deux ans en Liampao, auec vingt-cinq Portugais qu'il auoit en son Nauire. Ce qu'entendant Antonio de Faria il fist vn grand cry, comme vn homme remply d'estonnement, et dit, Tout beau, ie n'en veux pas sçauoir dauantage, c'est donc là ce chien de Similau qui a tué ton Maistre? Et il respondit, Ouy c'est luy, et qui vouloit à present vous faire le semblable, estimant que vous n'estiez que six ou sept, et pour cet effect il s'est embarqué à la haste en intention, ainsi qu'il disoit, de vous prendre en vie, pour vous faire sortir la ceruelle de la teste auec vn frontail de corde, comme il a fait à mon Maistre; mais Dieu permet qu'il paye le mal qu'il a commis. Antonio de Faria voyant ce que luy disoit cet esclaue, qui luy asseura plusieurs fois que ce chien de Similau auoit amené avec luy tous ses hommes de guerre, et que dans son Iunco il n'estoit demeuré que quarante Mariniers Chinois, il se resolut de s'ayder de cette bonne fortune, apres auoir fait mourir Similau et ses autres compagnons, leur faisant sauter la ceruelle de la teste auec vne corde, comme Similau auoit faict en Liampao à Gaspar de Mello, et aux autres Portugais. Il s'embarqua incontinent auec trente soldats dans le bateau, et dans les Machuas, dans lesquels les ennemis estoient venus de Preuau; à l'occasion de la marée et du vent favorable, en moins d'vne heure il arriua où estoit le Iunco ancré à mont la riuiere, vne lieuë loing de nous; et l'ayant abordé s'y ietta sans bruit, et se rendit maistre de la poupe, de laquelle seulement quatre pots de poudre qu'il ietta sur le tillac où estoit cette canaille endormie, les firent tous sauter dans la mer; dont il en mourut dix ou douze, et les autres, à cause qu'ils crioient sur l'eau, qu'ils se noyoient, et qu'on les prist, Antonio de Faria les en fist tirer, à cause qu'il auoit besoin d'eux pour la nauigation du Iunco, qui estoit fort grand et haut. Et voilà comme il pleust à Dieu par vn iuste iugement de sa diuine Iustice, que la gloire de ce chien maudit fust le ministre qui mist en execution le chastiment de ses cruautez, et qu'entre les mains des Portugais il receust la punition de ce qu'il leur auoit fait. Alors enuiron le poinct du iour faisant inuentaire de toute la prise, il se treuua trente-six mille Taeis en argent du Iappon, qui valent de nostre monnoye cinquante-quatre mille ducats, outre plusieurs sortes de bonnes marchandises qui pour lors ne furent prisées, pour n'en auoir pas eu le temps, à cause que le pays estoit desia tout mutiné, et que les habitans y faisoient quantité de feux, auec lesquels ils sont accoustumez de se donner des advis les vns aux autres, quand il y a quelque allarme d'ennemis; ce qui contraignit Antonio de Faria de faire voile en diligence.

CHAPITRE XLI.

Comment Antonio de Faria arriua à la riuiere de Tinacoreu, que nous appellons Varella, et de l'aduis que luy donnerent quelques marchands de ce Royaume.

Antonio de Faria partit de cette riuiere de Toobasoy, vn mercredy matin veille de la Feste-Dieu, en l'année 1540, et nauigea le long de la coste du Royaume de Champaa, craignant de s'esloigner auec le vent d'Est, lequel en cet endroict est souuent impetueux, principalement en la conjonction des nouuelles et pleines Lunes. Le Vendredy suiuant nous nous trouuasmes vis à vis d'vne riuiere, que les habitans du pays nomment Tinacoreu, et que nous autres appellons Varella, où il fut trouué à propos par le conseil de quelques-vns de nous, d'y entrer, pour s'informer de quelqu'vn, de ce que Pedro de Faria auoit enuie de sçauoir, et aussi pour voir si en ce lieu là il n'auroit point nouuelles de Coja Acem qu'il cherchoit; parce que tous les Iuncos de Siam, et de toute la coste de Malaye qui nauigent à la Chine, ont accoustumé de faire leur commerce en cette riuière, où par fois ils vendent bien leur marchandise en eschange d'or et de bois de Calambouc, et aussi d'yuoire, dont ce Royaume est abondant; et ayant donné fonds vn peu plus auant que l'embocheure, vis à vis d'un petit village nommé Taiquilleu, il vint incontinent à nous force paraoos, et plusieurs petites barques de pescheurs pleines de rafraischissements, lesquels n'ayant encore veu des hommes faicts comme nous, se dirent les vns aux autres, « Voicy vne grande nouueauté auec laquelle Dieu nous visite, prionsle qu'il luy plaise par sa bonté infinie, que ces hommes barbus ne soient ceux qui pour leur profit et interest particulier espient les pays comme marchands, et après les pillent comme larrons. Retirons-nous dans le bois, de peur que les estincelles de ces tisons blanchis par le visage, auec la blancheur des cendres qu'ils portent sur leurs yeux, ne bruslent les maisons où nous habitons, et ne reduisent en cendre les champs de nos labeurs, comme ils ont accoustumé de faire aux terres d'autruy. » A quoy quelques-vns des leurs firent response, A Dieu ne plaise que cela soit, et encore que par malheur ils soient desia chez nous, au moins faisons en sorte qu'ils ne puissent recognoistre que nous les redoutions comme nos ennemis; car si cela est, ils nous attaqueront auec plus d'asseurance. C'est pourquoy le meilleur est, qu'auec vn ioyeux semblant, et des paroles de courtoisie, nous taschions d'apprendre ce qu'ils pretendent de nous, afin que sçachant d'eux la verité, nous l'escriuions incontinent à Hoyaa Paquir, à Congrau où il est à present. Antonio de Faria feignant de ne les entendre, encore que ce qu'ils disoient luy fust redit par vn interprete, les receut honnestement, et achepta d'eux les rafraischissements qu'ils apportoient, qu'il leur fist payer comme ils desiroient. De quoy ils se tindrent pour grandement satisfaits; et eux luy demandant d'où il estoit, et ce qu'il vouloit, il leur fist response qu'il estoit du Royaume de Siam, de la contrée des estrangers de Tanauçarim, et que comme marchand qu'il estoit, il alloit en l'Isle de Lequios pour trafiquer, et qu'il n'estoit venu en ce lieu que pour sçauoir des nouvelles d'vn sien amy nommé *Coja Acem*, qui s'y en alloit aussi; sur quoy il s'enquist d'eux s'il estoit encore passé, ou non; qu'au reste il s'en vouloit aller promptement, tant pour ne perdre temps, qu'à cause qu'il recognoissoit qu'il ne pouuoit en ce lieu vendre ce qu'il auoit de marchandise. Ils luy respondirent à cela, Vous dites vray, car en ce village il n'y a autre chose que des filets et des bateaux de pescheurs, auec lesquels nous gaignons nostre vie assez pauurement. Toutesfois, adjousterent-ils, si tu allois à mont la riuière iusqu'en la ville de Pilaucacem, où est le Roy, tu vendrois non seulement la marchandise qui est dans tes vaisseaux, pour riche qu'elle puisse estre; mais encore plus que n'en sçauroient porter dix autres Nauires semblables aux tiens, pource qu'en ce lieu il y a des marchands si riches, et qui font si gros trafic, qu'ils ne vont en traitte que par troupes d'Elephans, bœufs, et chameaux, qu'ils enuoyent chargez de marchandises aux terres de Lauhos, Pafuaas, et Gueos, qui sont peuplées de gens fort riches. Antonio de Faria voyant l'occasion propre pour s'informer de ce qu'il desiroit sçauoir, les enquist amplement, à quoy quelques-vns qui sembloient auoir plus d'autorité que les autres, respondirent fort à propos, que la riuiere où nous estions ancrez se nommoit Tinacoreu, que quelques Anciens appelloient Taraulachim, qui signifie Masse-Saulle, nom qui auecque iuste raison luy auoit esté donné, suiuant le dire que les vieux leur racontoient à présent; et comme nous la voyons, en profondeur et largeur, elle s'estendoit iusques à Moncalor, montagne qui estoit esloignée de ce lieu de quatre-vingt lieuës, et de là en auant elle estoit beaucoup plus large, mais beaucoup moins profonde; mesme qu'en aucuns endroits il y auoit des bancs de sable et des pays noyez d'eau, où se voyoient infinis oyseaux qui couurent toute la terre, et qu'ils y estoient en si grande abondance, que pour leur sujet il y auoit desia 42. ans que tout le Royaume des Chintaleuhos en estoit deshabité, bien qu'il fust grand de huict journées de chemin ; mais qu'ayant passé cette contrée d'oyseaux, l'on entroit en vne autre plus rude et pleine de grands rochers, où il y auoit plusieurs animaux encore pires que ces oyseaux, comme Elephans, Rhinoceros, Lyons, Sangliers, Buffles, et autre bestail en si grande quantité, que quelque chose que les hommes puissent cultiuer pour l'entretien de leur vie estoit par eux gastée, sans qu'il fût possible de les en empescher ; joint qu'au milieu de tout ce pays ou Royaume, il y auoit un grand lac que quelques habitans du pays appelloient *Cunebetee*, et les autres Chiammay, duquel cette riuiere prenoit sa source, auec trois autres qui arrousoient vne bonne partie de ce païs, et que ce lac suiuant le recit de ceux qui en auoient escrit, auoit de tour 60. Iaos, chacun de trois lieuës, le long duquel il y auoit force mines d'argent, de cuiure, d'estain, et de plomb, d'où l'on en tiroit ordinairement grande quantité, que les marchands enleuoient par troupes d'Elephans et de Rhinocéros, pour les transporter aux Royaumes de Sornau, que nous appellons Siam, Passiloco, Sauady, Tangu, Prom, Calaminham, et autres Prouinces qui sont fort auant dans le païs, esloignées de ces costes de deux ou trois mois de chemin. Au reste ils nous dirent que ces pays estoient diuisez en Royaumes et pays habités de gens blancs, de bazanez, et d'autres plus noirs, et qu'en eschange de cette marchandise l'on apportoit de l'or, des diamants, et des rubis. Leur ayant demandé là-dessus si ces gens auoient des armes, ils luy respondirent que non, sinon des bastons endurcis au feu, et des bayonnettes longues de deux pans de tranchant; et nous asseurerent en outre que de ce lieu on y pouuoit aller par la riuiere en deux mois, ou deux mois et demy de temps, et ce à cause des eaux qui descendoient auec impetuosité la pluspart de l'année, et que pour en reuenir il ne falloit que huict ou dix iours de temps. Apres ces demandes Antonio de Faria leur en fist encore quelques vnes, ausquelles ils respondirent aussi, et luy dirent plusieurs autres choses dignes d'employer vn bel esprit, et qui font croire que si l'on prenoit ce pays, il pourroit estre de plus grand pofit et de moindre despense que ne sont les Indes, joint qu'il n'y auroit pas tant de peine, ny tant de sang respandu.

CHAPITRE XLII.

Du chemin que fist Antonio de Faria, en s'en allant chercher l'Isle d'Ayman, et de ce qui luy arriua.

Le Mercredy suiuant nous sortismes de cette riuiere de Tinacoreu, et par l'aduis du Pilote nous allasmes chercher Pullo Champeiloo, qui est vne Isle inhabitée et située en l'emboucheure de l'ense de Cachenchina, à quarante degrez et vn tiers, du costé du Nord : l'ayant abordée nous moüillasmes l'ancre en vn havre où il y auoit bon fonds, et y demeurasmes trois iours, accommodant nostre artillerie en maniere conuenable ; puis nous en allasmes vers l'Isle d'Aynan, où Antonio de Faria croyoit trouuer le Corsaire Coja Acem qu'il cherchoit, et arriuant à l'escueil de Pullo Capas, qui fut la premiere chose que nous vismes en cette Isle, il ne fist autre chose que se ranger pres de terre, pour recognoistre les ports et les riuieres de cette coste, et voir les entrées qu'elle auoit. Si tost qu'il fut nuict, à cause que la Lorche dans laquelle il estoit venu de Patane faisoit force eau, il commanda à tous ses soldats qu'ils se transportassent en vn autre meilleur vaisseau, ce qui fut fait incontinent, et arriuant en vne riuiere que nous descouurismes sur le soir vers l'Est, il y donna fonds vne lieuë en mer, à cause que le Iunco dans lequel il estoit se treuuoit fort grand, et demandoit beaucoup de fonds, puis craignant les bancs qu'il auoit veus toute cette journée, il enuoya de ce lieu Christouan Borralho, auec 14. soldats dans la Lorche à mont la riuiere, pour recognoistre quels estoient les feux qu'il voyoit. Il partit doncques incontinent, et estant déja plus d'vne lieuë auant dans la riuiere, il fist rencontre d'vne flotte de 40. Iuncos fort grands, portans deux ou trois hunnes chacun. Alors craignant que ce fût l'armée du Mandarin, dequoy nous auions ouy parler, il ancra pres de terre, et s'esloigna vn peu d'eux, c'estoit enuiron la minuict, et la marée commençoit son cours ordinaire, ce que Borralho voyant et se voulant seruir d'icelle, il leua fort doucement et sans bruit les ancres, puis passa outre, s'escartant des Iuncos pour aller du coste où il auoit veu les feux, la pluspart desquels estoient desia esteints, et n'en estoit resté que deux ou trois que par fois l'on voyoit difficilement reluire, et qui luy seruoient de guide. Ainsi continuant sa route auec prudence il arriua en vn lieu où se voyoit vne quantité de Nauires grands et petits, si bien que selon l'aduis de plusieurs il y auoit plus de deux mille voiles. Passant donc parmy eux à la sourdine, il arriua en vn lieu peuplé de plus de dix mille mesnages, clos d'vne forte muraille faite de brique, auec des tours et des bouleuarts à nostre mode, et de corridors pleins d'eau. En ce lieu des 14. soldats qui estoient dans la Lorche, il y en eut cinq qui mirent pied à terre, auec deux Chinois, de ceux qui s'estoient sauuez du Iunco de Similau, qui nous laisserent leurs femmes en ostage iusques à leur retour, lesquels ayans par dehors visité la ville, y furent trois heures de temps, sans auoir esté ouys ny recogneus d'aucun. Cela faict, ils se rembarquerent, puis sortirent à voile et à rame sans faire aucun bruict, craignant que si l'on les oyoit, ils ne courussent tous fortune de leurs vies. Estans sortis de la riuiere ils trouuerent vn Iunco qui estoit à l'ancre il y auoit peu de temps, qui leur parut estre vne voile de l'autre costé. Mais estant arrivez où estoit Antonio de Faria, ils luy firent le recit de ce qu'ils auoient veu, et de la grosse armée qui estoit à mont cette riuiere, et du Iunco qu'ils auoient treuué ancré à l'emboucheure d'icelle, luy disant par plusieurs fois que ce pouuoit estre le chien de Coja Acem qu'il cherchoit. Cette nouuelle le resiouït de telle sorte, que sans attendre seulement vn moment, il laissa l'ancre en mer, et fist faire voile, disant que le cœur luy disoit, que c'estoit luy sans doute, qu'il y gageroit sa teste, et que si ce l'estoit, qu'il nous asseuroit tous qu'il estoit content de mourir le combattant, pour se vanger de ce barbare qui luy auoit faict vn si grand tort. S'approchant à la veuë du Iunco il commanda à la Lorche de passer de l'autre costé, afin que tous deux ensemble peussent l'aborder, et que pas vn d'eux ne se mist à tirer aucun baston à feu, craignant qu'ils ne fussent entendus des Iuncos de l'armée, qui estoient à mont la riuiere, et qu'ils ne vinssent voir ce que c'estoit; si tost que nous fusmes arriuez où le Iunco estoit ancré, il fut incontinent par nous inuesty, sautant dans iceluy 20. de nos soldats qui s'en rendirent les maistres, sans qu'il leur fût faict aucune resistance; car la plus grande part des gens qui estoient en iceluy se ietterent dans la mer, et quelques-vns des plus courageux apres s'estre remis en leur sens, voulurent faire teste aux nostres : mais Antonio de Faria se ietta incontinent dedans auec encore 20. autres soldats, qui combattant contre eux acheuerent de les desfaire, tuant plus de 30. des leurs, tellement qu'il ne demeura en vie que ceux qui volontairement s'estoient iettez dans la mer, lesquels il fist retirer pour seruir à la navigation de ses vaisseaux; et pour sçauoir qui ils estoient, et d'où ils venoient; il fist mettre 4. d'iceux à la gehenne, dont deux se laisserent mourir sans vouloir confesser chose aucune; et comme l'on vouloit prendre vn petit garçon, pour luy faire le semblable, vn vieillard son pere qui estoit couché sur le tillac, s'escria à haute voix la larme à l'œil, qu'on eust à l'escouter auant que faire mal à ce petit garçon. Antonio de Faria fist arrester l'executeur, et dist à ce vieillard qu'il eust à parler, et dire ce qu'il voudroit, pourueu que ce fût la verité; et que s'il mentoit qu'il s'asseurast que luy et son fils seroient iettez vifs dans la mer; comme au contraire s'il disoit la verité, il luy promettoit de les faire mettre en liberté tous 2. en terre, et qu'il luy rendroit aussi toute la marchandise qu'il iurera luy appartenir. A quoy le Vieillard Mahometan respondit, i'accepte la promesse que tu me fais, et estime grandement ta courtoisie, en ce que tu donnes vie à ce petit garçon, car de la mienne comme inutile, ie n'en fais plus de compte, et me veux fier à ta parole, encore que l'office que tu exerces me doiue distraire de ce faire pour n'estre conforme à la Loy Chrestienne, que tu as professée par le Baptesme, responce qui rendit Antonio de Faria si confus et si estonné, qu'il ne sceut que luy respondre. Alors il le fist approcher pres de luy, et l'interrogea sans le rudoyer, ny sans luy faire aucunes menaces.

CHAPITRE XLIII.

De ce que le Vieillard respondit aux demandes d'Antonio de Faria, et du surplus qui luy arriua en ce lieu.

Ce Vieillard se mist doncques pres d'Antonio de Faria, qui le voyant blanc comme quelques-vns de nous autres, luy demanda s'il estoit Turc ou Persien? A quoy il respondit que non, mais qu'il estoit Chrestien, natif du mont Sinay, où estoit le corps de la bien-heureuse saincte Catherine. Antonio de Faria luy respondit là-dessus, que puis qu'il estoit Chrestien, comme il le disoit, il s'estonnoit fort de ce qu'il n'estoit point parmy les Chrestiens. Le Vieillard luy respondit à cela, qu'il estoit Marchand de bonne famille, et qu'il se nommoit Tome Mostangue, qui estant vn iour anchré auec un sien Nauire au port de Iudaa, l'an mil cinq cens trente-huit, Soliman Bachat, Vice-Roy du Caire, l'auoit fait prendre auec sept autres, pour porter les viures et les munitions necessaires à fournir l'armée de soixante Galeres, en laquelle il venoit par le commandement du Turc, pour faire rendre à Sultan Bandur le Royaume de Cambaya, que le grand Mogor luy auoit osté en ce temps-là, et que cela fait il deuoit aussi tascher de chasser les Portugais hors des Indes, et que luy conduisant son Nauire pour le conseruer et faire valoir son bien, comme aussi pour receuoir le fret qu'on luy auoit promis, les Turcs, outre ce luy auoir menty en tout et par tout, comme ils ont accoustumé de faire, luy prirent sa femme, et vne petite fille, qu'ils forcerent deuant luy, et qu'à cause qu'un sien fils se plaignoit de cette iniure en pleurant, ils le ietterent tout vif dans la mer, pieds et mains liez; qu'au reste pour son particulier il auoit esté par eux mis aux fers, et que tous les iours il estoit grandement fouëtté; joinct qu'on luy auoit pris son bien, lequel estoit de la valeur de plus de six mille ducats, disant qu'il n'estoit licite à aucun de ioüir des biens de Dieu qu'aux Mousselimans saincts et iustes comme eux. Et d'autant qu'en ce temps-là sa fille et sa femme moururent, luy comme desesperé se ietta une nuict dans la mer, à l'emboucheure de Diu, auec ce petit garçon qui estoit son fils, duquel lieu ils s'estoient rendus par terre à Surrate, et de-là estoient venus à Malaca, dans le Nauire de Garcia de Saa, Capitaine de Baçaim; puis par le commandement de Don Estienne de Gama, ils auoient esté à la Chine auec Christofle Sardinha, qui auoit esté facteur aux Moluques, mais qu'vne nuict estant anchré en Cincaapura, le Quiay Taijano, maistre du Iunco l'auoit mis à mort, ensemble vingt-six Portugais, et que pour luy, à cause qu'il estoit Canonnier, il auoit eu la vie sauue. A ces mots Antonio de Faria se frappant le front à belles mains, poussé à cela par l'estonnement que ce discours luy auoit apporté. Mon Dieu, mon Dieu, dit-il, il me semble que ce que i'entends est vn songe, puis se tournant vers ses soldats qui l'entouroient, il leur fist le discours de la vie de ce Quiay, et les asseura qu'il auoit tué dans des vaisseaux fouruoyez sur la mer, plus de cent Portugais, et faict butin de plus de cent mille ducats; et qu'encore que son nom fust tel que cét Armenien disoit, à sçauoir Quiay Taijano; neantmoins apres qu'en Cincaapara il eut tué Christofle Sardinha, pour vanité de ce qu'il auoit exécuté, il s'estoit fait nommer le Capitaine Sardenha. Alors comme nous eusmes demandé à l'Armenien où il estoit, il nous dit qu'il estoit fort blessé, et caché dans la soute du Iunco,

parmy les cables, auec encore six ou sept autres.
Antonio de Faria se leua pour lors, et s'en alla
promptement au lieu où ce chien estoit caché,
suiuy de la plus grande part de ses soldats,
lesquels ouurirent l'escotille où estoient les
cables, pour voir si ce que l'Armenien leur
auoit dit estoit veritable. Alors le chien, et les
six autres qui estoient auec luy, sortirent par
vne autre escotille, et tous desesperez ils se
ietterent sur nos gens, le nombre desquels estoit
plus de trente, sans comprendre plus de quarante garçons. Ainsi il se commença de nouueau
vn combat si furieux, et si sanglant, qu'en moins
d'vn quart d'heure on les acheua de tuer. Il y
eust cependant deux Portugais, et sept garçons
de tuez, et auec ce qu'ils en blesserent plus de
vingt, Antonio de Faria receut deux coups
d'estramaçon sur la teste, et vn autre sur le
bras, dont il fut fort mal traitté. Apres ceste
deffaite, et que les blessez furent tous pansez,
pour ce qu'il estoit desia pres de dix heures, il fist
faire voile, apprehendant les quarante Iuncos
qui estoient en cette riuiere. Ainsi nous esloi-
gnants de terre, nous allasmes sur le soir anchrer
en l'autre costé de Cauchenchina, où Antonio
de Faria fist faire inuentaire de ce qui estoit
dans le Iunco de ce Corsaire, il y fut treuué
cinq cens bares de poivre, de cinquante quin-

taux le bar, soixante de sendal, quarante de noix muscades, et du macis, quatre-vingt d'estain, trente d'iuoire, douze de cire, et cinq de bois d'aloes fin, ce qui pouuoit valoir en terre, selon le cours du pays, soixante et dix-mille ducats; outre vne petite piece de campagne, quatre faulcons, et treize berches de fonte, laquelle artillerie la plus grande part auoit esté nostre, car ce Mahometan l'auoit volée dans le Nauire de Christofle Sardinha, et dans le Iunco de Iouan Oliueyra, et encore dans le Nauire de Barthelemy de Matos. L'on treuua aussi trois coffres couuerts de cuir, plains de quantité de coutils de soye, et d'habits de Portugais, auec vn grand bassin à lauer les mains, faict d'argent doré, le vase et la saliere de la mesme façon du bassin, vingt-deux cuilliers, trois chandeliers, cinq coupes dorées, cinquante huict harquebuzes, mille deux cens vingt-deux pieces de toile de Bengale, lequel meuble auoit esté aux Portugais, dix-huict quintaux de poudre, et neuf petits enfans, aagez de six iusques à huict ans, tous enchaisnez par les pieds et par les mains, tellement qu'ils faisoient pitié à les voir, pour ce qu'ils estoient si foibles, qu'à trauers leur peau l'on pouuoit facilement conter iusque au plus petit de leurs os.

CHAPITRE XLIV.

Comme Antonio de Faria arriua à la Baye de Camoy, où se faict la pesche des perles, pour le Roy de la Chine.

Le lendemain apres midy, Antonio de Faria partit du lieu où il s'estoit anchré, et retourna vers la côte d'Ainang, d'où il la rangea tout le reste du iour, et la nuict suiuante, auec vn fonds d'eau de vingt-cinq ou trente brasses. Le lendemain matin il se treuua en vne baye, ou plage, où il y auuoit de grands batteaux qui peschoient de la semence de perles. Là ne pouuant se resoudre touchant la route qu'il deuoit prendre, il employa toute cette matinée à se conseiller là-dessus auecque les siens, dont les uns furent d'aduis que l'on prist les batteaux qui peschoient de la semence de perles, et les autres s'y opposerent, disants qu'il estoit plus asseuré de traitter auec ces pescheurs comme auec des Marchands, d'autant qu'en eschange de la grande quantité de perles qu'il y auoit en ce lieu, ils pourroient facilement debiter la plus grande partie de la marchandise. Cét aduis estant treuué le meilleur et le plus asseuré, Antonio de Faria fist mettre la banniere de marchandise, et de paix, à la coustume de la Chine. Tellement qu'à l'heure mesme il vint à nous de terre deux Lanteaas, vaisseaux semblables à des Fustes, auec force rafraichissement. Alors ceux qui estoient dedans, apres auoir faict leurs salues, entrerent dans le grand Iunco où estoit Antonio de Faria. Mais comme ils y veirent des hommes faicts comme nous, n'en ayant iamais veu de semblables, ils demeurerent tous estonnez, et demanderent quelles gens nous estions, et ce que nous venions faire en leur pays. Alors nous leur fismes responce par un truchement, que nous estions des Marchands natifs du Royaume de Siam, venus en ce lieu pour leur vendre et eschanger auec eux la marchandise que nous auions, s'ils nous en donnoient permission. A quoy vn vieillard respecté de tous les autres respondit qu'oüy, mais que le lieu où nous estions n'estoit où l'on trafiquoit, et que c'estoit en vn autre port plus auant qui s'appelloit Guamboy, pour ce qu'en iceluy estoit la manufacture pour les Estrangers qui y venoient, comme à Cantan, Chincheo, Lamau, Comhay, Sumbor, Liampau, et autres villes qui estoient le long de la mer pour receuoir les nauigans qui venoient de dehors. C'est pourquoy il leur conseilloit, comme au chef de ses membres qu'il auoit soubs son gouuernement, qu'il s'en allast incontinent de-là, à cause que ce lieu ne seruoit qu'à la pesche des perles, pour le thresor de la maison du fils du Soleil, en laquelle par ordonnance du Tutam de Comhay, qui estoit le souuerain Gouuerneur de tout ce païs de Cauchenchina, auoient seulement permission d'approcher les barques destinées pour ce faire, et que tous autres nauires qui y estoient treuuez, estoient incontinent par ordonnance de Iustice bruslez auec ceux qui estoient dedans, qu'ainsi puisque luy, comme Estranger, ignorant les Loix du pays, les auoit transgressées, non par mespris, mais par ignorance, qu'il estoit bien aise de l'en aduertir, afin qu'il s'en allast incontinent auant l'arriuée du Mandarim de l'armée, que nous appellons General, à qui appartenoit le gouvernement de ceste pescherie ; qu'au reste il ne pouuoit tarder au plus que trois ou quatre iours, et qu'il n'estoit allé que pour prendre des viures à vn village qui estoit à six ou sept lieuës de-là, nommé *Buhaquirim*. Antonio de Faria le remerçia de son bon aduis, luy demandant combien de voiles, et quelles gens auoit le Mandarim auecque luy? A quoy ce vieillard fist responce qu'il estoit accompagné de quarante grands Iuncos, et vingt-cinq Vancons de rame, dans lesquels il y auoit sept mille hommes, à sçauoir cinq mille combattants, et le surplus gens de chourme et de marine, et que cette flotte estoit là tous les ans six mois, pendant lequel temps l'on faisoit la pesche des perles, à sçauoir depuis le premier de mars, jusqu'au dernier d'aoust. Nostre Capitaine desirant sçauoir quels droicts l'on payoit de cette pesche, et quel reuenu elle rendoit en ces six mois; le Vieillard luy dit, que des perles qui pesoient plus de cinq caras, l'on donnoit les deux tiers, des plus basses la moitié moins, et de la semence le tiers, et que ce reuenu n'estoit pas tousiours esgal ny asseuré, à cause que la pesche estoit souuent meilleure en vne année qu'en l'autre; mais qu'il luy sembloit que l'vn portant l'autre, cela pouuoit valoir quatre cent mille Taeis. Antonio de Faria caressa fort ce Vieillard, pour ce qu'il desiroit sçauoir de luy toutes les particularitez, et luy fist donner deux pains de cire, vn sac de poivre, et vne dent d'yuoire, dequoy luy et tous les autres demeurerent fort satisfaicts. Il leur demanda aussi de quelle grandeur estoit cette Isle d'Ainam, de laquelle l'on disoit tant de merueilles? Dictes-nous, respondirent-ils, premièrement qui vous estes, et ce que vous venez faire en ce pays, puis nous satisferons à ce que vous desirez? par ce que nous vous iurons en foy de verité, que iamais en iour de nostre vie nous ne vismes tant de ieunes gens dans des Nauires Marchands, comme nous en voyons à present auecque vous, ny si bien polis et bien traittez; car il nous semble qu'en leur pays les soyes de la Chine soient à si bon marché qu'elles n'y sont d'aucune estime, ou qu'ils les ont euës à si bon prix, qu'ils n'ont donné pour icelles que beaucoup moins qu'elles ne valent. Car nous voyons qu'en vn seul coup de dez ils iettent au hazard vne piece de Damas, comme gens à qui cela ne couste guere; parolle qui fist sousrire secrettement Antonio de Faria, pour ce qu'il vit bien que ces pescheurs auoient desia la connoissance que cela auoit esté volé; ce qui fist qu'il leur dist qu'ils faisoient cela comme de ieunes hommes, fils de fort riches Marchands, qu'à cause qu'ils estoient tels, ils estimoient les choses beaucoup moins qu'elles ne valoient, et qu'elles n'auoient cousté à leurs peres; eux dissimulants ce qu'ils auoient desia reconneu, respondirent de cette sorte; il semble qu'il soit ainsi que vous le dictes. Alors Antonio de Faria fist signal aux soldats qu'ils n'eussent plus à jouër, et qu'ils cachassent les pieces qu'ils raffloient, pour n'estre point reconnus de ces gens-là, de peur d'estre tenus en qualité de voleurs, ce qu'ils firent incontinent; et pour asseurer ces Chinois que nous estions gens de bien et marchands, le Capitaine fist ouurir les escotilles du Iunco, que la nuict precedente nous auions pris au Capitaine Sardinha, qui estoit chargé de poiure; ce qui les remit vn peu, et leur osta la mauuaise opinion qu'ils auoient de nous, disans les vns aux autres, Puis que nous sommes asseurez que ce sont des marchands, nous pouuions librement respondre à leur demande, afin qu'ils ne croyent de nous, que pour estre rudes et sauuages, nous ne sçachions faire autre chose que pescher des huistres et du poisson.

CHAPITRE XLV.

De ce qu'vn des marchands dict à Antonio de Faria, touchant l'estenduë de cette Isle d'Ainan.

Ce vieil marchand desirant de satisfaire à toutes les demandes qu'Antonio de Faria luy auoit faictes, Monsieur, luy dit-il, puis qu'à present ie sçay qui vous estes, et que la curiosité vous porte à vouloir auec vn cœur pur et net apprendre de moy ce que vous me demandez, ie vous diray clairement tout ce que ie sçay de cette affaire, et ce que i'en ay ouy dire autresfois à des hommes des plus anciens, qui ont gouuerné vn long temps cet Archipelago ; ils disoient donc que cette Isle estoit vn Estat absolu soubs vn Roy fort riche et puissant, lequel pour vn tiltre plus haut et plus releué que celuy des autres Monarques de ce temps, se faisoit nommer Prechau Gamuu, lequel mourant sans laisser des héritiers, il y eut entre ce peuple vn si grand discord pour sçauoir qui succederoit au Royaume, que prenant accroissement peu à peu il causa vne telle effusion de sang, que ceux qui ont escrit les Chroniques qui en font mention, affirment que seulement en quatre ans et demy il y mourut par le fer seize lacazaas d'hommes, et chaque lacazaa est de cent mille ; si bien que par cette perte le pays demeura si desert et si aride de gens, que pour lors ne se pouvant defendre, le Roy des Cauchins le conquist et s'en rendit le maistre auec seulement sept mille Mogores que le Tartare luy enuoya de la ville de Tuymican, qui pour lors estoit Metropolitaine de tout son Empire. Cette Isle d'Ainan estant conquise, le Roy de Cauchin s'en retourna en son Royaume, et y laissa pour Gouuerneur vn sien Capitaine nommé *Hoyha Paguarol*, lequel en cette Isle se reuolta contre luy pour quelques iustes raisons qui l'inuitoient à ce faire. Or afin d'auoir pour support le Roy de la Chine, il se rendit son tributaire de quatre cent mille Taeis par an, qui valent six cent mille ducats, moyennant laquelle somme il s'obligea de le defendre à l'encontre de ses ennemis, lorsqu'il en auroit besoin; cet accord dura entre eux l'espace de treize ans, pendant lesquels le Roy de Cauchenchina fut cinq fois desfait en champ de bataille; et ce Hoyha Paguarol venant à mourir sans heritiers, pour les bons offices que durant sa vie il auoit receus du Roy de la Chine, il le declara par son testament son successeur et legitime heritier; c'est pourquoy iusques à maintenant, c'est à dire depuis deux cent trente-cinq années, cette Isle d'Ainan est demeurée annexée au sceptre du grand Chinois, et touchant le surplus que vous m'auez demandé pour ce qui est des thresors, des reuenus, et des peuples de cette Isle, ie n'en sçay autre chose que ce que i'en ay appris de quelques anciens, qui comme i'ai dict l'ont autresfois gouuernée en qualité de Teutons et de Chaems; et il me souuient qu'ils disoient que tout son reuenu, tant de mines d'argent, doüanes, que ports de mer, estoit de deux millions et demy de Taeis par an, et luy voyant que le Capitaine s'estonnoit d'ouyr parler d'vne richesse si grande, continuant son discours: Vrayement, Messieurs, si vous faites cas, dit-il en riant, du peu que ie viens de dire, ie ne sçay que vous feriez si vous voyez la grande ville de Pequin, où est touiours auec sa Cour le fils du Soleil, nom qu'ils donnent à leur Roy, où l'on reçoit les reuenus de trente-deux Royaumes, qui dependent de cette Monarchie, et où l'on tient que de quatre-vingt six mines d'or et d'argent, il se tire plus de quinze mille Picos, pesant en tout vingt-mille quintaux de nostre poids François. Apres qu'Antonio de Faria l'eust remercié de ce qu'il luy auoit respondu si à propos à ses demandes, il le pria de luy dire en quel port asseuré il luy conseilloit d'aller vendre sa marchandise, et où il y eust de plus de gens de bien, puis que la saison n'estoit propre pour aller à Liampoo. A quoy il fist response que nous n'eussions à aller en aucun port de ce pays, ny nous fier en aucun Chinois d'iceluy; car ie vous asseure, dit-il, qu'il n'y en a pas vn qui garde la verité en aucune chose qu'il vous puisse dire, et fiez vous en à moy; car ie suis fort riche, et ne vous mentiray comme un homme pauure; joint que ie vous conseille de vous en aller dans ce destroit tousiours le plomb à la main pour en sonder le fonds, à cause qu'il y a force bancs dangereux, iusques à ce que vous soyez en vne riuiere nommée Tanauquir; parce qu'en icelle il y a vn port, où il faict bon ancrer, et où vous serez en asseurance comme vous le desirez, et en moins de deux iours vous y pourrez vendre toute vostre marchandise, et beaucoup plus si vous en auiez. Toutesfois ie ne vous conseille point de la desembarquer à terre, mais de la vendre dans vos vaisseaux : parce que beaucoup de fois la veuë cause le souhait, et le souhait le desordre parmy les gens paisibles, à plus forte raison parmy ceux qui sont mutins et de mauuaise conscience, qui ont leur inclination plus portée à prendre le bien d'autruy qu'à donner du leur aux necessiteux pour l'honneur de Dieu; cela dict, celuy qui parloit et ceux qui estoient auecque luy prirent congé du Capitaine et des Portugais, auec beaucoup de complimens et de promesses, dont ordinairement ils ne sont pas chiches en ces quartiers là, baillant à Antonio de Faria en retour de ce qu'il luy auoit donné, vne petite boëtte faite de la coquille d'vne tortuë, pleine de semence de perles, et douze perles d'honneste grosseur, leur demandant pardon à tous de ce qu'ils ne faisoient trafic en ce lieu auec luy, et qu'ils auoient peur qu'en le faisant l'on ne les mist tous à mort, conformément à la loy de la rigoureuse Iustice de ce pays, et le prierent derechef qu'il eust à s'en aller de ce lieu en diligence, avant que le Mandarin vinst auec l'armée, parce que s'il l'y trouuoit, l'on brusleroit ses vaisseaux, ensemble luy et tous ceux de sa compagnie. Antonio de Faria ne voulant rejetter le conseil de cet homme, de peur que ce qu'il luy disoit ne fust veritable, fist voile incontinent, et passa de l'autre costé vers le Sud, et auec deux iournées de vent d'Oüest il ancra à la riuiere de Tanauquir, vis à vis d'vn petit village nommé Neytor.

CHAPITRE XLVI.

De ce qui arriua à Antonio de Faria en cette riuiere de Tanauquir, auecque vn Corsaire renié, nommé Francisco de Saa.

Nous demeurasmes encore tout ce iour et la nuict suivante à l'emboucheure de cette riuiere de Tanauquir, en intention de faire voile si tost qu'il seroit iour, pour nous en aller à la ville qui estoit à cinq lieuës de là, afin de voir si là mesme en quelque façon que ce fust, nous pourrions vendre nos marchandises; car pour la grande quantité que nous en auions, nos vaisseaux estoient si chargez qu'il ne se passoit iour que deux ou trois fois nous ne vinssions à nous eschoüer sur des bancs de sable, lesquels en quelques endroicts estoient grands de quatre ou cinq lieuës, et quelques-vns si bas que nous n'osions aller à la voile sinon le iour, et auec le plomb à la main. C'est pourquoy il fut conclu qu'auparauant que faire autre chose, il nous falloit vendre toutes nos marchandises. Pour cet effect Antonio de Faria n'alloit cherchant qu'vn bon port pour en faire la vente; mais en fin il pleust à Dieu que nous en trouuassions vn pour y effectuer nostre desir. Nous trauaillasmes toute cette nuict pour tascher de gaigner l'embouchenre de la riuiere, parce que l'impetuosité de son courant estoit si grande, qu'encore que nous eussions toutes nos voiles guindées de haut en bas, nous ne pouuions pourtant gaigner le port; comme nous estions en cette peine et que le tillac estoit si remply de cables et de cordages que nous n'y pouuions remuer dessus; nous vismes paroistre sur la riuiere deux Iuncos fort grands, renforcez de fauques, d'applique aux poupes et aux prouës, auec les hunes des huniers et des perroquets pauoisées de soye rouge et noire, ce qui les faisoit paroistre aguerris. Alors s'enchaisnant l'vn à l'autre pour ioindre leurs forces, ils nous attaquerent si viuement, que nous n'eusmes pas seulement le loisir de nous defendre; tellement que nous fusmes contraints de ietter en mer les derices qui nous empéchoient, pour faire place à l'artillerie qui estoit lors ce dont nous auions le plus de besoin, ces deux Iuncos nous ayant ioints auec de grands cris et tintamarres de cloches, la premiere salve de trois qu'ils nous firent fut de vingt-six pieces d'artillerie, dont les neuf estoient faulconneaux et pieces de campagne, par où l'on recogneut aussi-tost que ces gens estoient de l'autre coste de Malaye, ce qui nous mist en grande confusion. Antonio de Faria comme vsité en telles affaires, les voyant tous deux enchaisnez l'vn à l'autre, recognût leur intention, et fist feinte de se retirer et fuyr, tant pour se donner le temps de se preparer, que pour leur faire croire que nous estions autres que Chrestiens. Mais comme gens aussi vsitez en leur mestier, desirans que la prise qu'ils iugeoient desia estre à eux ne leur eschappast des mains, ils se destacherent l'vn d'auec l'autre, afin de nous attaquer plus facilement. Alors approchans de nous ils nous aborderent incontinent, en nous tirant vne si grande quantité de dards et de flesches, qu'il n'y auoit personne qui leur peust resister. Antonio de Faria éuita cette tempeste, se retirant soubs le demy pont auec ces vingt-cinq soldats, et encore auec dix ou douze autres tant esclaues que Mariniers : là il entretint les ennemis à coups d'harquebuzades l'espace d'vne demie heure, tant qu'il leur laissa vser toutes leurs munitions de guerre, qui estoient en si grand nombre que le tillac de nostre Iunco en demeura tout couuert. Alors quarante d'iceux qui sembloient estre les plus vaillans, desirans de finir leur entreprise sauterent dans nostre Iunco, auec intention de se rendre maistres de la prouë. Pour l'empescher, nostre Capitaine fut contraint de les aller receuoir, et ainsi les vns s'approchans des autres l'on s'anima au combat, qui fut si grand, qu'il pleust à Dieu qu'en moins d'vne heure, des quarante qu'ils estoient, il en demeura vingt-six sur la place. Alors vingt des nostres suiuans ce bon succés donné de la main de Dieu, se ietterent dans le Iunco des ennemis, où ils ne treuuerent pas grande resistance, d'autant que les principaux estoient desia morts, et tuerent à droicte et à gauche tout ce qu'ils rencontrerent dedans; si bien que le vaisseau se rendit en fin auec tous ses gens, tant soldats que Mariniers, ausquels il fut necessaire de donner la vie, à cause qu'il n'y auoit pas assez de Mariniers, pour tant de Nauires que nous auions. Cela faict, Antonio de Faria alla en diligence secourir Christouan Borralho, qui estoit abordé de l'autre Iunco, et fort douteux et incertain de la victoire, pource que la plus grande part des nostres estoit blessée;

mais Dieu permist que nostre secours fist que les ennemis se ietterent en mer, où la plus grande part se noya, et ainsi les deux Iuncos demeurerent en nostre pouuoir. Le combat finy l'on fist la recruë pour sçauoir combien nous auoit cousté cette victoire, et il fut trouué vn Portugais, cinq garçons, et neuf Mariniers de morts, sans y comprendre les blessez : et du party de l'ennemy il en fut tué quatre-vingt, et presque autant pris esclaues. Apres que les nostres furent pansez et logez le mieux qu'il nous fut possible, Antonio de Faria fit reprendre les Mariniers qui s'estoient iettez dans la mer, lesquels crioient qu'on les secourust, et qu'ils se noyoient, et les fist amener dans le grand Iunco où il estoit. Ayant commandé qu'on les mist aux fers, il leur demanda quels Iuncos c'estoient, comment s'appelloit le Capitaine d'iceux, et s'il estoit vif ou mort. Or comme pas vn d'eux ne voulut entendre à la demande qu'on leur faisoit, aymant mieux se laisser mourir en chiens enragez, sans faire estat des tourmens qu'on leur presentoit, alors Christouan Borralho s'escria du Iunco où il estoit, Monsieur, Monsieur, venez tost, nous auons plus de besoigne à faire que nous ne pensions. Alors Antonio de Faria accompagné de quinze ou seize des siens sauta dans son Iunco, demandant ce qu'il y auoit ? Et Christouan Borralho luy dict,

J'entends deuers la prouë beaucoup de gens qui parlent ensemble, que ie croy estre cachez; et se ioignant alors ils s'en allerent ouurir l'escotille, où ils ouïrent vn bruit de gens qui disoient, *Seigneur Dieu misericorde*, auec des cris et des plaintes si espouuantables, qu'il sembloit que ce fust quelque enchantement. Antonio de Faria estonné de telle chose, s'approcha auec quelques-vns des siens de l'ouuerture de l'escotille, où ils virent en bas plusieurs personnes enfermées. Luy ne pouuant encore recognoistre ce qu'il voyoit, il fist descendre deux de ses garçons qui amenerent en haut dix-sept Chrétiens, à sçauoir deux Portugais, cinq petits enfans, deux filles, et huit garçons, qui tous estoient si piteux que c'estoit vn triste spectacle de les voir, et leur ayant faict incontinent oster leurs fers, qui estoient colliers, manottes, et grosses chaisnes, leur fist bailler tout ce qui leur estoit necessaire; car la pluspart d'entre eux estoient tous nuds. Apres cela il s'enquist d'vn de ces Portugais (d'autant que l'autre estoit comme vn homme mort) à qui appartenoient ces enfans, et comment ils estoient tombez entre les mains de ce voleur, ensemble comme il se nommoit. A quoy il luy fist response que le Corsaire auoit deux noms, l'vn Chrestien, et l'autre Gentil, et que celuy de Gentil duquel il se faisoit pour lors nommer, estoit Necoda Xicaulem, et son nom Chrestien Francisco de Saa, qui s'estoit faict Chrestien dans Malaca, lors que Garcia de Saa estoit Capitaine de la forteresse. Et d'autant qu'il auoit esté son parrain, et qu'il l'auoit faict baptiser, il luy bailla ce nom, et l'auoit marié auec une fille orpheline, fort iolie femme, et fille d'vn honorable Portugais, afin de le rendre plus naturel du pays; mais qu'en l'an 1534. ayant faict voile à la Chine sur vn sien Iunco, qui estoit fort grand, et dans lequel pour l'accompagner il auoit vingt Portugais des plus honorables et des plus riches de Malaca, et aussi sa femme, comme ils furent arriuez en l'Isle de Pullo Catan, ils firent ayguade auec intention de passer au port de Chincheo, où ayant demeuré deux iours, pource que tout l'équippage du Iunco luy appartenoit, et que tous ses Mariniers estoient Chinois comme luy, et non pas meilleurs Chrestiens, ils conclurent ensemble la mort de ces pauures Portugais pour voler ce qu'ils auoient de marchandise. Ainsi durant une nuict, lors que les Portugais dormoient sans penser à vne trahison si grande, ces Chinois auecque des petites haches qu'ils auoient, les tuerent tous, ensemble leurs seruiteurs, sans vouloir sauuer la vie à pas vn qui eust le nom de Chrestien, proposant à sa femme qu'elle eust à se faire

Gentile, et adorer l'idole que Tucan Capitaine du Iunco tenoit cachée dans vn coffre, et lors qu'elle seroit desobligée de la loi Chrestienne, qu'il la marieroit auecque luy, à cause que ce Tucan luy donnoit pour femme en eschange vne sienne sœur qu'il auoit auec luy, laquelle estoit aussi Gentile et Chinoise. Mais d'autant que sa femme ne voulut adorer l'idole, ny consentir au surplus, le chien luy donna vn coup de hache sur la teste qui luy fist sauter la ceruelle; et apres partit de là, et s'en alla au port de Liampoo, où cette mesme année il auoit trafiqué; et de peur d'aller à Patane à cause des Portugais qui y residoient, il s'en alla hyuerner à Siam, et l'année suiuante il s'en retourna au port de Chincheo, où il prist vn petit Iunco auec dix Portugais qui venoient de Sunda, lesquels il tua tous; et pource qu'on sçauoit desia dans le pays les meschancetez qu'il nous auoit faictes, craignant de rencontrer quelques forces Portugaises, il s'estoit retiré dans cette ense de la Cauchenchine, où comme marchand il trafiquoit, et où aussi comme Corsaire il voloit ceux qu'il rencontroit plus foibles que luy, et qu'il y auoit desia trois ans qu'il auoit pris cette riuiere pour refuge de ses voleries; pource qu'en icelle il estoit plus en seureté de nous autres, à cause que nous n'auons point accoustumé de trafiquer aux ports de cette anse et Isle d'Ainan. Antonio de Faria luy demanda, si ces enfans estoient fils des Portugais qu'il auoit dict. A quoy il respondit que non, mais qu'ils estoient fils d'vn appelé Nuno Preto, de Gian de Diaz, et de Pero Borges, à qui estoient aussi les garçons et les filles qu'ils auoient tous tuez à Mompollacota, à l'emboucheure de la riuiere de Siam, dans le Iunco de Ioan Oliueyra, où il auoit aussi mis à mort seize Portugais, et qu'à eux deux il auoit donné la vie à cause que l'vn estoit Charpentier, et l'autre Calfeutreur, et qu'il y auoit desia pres de quatre ans qu'il les menoit ainsi auec luy, les faisant mourir de faim, et des coups de foüet qu'il leur donnoit, qu'au reste lors qu'il nous attaqua, il ne croyoit pas que nous fussions Portugais, mais bien des marchands Chinois comme les autres, qu'il auoit accoustumé de voler, lors qu'il les trouuoit à son aduantage, ainsi qu'il nous pensoit auoir trouuez. Antonio de Faria luy demanda s'il recognoistroit bien parmy les corps morts celuy de ce Corsaire? Ayant dict qu'ouy, le Capitaine se leua incontinent, et le prenant par la main s'en alla auecque luy dans l'autre Iunco qui estoit attaché au sien, et luy ayant faict voir tous les morts sur le tillac, il dict que ce n'estoit pas vn de ceux-là. Alors il fist équipper vne Manchuas, qui est un petit batteau, dans lequel il le fut chercher luy-mesme auec cet homme, parmy les autres morts qui flottoient sur l'eau, où il le treuua auec un grand coup d'espée à la teste, et vne estocade au milieu du corps, et l'ayant faict apporter sur le tillac du vaisseau, il demanda derechef à cet homme si c'estoit luy, et il fist response qu'ouy sans aucune doute. A quoy Antonio de Faria y adjousta foy à cause d'vne grosse chaisne d'or qu'il auoit à l'entour de luy, où estoit attachée vne idole d'or de deux testes, faicte en forme de lezard, auec la queuë et les pattes esmaillées de verd et de noir, et l'ayant faict traisner vers la prouë, il luy fist coupper la teste, puis tailler le reste du corps en plusieurs pieces qui furent iettées dans la mer.

CHAPITRE XLVII.

Comme estant ancré à la pointe de Tilaumera, il vint par cas fortuit nous trouuer quatre Lauteaas de rame, dans l'vne desquelles estoit vne Espousée.

Ayant gaigné cette victoire de la façon que i'ay dict cy-deuant, pansé les blessez, et pourueu à la garde des captifs, l'on fist inuentaire de la marchandise qui estoit dans ces deux Iuncos, et il fut trouué que la prise d'iceux pouuoit valoir quarante mille Taeis, lesquels furent incontinent mis sous la charge d'Antonio Borges qui estoit Facteur des prises. Les deux Iuncos estoient bons et grands, et encore qu'ils fussent tels, nous fusmes contraints d'en brusler vn à faute de gens de Chourme et de Marine pour le gouuerner, l'on trouua dans iceux dix-sept pieces d'artillerie de bronze, à sçauoir quatre fauconneaux, et treize autres petites pieces, et la pluspart d'icelles, ou presque toutes auoient les armes royales de Portugal, à cause que le Corsaire les auoit prises dans les trois Nauires où il auoit tué les quarante Portugais. Le lendemain matin Antonio de Faria voulut essayer encore vne fois de r'entrer dans la riuiere. Mais il eut aduis par des pescheurs qu'il prist la nuict, qu'il se donnast bien de garde d'aller ancrer à la ville ; parce que dans icelle on sçauoit bien ce qui s'estoit passé entre luy et le Corsaire renegat, pour la mort duquel tout le peuple estoit en reuolte, et qu'ainsi encore qu'il leur baillast sa marchandise pour rien, ils ne la prendroient pas; pource que Chileu Gouuerneur de cette Prouince auoit faict accord auec luy, qu'il luy bailleroit le tiers de toutes les prises qu'il feroit, et qu'il luy donneroit port asseuré en son pays ; et d'autant que sa perte estoit grande par la mort de ce Corsaire, il nous receuroit mal dans sa ville; et qu'en outre il y auoit à l'entrée du port par son commandement deux Iangades, radeaux fort grands remplis de bois sec, de barils de godron, et de fardeaux de poix pour, si tost que nous aurions ancré, les nous ietter pour nous brusler, sans y comprendre encore deux cent Paraos à rames, dans lesquels il y auoit quantité de tireurs d'arcs, et autres gens de guerre. Cette nouuelle fist qu'Antonio de Faria par l'aduis de ceux qui s'y cognoissoient le mieux, conclud de s'en aller plus auant en vn autre port nommé Mutipinan, esloigné de celuy-là de plus de quarante lieuës vers l'Est, à cause qu'en iceluy il y auoit beaucoup de riches marchands, tant du pays, qu'estrangers, lesquels par troupes et compagnies, venoient des pays de Lauhos, Pafuaas, et Gueos, auec de grandes sommes d'argent. Ainsi nous fismes voile auec les trois Iuncos et la Lorcha, dans laquelle nous estions venus de Patane, costoyant la terre d'vn bord à l'autre à cause d'vn vent contraire, iusqu'à ce que nous arriuasmes en vn lieu nommé Tilaumera où nous ancrasmes, d'autant que le courant de l'eau nous estoit contraire. Apres y auoir demeuré trois iours à l'ancre, fort ennuyez du temps auec vn vent par prouë, et vn manquement de viures, nostre bonne fortune voulut que sur le soir il vint à nous quatre Lanteaas de rames semblables à des Fustes, dans l'vne desquelles estoit vne Espousée, qui alloit en vn village nommé Panduree. Or d'autant qu'ils estoient tous en ioye, il y auoit parmy eux vne si grande quantité de Tambours Imperiaux qu'on ne pouuoit s'entr'ouïr à cause de leur bruit et tintamarre. Nous estions lors en doute de ce que ce pouuoit estre, et à quel sujet cette feste estoit voüée, les vns pensoient que ce fussent des espions de l'armée du Capitaine de Tanauquir, qui se resiouyssant desia de nous pouuoir prendre, en rendoient des tesmoignages par le bruit qu'ils faisoient. Antonio de Faria laissa ses ancres en mer, et se prepara pour soutenir tout ce qui luy pourroit arriuer, et ayant desployé toutes ses bannieres et flambes, auec demonstration d'allegresse, il attendit que ceux qui estoient dans les Lanteaas le vinssent ioindre, lesquels si tost qu'ils nous virent tous ensemble, auec la mesme demonstration d'allegresse qu'ils auoient, s'imaginant que c'estoit le nouueau marié qui les attendoit pour les receuoir, ils vindrent ioyeusement droict à nous. Ainsi apres nous estre saluez les vns les autres à la mode du pays, ils se retirerent vers terre où ils ancrerent. Et d'autant que nous ne pouuions entendre le secret de cette nouueauté, tous nos Capitaines

conclurent que c'estoient des espions de l'armée ennemie, qui sans nous attaquer attendoient d'autres vaisseaux qui deuoient arriuer en peu de temps. En ce soupçon nous passasmes le peu qui nous estoit resté du iour, et presque deux heures de nuict. Alors la nouuelle mariée qui estoit dans vne de ces Lanteaas, voyant que son fiancé ne l'enuoyoit point visiter comme il estoit raisonnable, le voulut faire elle-mesme, pour luy monstrer l'amitié qu'elle luy portoit; elle enuoya vne de ces Lanteaas auec vne lettre qu'elle bailla à vn sien oncle pour la porter à son seruiteur, laquelle contenoit ces paroles. « Si le foible
« sexe de femme me permettoit que du lieu où
« ie suis ie peusse aller voir ton visage, sans en
« cela faire tache à mon honneur, asseure toy
« que pour m'en aller baiser tes pieds paresseux,
« mon corps voleroit de mesme que l'Espreuier
« affamé, au premier vol qu'il faict, lorsqu'on
« le lasche pour fondre sur le timide Heron. Mais
« puisque ie suis partie de la maison de mon
« pere pour te venir chercher iusques icy, viens
« t'en toy-mesme du lieu où tu es dans ce vais-
« seau, où ie ne suis desia plus, pource que ie
« ne puis pas voir moy-mesme, qu'en te voyant.
« Que si tu ne me viens voir en l'obscurité de
« cette nuict, la rendant claire pour moy, ie
« crains que demain au matin quand tu y arriue-

« ras, tu ne me treuues plus au nombre des per-
« sonnes viuantes. Mon oncle Licorpinau te dira
« plus particulierement ce que mon cœur recolle
« en soy, tant à cause que ie n'ay plus de bouche
« pour parler, que pource que mon ame ne me
« permet d'estre plus long-temps orpheline de
« ta veuë, comme ta sterile condition y consent.
« C'est pourquoy ie te prie de venir, ou de me
« donner la permission de t'aller treuuer, sans
« me desnier l'amour que ie merite enuers toy,
« en recompense de celuy que ie t'ay tousiours
« porté, de peur que Dieu par sa Iustice, pour
« chastiment d'vne telle ingratitude, ne t'oste le
« beaucoup que tu as acquis de tes Ancestres au
« commencement de ma ieunesse, en laquelle à
« present par mariage tu me dois posseder ius-
« ques à la mort; que Dieu comme souuerain
« qu'il est, vueille par sa diuine bonté esloigner
« de toy autant d'années comme le Soleil et la
« Lune ont faict de tours au monde depuis le
« commencement de leur naissance. » Cette Lanteaa estant arriuée en laquelle estoit venu l'oncle
de l'Espousée auec sa lettre, Antonio de Faria
fist cacher tous les Portugais, sans faire paroistre
que les Chinois que nous auions pour Mariniers,
afin qu'ils n'eussent crainte de nous aborder.
Elle s'approcha doncques en asseurance de nostre
lunco, et trois de ceux qui estoient dedans nous

vindrent aborder, et estans entrez demanderent où estoit le fiancé? Mais la response qui leur fut faite, fut de les prendre tous tels qu'ils estoient, et de les ietter dans l'escotille. Or d'autant que la pluspart d'eux estoient yures, ceux qui estoient dans la Lanteaa n'entendirent nullement la rumeur, et si n'eurent pas le loisir de fuir si promptement, que du haut de nostre poupe l'on n'attachast vn cable à la pointe de leur mast, auec lequel ils furent arrestez de telle sorte, qu'il leur fut impossible de se desbarasser de nous, leur iettans alors quelques pots de poudre, ce qui les contraignit de se lancer dans la mer. Alors il sauta dedans cinq ou six de nos soldats et autant de mariniers, lesquels s'en rendirent les maistres. En cette mesme Lanteaa il fut depuis necessaire de retirer les miserables qui estoient sur l'eau, crians qu'ils se noyoient. Estans retirez et mis en seureté, Antonio de Faria s'en alla treuuer les trois autres Lanteaas, qui estoient ancrés à vn quart de lieuë de là, et abordant la première dans laquelle estoit l'espousée, il entra dedans sans qu'il y eust aucune resistance, d'autant qu'en icelle il n'y auoit point de gens de combat, sinon les mariniers qui y vogoient, et six ou sept hommes qui paroissoient gens d'honneur, tous parens de l'espousée qui la venoient accompagner, ensemble deux petits garçons ses freres, fort blancs, et le surplus des gens estoient des femmes aagées, de celles qui en la Chine se loüent pour de l'argent, pour danser, chanter, et jouer des instruments en semblables allegresses. Les deux autres Lanteaas ayant veu et recouneu ce mauuais succez, laisserent leur anchres en mer, et fuirent en diligence à voile et à rame, et auec si grande haste qu'il sembloit que le Diable fust en icelles. Mais cela n'empescha pas que nous n'en prissions vne; de sorte que de quatre il nous en demeura trois. Cela fait nous retournasmes à bord de nostre Iunco; et à cause qu'il estoit desia minuit, l'on ne fist autre chose que recueillir la prise dans le Iunco, où tous ceux qui furent pris furent mis soubs le tillac, où ils demeurerent iusqu'à ce qu'il fut iour, qu'Antonio de Faria vinst les voir, et reconnut que c'estoient des gens fort tristes, et la pluspart vieilles femmes qui n'estoient propres à rien; il les fist doncques toutes mettre en terre, retenant seulement l'espousée auec ses deux freres, à cause qu'ils estoient ieunes, blancs, et de bonne mine, auec encore vingt Mariniers, qui depuis nous furent fort vtiles pour la nauigation des Iuncos. Cette espousée, comme nous l'apprismes depuis, estoit fille du Anchary de Colem (qui signifie Gouuerneur) et mariée auec vn ieune garçon, fils du Chifuu,

Capitaine de Pandurée, qui luy auoit escrit qu'il s'en iroit l'attendre en ce lieu auec trois ou quatre Iuncos de son pere qui estoit fort riche, mais nous le trompasmes bien. Le lendemain apres midy estants partis de cét endroit-là, que nous nommasmes *le lieu de l'Espousée*, arriua le nouueau marié, cherchant sa femme auec cinq voiles remplies de flammes et banderoles. Comme il passa pres de nous, il nous salüa auecque force musique et demonstration d'allegresse, ne sçachant pas son malheur, ny que nous emmenions sa femme. Ainsi auec toutes ses bannieres et tentes de soye, il tourna le Cap de Tilaumera, où nous auions le iour d'auparauant faict la prise, auquel lieu il anchra pour y attendre sa femme, comme il luy auoit escript, et nous suiuants nostre route à la voile, il plût à Dieu qu'en trois iours nous arriuasmes au port de Mutipinan, qui estoit le but où nous prétendions, à cause de la nouuelle qu'auoit Antonio de Faria, qu'il y pourroit vendre sa Marchandise.

CHAPITRE XLVIII.

De l'enqueste ou information qu'Antonio de Faria fist de ce pays.

Estant arriuez en ce port nous anchrasmes en vne rade que la terre faict aupres d'vne petite Isle du costé du Sud de l'embouchure, à l'entrée de laquelle nous demeurasmes sans saluër le port, ny faire aucun bruit, auec intention incontinent qu'il feroit nuict, d'envoyer sonder le fond de la riuiere, et nous informer de ce que nous desirions sçauoir. Si tost que la Lune parut, qui fut enuiron les vnze heures, Antonio de Faria enuoya vne de ses Lanteaas bien équippée, auec douze soldats, et en fist Capitaine vn nommé Valentin Martins Dalpoem, homme sage, et de grande entreprise, qui autrefois auoit faict preuue de sa personne en semblables occasions, lequel estant party s'en alla tousiours sondant le fond de la riuiere, tant qu'il fut arriué au lieu où l'on anchroit, là il prist deux hommes qui dormoient dans vne barque plaine de vaisselle de terre, et retournant à bord sans auoir esté apperceu, il rendit compte à Antonio de Faria de tout ce qu'il auoit treuué touchant la grandeur du lieu, et le peu de Nauires qu'il y auoit dans le port; c'est pourquoy il luy sembla que sans aucune crainte il y pouuoit entrer, et que si par hazard il n'y faisoit trafic comme il desiroit, personne ne pouuoit l'empescher de sortir toutes et quantesfois qu'il luy plairoit, à cause que la riuiere estoit grandement large, et bien nette, sans y auoir aucun banc de sable, ny autre chose où il peust estre en danger. Ayant doncques pris conseil de ses gens, il conclud par leur aduis, que les deux Mahometans qui auoient esté pris, ne seroient enquis par tourments, comme l'on auoit desia ordonné, tant pour ne les espouuanter, que par ce qu'il n'en estoit besoing. Le iour estant venu nous dismes vne Letanie de la Vierge auec grande deuotion, promettant de riches presens à Nostre-Dame du Mont, qui est à Malaca, pour l'embellissement de son Temple. Antonio de Faria auant que partir se voulut enquerir de ces Mahometans de ce qu'il desiroit sçavoir, et luy semblant que pour lors il les gaigneroit plustost par caresses, et par prieres, que par chastiments et menaces, il les caressa, et leur déclara son dessein. A quoy tous deux d'vn accord dirent que touchant l'entrée de la riuiere il n'y auoit rien à craindre, que c'estoit la meilleure de toute ceste anse, et que souuent il y entroit et sortoit des vaisseaux beaucoup plus grands que les siens, que le moindre fond qu'il y auoit passoit quinze à vingt brasses, et qu'il ne deuoit auoir aucune crainte des gens du pays, à cause qu'ils estoient naturellement foibles et sans armes ; joinct que les Estrangers qui s'y voyoient estoient depuis neuf iours arriuez du Royaume de Benan, en deux conuois de cinquante bœufs, chargez de quantité d'argent, de bois d'aloes, toile, soye, lin, yuoire, cire, lacre, benjoin, canfre, et or en poudre, comme celuy de l'Isle de Samatra, lesquels auec ces Marchandises venoient tous chercher du poivre, drogues, et perles de l'Isle d'Ainan ; et leur demandant s'il y auoit quelque armée en ce costé, ils dirent que non, à cause que la plus grande partie des guerres que le Prechau, Empereur des Cochins faisoit, ou que l'on luy faisoit, estoient par terre, et que lors que l'on les faisoit sur des rivieres, que c'estoit auec des petits vaisseaux de rames, et non auec des Nauires si grands que les siens, par ce qu'il n'y auoit pas assez de fonds pour iceux, et s'enquerant d'eux si le Prechau estoit proche de là, ils firent responce qu'il n'en estoit esloigné que de douze iournées de chemin, en la ville de Quangepaaru, où la pluspart du temps il residoit avec son train, gouuernant son Royaume en paix et Iustice, et que les mines des metaux reseruez à sa Couronne, luy rendoient de rente tous les ans quinze mille Picos d'argent, chacun desquels pese cinq quintaux, dont la moitié par la Loy Diuine, inuiolablement gardée en ses païs, estoit pour les pauures qui cultiuoient la terre, pour sustenter leur famille. Mais que par l'aduis et consentement de tous ces peuples, on luy avoit liberalement quitté ce droict, à condition que de là en auant il n'eust à les contraindre à payer tribut, ny chose aucune qui les pût interesser, et que pour cela les anciens Prechaus, qui sont les Empereurs, auoient protesté de l'accomplir autant de temps que le Soleil donneroit lumiere à la terre. Antonio de Faria voyant le chemin ouuert par lequel il pourroit sçauoir ce qu'il desiroit, leur demanda quelle creance ils auoient de ce qu'ils voyoient de nuict vers le Ciel, et de iour en la legereté du Soleil, duquel ils auoient tant de fois parlé. A quoy ils firent responce qu'ils tenoient la vraye verité de toutes les veritez, et qu'ils croyoient qu'il n'y auoit qu'vn seul Dieu Tout-puissant, lequel tout ainsi qu'il auoit tout créé, il conseruoit tout; mais que si nostre entendement par fois s'embarrassoit dans le désordre, et dans le discord de nos desirs, ce n'estoit de la part du souuerain Createur, en qui ne se pouuoit treuver aucune imperfection, mais que cela prouenoit seulement du pecheur, lequel pour estre impatient, iugeoit selon la mauvaise inclination de son cœur. Et leur demandant si en leur Loy ils croyoient que le grand Dieu qui gouuerne ce Tout fust venu en aucun temps au monde, revestu de forme humaine, ils dirent que non, par ce qu'il n'y pouuoit auoir chose qui le pût obliger à vne si grande extrémité, à cause que par l'excellence de la nature Diuine il estoit desliuré de nos miseres, et fort esloigné des thresors de la terre, et que tout estoit chose trop basse en la presence de sa splendeur. Par ces questions et autres semblables que leur fist Antonio de Faria, nous reconneusmes que ces peuples là n'auoient eu iusques alors aucune connoissance de nostre verité, autre que celle qu'ils confessoient de bouche, et que leurs yeux leur faisoient voir en la peinture du Ciel, et en la beauté du iour, et que continuellement par leurs Combayes, qui sont leurs prieres, ioignant les mains ils disoient; « Par tes œuures Seigneur, nous confessons ta grandeur. » Apres cela Antonio de Faria les rendit libres, et les fist mettre à terre, leur ayant donné quelques presens, dequoy ils furent fort contents. Le vent ayant commencé de se leuer aussi-tost, il fist voile auec vn extréme contentement, les hunes de tous ses vaisseaux entourez de tantures de soye de diuerses couleurs, leurs bannieres, flammes, et gaillardets desployez, auec vn estendart de marchandise à la coustume du pays, afin que ceux qui les verroient les tinssent pour Marchands, et non pour Corsaires; et vne heure apres il anchra dans le port, vis à vis du Quay de la ville, faisant sa salue auecque peu de bruict d'artillerie; et incontinent de terre il vint à nous dix ou douze Almadies auec force rafraichissements. Toutesfois eux nous treuuans estrangers, et reconnoissant par nos habits que nous n'estions point Siames, ny Iaos, ny Malayos, ny d'autres nations de celles qu'ils auoient desia veuës, ils dirent les vns aux autres; « Plaise au Ciel qu'aussi profitable nous puisse estre à tous l'agréable rosée de la fraische matinée, comme ceste soirée nous semble belle par la presence de ceux que nos yeux regardent. » Alors vne de ces Almadies nous abordant, demanda congé de pouvoir entrer. A quoy fut respondu, qu'ils le pouuoient faire, à cause que nous estions tous leurs freres, et de neuf qu'ils estoient en cette Almadie, il en entra trois seulement dans nostre Iunco. Antonio de Faria leur fist bonne reception, et les fist seoir sur son tapis de Turquie, puis leur dict, qu'il estoit Marchand du Royaume de Siam, et que venant en Marchandise pour aller en l'Isle d'Ainam, l'on luy auoit dict qu'en cette Ville il pourroit mieux, et plus asseurément vendre sa marchandise qu'en aucun autre endroict, à cause que les Marchands d'icelle estoient plus veritables que les Chinois de la côte d'Ainam. A quoy ils firent responce; tu n'es point trompé en ce que tu dis, parce que si tu es Marchand, comme tu dis, croy qu'en tout et par tout en ce lieu l'on t'honorera. C'est pourquoy tu peux dormir sans aucune crainte.

CHAPITRE XLIX.

De ce qui arriua à Antonio de Faria en ce port, auec le Nautarel de la Ville, sur la vente de sa Marchandise.

Antonio de Faria ayant peur qu'il ne vinst par terre quelques nouuelles de ce qu'il auoit faict au Corsaire sur la riuiere de Tanauquir, et que cela ne luy apportast quelque prejudice, ne voulut desembarquer sa marchandise au foudigue, comme les officiers d'iceluy vouloient qu'il fist, chose qui luy causoit assez de desplaisir et de fascherie; de sorte que par deux fois son affaire fut rompuë, et connoissant que les bonnes parolles n'estoient suffisantes pour les faire consentir à ce qu'il leur proposait, il leur enuoya dire par vn Marchand, qui estoit porteur de ces messages, qu'il voyoit bien la raison qu'ils auoient de vouloir que sa marchandise fust mise en terre, puis que c'estoit l'ordinaire. Mais qu'il les asseuroit qu'il ne le pouuoit faire en aucune façon, à cause que la saison estoit presque passée, et que pour ce il luy estoit necessaire de s'en retourner incontinent pour faire trauailler au grand Iunco, dans lequel il estoit venu, d'autant qu'il puisoit tant d'eau, que soixante mariniers n'ostoient iamais la main de trois pompes, qu'ainsi il couroit grande risque d'aller à fonds auec toute sa marchandise, et que touchant les droicts du Roy il estoit bien content de les payer, non à trente pour cent, comme ils luy demandoient, mais à dix, comme l'on payoit aux autres Royaumes, et qu'il les payeroit incontinent, et tres-volontiers. A cette offre ils ne rendirent aucune response, mais firent prisonnier celuy qui portoit ce message. Antonio de Faria voyant que son messager ne retournoit point, fist voile aussi-tost, mettant au vent force banderolles, comme vn homme qui demonstroit estre ioyeux, et qui ne soucioit non plus de vendre, ou de ne vendre pas, que de demeurer, ou de ne point faire de sejour en ce lieu. Alors les Marchands Estrangers, qui estoient là venus dans les conuois pour trafiquer, voyant que la marchandise sur laquelle ils esperoient faire quelque profit s'en alloit hors du port, sans que cela procedast que de l'obstination, et du peu de soing du Nautarel de la ville, le furent tous treuuer du corps, et le prierent qu'il fist appeller Antonio de Faria, sinon qu'ils protestoient tous de s'aller plaindre au Roy de l'injustice que l'on leur faisoit, estant cause que la marchandise s'en alloit du port, de laquelle ils esperoient faire leur emploitte. Le Nautarel qui est le Gouuerneur, auec tous les officiers de la doüane, craignans pour ce sujet d'estre chastiez et priuez de leur office, leur accorderent leur demande, à condition que puisque nous ne voulions payer que dix pour cent, qu'eux en payeroient cinq autres, afin que le Roy eust plus de tribut, dequoy ils demeurerent tous d'accord, et incontinent renuoyerent le marchand qu'ils auoient tenu prisonnier, auec vne lettre remplie de compliments, dans laquelle ils declaroient le contenu de l'accord qu'ils auoient faict. Antonio de Faria, qui iugeoit bien dequoy cela luy importoit, leur fist response, que puis qu'il estoit desia sorty du port, qu'il n'y r'entreroit point en aucune façon, à cause qu'il n'auoit pas le temps de faire tant de sejour;

mais que s'ils vouloient achepter en gros sa marchandise, apportant auec eux des lingots d'argent pour ce faire, qu'il leur vendroit, sinon qu'en aucune autre maniere il ne s'accorderoit auec eux, à cause qu'il se tenoit beaucoup offensé du peu de respect que le Nautarel luy auoit porté, mesprisant ses messages; et que s'ils estoient contents d'ainsi faire, qu'ils le luy fissent sçauoir dans vne heure qu'il leur donnoit de temps; autrement qu'il s'en alloit faire voile à Ainan, où il vendroit sa marchandise bien mieux qu'en ce lieu. Eux voyans vne telle resolution, et la tenant pour asseurée; de crainte qu'ils eurent de laisser eschapper vne si bonne occasion que celle qui se presentoit, pour s'en retourner en leur pays, s'embarquerent dans cinq grandes Barcasses auec quarante quaisses pleines de lingots d'argent, et force sacs pour emporter le poivre; et estans arriuez au Iunco où Antonio de Faria estoit, et où il auoit desployé l'enseigne de General, ils furent bien receus de luy, et ils luy representerent de nouueau ce qu'ils auoient accordé auec le Nautarel de la ville, se plaignans grandement de son mauuais gouuernement, et de quelques choses hors de raison qu'il leur auoit faites; mais que puis qu'ils l'auoient pacifié luy donnant quinze pour cent, desquels ils en vouloient payer cinq, ils le prioient de vouloir payer les dix qu'il auoit promis, et qu'autrement ils ne pouuoient achepter sa marchandise. A quoy Antonio de Faria respondit, qu'il en estoit content, plus pour l'amour d'eux, que pour le profit qu'il en esperoit; dequoy tous le remercierent grandement, et par ainsi ils demeurerent d'accord auec paix et sans bruit; et alors ils firent telle diligence de descharger la marchandise, qu'en trois iours elle fut presque pesée, et mise entre les mains de ses maistres. Les comptes furent donc arrestez, et les lingots d'argent receus, le tout se montant à cent trente mille Taeis, à raison de trois liures quinze sols le Taeis, comme i'ay desia dit ailleurs. Et bien qu'on y procedast auec la diligence possible, cela n'empescha pas qu'auant que le tout fust acheué, les nouuelles ne vinssent de ce que nous auions faict au Corsaire en la riuiere de Tanauquir, ce qui fut cause que les habitans se mutinerent de telle sorte, que pas vn d'eux ne nous voulut plus aborder comme ils faisoient auparauant; à cause dequoy Antonio de Faria fut contrainct de faire uoile en diligence.

CHAPITRE L.

De ce qui aduint à Antonio de Faria, iusques à ce qu'il eut ancré à Madel, port de l'Isle d'Ainan, où il rencontra vn Corsaire, et de ce qui se passa entr'eux.

Apres que nous eusmes quitté le port de la riuiere de Mutepinan, mettant la prouë du costé du Nord, il sembla à propos à Antonio de Faria de s'en aller gaigner la coste de l'Isle d'Ainan, pour chercher une riuiere qu'on nomme Madel, en intention d'y faire accommoder le grand Iunco où il estoit, pource qu'il puisoit beaucoup d'eau, ou s'en pourueoir d'vn autre meilleur en eschange de quelque chose que ce fust. Ainsi apres auoir nauigé par l'espace de douze iours, auec vn vent tousiours contraire, à la fin il arriua au Cap de Pullo Hinhor, qui est l'Isle des Cocos. Là ne pouuant apprendre aucunes nouuelles du Corsaire qu'il cherchoit, il s'en retourna vers la coste du Sud, où il fist quelques prises fort bonnes et bien acquises selon ce que nous en croyons. Car l'intention de ce Capitaine ne fust iamais autre, que de rendre le change aux Corsaires qui auparauant auoient osté la vie et les biens à plusieurs Chrestiens, qui frequentoient en cette coste d'Ainan, lesquels Corsaires s'entendoient auecque les Mandarins de ces ports, ausquels ils donnoient vn fort grand tribut, afin qu'il leur fust permis d'aller vendre à terre ce qu'ils voloient sur la Mer. Mais comme des plus grands maux Dieu en tire ordinairement de grands biens, il permit par sa diuine Iustice, que pour auoir raison du vol que Coja Acem nous auoit faict au port de Lugor, il prit enuie à Antonio de Faria de l'aller chercher. A quoy il se resolut à Patane, pour le chastiment de quelques autres voleurs, qui auoient merité d'estre punis de la main des Portugais. Or ayant desia durant quelques iours auec assez de trauail continué nostre nauigation dans cette ense de Cauchenchina, comme nous fusmes entrez dans vn port nommé Madel, le iour de la Natiuité de Nostre Dame, qui est le huictiesme Septembre, pour la crainte que nous eusmes de la nouuelle Lune, durant laquelle il suruient souuent soubs ce climat vne si grande impetuosité de vents et de pluyes, qu'il est presque impossible aux Nauires d'y resister, et cette tourmente est appellée *Tufan* par les Chinois; tellement qu'y ayant desia quatre iours que le Ciel chargé de nuages nous predisoit ce que nous apprehendions ;

joint que les Iuncos se uenoient mettre aux abris qu'ils treuuoient là les plus proches, parmy plusieurs qui entrerent dans ce port, Dieu permit qu'il y en eust vn entre les autres, d'vn fameux Corsaire Chinois nommé Hinimilau, qui de Gentil qu'il auoit esté, s'estoit depuis peu rendu Mahumetan, induit à cela (comme l'on disoit) par les Cacis de la maudite secte Mahumetane, dont il auoit faict profession n'agueres, et qui l'auoit rendu si grand ennemy du nom Chrestien, qu'il se vantoit publiquement que Dieu luy deuoit le Ciel, pour les grands seruices qu'il luy auoit faits sur terre, en la dépeuplant peu à peu de la nation des Portugais, qui dés le ventre de leur mere se plaisoient en leurs offenses, comme les propres habitans de la Maison enfumée, nom qu'ils donnent à l'Enfer; et ainsi par ces paroles, et par d'autres blasphemes semblables il disoit de nous tout ce qu'on pourroit iamais s'imaginer de sale et d'abominable. Ce Corsaire entrant en la riuiere dans un Iunco fort grand et haut esleué, auec tous ceux de sa suitte qui s'occupoient au trauail de la nauigation, à cause que le Ciel s'obscurcissant presageoit vne tourmente, s'approcha du lieu où nous estions à l'ancre, et nous salua à la façon de ceux du pays. Alors nous luy rendismes le salut de la mesme sorte, comme c'est la coustume de faire aux entrées des ports de ces pays là, sans que iusques alors ils nous eussent recogneus pour estre Portugais, non plus que nous ne les recognoissions point. Car nous croyons qu'ils fussent Chinois, et qu'ils se vinssent mettre à couuert en ces ports, pour se parer de la tourmente comme les autres. Là dessus voila que cinq ieunes hommes Chrestiens, que ce voleur tenoit esclaues dans son Iunco, iugeans bien que nous estions Portugais, se mirent tous à crier trois ou quatre fois, *Seigneur Dieu misericorde*. A ces mots nous nous mismes tous sur pied pour voir ce que c'estoit, fort esloignez de iuger ce qui en arriua depuis. Car nous eusmes bien à peine recogneu que c'estoient des Chrestiens, que nous criasmes fort haut aux Mariniers qu'ils eussent à ramaner leurs voiles; ce qu'ils ne voulurent faire. Au contraire s'estant mis à ioüer d'vn tambour par maniere de mespris, ils firent trois grandes huées, et à mesme temps faisant esclatter leurs cimeterres tous nuds, dont ils s'escrimoient en l'air en nous menaçant, apres qu'ils se furent ancrez vn quart de lieuë plus auant que nous, Antonio de Faria desirant d'apprendre ce que c'estoit, y enuoya vn Balon bien équippé. Mais apres que ceux qui estoient dedans furent arriuez à bord, ces barbares leur iettoient vne si grande quantité de pierres, qu'ils leur firent courir fortune ; si bien qu'ils s'en retournerent fort blessez, tant les Mariniers que les Portugais. Antonio de Faria les uoyant revenir ainsi ensanglantez, voulut sçauoir d'eux d'où cela procedoit. Monsieur, luy respondirent-ils, nous ne sçauons point ce que cela peut estre, et ne vous pouuons dire autre chose, sinon que vous voyez en quel équipage nous reuenons. Cela dict, luy monstrans les blesseures de nos testes, nous luy declarasmes quelle reception l'on nous auoit faite. D'abord cette nouuelle embarrassa grandement Antonio de Faria, si bien qu'il y pensa assez long-temps. A la fin regardant ceux qui estoient presens, Messieurs, leur dit-il, qu'il n'y ait icy aucun qui ne se tienne prest, pource que moyennant la grace de Dieu ie me promets que nous sçaurons bien-tost d'où vient tout cecy. Car ie m'imagine que c'est ce chien de Coja Acem, et possible qu'il nous pourra bien payer aujourd'huy nos marchandises. Auec ce desir il commanda qu'on leuast à l'heure mesme les ancres, et le plus promptement qu'il peust il fist voile auec les trois Iuncos et Lanteaas. Les ayant approchez à la portée d'vn mousquet, il les salua de trente-six volées de canon, dont les douze estoient fauconneaux, et autres pieces de campagne, parmy lesquelles il y en auoit vne de batterie, qui tiroit des bales de fonte; dequoy les ennemis demeurerent si fort estonnez, que toute la resolution qu'ils peurent prendre pour lors, fut de laisser leurs ancres dans la mer, pour n'auoir loisir de les leuer, afin de laisser aller leur Iunco vers la coste. Chose qui ne leur reüssit point selon leur desir; car Antonio de Faria n'eust pas si tost recogneu ce dessein, qu'il leur gaigna le deuant, et les aborda auec toutes les forces des Iuncos et des Lanteaas qu'il auoit. A cette rencontre il se fist vn furieux chamaillis de coups d'espées par ceux qui vindrent à s'approcher; et en suitte de cela des iauelots, des dards, et des pots remplis de poudre furent lancez de toutes parts. Par mesme moyen plus de cent mousquetaires tirerent sans discontinuer; de sorte que durant vne demie heure les forces se treuuerent si esgales des deux costez, qu'on ne pouuoit discerner à qui estoit l'aduantage. Mais en fin, il pleust à Dieu de nous estre si fauorable, que les ennemis se sentant lassez, blessez et bruslez, se ietterent tous dans la mer; et ainsi les nostres auec de grands cris d'allegresse, poursuiuirent courageusement vne si belle victoire. Antonio de Faria voyant que ces miserables couloient tous à fonds, à cause que le courant de l'eau estoit si impetueux et si grand qu'il les faisoit noyer, s'embarqua dans deux Ballons qu'il fist équipper, prenant quelques soldats auec luy. Puis le plus habilement qu'il peust, il sauua seize hommes, qu'il ne voulut laisser mourir, pour l'extréme besoin qu'il en auoit en la Chourme de ses Lanteaas, à cause qu'aux combats qui s'estoient passez on luy auoit tué vne bonne partie de ses gens.

CHAPITRE LI.

De quelle façon le Corsaire Capitaine du Iunco, tomba vif entre les mains d'Antonio de Faria, et de ce qu'il fist auecque luy.

Antonio de Faria ayant gaigné cette victoire de la façon que ie viens de dire, la premiere chose qu'il fist, fust de faire panser quelques-vns des siens qui estoient blessez, pource que cela luy importoit principalement. Puis comme il fust asseuré qu'vn des seize qu'il auoit sauuez estoit le Corsaire Hinimilau, Capitaine du Iunco qu'il auoit pris, il commanda qu'on l'amenast denant luy, et apres l'auoir faict panser de deux playes qu'il auoit receuës, il luy demanda qu'estoient deuenus les ieunes hommes Portugais qu'il tenoit esclaues? A quoy le Corsaire forcené de rage, ayant respondu qu'il n'en sçauoit rien, sur la seconde demande qui luy fust faicte auecque menaces, il dict qu'on luy donnast premierement vn peu d'eau, à cause que la seicheresse luy faisoit tarir la parole, et qu'il verroit par apres ce qu'il auroit à respondre. Là dessus apres qu'on luy eust apporté de l'eau, qu'il beust si auidement qu'il la respandist presque toute sans en estre desalteré, il demanda qu'on luy en baillast derechef, et que si on luy en vouloit donner à boire tout son saoul, en tel cas il s'obligeoit par la loy de l'Alcoran de Mahomet, à confesser volontairement tout ce que l'on desireroit sçauoir de luy. Antonio de Faria luy en fist donner alors, ensemble vne boëtte de confitures, dont il ne voulut manger; mais en recompense il beut vne grande quantité d'eau. Puis s'estant derechef enquis de luy touchant les ieunes hommes Chrestiens, il luy respondist qu'il les treuueroit dans la chambre de prouë. A mesme temps Antonio de Faria les enuoya querir par trois soldats, qui n'eurent pas si tost ouuert l'escotille pour leur dire qu'ils vinssent en haut, qu'ils les virent estendus emmy la place tous esgorgez. Dequoy ils demeurerent si effrayez, qu'ils s'escrierent à l'instant, Iesus, Iesus, Monsieur, venez ie vous prie, et vous verrez vn spectacle fort pitoyable. Antonio de Faria et tous ceux qui estoient pres de luy, coururent incontinent vers la prouë. Mais lors que le Capitaine vist ces ieunes garçons estendus les vns sur les autres, il demeura si hors de soymesme, que ne pouuant retenir ses larmes, et leuant ses yeux au Ciel auec les mains ioinctes, Mon Seigneur Iesus-Christ, dit-il tout haut, et tout en colere, benist soyez vous à iamais, de ce que vous estes si misericordieux et si pitoyable, que de souffrir vne offense si grande que celle-cy. Cela dict il les fist apporter en haut sur le tillac, où il n'y auoit celuy de la compagnie, qui les regardant se peust empescher de pleurer, et qui ne fust aussi estonné que luy de voir vne femme auecque deux beaux enfans de six à sept ans, la gorge couppée sans pitié, et les cinq garçons qui nous auoient appellez, fendus du haut en bas, et les boyaux hors du corps. Antonio de Faria s'estant derechef assis, demanda au Corsaire pourquoy il auoit vsé d'vne cruauté si grande contre ces pauures innocens qui estoient là estendus par terre? A quoy il fist response, que c'estoit à cause qu'ils luy auoient esté traistres, pour s'estre monstrez à des gens qui luy estoient si fort ennemis comme estoient les Portugais; joint qu'ayant apperceu comme quoy ils appelloient leur Dieu à leur ayde, il auoit voulu voir par mesme moyen, s'il ne les deliureroit point ; Qu'au reste touchant les deux plus petits, il suffisoit que pour les faire mourir ils fussent fils de Portugais, pour lesquels il n'auoit iamais eu de bonne volonté. Auec vne pareille extrauagance il respondist à quelques autres demandes qui luy furent faictes, et le fist auec autant d'obstination que s'il eust esté quelque demon. Apres cela comme on luy eust demandé s'il estoit Chrestien, il respondist que non, mais qu'il l'auoit autresfois esté au temps que Dom Paul de Gama estoit Capitaine de Malaca. En suitte de ces choses, Antonio de Faria luy demanda, puis qu'il auoit esté Chrestien, quelle raison l'auoit porté à laisser la loy de Iesus-Christ en laquelle il estoit asseuré de son salut, pour suiure celle du faux Prophete Mahomet, de qui il ne pouuoit esperer que la perte de son ame ? Il respondist là dessus, qu'il s'estoit resolu à cela, à cause que tant qu'il auoit esté Chrestien, les Portugais l'auoient tousiours mesprisé, et qu'estant auparauant Gentil, tous luy parloient à descouuert, l'appellant Quiay Necoda, c'est à dire Monsieur le Capitaine, et qu'apres estre baptisé l'on n'auoit point tenu de compte de luy, chose qu'il croyoit estre arriuée par la permission de Mahomet, afin de luy ouurir les yeux à se faire Mahumetan, comme il auoit faict depuis à Bintan, où le Roy de Iantana s'estoit trouué à la ceremonie, mesme que tousiours depuis il l'auoit fort honoré, et que tous les Mandarins l'appelloient frere, à cause de la promesse qu'il leur auoit faicte sur le sainct Liure des Fleurs, que tant qu'il viuroit il seroit ennemy iuré des Portugais, et de toute autre sorte de gens qui faisoient profession d'estre Chrestiens. Qu'au reste le Roy et le Cacis Moulana l'auoient grandement loüé de cela, luy promettans que son ame seroit bien-heureuse s'il accomplissoit ce vœu. Interrogé par mesme moyen depuis quel temps il s'estoit reuolté, quels vaisseaux portugais il auoit pris, combien d'hommes mis à mort, et quelles marchandises volées? Il fist response qu'il y auoit sept ans qu'il se disoit Mahumetan; Que le premier vaisseau par luy pris fut le Iunco de Louys de Pauia, qu'il prit sur la riuiere de Liampoo auec quatre cent bares de poiure, sans aucunes autres drogues, et que s'en estant faict maistre, il auoit mis à mort dix-huict Portugais, outre leurs esclaues, desquels il n'auoit tenu compte, à cause qu'ils n'estoient pas gens qui peussent satisfaire au serment qu'il auoit iuré; Qu'apres cette prise il en auoit faict vne autre de quatre Nauires, et sur icelles mis à mort plus de trois cent personnes; mais qu'il n'y pouuoit auoir plus de soixante et dix Portugais, et qu'il luy sembloit que tout ce qu'il auoit pris se pouuoit monter à mille cinq ou six cent bares de poivre, et autres marchandises, desquelles le Roy de Pan luy en auoit pris aussi plus de la moitié pour luy donner retraicte en ses ports, et l'asseurer des Portugais, luy baillant pour cet effect cent hommes, auecque commandement de luy obeyr comme à leur Roy. Estant derechef enquis, s'il n'auoit point tué d'autres Portugais, ou presté la main pour le faire, il dit que non; mais que depuis deux ans s'estant treuué en la riuiere de Choaboquec en la coste de la Chine, il y arriua vn grand Iunco auec quantité de Portugais, duquel estoit Capitaine un sien amy intime, nommé Ruy Lobo, que Dom Esteuan de Gama, pour lors Capitaine de la forteresse de Malaca y auoit enuoyé pour exercer le commerce, et qu'apres auoir vendu sa marchandise il estoit sorty du port grandement ioyeux, pource qu'il s'en retournoit fort riche; mais que cinq iours apres son partement son Iunco s'estant ouuert, il y entra si grande quantité d'eau, que ne pouuant l'espuiser, il fust contraint de s'en retourner au mesme port d'où il estoit party. Mais que le malheur voulut pour luy, qu'à cause de l'impetuosité du vent, faisant force de toutes ses voiles pour aborder plustost, le Iunco coula tout à coup à fonds, sans que personne s'eschappast de ce naufrage que Ruy Lobo, dix-sept Portugais, et quelques esclaues, qui dans leur Esquif s'en allerent gaigner l'Isle de Lamau, sans voiles, sans eau, et sans aucuns viures. Qu'en cette extremité Ruy Lobo se fiant à l'ancienne amitié qu'ils auoient eu ensemble, l'auoit prié à genoux et la larme à l'œil, de le receuoir luy et les siens dans son Iunco, qui pour lors estoit sur le poinct de faire voile à Patane, à quoy il s'estoit accordé sur cette promesse qu'en cas qu'il le fist, il luy donneroit deux mille ducats, s'y obligeant par son serment de Chrestien. Mais qu'apres les auoir ainsi retirez, il fût conseillé par les Mahumetans de ne se fier à l'amitié des Chrestiens, s'il ne vouloit hazarder sa vie, et que lors qu'ils auroient recouuré leurs forces, ils luy prendroient son Iunco, ensemble la marchandise qui estoit dedans, et qu'ils auoient accoustumé de faire de mesme en tous les lieux où ils se sentoient les plus forts. Ce qui fut cause que craignant que ce dequoy les Mahumetans l'aduertissoient ne luy arriuast, il les tua tous dans vne nuict pendant qu'ils dormoient; dequoy neantmoins il s'estoit repenty depuis. Cette declaration estonna si fort Antonio de Faria, et tous ceux qui estoient autour de luy, comme en effect l'enormité d'vn si meschant acte ne le pounoit requerir autrement, que sans le vouloir interroger ny l'escouter plus long-temps, on le mit à mort, auec les quatre autres qui estoient restez en vie, et ainsi ils furent tous iettez dans la mer.

CHAPITRE LII.

De ce que fist encore Antonio de Faria auecque les gens du pays en cette riuiere de Madel, ensemble des choses qui se passerent apres qu'il en fut sorty.

Cette Iustice estant faicte, tant du Corsaire que des autres, Antonio de Faria voulut qu'il se fist vn inuentaire de tout ce qui estoit dans le Iunco, qui fut iugé se monter à la valeur de quarante mille Taeis en soyes crües, pieces de satin, damas, soye retorse, musc, et en quantité de pourcelaines fines, et autres hardes que nous fusmes contraints de brusler auec le Iunco, à cause que nous manquions de Mariniers pour nostre nauigation. De ces exploits de valeur les Chinois en demeurerent si estonnez, qu'ils s'espouuantoient d'ouyr seulement le nom de Portugais, tellement que les Necodas Maistres des

Iuncos qui estoient dans ce mesme port, voyant qu'on leur en pouuoit faire autant à eux, s'assemblerent tous en conseil qu'ils appellent *Bichara*, et en iceluy ils firent election de deux des principaux d'entr'eux, qu'ils iugerent les plus capables de faire ce qui estoit de leur intention, par lesquels comme Ambassadeur ils enuoyerent dire à Antonio de Faria, que comme Roy de la mer ils le prioient, que sur l'asseurance de sa verité il eust à les conseruer, afin qu'ils eussent à sortir du lieu où ils estoient pour faire leur voyage, auant que la saison leur manquast, et que pour cet effect ils luy donneroient comme tributaires, subjects et esclaues, vingt mille Taeis en lingots d'argent, desquels incontinent sans manquer on luy feroit le payement, comme le recognoissant pour leur maistre. Antonio de Faria les receut auec toute sorte de courtoisie, et leur accordant leur requeste, protesta et iura de le faire ainsi, et de les tenir en seureté sur sa parole, et que pas vn Corsaire de là en auant ne leur prendroit aucune chose de leur marchandise. Alors vn des deux demeura en ostage pour les vingt mille Taeis, et l'autre s'en alla querir les lingots qu'il apporta vne heure apres, ensemble vn beau present de plusieurs belles choses de valeur que tous les Necodas luy enuoyoient. Cela faict Antonio de Faria voulant aduancer vn

sien seruiteur qui s'appelloit Costa, le fist Greffier des patentes que l'on deuoit donner aux Necodas, dont il taxa incontinent le prix qui deuoit estre pour celles des Iuncos, cinq Taeis pour chacune, et deux Taeis pour celles des Vancoes, Lanteaas, et Barcasses; ce qui fut vne si bonne affaire pour l'Escriuain, qu'en l'espace de treize iours que dura l'expedition de ces lettres, il gaigna (selon le rapport de ceux qui l'enuioient) plus de quatre mille Taeis en argent, outre plusieurs beaux presents qu'ils luy donnoient pour estre promptement expediées. La forme de ces patentes estoit en ces mots. « Ie donne asseurance
« sur ma verité au Necoda tel, afin qu'il puisse
« librement nauiger par toute la coste de la
« Chine, sans estre offensé de pas vn des miens, à
« condition qu'où il treuuera des Portugais, qu'il
« les traictera comme freres, » et au bas il signoit,
« Antonio de Faria; » lesquelles patentes furent toutes exactement obseruées, et par ce moyen il fut tellement redouté le long de cette coste, que le Chaem mesme de cette Isle d'Ainan, qui est le Vice-Roy d'icelle, à cause du recit qu'il auoit ouy faire de luy, l'enuoya visiter par son Ambassadeur, auec vn riche present de perles et de ioyaux. Par mesme moyen il luy escriuit vne lettre, par laquelle il le requeroit de vouloir prendre party auecque le fils du Soleil, nom qu'ils

donnent à l'Empereur de cette Monarchie, pour le seruir de Capitaine General de toute la coste de Lamau iusques à Liampoo, auecque dix mille Taeis de pension tous les ans, et que s'il le seruoit bien, conformément à sa renommée, il luy asseuroit que les trois ans de sa charge estans finis, il seroit aduancé au rang des quarante Chaems du gouuernement, auec vn pouuoir absolu sur la Iustice, et qu'il se souuint que les hommes comme luy, s'ils estoient fideles, pouuoient paruenir à estre des douze Tutoens du gouuernement, lesquels Tutoens le souuerain fils du Soleil, Lyon couronné au Throsne du monde, admettoit en son lict et à sa table, comme membres vnis à sa personne, par le moyen de l'honneur du commandement, et du pouuoir qu'il leur donnoit, auec pension de cent mille Taeis; Antonio de Faria le remercia grandement de cette offre, et s'en excusa auecque des compliments à leur mode, disant qu'il n'estoit pas capable de si grandes faueurs que celles dont il le vouloit honorer; mais que sans interest d'argent il estoit prest de le seruir toutes les fois que les Tutoens de Pequin l'enuoyeroient aduertir. Apres cela sortant du port de Madel, où il auoit esté quatorze iours, il courut toute la coste de cette contrée pour auoir nouuelles de Coja Acem, à cause que c'estoit son premier dessein, pour le sujet cy-deuant dict, et non pour autre chose; tellement que de iour et de nuict il appliquoit à cela ses principales pensées. S'imaginant donc qu'en ces lieux il le pourroit rencontrer, il s'y arresta plus de six mois auec assez de peine et de risque de sa personne. A la fin il arriua à vne fort belle ville nommée Quangiparu, en laquelle il y auoit des edifices et des temples fort riches. Là il s'arresta dans le port le iour et la nuict ensuiuans, soubs ombre d'estre marchand, receuant et achetant paisiblement ce que l'on luy apportoit à bord. Et d'autant que c'estoit vne ville peuplée de plus de 15000. feux, ainsi qu'on le pouuoit iuger aisément, le lendemain il fist voile à la pointe du iour, sans que ceux de la ville en fissent aucun compte. Ainsi s'en retournant à la mer, encore que ce fut par vn vent contraire; en douze iours de fascheuse nauigation il visita tout le riuage des deux costez du Sud et du Nord, sans y remarquer aucune chose dont il pût profiter, bien que ces côtes fussent remplies de petits villages peuplez, depuis deux iusques à cinq cens habitans. Quelques-vns de ces bourgs estoient clos de murs faits de bricque, mais qui n'estoient pas capables de les deffendre seulement de 30. bons soldats ; joint qu'ils estoient tous fort foibles, et n'auoient pour toutes armes que des bastons endurcis au feu, ensemble quelques coutelas fort courts, et des pauois de planches de pin, peints de rouge et noir ; mais la situation de ce païs estoit sous le meilleur et le plus fertil climat qu'on eust iamais veu, auec vne grande quantité de bestial. Il y auoit aussi plusieurs belles et grandes campagnes, semées de bled, riz, orges, millets, et de toute autre sorte de legumes et semences, ce qui nous estonna tous; joinct qu'en certains endroicts il y auoit aussi de forts grands bocages de pins, et d'arbres d'Angelin, comme aux Indes, lesquels pouuoient fournir vne grande quantité de Nauires; Dauantage par le rapport de quelques Marchands, desquels Antonio de Faria s'informa, il sceut qu'il y auoit en ces lieux beaucoup de mines de cuiure, d'argent, d'estain, de salpetre, et de soulphre, auec force campagnes en friche, dont la terre estoit extrémement bonne, et si negligée par ceste foible nation, que si elle estoit soubs nostre pouuoir, peut estre que nous serions plus aduancez aux Indes que nous ne sommes pas à present par le malheur de nos pechez.

CHAPITRE LIII.

Comme nous nous perdismes dans l'Isle de Larrons.

Apres auoir esté sept mois et demy en ceste contrée, tantost d'vn costé, tantost d'vn autre, de riuiere en riuiere, et aux deux costez du Nord et du Sud, comme aussi en l'Isle d'Ainan, sans qu'Antonio de Faria pût auoir aucune nouuelle de Coja Acem, les Soldats ennuyez d'vn si long trauail s'assemblerent en vn corps, et le prierent de leur faire part de ce qu'il auoit gaigné, ainsi qu'il leur auoit promis par vn mot d'escript qu'il leur auoit signé de sa main, disant, qu'auec cela ils vouloient s'en aller aux Indes, ou ailleurs où bon leur sembleroit, ce qui esmeut entr'eux beaucoup de fascheux differents. A la fin ils s'accorderent d'aller hyuerner à Siam, où l'on vendroit la marchandise qu'ils auoient dans le Iunco, et qu'apres qu'elle seroit toute reduitte en or, l'on en feroit le partage comme ils desiroient. Auec cét accord iuré, signé de tous, ils s'en allerent anchrer en vne Isle, nommée l'Isle des Larrons, pour estre la plus esloignée de ceste anse, afin que de ce lieu-là ils pussent faire leur voyage au premier bon vent qu'ils auroient. Ainsi apres y auoir sejourné douze iours, auec vn grand desir d'effectuer l'accord qu'ils auoient passé ensemble; la fortune voulut que par la conjonction de la nouuelle Lune d'Octobre que nous auions tous apprehendé, il suruint vne tempeste pluuieuse et venteuse, la bourrasque de laquelle estoit si grande, qu'elle ne paroissoit estre chose naturelle, par ce que nous auions manqué de cables, et que ceux que nous auions estoient presque demy pourris. Si tost que la mer commença de s'enfler, et que le vent de Sud nous eust pris à descouuert, comme nous trauersions la côte, il suruint des vagues si grosses, qu'encore que nous eussions cherché tous les moyens de nous sauver, coupant les masts, defaisant les chapiteaux, et les œuures mortes de poupe à prouë, iusques à ietter dans la mer quantité de balots de marchandise, accommoder les calabrets et autres cordes, pour les attacher à d'autres anchres; et ramener la grosse artillerie qui estoit hors de sa place. Tout cela neantmoins ne fut pas capable de nous pouuoir sauuer, pour ce que l'obscurité de la nuict estoit si grande, le temps si froid, la mer si haute, le vent si grand, et la tempeste si horrible, qu'en ces extremitez rien ne nous pouuoit deliurer que la misericorde de Dieu, que nous reclamions tous à nostre aide, auec des cris et larmes continuelles.

Mais d'autant que pour nos pechez nous ne meritions que Dieu nous fist cette grace, sa Diuine Iustice ordonna qu'enuiron les deux heures apres minuict il suruint vn tourbillon de vent si fort, que les quatre vaisseaux, tels qu'ils estoient, s'en allerent à trauers, et se briserent en pieces contre la côte, tellement qu'il y mourut cinq cens quatre-vingts six hommes, parmy lesquels il y auoit huict Portugais, et Dieu permist que le surplus des gens qui estoient en tout cinquante trois, furent sauués, dont il y en auoit vingt-trois de Portugais, et le surplus esclaues et mariniers. Apres ce triste naufrage nous allasmes tous nuds et blessez nous sauuer dans vne mare, iusques au lendemain matin, que le iour estant venu nous retournasmes au bord de la mer, que nous treuuasmes ionché de corps, chose si pitoyable, et si espouuantable, qu'il n'y auoit pas vn de nous qui les voyant ainsi ne tombast pasmé par terre, faisant sur eux vne triste plainte, accompagnée de force soufflets que chacun en son particulier se donnoit soy-mesme; ce qui dura iusques à l'heure de vespre, qu'Antonio de Faria, qui par la grace de Dieu fut vn de ceux qui demeurerent en vie, dont chacun de nous se resioüissoit, lequel retenant dans son cœur la douleur que nous autres ne pouuions dissimuler, s'en vinst où nous estions, reuestu d'vne Cabaya d'escarlatte, qu'il auoit despoüillée à vn des morts, et auec vn visage ioyeux, les yeux secs, et sans larmes, nous fist à tous vne courte harangue, traittant par fois en icelle combien variables et mensongeres estoient les choses du mondes, et que pour ce il les prioit comme freres, qu'ils fissent tout leur possible de les oublier, veu que la souuenance d'icelles ne seruoit qu'à s'attrister l'vn l'autre, par ce que voyant bien le temps et le miserable estat où la fortune nous auoit reduits, nous connoistrions combien nous estoit necessaire ce qu'il disoit et conseilloit, par ce qu'il esperoit en Dieu, qu'en ce lieu là depeuplé, et plain de bois espais, il leur presenteroit quelque chose, par le moyen de laquelle ils se saueroient, et que l'on deuoit croire qu'il ne permettoit iamais de mal, que ce ne fust pour vn plus grand bien; qu'au reste il esperoit auec vne ferme foy, que si en ce lieu nous auions perdu cinq cens mille escus, que dans peu de temps nous en regagnerions plus de six cens mille. Cette briefue harangue fut entenduë de tous auec assez de larmes et de desconfort, puis nous passasmes là deux iours et demy à enseuelir les morts, qui estoient estendus sur le riuage. Pendant ce temps-là nous recouurasmes aussi quelques viures et prouisions moüillées, pour nous sustenter, qui neantmoins ne nous durerent pas dauantage que cinq iours, de quinze que nous y demeurasmes. Et d'autant que ces viures estoient trempez, ils furent incontinent pourris, et ainsi ils ne nous firent aucun profit. Ces quinze iours estants passez, il pleust à Dieu, qui ne delaisse iamais ceux qui veritablement se fient en luy, de nous enuoyer miraculeusement le remede, auec lequel tous nuds et despoüillez que nous estions, nous nous sauuasmes, comme ie diray cy-apres.

CHAPITRE LIV.

Des autres trauaux que nous eusmes en ceste Isle, et de quelle sorte nous fusmes sauuez miraculeusement.

Estant eschappez de ce miserable naufrage, c'estoit pitié de voir comme quoy nous allions tous nuds dessus le riuage, souffrans par les bois vn si grand froid, et vne faim si cruelle, que plusieurs de nous parlants les vns aux autres, tomboient soudainement en terre tous morts de pure foiblesse, qui ne prouenoit pas tant d'vn défaut de viures, que de ce que les choses que nous mangions nous estoient prejudiciables, à cause qu'elles estoient toutes pourries; joinct qu'elles estoient si puantes et si ameres, que personne n'en pouuoit souffrir le goust dans sa bouche. Mais comme nostre Dieu est vn bien infiny, il n'y a lieu si escarté, ny si desert où se puisse cacher la misere des pecheurs, qu'il ne les y secoure auec des effects de sa misericorde infinie, si esloignée de nostre imagination, que si nous nous representions deuant les yeux la voye par où ils viennent, nous verrions clairement que ce sont œuures miraculeuses de ses diuines mains, plustost qu'effects de nature, où beaucoup de fois nostre foible iugement se laisse tromper; ce que ie dis à cause que ce mesme iour que l'on celebre la feste de S. Michel, comme nous versions des larmes en abondance, n'esperans plus au secours humain, ainsi que nous le faisoit voir la foiblesse de nostre misere, et nostre peu de foy; il passa inopinement volant par-dessus nous vn oiseau appellé Milan, ou autrement Huas, qui venoit de derriere vne pointe que l'Isle faisoit vers le costé du Sud, et battant l'air de ses aisles, laissa cheoir fortuitement vn poisson nommé Mugin, presque d'vn pied de long. Ce poisson estant tombé pres d'Antonio de Faria, cela le fist demeurer confus et irresolu iusqu'à ce qu'il eust reconneu ce que c'estoit ; tellement qu'apres l'auoir quelque temps regardé, il se mist à genoux, et pleurant amerement, tira du plus profond de son cœur ces paroles. Seigneur Iesus-Christ, Eternel Fils de Dieu, ie te prie humblement par les douleurs de ta sacrée Passion, que tu ne nous accables point auec la mesfiance en laquelle la misere de nostre foiblesse nous a mis. Car ie crois, et tiens pour certain que le mesme secours que tu enuoyas à Daniel dans la fosse aux lyons, quand tu le fis visiter à ton Prophete Abacuc, tu nous le donneras à present par ta saincte misericorde, et non seulement icy, mais en tout autre lieu où le pecheur t'inuoquera auec vne ferme foy, et vne vraye esperance. C'est pourquoy, mon Seigneur, mon Dieu, et mon Maistre, ie te prie, non pas pour l'amour de moy, mais de toy-mesme, et par l'intercession de ton sainct Ange, la feste duquel ta sainte Eglise celebre aujourd'huy, que tu ne iettes tes yeux sur ce que nous meritons enuers toy, mais sur ce que tu as merité pour nous, afin qu'il te plaise nous accorder le remede que nous esperons de toy seul, et nous enuoyer par ta saincte misericorde le moyen par lequel nous puissions nous oster d'Icy, et nous mener en vn pays de Chrestiens, où perseuerant tousiours en ton sainct scruice, nous te soyons à iamais fideles. Cela dit, il prist le Mugin qu'il fist rostir sur de la braize, et le donna aux malades qui en auoient le plus de besoin. Puis regardant vers le côto de la pointe de l'Isle, d'où le Milan estoit party, nous en vismes plusieurs autres, qui volans se haussoient et baissoient; ce qui nous fist soupçonner qu'il y pouuoit auoir là quelque proye, dont ces oiseaux se repaissent d'ordinaire. Et d'autant que nous estions tous desireux de treuuer du secours, nous y allasmes en Procession, les yeux tous baignez de larmes. Alors arriuez que nous fusmes sur le haut de la butte, nous découurismes vne vallée fort basse, remplie d'arbres de diuers fruicts, et au milieu vne riuiere d'eau douce; puis auant qu'y descendre le bon-heur voulut que nous vismes vn Cerf fraischement esgorgé, et vn Tygre qui commençoit de le manger. A mesme temps nous nous mismes à faire de grands cris apres luy, qu'il nous laissa le Cerf tel qu'il estoit, et s'en alla fuyant dans le bois.

Ayant découuert cela, nous le prismes pour vne bonne fortune, puis descendismes en bas vers cette riuiere, le long de laquelle nous nous retirasmes cette nuict, et y fismes vn grand festin, tant de ce cerf, que de plusieurs mugins que nous y prismes, à cause qu'il y auoit grande quantité de Milans qui s'abaissoient sur l'eau, et y prenoient beaucoup de ces poissons; tellement qu'espouuantez par les cris que nous faisions, ils en laissoient cheoir souuent; et ainsi nous continuasmes nostre pesche en cette riuiere, iusques au Samedy suiuant, auquel enuiron le poinct du iour nous vismes vne voile qui venoit vers l'Isle où nous estions, laquelle nous mist en doute si elle aborderoit le port ou non. Sur cette incertitude nous retournasmes au bord où nous auions faict naufrage, où apres auoir esté demie heure de temps, nous reconneusmes au vray que c'estoit vn Nauire. C'est pourquoy nous nous en retournasmes dans le bois, pour n'estre veus ny descouuerts de ceux du vaisseau, lequel estant arriué au port, nous conneusmes que c'estoit vne belle Lantea de rame, et que ceux qui estoient dedans attacherent auec deux cables, de poupe et de prouë, afin de se pouuoir seruir d'vne planche pour y entrer et sortir plus facilement. Estant tous debarquez en terre au nombre de trente personnes, tant du plus que du moins; ils firent incontinent leur provision d'eau et de bois, lauerent leur linge, et accommoderent à manger. Quelques-vns aussi s'amusoient à lutter, et à d'autres passe-temps, bien esloignez de cette creance qu'en ce lieu il y deust auoir quelqu'vn qui leur peust estre nuisible. Antonio de Faria voyant qu'ils estoient tous sans apprehension, et sans ordre, et que dans le vaisseau il n'estoit resté personne qui nous peust resister: Messieurs mes freres, nous dit-il, vous voyez le triste estat où nostre malheur nous a mis; dequoy ie confesse que mes peschez sont la cause, que nostre Dieu est infiniment misericordieux, i'ay tant d'esperance en luy, qu'il ne permettra pas que nous finissions miserablement, et combien que je sçache que je pourrois éuiter de vous représenter en mémoire combien il nous importe, et nous est necessaire de prendre ce vaisseau, que nostre Dieu à present miraculeusement nous a amené en ce lieu; toutesfois ie vous le redis, afin qu'en l'estat où vous estes, auec son sainct Nom en la bouche et au cœur, nous nous iettions tous ensemble dans iceluy, si diligemment, qu'avant que d'estre ouïs nous soyons dedans; et l'ayant gaigné ie vous prie que nous ne pensions à autre chose, qu'à nous rendre maistre des armes que nous y trouuerons, afin que par leur moyen nous nous puissions bien defendre, et demeurer possesseurs de ce dont apres Dieu dépend nostre salut, et si tost que ie diray trois fois *Iesus*, faictes ce que vous me verrez faire: à quoy nous tous respondismes que nous n'y manquerions aucunement ; de maniere que nous estans tous preparez d'vne façon conuenable pour executer vn si bon dessein, Antonio de Faria fist le signal qu'il auoit dict, prenant incontinent sa course, et tous nous autres ensemble auecque luy, arriuans à la Lanteaa nous nous en rendismes incontinent les maistres, sans aucune contradiction ; puis laschant les deux cables auec lesquels elle estoit attachée, nous nous esloignasmes dans la mer environ la portée d'vne arbaleste ; les Chinois ainsi surpris accoururent tous sur le bord de la mer au bruit qu'ils ouïrent, et voyant leur vaisseau pris, demeurerent si estonnez, que pas vn d'eux n'y pût apporter du remede. Car nous leur tirasmes auec vn demy berc de fer, qui estoit dans la Lanteaa, si bien qu'ils s'enfuirent tous dans le bois, où il est à croire qu'ils passerent le reste du iour à pleurer le triste succés de leur mauuaise fortune, comme iusqu'alors nous auions pleuré la nostre.

CHAPITRE LV.

Comme nous partismes de cette Isle des Larrons, pour aller vers celle de Liampoo, et de ce qui nous aduint iusqu'à ce que nous arriuasmes à une riuiere nommée Xingrau.

Apres que nous fusmes tous retirez dans la Lanteaa, et asseurez que les Chinois deceus ne nous pouuoient nuire en aucune façon que ce fust, nous nous mismes à manger à loisir ce qu'ils auoient faict appresler pour leur disner, par vn vieillard que nous y trouuasmes dedans, et c'estoit vne grande poisle de riz, auecque du lard haché, chose qui nous contenta grandement alors à cause du grand appetit que nous auions tous. Apres que nous eusmes disné, et rendu graces à Dieu du bien que nous venions de receuoir de sa prouidence, l'on fist inuentaire de la marchandise qui estoit dans la Lanteaa, où l'on trouua quantité de soye torse, auec des damas, des satins, ensemble trois grands pots de musc, et le tout fut estimé quatre mille escus, outre la bonne prouision qu'il y auoit de riz, de sucre, de jambons, et de deux poulaillers pleins de poules, qui pour lors furent estimez plus que tout le reste, pour le recouurement de la santé des malades, qui estoient parmy nous en assez bon nombre. Alors nous commençasmes tous à coupper sans crainte des pieces de soye, desquelles vn chacun de nous s'accommoda selon le besoin que nous en auions. Antonio de Faria ayant veu vn petit enfant qui estoit demeuré, aagé de douze à treize ans, fort blanc et bien ioly, luy demanda d'où venoit cette Lanteaa, et pour quel sujet elle s'estoit renduë en ce lieu, ensemble à qui elle appartenoit, et où elle s'en alloit? « Helas! respondit l'enfant, elle estoit n'agueres à mon malheureux pere, à qui il est escheu par vn sort malencontreux, que vous autres luy auez pris en moins d'une heure, ce qu'il n'auoit gaigné qu'en plus de trente années. Il venoit d'vn lieu nommé Quoaman, où en eschange de lingots d'argent il auoit achepté toute la marchandise que vous auez, pour l'aller vendre aux Iuncos de Siam, qui sont au port de Combay. Et d'autant qu'il auoit besoin d'eau, son malheur a voulu qu'il la soit venu prendre en ce lieu, où vous autres luy auez volé sa marchandise sans aucune crainte de la Iustice diuine. » Antonio de Faria luy dit là dessus, qu'il ne pleurast point, et se mit à le caresser, luy promettant qu'il le traitteroit comme son fils, et qu'il le tiendroit tousiours pour tel. Sur quoy l'enfant le regardant fixement, luy respondit en se sousriant par maniere de mespris : « Ne pense pas que pour estre enfant, ie sois si niais de croire de toy, qu'ayant volé mon pere, tu me puisses iamais traicter comme ton fils. Que si tu es tel que tu dis, ie te prie infiniment pour l'amour de ton Dieu, que tu me laisses ietter à nage vers cette triste terre où est demeuré celuy qui m'a engendré, à cause que là est mon veritable pere, auec lequel ie veux plustost mourir dans ce bois où ie le voy se lamenter, que de viure auec des gens si meschans que vous estes. » Alors quelqu'vn de ceux qui estoient là presens l'ayant voulu reprendre, et luy remonstrer que cela n'estoit pas bien parlé. « Voulez vous sçauoir, luy respondist-il, pourquoy ie l'ay dict, c'est à cause qu'apres que vous auez esté bien saouls, ie vous ay veu loüer Dieu auec les mains iointes, et les levres acharnées et beantes comme des hommes, qui semblent monstrer les dents au Ciel, sans satisfaire à ce qu'ils ont volé. Mais croyez que le Seigneur de la main puissante, ne uous oblige pas tant à remuer les dents, comme il vous defend de prendre le bien d'autruy, et à plus forte raison de voler et de meurtrir, qui sont deux pechez si grands, qu'apres vostre mort vous le recognoistrez par le rigoureux chastiment de sa diuine Iustice. » Antonio de Faria s'estonnant des raisons de ce petit garçon, luy demanda s'il se vouloit faire Chrestien? A quoy il respondit, le regardant fixement, ie n'entens pas ce que vous me dictes, et ne sçay quelle est la chose que vous me proposez. Declarez-la moy premierement, et apres ie vous respondray à propos. Alors Antonio de Faria le luy declara par paroles secrettes, et à sa mode, sans que le garçon luy voulust iamais respondre aucune chose, si ce n'est que les yeux esleuez au Ciel, et les mains iointes il dit en pleurant, « Beniste soit Seigneur ta puissance, qui permet qu'il y ait sur terre des gens, qui parlent si bien de toy, et qui obseruent si peu ta loy, comme ces miserables aueugles, qui croyent que voler et prescher soient des choses qui te puissent satisfaire, comme des Princes Tyrans qui viuent sur terre. » Cela dict, ne voulant plus respondre à aucune demande, il s'en alla pleurer en vn coing, sans que durant trois iours il voulust manger chose quelconque qu'on luy presentast. Alors prenant conseil touchant la route que de ce lieu on deuoit tenir pour sçauoir si l'on iroit du costé du Nord, ou du Sud, il y eust beaucoup de differentes opinions là dessus, à la fin desquelles il fut conclud, qu'il nous falloit aller à Liampoo, qui estoit vn port esloigné de là en auant vers le Nord de deux cent soixante lieuës, à cause qu'il pourroit arriver que le long de cette coste nous aurions moyen de nous emparer d'vn autre meilleur vaisseau plus grand et plus commode, que celuy que nous auions, lequel estoit trop petit pour faire vn si long voyage, pour les dangereuses bourasques qui sont ordinairement causées par les nouuelles Lunes en la coste de la Chine, où se perdent tous les iours beaucoup de Nauires. Auec ce dessein nous fismes voile enuiron Soleil couché, laissant les Chinois sur le riuage, bien estonnez de leur infortune, et ainsi nous voguasmes cette nuict auecque la prouë par Nordest, et vn peu auant le iour nous descouurismes vne petite Isle nommée Quintoo, où nous prismes vne barcasse de pescheurs pleine de quantité de poisson fraiz, de laquelle nous tirasmes ce qui nous estoit necessaire, et y prismes encore huict hommes de douze qui estoient dedans, et ce pour le seruice de nostre Lanteaa, à cause que nos gens n'y pouuoient pas beaucoup seruir pour estre trop foibles, à raison des trauaux qu'ils auoient soufferts. Les 8. pescheurs interrogez quels ports il y auoit en cette coste iusques à Chincheo, où il nous sembloit que nous pourrions treuuer quelque Nauire de Malaca, nous dirent qu'à 18. lieuës de là il y auoit vne bonne riuiere et vne bonne rade, qui s'appelloit Xingrau, où d'ordinaire on rencontroit force Iuncos, qui y chargeoient du sel, de l'alun de roche, de l'huile, de la moustarde, et du setanie, en laquelle nous pouuions amplement et facilement nous accommoder de tout ce que nous auions de besoin, et qu'à l'entrée d'icelle il y auoit vn petit village nommé Xamoy, peuplé de pauures pescheurs; mais que trois lieuës plus auant estoit la ville, où il y auoit force soye, musc, pourcelaines, et autres sortes de marchandises, que l'on transportoit en plusieurs endroits. Auec cet aduis nous aliasmes vers cette riuiere, où nous arriuasmes le lendemain apresdisner, et ancrasmes vis à vis d'icelle enuiron vne lieuë dans la mer; de crainte que nostre malheur ne nous fist courir semblable fortune, que celle dont i'ay parlé cy-deuant. La nuict suiuante nous prismes vn Paroo de pescheurs, ausquels nous demandasmes quels Iuncos il y auoit en cette riuiere? combien ils estoient, et la quantité de gens qu'il y auoit en iceux, et plusieurs autres choses propres à nostre dessein. A quoy ils respondirent, qu'en la ville qui estoit à mont la riuiere, il y auoit enuiron deux cent Iuncos seulement, à cause que la pluspart estoient desia partis pour s'en aller à Ainan, à Sumbor, Lailoo, et autres ports de la Cauchenchine : Qu'au reste en l'habitation de Xamoy nous pouuions estre en seureté, et que l'on nous y vendroit toute sorte de choses dont nous aurions besoin, et ainsi nous entrasmes dans l'embouchenre de cette riuiere, et y ancrasmes tout ioignant le village, où nous demeurasmes l'espace d'vne demie heure de temps, et c'estoit enuiron la minuict vn peu plus ou moins. Mais Antonio de Faria voyant que la Lanteaa en laquelle nous nauigions, ne pouuoit nous conduire à Liampoo, où nous auions faict dessein de nous rendre pour hyuerner, conclud par l'aduis de la pluspart de ses gens, de se pourueoir d'vn autre meilleur vaisseau; et combien qu'en ce temps-là nous ne fussions point en estat de rien entreprendre; toutesfois la necessité nous contraignit de faire plus que nos forces ne permettoient; il y auoit pour lors dans le port vn petit Iunco ancré seul, sans qu'il y en eust aucun autre; joint que ceux de dedans estoient en fort petit nombre, et tous endormis. Antonio de Faria iugeant que ce luy estoit vne bonne commodité pour effectuer son dessein, y accourut incontinent, laissant son ancre en mer, et s'esgala auec ce Iunco; puis auec vingt-sept soldats, et huict garçons qu'il auoit encore, il monta en haut s'aydant des cordages du Iunco, sans auoir esté apperceu de personne iusques alors, et y treuuant six ou sept Mariniers Chinois tous endormis, il les fist prendre et lier pieds et mains, et les menaça que s'ils crioient il les tueroit tous; tellement que la grande peur qu'ils eurent les empescha de parler. Alors coupant les deux cables qui tenoient ancré le vaisseau, il fist voile le plus promptement qu'il luy fut possible, sortant hors de la riuiere, et la costoyant tout le temps qui luy restoit de la nuict, tousiours la prouë à la mer. Le lendemain il arriua à vne Isle nommée Pullo Quirim, esloignée du lieu d'où il estoit party de neuf lieuës seulement. Là Dieu nous aydant par vn petit vent de poupe, trois iours apres nous allasmes ancrer à vne Isle nommée Luxitay, en laquelle il nous fut necessaire pour la guerison des malades, de sejourner quinze iours, tant à cause qu'elle estoit de bon air, et qu'il y auoit de bonne eau; comme aussi pour quelques rafraischissemens que les pescheurs nous apportoient en eschange de riz; en ce lieu le Iunco fut visité, et n'y fut treuué autre marchandise que du riz, que dans ce port de Xamoy ils vendoient, dont la plus grande part fut par nous ietté dans la mer, afin que le Iunco en fust plus leger et plus asseuré pour nostre voyage, puis nous changeasmes l'équipage du Iunco dans la Lanteaa, et la mismes en terre pour la calfeutrer, à cause qu'il nous estoit necessaire pour faire nostre prouision d'eau aux ports où nous entrions ; et en ce faisant nous passasmes (comme i'ay desia dit) quinze iours dans cette Isle, pendant lequel temps les malades recouurerent leur entiere guerison ; puis nous en partismes pour aller vers Liampoo, d'où nous auions nouuelles qu'il y auoit force Portugais arriuez de Malaca, Sunda, Siam et de Patane, qui tous les ans en ce mesme temps y souloient venir hyuerner.

CHAPITRE LVI.

De la rencontre que fist Antonio de Faria le long de la coste de Lamau, d'vn Corsaire Chinois, grand amy des Portugais, et de l'accord qu'ils firent ensemble.

Il y auoit desia deux iours que nous nauigions le long de la coste de Lamau auec vent et marée fauorables, lors qu'il pleut à Dieu de nous faire rencontrer vn Iunco de Patane qui venoit de Lequio, lequel estoit commandé par vn Corsaire Chinois nommé Quiay Pauian, grand amy de la nation Portugaise, et fort enclin à nostre façon de viure et à nos coustumes ; de cettuy-cy il y auoit trente Portugais, hommes adroits et bien choisis qu'il tenoit à solde, et qu'il aduantageoit plus que les autres auec dons et presens, par le moyen desquels il les faisoit tous riches. Ce Iunco ne nous fust pas si tost descouuert, qu'il se resolut de nous attaquer, luy semblant que nous estions autres que Portugais ; de sorte que le Corsaire se mettant en deuoir de nous inuestir, comme vieil soldat qu'il estoit, vsité au mestier de Pyrate, il gaigna le dessus du vent, pres trois quarts du Rhomb de nostre route ; cela faict, il pougea entre deux escouttes, et arriuant sur nous, s'en approcha de la portée d'vn mousquet, il nous fist vne salue de quinze pieces d'artillerie ; ce qui nous espouuanta grandement à cause que la pluspart estoient fauconneaux et pierriers. Alors Antonio de Faria donnant courage à ses gens, comme valeureux qu'il estoit et bon Chrestien, les posa sur le tillac aux lieux les plus necessaires, tant à la poupe qu'à la prouë, en reseruant quelques-vns pour les placer apres où il en seroit de besoin. Ainsi resolus que nous estions de voir la fin de tout ce que la fortune luy presenteroit, il pleust à Dieu nous faire voir vne Croix dans la banniere de nos ennemis, et sur le chapiteau de leur pouppe quantité de bonnets rouges, que les nostres auoient accoustumé de porter en ce temps là dans les armées ;

ce qui nous fist croire que telles gens pouuoient estre des Portugais, qui venoient de Liampoo, pour s'en aller à Malaca, comme ils auoient accoustumé de faire en cette saison. Nous leur fismes donc incontinent vn signal pour nous donner à cognoistre à eux, qui n'eurent pas si tost veu que nous estions Portugais, qu'en signe de ioye ils firent tous de grands cris, et baisserent les deux huniers à mesme temps, pour signal d'obeïssance; puis nous enuoyerent aussi-tost leur petite barque qu'ils appellent Balon, bien équippée auec deux Portugais, pour scauoir quelles gens nous estions, et d'où nous venions : A la fin apres nous auoir bien recogneus, ils s'approcherent de nous auecque plus d'asseurance, puis nous ayant saluez, et nous eux, ils entrerent dans nostre Iunco, où Antonio de Faria les receut auecque beaucoup de ioye. Et d'autant qu'ils estoient cogneus de quelques-vns de nos soldats, ils y demeurerent vn long-temps, pendant lequel ils nous raconterent plusieurs particularitez necessaires à nostre dessein. Cela fait, Antonio de Faria enuoya Christofle Borralho auec eux, pour les accompagner, et pour visiter de sa part Quiay Panjan, et luy bailler vne lettre qu'il luy enuoyoit, remplie de force complimens, et de plusieurs offres d'amitié, de quoy ce Corsaire Panjan, se tint si content et si glorieux, qu'il luy sembloit n'estre pas luy-mesme, tant il estoit remply de vanité, et passant pres de nostre Iunco, il fist amener toutes ses voiles; puis accompagné de 20. Portugais il s'embarqua dans la barque qui suiuoit le vaisseau, et s'en vint visiter Antonio de Faria auec vn beau et riche present, qui valoit plus de deux mille ducats, tant en ambre gris, et en perles, qu'en ioyaux d'or et d'argent. Antonio de Faria le receut incontinent, et les Portugais en firent de mesme auec de grandes demonstrations d'amitié, et plusieurs tesmoignages d'honneur. Apres que tous ceux de sa suitte se furent assis, Antonio de Faria se mit à discourir auec eux de quelques choses plaisantes, selon l'occasion et le temps. Par mesme moyen il leur fist le recit de sa perte, et de son malheureux voyage, leur descouurant le dessein qu'il auoit d'aller à Liampoo, pour s'y renforcer de gens, et se pourueoir de vaisseaux de rame, afin de s'en retourner derechef courir la coste d'à mont, et passer dans l'ense de Cauchenchine, pour aller gaigner les mines de Quoanjaparu, où l'on luy auoit dit qu'il y auoit six fort grandes maisons pleines de lingots d'argent, outre vne plus grande quantité qui se fondoit le long de la riuiere, et que sans aucun peril chacun se pouuoit facilement enrichir. A quoy le Corsaire Panjan fist response, Pour moy, Monsieur le Capitaine, ie ne suis pas si riche comme beaucoup croyent; mais il est vray que ie l'ay esté autresfois, et battu des mesmes coups de fortune, que ceux dont tu viens de m'entretenir, lesquels m'ont rauy le meilleur de mes richesses; c'est pourquoy ie crains de m'aller remettre dans Patane où i'ay femme et enfans, à cause que ie suis certain que le Roy me prendra tout ce que i'y porteray; parce que i'en suis party sans sa permission, et qu'il fera cette offense fort criminelle, afin de me voler comme autresfois il a faict d'autres pour des sujets beaucoup moindres que celuy dont il me peut accuser. C'est pourquoy ie t'aduise, que si tu es content que ie te tienne compagnie au voyage que tu veux faire, auecque cent hommes que i'ay dans mon Iunco, quinze pieces d'artillerie, trente mousquets, et quarante harquebuses, que portent ces Messieurs les Portugais qui sont auec moy, ie le feray tres volontiers, à condition que de ce qui se gaignera, tu m'en feras part du tiers, et de cela ie te prie de me donner vne asseurance escrite de ta main, et de me iurer par ta Loy d'accomplir entierement ta promesse. Antonio de Faria accepta cette offre de bonne volonté, et apres l'en auoir plusieurs fois remercié de paroles pour ce sujet, il luy iura sur les sainctes Euangiles de faire ce dont il l'auoit requis, sans y manquer en aucune façon, et luy en fist incontinent vne promesse de sa main, au bas de laquelle dix ou douze des principaux des leurs, signerent comme tesmoins. Cet accord faict, ils s'allerent tous deux mettre en vne riuiere nommée Anay, esloignée de là de cinq lieuës, où ils firent prouision de tout ce dequoy ils auoient besoin, moyennant vn present de cent ducats qu'ils donnerent au Mandarin Capitaine de la ville.

CHAPITRE LVII.

Comme nous rencontrasmes sur mer vn petit vaisseau de pescheurs, dans lequel il y auoit huict Portugais fort blessez, et du recit qu'ils firent à Antonio de Faria de leur infortune.

Estans partis de cette riuiere d'Anay, bien garnis de ce qui nous estoit necessaire pour le voyage que nous auions entrepris, Antonio de Faria treuua bon par l'aduis et conseil de Quiay Panjan, duquel il faisoit grande estime, afin de maintenir son amitié pour aller ancrer au port de Chincheo, et s'y enquerir des Portugais qui estoient venus de Sunda, de Malaca, de Timor, de Patane, de quelques choses necessaires à son dessein, et s'ils auoient point des nouvelles de Liampoo, à cause que le bruit couroit dans le pays, que le Roy de la Chine y auoit enuoyé une armée de quatre cent Iuncos, dans lesquels il y auoit cent mille hommes, pour prendre les Portugais qui y residoient, et brusler leurs maisons, ne les voulant point souffrir dans son pays, pour auoir esté nouuellement aduerty qu'ils n'estoient gens si fideles et si pacifiques qu'on luy auoit dict auparauant. Arriuez que nous fusmes au port de Chincheo, nous y trouuasmes cinq Nauires Portugaises qui y estoient abordées il y auoit vn mois, des lieux cy-deuant nommez. Ces vaisseaux nous receurent d'abord auec vne grande resiouïssance, et apres nous auoir donné aduis du pays, du trafic, et de la tranquillité des ports, nous dirent qu'il n'y auoit aucune nouuelle de Liampoo, sinon que l'on disoit qu'il y auoit vn bon nombre de Portugais qui y hiuernoient, et d'autres qui y estoient nouuellement venus de Malaca, Sunda, Siam, et Patane; qu'au reste dans le pays ils trafiquoient fort paisiblement, et que cette grosse armée que nous apprehendions si fort n'y estoit pas; mais que l'on soupçonnoit qu'elle s'en estoit allée aux Isles de Goto, au secours de Sucan de Pontir.

auquel on disoit qu'vn sien beau-frere auoit tyranniquement osté le Royaume, et qu'à cause que Sucan s'estoit nouuellement faict subject du Roy de la Chine, et son tributaire de cent mille Taeis par an, il luy auoit pour ce sujet donné cette grosse armée de quatre cent Iuncos, dans lesquels l'on asseuroit qu'il y auoit cent mille hommes, pour le remettre dans le Royaume et dans les Seigneuries qui luy auoient esté prises. Nous fusmes grandement resiouys de cette nouuelle, et en rendismes graces à Dieu; puis apres auoir sejourné dans ce port de Chincheo l'espace de neuf iours, nous en partismes pour aller à Liampoo, demeurant de plus auec nous trente-cinq soldats, que nous auions pris des cinq vaisseaux que nous y auions treuuez, ausquels Antonio de Faria fit bon party, et apres auoir nauigé cinq iours par vn vent contraire, costoyant d'vn bord à l'autre, sans toutesfois pouuoir aduancer, il arriua qu'un soir à la premiere garde nous rencontrasmes vn petit vaisseau ou Paroo de pescheurs, dans lequel il y auoit huict Portugais, fort blessez, deux desquels estoient nommez Mem Taborda, et Antonio Anriquez, hommes d'honneur, et gens fort bien renommez en ces quartiers là, sujet pour lequel ie les nomme particulierement; ceux-cy et les autres six estoient si hideux et en si piteux équipage, qu'on ne les pouuoit regarder sans en estre touché de compassion. Ce Paroo estant arriué au bord d'Antonio de Faria, il fist recueillir dans son vaisseau tous les huict Portugais, où estans si tost qu'ils le virent ils se ietterent tous à ses pieds, d'où il les releua pleurant de compassion de les voir nuds, blessez et baignez dans leur propre sang à cause de leurs playes. Les voyant en si triste équipage, il leur demanda le sujet de leur infortune. A quoy l'vn d'eux fist response auec demonstration d'vn grand ressentiment, Qu'il y auoit dix-sept iours qu'ils estoient partis de Liampoo pour aller à Malaca, auecque dessein de passer aux Indes si la saison le leur eust permis, et qu'estant aduancez iusques à l'Isle de Sumbor, ils auoient esté attaquez par vn Corsaire Guzarate de nation, qui s'appelloit Coja Acem, lequel auoit trois Iuncos et quatre Lanteaas, où estoient quinze cent hommes, à sçauoir cent cinquante Mahumetans, Luzzons, Iaos, et Champaas, tous gens de l'autre coste de Malaye, et qu'apres auoir combattu auec iceux depuis vne heure iusques à quatre apres midy, ils auoient esté pris auec la mort de quatre-vingt deux hommes, parmy lesquels il y auoit dix-huict Portugais, et pareil nombre qu'on auoit emmené captifs, et que dans leur Iunco il auoit esté pris en marchandise, tant de la sienne comme de celle des autres, la valeur de plus de cent mille Taeis. Auecque cela ils raconterent plusieurs autres particularitez si pitoyables, qu'il fut bien veu par les larmes de ceux qui les escoutoient, la pitié qu'ils auoient d'eux, et d'apprendre ces tristes nouuelles. Antonio de Faria fut vn long-temps tout pensif, sur ce que ces hommes venoient de luy dire, puis se retournant vers eux, Messieurs, leur dit-il, declarez-moy ie vous prie comment il vous a esté possible d'eschapper plustost que les autres, le combat s'estant passé comme vous dictes? Apres auoir esté battus, respondirent-ils, enuiron vne heure et demie, les trois grands Iuncos nous aborderent cinq fois, et à force de coups qu'ils nous donnerent, ils firent vne si grande ouuerture à la prouë de nostre vaisseau, que nous commençasmes à couler à fonds; ce qui fut la cause de nostre perte, parce que pour estancher l'eau, et alleger nostre Nauire, nous fusmes contraints de ietter en mer vne partie de la marchandise dont il estoit chargé, et comme nos gens y trauailloient, les ennemis nous tenoient de si pres, que chacun fut contraint de laisser ce qu'il faisoit pour se defendre sur le tillac. Mais lors que durant ce grand trauail nous estions tous bien empeschez, auec vne bonne partie de nos gens blessez, et plusieurs morts, Dieu permist que le feu prist si asprement à l'vn des Iuncos des ennemis, qu'en mesme temps il prist aussi à celuy à qui il estoit attaché; ce qui fut cause que les soldats quitterent le combat, pour empescher qu'ils ne fussent entierement bruslez, ce qu'ils ne peurent faire si promptement, qu'vn d'eux ne fust rasé à fleur d'eau par la violence du feu, si bien que ceux de ce Iunco pour n'estre bruslez, se ietterent incontinent dans la mer où ils se noyerent. Cependant nous fismes en sorte d'approcher nostre Iunco, d'vne estaquade de pieux, que des pescheurs y auoient plantez tout contre vn escueil, proche de l'embouchure de la riuiere, en laquelle est à present le Temple des Siams, où si tost que ce chien de Coja Acem nous vit ainsi occuppez, nous ayant accroché il sauta dedans nostre vaisseau, suiuy d'vn grand nombre de Mahumetans tous armez de colletins de Buffle, et de jaques de maille, qui d'abord mirent à mort plus de cent cinquante des nostres, desquels il y auoit dix-huict Portugais; ce que nous n'eusmes pas plustost apperceu, que tous blessez que nous estions, et endommagez par le feu, comme vous voyez que nous sommes, nous cherchasmes l'inuention de nous sauuer, et nous iettasmes pour cet effect dans vne Manchua, qui estoit attachée à la pouppe de nostre Iunco, dans laquelle il a pleu à Dieu nous sauuer quinze personnes seulement, dont deux moururent hier, et parmy les treize qui miraculeusement sont eschappez vifs, il y en a huict Portugais, et cinq valets. Cependant nous fusmes entre la terre et cette pallissade approchant pres des rochers, pour empescher qu'ils ne nous abordassent auecque leur Iunco; joint qu'alors ils ne songeoient point à cela, pour estre occupez à recueillir en leur barque les gens du Iunco bruslé, qui s'estoient iettez en mer, et qui furent enfin tous sauuez. Apres cela ils r'entrerent tous dans nostre Iunco auec vne extréme allegresse, et s'embarasserent tellement dans la connoitise du butin, que cela fut cause que nous ne fusmes point poursuiuis. Or pource qu'alors il estoit presque Soleil couché, grandement ioyeux qu'ils furent de nous auoir vaincus, ils se retirerent bien auant dans la riuiere auecque de grandes acclamations. Antonio de Faria bien aise de cette nouuelle, quoy que d'vn autre costé il fust fort triste du mauuais succés de ceux qui luy en auoient faict le recit, rendit graces à Dieu d'auoir trouué son ennemy, chose que luy et les siens auoient si fort desirée. Certainement, leur dit-il alors, selon le rapport que vous venez de me faire, ils doiuent estre à present dans cette riuiere tous ruinez, et en grand desordre; car il me semble que ny vostre Iunco, ny celuy des leurs qui estoit attaché à l'autre qui est bruslé, ne peuuent plus leur faire aucun seruice, et que dans le grand Iunco qui vous a attaqué, il n'est pas possible que vous n'ayez tué et bruslé quelques-vns des leurs. A quoy ils firent responce, que veritablement ils en auoient tué et blessé quantité. Alors Antonio de Faria ostant son bonnet se mist à genoux, et les mains leuées regardant fixement le Ciel, il dict en pleurant, Seigneur Iesus-Christ mon Dieu, tout ainsi que tu es la vraye esperance de ceux qui se confient en toy, moy qui suis le plus grand pecheur de tous les hommes, ie te prie tres-humblement au nom de tes seruiteurs qui sont icy presens, les ames desquels tu as rachetées auec ton precieux sang, que tu nous donnes force et victoire contre ce cruel ennemy, meurtrier d'vne si grande quantité de Portugais, lequel auec ta faueur et ayde, et pour l'honneur de ton sainct Nom i'ay resolu d'aller chercher, comme i'ay faict iusques à present, afin qu'il puisse payer à tes soldats et fideles seruiteurs ce qu'il leur doit il y a si long-temps. A quoy tous ceux qui estoient presens respondirent d'vne commune voix, A eux, à eux, au nom de Iesus-Christ, afin que ce chien nous rende maintenant ce qu'il y a long-temps qu'il a pris, tant à nous, qu'à nos pauures miserables compagnons. Puis auec vne merueilleuse ardeur et de grandes acclamations, ils mirent le voile au vent de pouppe, et s'en allerent vers le port de Lailoo, qui estoit ja laissé de huict lieuës en arriere, où par l'aduis qu'Antonio de Faria eust de quelques-uns des siens, il s'en alla s'équipper de tout ce qui luy estoit necessaire pour le combat qu'ils esperoient faire auec le Corsaire, à la queste duquel (comme i'ay desia dit) il auoit employé tant de temps, sans que iusqu'alors il en eust peu apprendre aucune nouvelle par tous les ports et les lieux où il auoit esté.

CHAPITRE LVIII.

Des preparatifs que fist Antonio de Faria dans le port de Lailoo, pour aller combattre le Corsaire Coja Acem.

Le lendemain matin nous arriuasmes au Port de Lailoo, où Quiay Panjan (le Chinois qui estoit auec nous) auoit beaucoup de parens et de grandes cognoissances, ensemble plusieurs amis, à raison de quoy en ce lieu il ne manquoit pas de credit. Il pria donc le Mandarin (qui est le Capitaine du lieu) de nous permettre d'acheter pour nostre argent ce qui nous faisoit besoin, ce qu'il accorda à l'instant, tant pour la crainte qu'il auoit que l'on ne luy fist quelque déplaisir, que pour vne somme de mille ducats, dont Antonio de Faria luy fist present, dequoy il demeura fort content. Alors il fist mettre pied à terre à quelques-vns des nostres, lesquels acheterent en diligence tout ce dequoy nous auions besoin, comme salpestre et soulphre pour faire poudre, plomb, balles, viures, cordages, huile, poix, resine, estoupes, charpenterie, planches, armes, dards, bastons endurcis au feu, masts, vergues, pauois, antennes, rondaches, cailloux, poulies, et ancres; puis ils firent l'ayguade et s'équipperent de Mariniers. Et combien que ce lieu ne fust peuplé que de trois à quatre cent feux, il y auoit neantmoins en iceluy, et dans les villages circonuoisins, si grande quantité de ce que dessus, qu'en verité ie m'asseure qu'auec peine pourroit-on trouuer des paroles pour l'exprimer; car la Chine a cela d'excellent, qu'elle se peut vanter d'estre le pays du monde le plus abondant en tout ce qu'on sçauroit souhaitter. Or d'autant qu'Antonio de Faria estoit grandement liberal à cause qu'il despensoit du butin general, deuant que les partages en fussent faits, il payoit tout ce qu'il faisoit acheter, au desir de ceux qui le vendoient; ce qui estoit cause que l'on luy apportoit de tout en confusion; de maniere qu'en 13. iours il sortit de ce port bien équippé, auec deux autres Iuncos neufs, grands et fort hauts, qu'il auoit eschangé contre des petits qu'il auoit, et deux Lanteaas de rame, qui estoient nouuellement mises en mer, et aussi 160. Mariniers, tant pour la Chourme, que pour le gouuernement des voiles. Apres auoir faict ces preparatifs, et nous estre munis de tout ce qui nous faisoit besoin, toutes les antennes hautes, et les ancres estans prets à leuer pour partir, l'on fist vne monstre generale de tous ceux qui estoient en l'armée, afin d'en sçauoir le nombre, qui se trouua estre de cinq cent personnes en tout, tant pour le combat, que pour le seruice et nauigation des vaisseaux, entre lesquels il y auoit quatre vingt quinze Portugais, ieunes et bien resolus. Les autres estoient nos garçons et Mariniers, et des gens de l'autre coste, lesquels Quiay Panjan menoit auec luy à sa solde, et qui estoient fort vsitez à la guerre, comme Corsaires depuis cinq ans. Il s'y trouua aussi cent soixante harquebuses, quarante pieces d'artillerie de bronze, parmy lesquelles il y auoit vingt pieces de campagne, qui portoient des bales de pierrier, sans y comprendre plusieurs autres, ensemble soixante quintaux de poudre, à sçavoir cinquante-quatre à canon, et six pour les harquebuses, outre celle qui estoit desia deliurée aux harquebusiers, neuf cent pots d'artifices, à sçauoir quatre cent en poudre, et cinq cent de chaux viue en poudre à la façon des Chinois, quantité de pierriers, fléches, demy picques, et bombes à feu, qu'vn Ingenieur de Leuant nous faisoit, et qui estoit gagé pour cela; quatre mille iauelots, quantité de haches de fer pour seruir à l'abord, six batteaux pleins de cailloux, auec lesquels la Chourme combat, douze harpins auec leurs crampons attachez à des grosses chaisnes de fer pour accrocher les vaisseaux, et aussi plusieurs artifices de feu, que le profit qu'en tiroient les Chinois leur faisoit iournellement inuenter. Auec tout cet équipage nous partismes de ce lieu de Lailoo, nos hunes tenduës de soye, et tous nos vaisseaux garnis de deux rangs de pauois de chaque costé, et des fauques de pouppe et prouë, outre vn autre rang de semblables fauques d'applique pour seruir au besoin. Ayant donc aussi faict voile, trois iours apres nostre partement il pleust à Dieu que nous arriuasmes aux pescheries où Coja Acem auoit pris le Iunco des Portugais; là si tost qu'il fut nuict, Antonio de Faria enuoya des espions sur la riuiere, pour sçauoir l'endroit où il pouuoit estre, lesquels prirent et amenerent vn Paraoo de pescheurs, où il y auoit six hommes natifs du pays, qui nous donnerent aduis que ce Corsaire estoit à deux lieuës de là en vne riuiere nommée Tinlau, et qu'il y faisoit raccommoder le Iunco qu'il auoit pris aux Portugais, pour dans iceluy auecque deux autres qu'il auoit s'en aller à Siam, d'où il estoit natif, et qu'il deuoit partir dans deux iours. Cette nouuelle fist qu'Antonio de Faria prist conseil de quelques-vns des siens, qui pour cet effect furent appellez, où il fut resolu que premierement il falloit visiter et cognoistre les lieux et la force de nostre ennemy; parce qu'en vne chose où l'on se deuoit tant hazarder, il ne falloit point attaquer à tastons, mais y bien penser auparauant, et que sur la certitude de ce que l'on verroit, l'on resoudroit par apres, selon ce qui sembleroit bon à tous. Alors faisant sortir du Paroo les pescheurs qui y estoient, il mist en iceluy des Mariniers, qu'il prist du Iunco de Quiay Panjan, pour l'équipper de gens, et le luy enuoya seulement auecque deux de ses pescheurs que l'on auoit pris, et faisant demeurer les autres auecque luy pour ostages, en donna la charge à vn vaillant et sage soldat nommé Vincent Morosa, vestu à la Chinoise, craignant d'estre recogneu; lequel arriué au lieu où estoient les ennemis, fist feinte de pescher comme d'autres faisoient, et par ainsi il vit et espia tout ce qui estoit de besoin; puis estant de retour il fit son rapport de ce qu'il auoit veu, et asseura que les ennemis estoient tellement foibles, que lors qu'on les aborderoit il seroit facile de les prendre. Antonio de Faria fist assembler les plus experimentez des siens, pour tenir conseil là-dessus, et ce dans le Iunco de Quiay Panjan, à cause du grand respect qu'il luy portoit, pour l'honorer dauantage, et aussi pour maintenir son amitié, dont il faisoit beaucoup d'estime. En cette assemblée il fut resolu, que si tost qu'il seroit nuict nous irions ancrer à l'emboucheure de la riuiere où estoit l'ennemy, pour le lendemain matin au nom de Iesus-Christ l'attaquer auant le iour. Cet aduis arresté de tous, Antonio de Faria ordonna l'ordre et maniere qu'on deuoit tenir à l'entrée de cette riuiere, et comment l'on attaqueroit les ennemis. Puis partageant ses gens il mist trente Portugais dans le Iunco de Quiay Panjan, tels qu'il luy plût les choisir, afin de ne luy desplaire en aucune façon, à cause qu'il en estoit de besoin. Par mesme moyen il mit à chacune des deux Lanteaas six Portugais, plus vingt autres dans le Iunco de Christofle Borralho, et fist demeurer auec luy le surplus des Portugais, qui estoit de trente-trois, outre les esclaues et plusieurs Chrestiens, tous hommes vaillans et bien fideles. Ainsi accommodez tenant l'ordre necessaire, pour auec l'ayde de Dieu executer son entreprise, il fist voile vers la riuiere de

Tinlau, où il arriua enuiron le Soleil couché, et y passa la nuict, faisant faire de bonnes sentinelles sur les trois heures apres minuict, qu'il s'esgala à l'ennemy, qui estoit à mont la riuiere à quelque demie lieuë de luy.

CHAPITRE LIX.

Comme Antonio de Faria se battit auec le Corsaire Coja Acem, et de ce qui luy arriua auecque luy.

Il plût à Dieu de nous donner la mer calme, et le vent si fauorable, que nostre armée nauigeant à mont la riuiere en moins d'vne heure arriua, et se rendit esgale à l'ennemy, sans que personne nous descouurist. Mais d'autant qu'ils estoient larrons, et qu'ils craignoient les gens du pays, à cause des grands maux et des voleries qu'ils y faisoient iournellement, ils estoient tellement sur leur garde, et auoient de si bonnes sentinelles, qu'aussi tost qu'ils nous apperceurent, ils sonnerent l'alarme à la haste auec vne cloche, le bruit de laquelle causa vne telle rumeur, et vn telle desordre, tant parmy ceux qui estoient à terre, que parmy les autres embarquez, que l'on ne pouuoit presque s'entr'ouïr à cause du grand bruit qu'ils faisoient. Lors Antonio de Faria voyant que nous estions descouuerts, se mit à crier aux siens, Messieurs mes freres, à eux, à eux, au nom de Dieu, auparauant qu'ils soient secourus de leurs Lorches! et leur ayant tiré toute nostre artillerie, il plût à Dieu que ce fut si à propos, qu'elle fist tomber et mist en pieces la pluspart des plus vaillans, qui pour lors estoient montez, et paroissoient sur le chapiteau, chose qui reüssit conformément à nostre desir. Apres ces canonnades, nostre mousqueterie, qui pouuoit estre de quelques cent soixante mousquetaires, ne manqua point de tirer au signal, qui pour ce auoit esté ordonné; tellement que les tillacs des Iuncos furent nettoyez de tous ceux qui estoient dessus, et cela si rudement que pas vn des ennemis n'y osa paroistre depuis. A l'heure mesme nos deux Iuncos aborderent les deux autres de l'ennemy en l'équipage qu'ils estoient, où le combat s'alluma de part et d'autre; de telle sorte que ie confesse n'auoir la hardiesse de déduire en particulier ce qui s'y passa, encore que i'y aye esté present, car lors qu'il se commença il n'estoit pas encore bien iour. Or ce qui rendit effroyable la meslée entre nous et nos ennemis, fut le bruit des tambours, des bassins, et des cloches, accompagnez de quantité de balles d'artillerie, dont retentissoient les vallées et les escueils d'alentour; tellement que les corps espouuantez en fremissoient d'apprehension. Ce combat dura de cette façon l'espace d'vn quart d'heure, puis les Lorches et Lanteaas vindrent de terre le secourir, auecque quantité de gens frais. Ce que voyant vn nommé Diego Meyrelez, qui estoit dans le Iunco de Quiay Panjan, et que son canonnier n'employoit pas vn des coups qu'il tiroit, bien à propos, à cause qu'il estoit tellement espouuanté et hors de soy, qu'il ne sçauoit ce qu'il faisoit, comme il estoit prest de mettre le feu à vne petite piece, ainsi confus, il le poussa si rudement que du haut en bas il le ietta dans l'escotille, luy disant, Oste-toy de là vilain, tu ne sçaurois rien faire, ce coup là appartient à des hommes comme moy, et non comme toy; puis ayant pointé le canon auec ses coins de mire, dont il sçauoit assez bien l'vsage, il mit le feu à la piece, qui estoit chargée de bales, et sacquets de pierres, et ayant atteint la premiere Lorche qui marchoit deuant, il luy emporta tout le fond-bord depuis la pouppe iusqu'à la prouë du costé d'estribord; de sorte qu'en mesme temps elle demeura à fleur d'eau, et coula à fonds par ce moyen, sans que d'icelle il se pût sauuer aucune personne. Alors la munition du sacquet de pierre passant par-dessus la premiere Lorche, donna sur le tillac d'vne autre Lorche qui venoit vn peu derriere, et tua le Capitaine d'icelle auec six ou sept qui estoient proches de luy; dequoy les deux autres Lorches demeurerent si espouuantées, que voulant prendre le bord vers terre en intention de fuïr, elles demeurerent toutes deux embarassées dans les cordages d'icelles, de maniere que pas vne d'elles ne se pût despestrer, et ainsi toutes deux prises l'vne à l'autre demeurerent attachées, sans pouuoir ny aduancer, ny reculer. Alors les Capitaines de nos deux Lorches, appellez Gaspard d'Oliueyra, et Vincent Morosa, voyant le temps propre à effectuer leur dessein, picquez d'vne loüable emulation ils se ruerent dessus, y iettans grande quantité de pots d'artifice ; et ainsi le feu s'y prit de telle sorte, que toutes deux embarassées comme elles estoient, bruslerent à fleur d'eau ; si bien que la pluspart de ceux qui estoient dedans se iettoient en mer, où les nostres les acheuerent tous de tuer à coups de zagayes, sans que pas vn d'eux s'en eschappast; de sorte que seulement dans ces trois Lorches il y mourut plus de deux cent personnes, et dans l'autre dont le Capitaine estoit mort, il n'y eut personne qui se peut sauuer, à cause que Quiay Panjan alla fondre apres dans la Champana, qui estoit le batteau de son Iunco, et s'en vint ioindre la terre, où il treuua qu'ils s'estoient iettés dans la mer, aussi la pluspart furent fracassez contre des rochers qui estoient aupres du riuage; ce que voyant les ennemis qui estoient restez dans les Iuncos, le nombre desquels pouuoit estre de 150. tous Mahumetans, Luzzons et Borneos, ensemble quelques Iaos mélez parmy, ils commencerent de s'affoiblir de telle façon, que plusieurs d'entr'eux à leur imitation se ietterent dans la mer. Cependant le chien de Coja Acem qu'on n'auoit point cogneu encore, accourut à ce desordre, afin d'encourager les siens. Il auoit vne cotte d'armes faite en escailles de lames de fer, doublée de satin cramoisy, et frangee d'or, qui cy deuant auoit appartenu aux Portugais. S'estant mis à crier à haute voix, afin que chacun l'entendist, il dit par trois fois, « Lah hilah, hilah lah Mahumed, roçol halah, Massulmens et hommes iustes de la saincte Loy de Mahomet, vous laissez-vous ainsi vaincre par des gens si foibles comme sont les chiens de Chretiens, qui n'ont non plus de courage que des poules blanches, ou que des femmes barbuës? à eux, à eux; car nous sommes asseurez du Liure des Fleurs, dans lequel le Prophete Noby promet des delices eternelles aux Daroezes de la maison de la Mecque : aussi vous tiendra-il promesse à vous et à moy, pourueu que nous nous baignions dans le sang de ces chiens sans Loy. » Auec ces maudites paroles le diable les encouragea tellement, que s'assemblant tous en vn corps ils se r'allierent au combat, et nous firent teste si valeureusement, que c'estoit vne chose espouuantable de voir comme ils se iettoient à trauers nos espées. Alors Antonio de Faria s'estant mis à haranguer les siens, « Courage, leur dit-il, valeureux Chrestiens, cependant que ces meschans se fortifient de leur maudite secte du diable, fions-nous en nostre Seigneur Iesus-Christ mis en Croix pour nous, qui ne nous abandonnera point, quelques grands pescheurs que nous puissions estre. Car apres tout nous sommes siens, ce que ces chiens ne sont point. » Là dessus se iettant auec cette ferueur et zele de la foy vers Coja Acem, à qui il en vouloit principalement, il luy deschargea sur la teste vn si grand coup d'espée à deux mains, que lui couppant vn bonnet de maille qu'il auoit, il le ietta incontinent à ses pieds, puis redoublant auec un autre coup de reuers, il l'estropia des deux iambes, tellement qu'il ne se pût releuer, ce qu'estant apperceu des siens ils en firent vn grand cry, et attaquans Antonio de Faria s'approcherent esgalement l'vn de l'autre par 5. ou 6. fois, auec tant de courage et de hardiesse, qu'ils ne firent point de conte de 3. Portugais desquels il estoit enuironné, et luy donnerent 2. reuers dont ils le ietterent presque par terre. Ce que voyant les nostres ils coururent incontinent à luy, et assistez de N. S. ils firent si bien que dans vn demy quart d'heure il mourut des ennemis en ce lieu, sur le corps de Coja Acem quelques 48. et des nostres 14. seulement, desquels il n'y auoit que 5. Portugais, et le surplus estoient valets et esclaues, bons et fideles Chrestiens. Ceux qui estoient restez commencerent alors à perdre courage, et se retirerent en desordre vers le chapiteau de prouë, en intention de s'y fortifier. A quoy 20 soldats des 30. qui estoient dans le Iunco de Quiay Panjan accoururent incontinent, et s'en allerent au deuant d'eux, si bien qu'aúparauant qu'ils se fussent rendus maistres de ce qu'ils pretendoient, ils furent par eux grandement pressez de se ietter dans la mer, où les vns se laissoient cheoir sur les autres. Les nostres estant encouragez par le nom de N. S. I. C. qu'ils reclamoient, joint aussi la victoire que déja ils cognoissoient estre à eux, tellement que pour auoir l'honneur de la gaigner toute ils acheuerent de les tuer et exterminer tous, sans que de tout leur nombre il en restast que cinq seulement, qu'ils prirent tous en vie, et les ayant faicts prisonniers, ils les ietterent dans la sentine pieds et poings liez, afin qu'à force de tourmens l'on leur fist confesser certaines choses qu'on leur vouloit demander; mais ils s'esgorgerent les vns les autres à belles dents, de peur de la mort à laquelle ils s'attendoient; ce qui n'empescha pas qu'ils ne fussent desmembrez par nos valets, et apres iettez dans la mer, en la compagnie du chien de Coja Acem leur Capitaine, grand Cacis du Roy de Bintan, espancheur et beuueur du sang des Portugais, tiltre qu'il se donnoit d'ordinaire en ses lettres et qu'il preschoit publiquement à tous les Mahumetans, à cause de quoy et pour la superstition de sa maudite secte, il estoit grandement honoré d'eux.

CHAPITRE LX.

Continuation de ce que fist Antonio de Faria apres auoir gaigné cette victoire, et de la liberalité dont il usa enuers les Portugais qui estoient à Liampoo.

Cette bataille sanglante finit par l'honneur de la victoire, dont i'ay parlé cy-deuant, à la description de laquelle ie n'ay pas voulu employer beaucoup de paroles. Car si i'entreprenois d'en raconter les particularitez, ensemble les grandes choses que firent les nostres, comme aussi la valeur auec laquelle les ennemis se defendirent, outre que ie ne serois pas capable de cela, il m'en faudroit faire vn discours plus ample, et vne histoire plus accomplie que celle-cy. Toutesfois comme mon intention n'est autre que de declarer ces choses en passant, ie m'estudie à parler succinctement en plusieurs endroits, où possible d'autres esprits plus beaux que le mien s'eslargiroient dauantage, et en feroient beaucoup d'estat s'ils les entendoient, ou les escriuoient. C'est pourquoy ie ne touche maintenant que ce qu'il est besoin d'escrire. Retournant doncques à mon propos, ie dis que la premiere chose à laquelle Antonio de Faria s'employa apres cette victoire, fut à faire panser les blessez, dont il y en auoit enuiron nonante-deux, la pluspart tous Portugais, en comprenant les valets qui nous appartenoient. Apres cela, comme il fut question de sçauoir le nombre des morts, il s'en trouua quarante-deux des nostres, entre lesquels il y auoit huict Portugais, dont la perte affligea plus Antonio de Faria, que celle de tous les autres. Quant aux ennemis il y en eust trois cent huictante, dont cent cinquante furent mis à feu et à sang, et les autres noyez. Or combien que cette victoire nous apportast à tous vn extréme contentement, cela n'empescha pas qu'il n'y eust en general et en particulier quantité de larmes respanduës pour la mort de nos compagnons qu'on n'auoit point encore enseuelis, et dont la pluspart auoient la teste fenduë en quatre, des grauds coups de hache que les ennemis leur auoient donnez. Or combien qu'Antonio de Faria fust blessé en trois endroits, pour cela neantmoins il ne laissa pas de mettre pied à terre tout aussi-tost auec ceux qui se trouuerent alors en estat de l'accompagner. La premiere chose qu'il fist, fût de donner ordre à l'enterrement des morts, à quoy il employa la pluspart du iour. En suitte de cela il fist tout le tour de l'Isle, pour voir ce qu'il y pourroit descouurir. Comme il tournoyoit de cette sorte, il se treuua en vne vallée fort agreable, où se voyoient plusieurs iardins remplis de differentes sortes de fruicts. Là mesme il y auoit vn village de quarante ou cinquante maisons fort basses, que l'infame Coja Acem auoit saccagées, et y en auoit tué en outre plusieurs habitans, pour n'auoir eu moyen de prendre la fuitte plus auant. Dans cette mesme vallée enuiron la portée d'vne arbaleste, et le long d'vne agreable riuiere d'eau douce, dans laquelle il y auoit vne grande abondance de Muges, autrement dits Mulets, et de truites, l'on descouuroit vne fort belle maison, qui sembloit estre le Pagode de ce village, laquelle estoit pleine de malades et de blessez, que Coja Acem y auoit mis pour les y faire panser. Parmy ceux cy il y auoit quelques Mahumetans de ses parens, et autres hommes de courage qui estoient à sa solde, iusqu'au nombre de 96. Comme ils apperceurent de loing Antonio de Faria, ils s'escrierent d'abord qu'ils luy demandoient pardon, et imploroient sa misericorde. A quoy il ne voulut iamais entendre, alleguant pour sa raison qu'il ne pouuoit pardonner à ceux qui auoient fait mourir tant de Chrestiens. Cela dit, il fit mettre le feu par six ou 7. endroits en cette maison, qui pour n'estre que de bois, poissée, et couuerte de feuilles de palmier seiches, brusla de telle sorte que c'estoit vne chose effroyable à voir. Cependant la pitié ne laissoit pas de s'y entremesler à cause des grands cris que ces miserables faisoient dedans, quand la flamme commença de s'y prendre par tous les endroits; de maniere qu'il y eut quelques-vns qui se voulurent precipiter du haut des fenestres. Ce que voyant les nostres qui estoient picquez d'vn desir de vengeance, ils les receuoient de telle sorte, qu'en tombant ils les embrochoient à force de dards, de lances, et de hallebardes. Cette cruauté finie, Antonio de Faria s'en reuint sur le bord de la mer où estoit le Iunco que Coja Acem auoit pris depuis vingt-six iours, aux

Portugais de Liampoo. Il se donna le soin de
le faire mettre en mer, à cause qu'on l'auoit
calfeutré durant ce temps-là. Alors comme il fut
en mer, il le remist entre les mains de ceux
ausquels il appartenoit, qui estoient Mem Taborda, et Antonio Anriquez, comme i'ay desia
dict. Par mesme moyen leur faisant mettre la
main sur le liure de prieres, Mes amis, leur
dit-il, pour l'amour de ces miens freres et compagnons, tant viuans que morts, ausquels vostre
Iunco que voila a tant cousté de sang et de vie,
ie vous fais vn don de tout cela comme Chrestien
que ie suis, afin que par iceluy nostre Seigneur
nous reçoiue en son sainct Royaume, et qu'il
luy plaise nous octroyer en cette vie vne abolition de tous nos pechez, et en l'autre nous
donner la vie eternelle, comme i'ay confiance
qu'il la donnera à nos freres qui sont morts aujourd'huy en bons et fideles Chrestiens pour la
saincte foy Catholique. Toutesfois ie vous prie
et recommande expressément, mesme ie vous
en conjure par le serment que vous faictes, que
vous ne preniez autres choses de toutes ces marchandises, que ce qui vous appartient seulement, et que vous auez apportées de Liampoo,
tant pour vous, que pour les autres marchands
qui auoient des biens dans vostre vaisseau. Car
ie ne vous en donne pas dauantage ; joint que

cela ne seroit pas raisonnable aussi; car si vous et moy le souffrions, nous ferions contre le deuoir de nostre conscience, moy en vous le donnant, et vous en le receuant. Apres qu'il eust parlé de cette sorte, Mem Taborda et Antonio Anriquez, qui ne s'attendoient à rien moins, se prosternerent à ses pieds, et les yeux tous baignez de larmes le voulurent remercier de la courtoisie qu'il leur faisoit; ce qu'ils ne peurent comme ils eussent desiré, à cause de l'abondance de leurs pleurs. Ainsi se renouuella pour lors le deuil des morts, qu'on auoit desia enseuelis en ce lieu, dont la terre se voyoit toute sanglante. Alors ces deux Portugais se mirent incontinent en deuoir de recouurer leur marchandise, et s'en allerent par toute l'Isle, prenant auec eux enuiron cinquante ou soixante valets, que les Maistres leurs presterent pour recueillir les estoffes de soye qui estoient moüillées, et que les enemis auoient mis seicher en si grande abondance, qu'auec ce que les arbres en estoient couuerts, deux grandes maisons en estoient encore pleines; de celles qui n'auoient point esté moüillées et des meilleures, toutes lesquelles estoffes se montoient à ce qu'ils disoient à quelques cent mille Taeis d'emploitte, à quoy plus de cent marchands auoient part, tant de ceux qui demeuroient dans Liampoo, qu'à Malaca, ausquels elles estoient enuoyées. Ainsi la marchandise que tous deux peurent recouurer valoit bien cent mille ducats; pour le regard du surplus, qui en faisoit la tierce partie, il fut ou perdu, ou pourry, sans qu'on en pût auoir aucunes nouuelles. Apres cette execution Antonio de Faria se retira dans son vaisseau, où il employa tout le reste de la iournée à visiter les blessez, et accommoder les soldats, à cause que la nuict s'aduançoit. Le lendemain, si tost qu'il fut iour, il s'en alla au grand Iunco qu'il auoit pris, qui estoit plein des corps de ceux qu'on auoit tuez le iour precedent. Il ne s'amusa point à autre chose, sinon qu'il les fist tous ietter dans la mer. Il est vray que touchant celuy de Coja Acem, pour estre de condition plus relevée que les autres, et par conséquent digne d'vn plus grand honneur en ses funérailles, il le fist prendre tout vestu et armé qu'il estoit, et apres l'auoir faict mettre en quartiers, il commanda qu'on le iettast aussi dans la mer. Tellement que pour digne sepulture, et pour le mérite de ses œuvres, son corps eust pour tombeau le ventre affamé des lezards, dont il y en auoit quantité tout à l'entour de nostre Iunco, qui venoient au dessus de l'eau amorcez par l'appast de ceux qu'on y auoit desia iettez; par mesme moyen en lieu d'oraison, Antonio de Faria le precipitant dans la mer ainsi desmembré, Va meschant, luy dit-il, au fonds de l'Enfer où ton ame infuse à present iouïst des delices de ton Mahomet, comme tu t'en allois hier publiant tout haut à ces autres chiens tels que toy. Là dessus il fist venir deuant luy tous les esclaues et les captifs qu'il auoit en sa compagnie, ensemble tous les blessez, comme aussi leurs maistres, ausquels il fist vne harangue de vray Chrestien, comme il estoit veritablement, par laquelle il les pria au nom de Dieu de donner liberté à tous les esclaues, comme ils luy auoient promis deuant le combat, les asseurant de leur satisfaire du sien propre. A quoy ils respondirent tous ensemble, que puis qu'il auoit cela pour agreable, ils en estoient fort contens, et qu'ils les mettoient deslors en vne liberté perpetuelle. Dequoy il se fist vn traicté par escrit, que chacun signa, pource qu'on ne pût faire dauantage pour l'heure : depuis on leur donna generalement à tous leurs lettres de liberté. Apres cela l'on fist inuentaire de la marchandise la plus liquide qui se trouua, sans y comprendre celle qui auoit esté donnée aux Portugais, et le tout fut prisé à cent trente mille Taeis en lingots d'argent du Iappon. Cette marchandise qui estoit fort belle, consistoit en satins, damas, soyes torses, taffetas, musc, et porcelaines tres-fines; car pour le surplus on ne le mît point par escrit, et tous ces vols les Corsaires les auoient faicts depuis la coste de Sumbor iusqu'à Fucheo, où il y auoit plus d'vn an qu'ils faisoient des courses.

CHAPITRE LXI.

Comme Antonio de Faria partit de cette riuiere de Tinlau, pour s'en aller à Liampoo, et du mauuais succés qu'il eust en cette nauigation.

Apres qu'Antonio de Faria eust esté en cette riviere de Tinlau vingt-quatre iours, durant lesquels tous les blessez furent gueris, il partit pour s'en aller droict à Liampoo, où il faisoit dessein de passer l'hyuer, afin qu'à l'entrée du Printemps il pût faire le voyage des mines de Quoanjaparu, comme il avoit résolu auec Quiay Panjan, qui estoit le Corsaire Chinois qu'il auoit en sa compagnie; mais comme il eut aduancé iusqu'à la pointe de Micuy, qui est à vingt-six degrez de hauteur, ils suruint vne si grande tempeste vers le Nord oüest, que les Pilotes furent d'aduis d'amener le trinquet, pour ne retourner arriere de leur route. Dauantage ce mauvais temps se chargea si fort sur l'apresdinée à force de pluye, et la mer se grossit de telle sorte, que les deux Lanteaas de rame n'en pûrent souffrir la violence ; tellement qu'elles retournerent sur le soir vers terre, à dessein de gaigner la riuiere Xilendau, qui estoit à vne licuë et demie de là. Alors Antonio de Faria apprehendant qu'il ne luy arriuast quelque malheur, fist leuer les rames le plus promptement qu'il pût, et suiuit sa route auec cinq ou six pans de voile seulement, tant pour ne les surpasser, qu'à cause de l'impetuosité du vent qui estoit si grande, que les Nauires n'en pouvoient porter dauantage. Cependant comme la nuict estoit fort obscure, et les vagues poussées les vnes contre les autres, ils ne pûrent jamais recognoistre vn banc de sable, qui estoit entre l'Isle et la pointe d'vn rocher ; de maniere que passant par dessus il les chocqua si rudement, que la soubrequille creua par trois ou quatre endroits, auec vn peu de la quille d'embas. Vn Canonnier voulant alors mettre le feu à vn fauconneau, afin que les autres Iuncos les vinssent secourir en cette affliction, Antonio de Faria n'y voulut iamais consentir, disant, que puis que nostre Seigneur auoit agreable qu'il se perdist en ce lieu-là, qu'il n'y auoit point d'apparence que les autres y fissent naufrage à cause de luy ; mais qu'il prioit vn chacun de le secourir, tant par le trauail manuel, que par secrettes prieres, en demandant à Dieu pardon des peschez commis, afin d'obtenir grace pour l'amendement de leur vie. Surquoy il les asseura, que s'ils le faisoient ainsi, en fort peu de temps ils seroient deliurez de tout danger. Cela dict, il fist coupper le grand mast ioignant le tillac, qui ne fut pas plustost abbatu que le Iunco demeura plus en repos qu'auparauant. Mais hélas! sa cheute cousta la vie à trois Mariniers, et à l'vn de nos valets, qui s'estans trouuez dessous lors qu'il vint à cheoir, en furent tous escrasez. Par mesme moyen il fist coupper tous les autres masts de pouppe et de prouë, et raser les œuures morts, comme les chambres, et les galeries de dehors; de sorte que tout demeura à raz du premier tillac. Et quoy que tout cela se fist auec vne diligence incroyable, neantmoins il ne nous seruit presque de rien ; parce que le temps estoit si irrité, la mer si enflée, la nuict si obscure, les vagues si furieuses, la pluye si forte et l'impetuosité de l'orage si insupportable, qu'il n'y auoit personne qui fut capable d'y resister. Cependant voila que les autres quatre Iuncos nous firent aussi vn signal comme s'ils se fussent perdus. Sur quoy Antonio de Faria iettant les yeux vers le Ciel, et ioignant les mains, Seigneur, dit il, deuant tous, comme par vostre misericorde infinie vous vous estes chargé en Croix de satisfaire pour les pecheurs; ainsi ie vous supplie que tout misericordieux que vous estes, par le chastiment de vostre diuine Iustice ie puisse endurer seul les offenses que ces hommes que voicy vous ont faictes, puisque ie suis la principale cause de ce qu'ils ont peché contre vostre diuine bonté. Permettez donc, Seigneur, qu'en vne si triste nuict ils ne se puissent voir en l'estat où ie me treuue à present reduit à cause de mes pechez. C'est pourquoy, Seigneur, ie vous prie auec vne ame repentante, et au nom de tous, encore que ie ne sois pas digne d'estre ouy de vous; qu'au lieu d'auoir esgard à nos pechez, vous nous regardiez des yeux de vostre pitié, et de cette infinie misericorde dont vous estes remply. Apres ces paroles ils se mirent tous à dire, *Seigneur Dieu misericorde*, auec des cris si pitoyables, qu'il n'y eust celuy qui ne se pasmast de douleur et de tristesse; et comme tous les hommes qui se treuuent en de semblables afflictions, se laissent porter naturellement à la conseruation de leur vie, sans penser qu'à cela seulement, il n'y eust celuy d'entr'eux qui ne cherchast les moyens de sauuer la sienne, tellement que tous ensemble s'employerent à descharger leur vaisseau, iettant leur marchandise dans la mer. Pour cet effect il sauta au bas du Nauire enuiron cent hommes, tant Portugais qu'esclaues, et Mariniers, qui en moins d'vne heure ietterent tout dans la mer, sans qu'en vn danger si éminent ils prissent garde à ce qu'ils faisoient; car ils y ietterent mesme douze grandes quaisses pleines de lingots d'argent, que l'on auoit prises à Coja Acem en cette derniere rencontre, sans y comprendre plusieurs autres choses de grand prix, dont le Nauire fut allegé.

CHAPITRE XLII.

Continuation du grand danger que nous courusmes, et du secours qui nous arriua là-dessus.

Ayant ainsi passé la nuict nuds que nous estions, blessez, tous hors d'haleine à cause du grand mal que nous auions enduré, à la fin comme le iour commença de paroistre, il plût à Dieu que le vent commençast aussi à se diminuer; ce qui fut cause que le Iunco demeura vn peu plus en repos, bien que pour lors il fust sur le haut du banc, et qu'il y eust dedans quelques treize pans d'eau; tellement que pour tascher d'esquiuer vn si grand danger qui nous menaçoit, nous sortismes tous dehors, et nous attachasmes au cordage qui bandoit hors le Nauire, pource que les vagues battoient auec tant de violence contre le vaisseau, que nous apprehendions d'estre submergez ou iettez contre les escueils, chose qui estoit desia arriuée à dix ou douze des nostres, pour ne s'estre tenus sur leurs gardes. Or comme le iour parût tout à faict, Dieu permist que le Iunco de Mem Taborda, et d'Antonio Anriquez nous descouurit, apres auoir esté toute la nuict les voiles baissées, et le vaisseau chargé par prouë d'vne quantité de bois faict en radeaux à la Chinoise; dequoy les officiers s'estoient aduisez afin que le Nauire en supportast plus facilement la tourmente. Or ce Iunco ne nous eust pas plustost descouuerts, qu'il s'en vint à nous; de maniere que nous ayant joints, ceux qui estoient dedans nous ietterent vne grande quantité de bastons liez à des cordes, afin que nous eussions à nous y attacher, ce que nous fismes tout aussi-tost, et en cela il se passa bien vne heure de temps auec beaucoup de trauail, pour l'extréme desordre, et le desir qu'auoit vn chacun d'estre sauué le premier. Ce qui fut cause qu'il y eust vingt hommes de noyez, cinq desquels estoient Portugais, ausquels Antonio de Faria eust plus de regret qu'à toute la perte du Iunco, et à toute la marchandise qui estoit dedans, bien que la valeur n'en fust pas si petite, qu'elle ne passast plus de cent mille Taeis, et ce seulement en marchandise d'argent. Car la plus grande part du butin faict sur Coja Acem, auoit esté mis dans le Iunco d'Antonio de Faria, comme estant celuy de tous où il sembloit y auoir moins de danger qu'aux autres vaisseaux, qui n'estoient ny si bons, ni si asseurez. Ainsi apres qu'auec beaucoup de peine et de danger nous fusmes recoux dans le Iunco du mesme Taborda, nous employasmes tout le iour en des plaintes continuelles, pour raison d'vn si malheureux succés, sans auoir aucune nouuelle de nos autres compagnons. Neantmoins il plût à nostre Seigneur, qu'enuiron le soir nous descouurismes deux voiles, qui d'vn bord à l'autre faisoient des voltes si courtes, qu'on eust dit que ce n'estoit qu'à dessein de couler le temps; ce qui nous fist croire qu'elles estoient des nostres. Or pource que la nuict s'auançoit, il ne fut point treuué à propos de nous y en aller, pour quelques raisons que l'on donna là dessus; de maniere que leur ayant faict fanal ils nous respondirent incontinent conformément à nostre dessein. Or comme nous estions presqu'à la fin de la derniere garde, ils s'approcherent de nous, et apres nous auoir saluez assez tristement, ils nous demanderent des nouuelles, tant du Capitaine General, que du reste de la compagnie. A quoy nous leur fismes response, qu'aussi-tost qu'il seroit iour on leur en diroit, et que cependant ils eussent à se retirer de là iusqu'au lendemain, que le iour fût esclaircy; pource que les vagues estoient si hautes, que quelque desastre pourroit bien s'en ensuiure. Le lendemain si tost que l'estoille du iour commença de paroistre, deux Portugais s'en vindrent à nous du Iunco de Quiay Panjan, et voyant Antonio de Faria en l'équipage qu'il estoit dans le Iunco de Mem Taborda, pource que le sien estoit desia tout perdu, comme ils sceurent le triste succés de sa fortune, eux nous raconterent la leur, qui ne se treuua gueres meilleure que la nostre; car ils nous asseurerent qu'vne bourasque de vent leur auoit ietté trois hommes dans la mer, aussi loing de leur vaisseau comme un ject de pierre, chose à n'en point mentir qu'on n'auoit iamais veuë ny ouye. Par mesme moyen ils nous raconterent comme le petit Iunco s'estoit perdu auec 5o. hommes presque tous Chrestiens, dont il y en auoit 7. seulement de Portugais, dont le Capitaine estoit Nuno Preto, homme honorable et de grand esprit; dequoy il auoit donné de fort bonnes preuues aux aduersitez passées; aussi fût-ce bien auec vn extréme regret qu'Antonio de Faria apprist vne si fascheuse nouuelle. En ce mesme temps arriua vne des 2. Lanteaas, desquelles iusqu'alors on n'auoit point ouy parler. Ceux qui estoient dedans nous raconterent pareillement les grandes fortunes qu'ils auoient couruës, et nous asseurerent que l'autre auoit rompu les cables et laissé ses ancres en mer, et qu'à leur veüe elle s'estoit toute fracassée sur le riuage, sans que de tous ceux qui estoient dedans il se fust sauué que treize personnes, dont il y auoit cinq Portugais et trois valets Chrestiens, que ceux du païs auoient faict esclaues et menés à vn lieu nommé Nouday, de maniere que par cette malheureuse tourmente se perdirent deux Iuncos et vne Lanteaa ou vne Lorche, dans lesquels moururent plus de cent personnes, où il y auoit onze Portugais, sans y comprendre les esclaues et la perte de tout le reste de l'équipage, tant en marchandise qu'en argent, en riches ioyaux, en artillerie, en armes, viures et munitions, le tout estimé à plus de deux cent mille ducats : tellement que le Capitaine et tous les soldats se treuuerent destitués de tout, n'ayants autre chose que ce qu'ils auoient sur leurs corps. Nous apprismes depuis que de semblables fortunes de mer aduiennent ordinairement en cette coste de la Chine plus qu'en aucun autre païs, tellement qu'il est impossible d'y nauiger vne seule année sans qu'il arriue quelque naufrage, si ce n'est qu'aux conionctions des pleines lunes on se mette à l'abry dans les ports, lesquels y sont en fort grand nombre, et si bons, que sans apprehender aucune chose on y peut entrer aysement, pource qu'ils sont tous fort nets, hors mis ceux de Lamau et de Sumbor qui ont quelques escueils, qui du costé du Sud sont esloignés de demy lieuë de l'emboucheure.

CHAPITRE LXIII.

Comme Antonio de Faria eust nouuelle de cinq Portugais, qui estoient demeurés captifs, et de ce qu'il fist là-dessus.

Apres que cette furieuse tempeste fut entierement appaisée, Antonio de Faria se mist incontinent dans l'autre grand Iunco qu'il auoit pris à Coja Acem, duquel estoit Capitaine Pedro de Sylua de Sousa, et se mettant à la voyle, il partit auec le reste de sa compagnie, qui consistoit en trois Iuncos, et vne Lorche ou Lanteaa, comme les Chinois les appellent. La premiere chose qu'il fist alors fut de s'en aller ancrer au havre de

Nouday, afin d'y auoir nouuelles de treize captifs qu'on y auoit arrestés ; y estant arriué enuiron la nuict, il enuoya de petites barques, qu'ils appellent Baloes, assez bien equippées pour espier le port, et sonder le fonds de la riuiere, ensemble l'assiette du païs, et apprendre par quelque moyen quelles nauires il y auoit; comme aussi telles autres choses conuenables à son dessein. Pour cet effect il commanda aux Mariniers de faire tout leur possible pour prendre quelques habitans de la ville, afin de s'instruire d'eux touchant ce qu'il desiroit, et sçauoir au vray ce qu'estoient deuenus les Portugais, à cause qu'il apprehendoit qu'on ne les eust desia menés bien auant dans le païs. Ces deux Baloes partirent sur les deux heures apres minuict, et arriuerent à vn petit village qui estoit à l'emboucheure de la riuiere à la pointe d'vn petit bras d'eau appellé Nipaphau. Là il pleut à Dieu qu'ils negocierent si bien, qu'auant qu'il fust iour ils s'en reuindrent à bord de nos vaisseaux, amenant auec eux vne barque chargée de vaisselles, et de canes de sucre, qu'ils treuuerent ancrée au milieu de la riuiere. Dans cette barque il y auoit huict hommes et deux femmes, ensemble vn petit enfant aagé de six ou sept ans. Apres qu'ils se virent tous dans le Iunco d'Antonio de Faria, ils furent saisis d'vne si grande apprehension de la mort qu'on fut vn long-temps sans les pouuoir rasseurer. Ce qu'apperceuant Antonio de Faria, il tâcha de les remettre le mieux qu'il pût, et se mist à les interroger, mais quelque demande qu'on leur fist, on ne leur sceut iamais tirer de la bouche d'autres paroles que les suiuantes : *Suqui hamidau ni vangao lapopoa dogotur*, c'est à dire ; *ne nous tués point sans raison, car Dieu vous fera rendre compte de nostre sang à cause que nous sommes de pauures gens*, et ce disant ils pleuroient de telle sorte, et trembloient si fort, qu'ils ne pouuoient prononcer aucune parole. Cela fist, qu'Antonio de Faria voyant leur misere et leur grande simplicité, ne les voulut point alors importuner dauantage, mais dissimula pour vn temps. Néantmoins, pour en venir à bout plus facilement, il pria vne femme Chinoise qui estoit Chretienne, et que le Pilote auoit là menée, qu'elle eust à les caresser, et à les asseurer qu'il ne leur seroit faict aucun mal, afin que remis de cette sorte ils pûssent respondre plus à propos aux demandes qu'on leur feroit. Dequoy la Chinoise s'acquitta si bien, et les appriuoisa de telle sorte par les caresses qu'elle leur fist, qu'vne petite heure apres ils dirent à cette femme, que si le Capitaine les vouloit laisser aller librement dans leur batteau où ils auoient esté pris, ils confesseroient tres-volontiers tout ce qu'ils auoient veu et ouy dire. Antonio de Faria leur ayant promis de le faire ainsi, et mesme s'y estant obligé par beaucoup de paroles, vn d'entr'eux qui estoit le plus aagé, et qui sembloit auoir de l'auctorité par dessus tous, s'addressant à luy : « Certes, luy dit-il, je ne me fie pas beaucoup à tes paroles, pource que tu viens les amplifier si au long que i'ay belle peur que l'effect n'en soit point conforme à la promesse. C'est pourquoy ie te prie que tu me iures par cét element qui te porte, que tu ne manqueras point à ce que tu me viens de dire ; autrement s'il t'aduient de te pariurer, tiens pour certain que le Seigneur, dont la main est toute puissante, s'irritera contre toy auec vne telle impetuosité de cholere que les vents par le haut, et la mer par en bas, ne cesseront iamais de s'opposer à ta volonté durant tes voyages : car ie te iure par la beauté de ces estoilles que le mensonge n'est pas moins laid et odieux à la veuë de ce souuerain Seigneur, que la superbe des ministres des causes qui se iugent çà bas en terre, lors qu'auec mespris et discourtoisie ils parlent aux parties, qui leur demandent la iustice dont ils ont besoing. » Antonio de Faria s'étant derechef obligé par serment auec les ceremonies conformes à l'intention du vieillard, l'asseurant qu'il ne luy manqueroit point de parole, le Chinois dict qu'il se tenoit pour content; et alors il continua de cette sorte. Il n'y a que deux iours que i'ay veu mener en la Chifanga prison de Nouday les hommes que tu demandes, chargés de gros fers aux pieds; ce qu'on a faict sur la creance qu'on a euë qu'ils estoient de vrays larrons, qui ne faisoient d'autre mestier que de voler ceux qui nauigeoient sur la mer. Ces paroles mirent fort en inquietude et en cholere Antonio de Faria, auquel il sembla que la chose pouuoit bien estre comme le vieillard la racontoit, de maniere que voulant pourueoir sans autre delay à ce qu'il iugea necessaire pour leur deliurance, à cause de l'extreme danger qu'il s'imagina deuoir s'ensuiure du retardement : il leur ennoya vne lettre par vn de ces Chinois, à la place duquel il retint tous les autres en ostage. Cestuicy partit le lendemain si tost qu'il fut iour; et d'autant qu'il importoit grandement aux Chinois d'estre deliurés du lieu où ils se trouuoient captifs: celuy qui se chargea de la lettre, et qui estoit mary de l'vne de ces deux femmes que l'on auoit prises dans le batteau chargé de vaisselle, qui pour lors estoient demeurées dans le Iunco, fist pour cet effect vne telle diligence, qu'enuiron le midy il fut de retour auec la responce escripte sur le dos de la lettre qu'il auoit portée, et signée de tous les cinq Portugais. Par cette lettre ils donnoient aduis succinctement à Antonio de Faria, qu'on les detenoit cruellement dans vne prison, d'où asseurement ils ne sortiroient point, que pour aller au supplice, et que cela estant ils le supplioient par les playes de nostre Seigneur Iesus-Christ, qu'il ne les laissast perir en ce lieu à faute de secours, selon qu'il leur auoit promis au commencement du voyage, puisque c'estoit seulement pour l'amour de luy qu'ils estoient reduicts en ce deplorable estat. A ces choses ils en adioustoient plusieurs autres fort pitoyables, comme venant de la part de ces estrangers qui estoient captifs sous la tyrannie de gens felons et cruels, tels que sont les Chinois. Antonio de Faria ayant receu cette lettre la leut en la presence de tous ceux de sa compagnie, ausquels il demanda conseil sur ce qu'il auoit à faire là-dessus. Or comme ils estoient plusieurs à le conseiller, aussi leurs opinions se trenuerent differentes, dequoy luy ne fut pas beaucoup satisfaict ; ce qui fut cause qu'il y eust vne grande contention. Alors comme il vit que pour la diuersité des aduis l'on ne prenoit aucune resolution sur cette affaire, il leur dit presque tout en cholere ; Messieurs et freres, i'ay promis à Dieu par vn serment solemnel que ie luy en ay faict, de ne point partir d'icy, qu'auparauant par quelque moyen que ce soit ie n'aye entre mes mains ces pauures soldats mes compagnons, quand mesme ie deurois à leur occasion exposer mille fois ma vie, et aux despens de mon propre bien que i'estimeray peu de chose pour leur sujet, c'est pourquoy, Messieurs, ie vous supplie tres-instamment, que pas vn de vous ne s'oppose à ce dessein de l'execution duquel mon honneur dépend entierement, pource que i'ay fait serment dans la saincte maison de Nostre Dame de Nazareth, que s'il y a quelqu'vn qui me contrarie ie le croiray mon ennemy, parce que ie n'en pourray penser autre chose, sinon qu'il s'opposera au bien de mon ame. A ces paroles tous firent responce que ce qu'il disoit estoit le moyen le plus asseuré, et que pour descharger sa conscience il n'y auoit rien dans le monde qui deust l'empescher de le faire ainsi. A cela ils adiousterent que tous tant qu'ils estoient ils exposeroient leur vie pour ce sujet; le Capitaine les ayant remerciés là-dessus, et les embrassant le chappeau à la main, et les yeux tous baignés de larmes auec beaucoup de complimens il leur protesta derechef, qu'à l'aduenir il accompliroit en effect ce dequoy pour le present il ne les pouuoit asseurer que de paroles, chose qui les rendist tous conformes en leurs aduis, et grandement satisfaicts.

CHAPITRE LXIV.

De la lettre qu'Antonio de Faria escriuit au Mandarin de Nouday, sur le sujet de ses prisonniers, ensemble quelle en fut la response, et ce qu'il fist depuis.

Cette resolution prise, l'on tint le conseil pour sçauoir de quelle façon on se deuoit gouuerner en cette affaire; surquoy il fut resolu qu'il la falloit traitter sans delay, et à l'amiable auec le Mandarin, à qui pour cet effect l'on enuoyeroit demander ces prisonniers, avec promesse de donner pour leur rançon ce qui seroit treuué raisonnable, et que suiuant sa responce l'on prendroit une plus ample resolution sur ce qu'on auroit à faire. L'on fist donc à mesme temps requeste conforme au stile dont l'on auoit accoustumé de se seruir en iugement, et Antonio de Faria l'enuoya au Mandarin par deux des Chinois qu'il auoit pris, et qui sembloient les plus honorables. Par mesme moyen il luy fist tenir vn present qui valoit deux cent ducats, luy semblant que cela deuoit suffire entre gens d'honneur, pour l'obliger à rendre ces prisonniers; mais il en arriva bien autrement, comme l'on verra cy-après. Car si tost que ces Chinois furent partis, et qu'ils eurent donné leur requeste et leur present, ils s'en retournerent le lendemain, auec vne responce escripte sur le dos de la requeste, dont la teneur estoit telle : « Que ta bouche se vienne presenter à mes pieds, « et apres t'auoir ouy ie te feray iustice, et te la « garderay si tu l'as. » Antonio de Faria voyant la mauuaise responce du Mandarin, et combien estoient altières ses paroles, en demeura fort triste, et grandement affligé, pource qu'il recognust bien par ce commencement, qu'il auroit beaucoup de peine à deliurer ses compagnons; de manière que ayant communiqué cette affaire en particulier à quelques-vns, qui pour cét effect furent appellés, ils se treuuerent d'opinion differente; neantmoins apres y auoir bien pensé, il fut à la fin conclu, qu'il y falloit enuoyer vn autre messager, qui luy demandast auecque plus d'efficace les prisonniers et offrit pour leur rançon iusques à la somme de deux mille Taeis en lingots d'argent et en marchandise, luy declarant qu'il ne partiroit point de ce lieu iusqu'à ce qu'il les eust rennoyés; car il faisoit son compte que cette resolution l'obligeroit possible à faire ce qu'il luy auoit refusé par vne autre voye, ou qu'il s'y porteroit par la consideration du gain et de l'interest. Ainsi les deux mesmes Chinois partirent pour la seconde fois, avec vne lettre close comme d'vne personne à une autre, sans aucune sorte de ceremonies, ny de vanitez, dont ces Gentils ont accoustumé d'vser entr'eux; ce qu'Antonio de Faria fist expres, afin que par l'aigreur de cette lettre le Mandarin reconnust qu'il estoit piqué au ieu, et resolu d'executer ce qu'il lui escriuoit. Mais deuant que passer outre ie veux seulement deduire icy les deux poincts du contenu de la lettre, qui furent cause de l'entière ruyne de cette affaire. Le premier fut, en ce qu'Antonio de Faria luy dit, qu'il estoit un marchand estranger, Portugais de nation, qui s'en alloit en marchandise vers le port de Liampoo, où il y auoit plusieurs marchands estrangers comme luy, qui payoient fort bien la doüane accoustumée, sans qu'ils fissent iamais aucun vol, ny aucune méchanceté, comme ils asseuroient. Le second point fut, pource qu'il disoit que le Roy de Portugal son maistre estoit allié d'vne vraye amitié de frere auec le Roy de la Chine, ce qui estoit cause qu'ils s'en alloient traficquer en son païs, pour la mesme raison

que les Chinois auoient accoutumé d'aller à Malaca, où ils estoient traittés auec toute vérité, faueur et iustice, sans qu'il leur fust fait aucun tort. Or combien que ces deux poincts fussent desagreables au Mandarin, si est-ce que touchant le dernier particulierement, par lequel il nommoit le Roy de Portugal frere du Roy de la Chine, il le prist en si mauuaise part, que sans auoir esgard à rien que ce fust, il commanda qu'on fouëtast cruellement ceux qui auoient apporté la lettre, mesme il leur fist coupper les oreilles, et ainsi il les renuoya auec vne responce à Antonio de Faria, escrite sur vn meschant morceau de papier tout déchiré, où se lisoient ces paroles : « Puante charongne, née
« des mouches croupies dans le plus vilain cloüa-
« que qu'il y puisse auoir dans les cachots des
« prisonniers, qu'on ne nettoye iamais, qui a
« donné l'asseurance à ta bassesse, d'entrepren-
« dre d'esplucher les choses du Ciel, ayant faict
« lire ta requeste, par laquelle comme Seigneur
« que ie suis, tu me pries d'auoir pitié de toy,
« qui n'est qu'un pauvre miserable? Comme ge-
« nereux que ie suis, ma grandeur estoit déja
« presque satisfaicte du peu que tu me presen-
« tois, i'auois quelque inclination à t'accorder
« ta demande, lors que mon oreille a été tou-
« chée par l'horrible blaspheme de ton arro-

« gance, qui te faict appeller ton Roy frère du
« fils du Soleil, Lyon couronné par vne puis-
« sance incroyable au throsne du monde, aux
« pieds duquel sont soubmises toutes les cou-
« ronnes de ceux qui gouvernent la terre, voire
« tous les sceptres ne servent que d'agraphes à
« ses tres-riches sandales escrasées par le frot-
« tement de ses talons, comme le certifient
« soubs la loy de leurs verités les escriuains du
« Temple de l'or, et ce par toute la terre habi-
« table. Sçache donc que pour la grande heresie
« que tu as proferée, i'ay faict brusler ton pa-
« pier representant en iceluy par ceremonie
« d'vne cruelle iustice la vile statuë de ta per-
« sonne, desirant t'en faire de mesme pour l'e-
« norme crime que tu as commis. A cause de-
« quoy ie te commande que tu fasses voile tout
« maintenant, affin que la mer qui te soustient
« ne soit point maudite. » Si tost que l'interprete,
qu'ils appellent *Tausud*, eut achevé de lire la
lettre, et qu'il eut expliqué ce qu'elle disoit,
tous ceux qui l'ouyrent furent grandement honteux; entre lesquels il n'y en eut point à qui
cet affront fust plus sensible qu'à Antonio de
Faria, qui demeura confus vn assez longtemps,
se voyant priué tout à faict de l'espérance de ra-
cheter ses prisonniers; de maniere qu'apres
qu'ils eurent tous bien examiné ces insolentes

paroles contenuës dans la lettre du Mandarin, et sa grande discourtoisie, ils conclurent en fin qu'il falloit mettre pied à terre et attaquer la ville, sur l'esperance que Dieu les assisteroit, puisque leurs intentions estoient bonnes. Pour cet effect ils ordonnerent incontinent des vaisseaux pour gaigner la terre, qui furent quatre grandes barques de pescheurs qu'ils auoient prises la nuict passée. Sur quoy faisant le denombrement des gens qu'il y pouvoit auoir pour cette entreprise, il y en fut treuvé trois cent, dont il y en auoit quarante Portugais de nation. Pour les autres ils estoient esclaues et mariniers, sans y comprendre les hommes de Quiay Panjan, dont il y auoit cent soisante harquebusiers, et les autres estoient armés de pieux et de lances, et auoient avec cela des bombes à feu et autres telles choses necessaires pour l'effect de leur entreprise.

CHAPITRE LXV.

Comme Antonio de Faria attaqua la ville de Nouday, et de ce qui luy arriua.

Le lendemain matin vn peu deuant qu'il fust iour, Antonio de Faria fist voile à mont la riuiere auec trois Iuncos, sans y comprendre la Lorche et les quatre barques qu'il auoit prises. En cét equipage il s'en alla ancrer à six brasses et demie de fonds, tout aupres des murailles de la ville, puis faisant plier les voiles sans bruit, ny sans aucune salue d'artillerie, il desploya la banniere de marchandise à la façon des Chinois, affin que par cette apparence de paix il ne restast aucun compliment à faire, quoy qu'il sceut bien que tout cela ne seruiroit de rien enuers le Mandarin. Cela faict, de ce mesme lieu où ils estoient à l'ancre, il luy envoya vn autre messager, sans faire semblant qu'il eust receu aucun mauuais traittement de sa part. Par ce dernier auec beaucoup de compliment il luy demandoit les prisonniers, et lui offroit pour leur rançon vne grande somme de deniers, luy promettant en outre vne correspondance, et vne amitié perpetuelle. Mais tant s'en faut que ce chien de Mandarin fust flechy par ces paroles, qu'au contraire il fist déchirer en pieces le pauure Chinois porteur de la lettre. Dequoy n'estant pas content il le fist monstrer du haut de la muraille à toute la flotte, affin de nous faire vn plus grand affront. Cét acte tragique fut cause qu'Antonio de Faria perdit entierement le peu d'espoir que quelques-vns luy donnoient de la deliurance des prisonniers; surquoy les soldats irrités plus fort qu'auparauant, luy dirent, que puisqu'il auoit resolu de descendre en terre, il ne tardât pas dauantage, à cause que ce delay ne seruiroit qu'à donner loisir aux ennemis de ramasser quantité de gens. Ce conseil luy semblant fort bon, il s'embarqua tout incontinent auec ceux qu'on auoit choisis pour cette action, qui estoient desia tous prests, et donna ordre dans ses Iuncos qu'on ne laissast de tirer continuellement sur la ville, sur les ennemis et aux lieux où ils verroient des gens assemblés; mais qu'ils se souuinssent de n'en venir là que lors qu'ils ne seroient pesle mesle auec eux. Aussi ayans mis pied à terre vn peu plus bas que la Rade, enuiron la portée d'vn fauconneau, il marcha sans obstacle le long du riuage et s'en alla droict à la ville; cependant il y auoit quantité de peuple dessus le haut des murailles où se voyoient plusieurs enseignes de soye de differentes couleurs, et où ces barbares faisoient vn grand bruict à force de fifres, de cloches et de tambours. Par mesme moyen auec leurs enseignes et leurs bonnets ils nous faisoient signe de nous approcher; à quoy ils entremesloient de grands cris, nous monstrans par ces apparences exterieures le peu d'estat qu'ils faisoient de nous. Apres que les nostres se furent approchés des murailles vn peu plus loing que la portée d'vn mousquet, voyla que nous vismes sortir de la ville par deux differentes portes quelque mille ou douze cent hommes, selon ce que nous en peusmes iuger, cent ou six vingt desquels estoient montés sur des cheuaux, ou pour mieux dire, sur des aridelles bien maigres, auec lesquelles ils commencerent à courir par la campagne, pour donner l'escarmouche; en quoy ils se monstroient si mal adroicts, que le plus souuent ils s'entrechoquoient et se laissoient choir à tous coups par terre, ce qui nous fist connoistre que ce deuoit estre de ceux d'alentour qui estoient là venus par force plustost que de leur bon gré. Alors Antonio de Faria grandement ioyeux se mist à encourager les siens au combat, et faisant signal à ses Iuncos il attendit les ennemis de pied ferme, s'imaginant qu'ils ne vouloient point se battre autrement que par ces apparences et demonstrations de fanfarons. Toutesfois ils recommencerent de nouueau l'escarmouche, faisant sans cesse la ronde à l'entour de nous, et croyant que cela suffiroit pour nous donner l'espouuente et nous faire retourner à nos uaisseaux. Mais quand ils virent que nous demeurions fermes, sans tourner le dos, ainsi qu'ils croyoient, et comme ils desiroient possible que nous fissions, ils se mirent tous en vn corps, et ainsi amassés en fort mauvais ordre ils s'arresterent vn peu, sans aduancer dauantage. Alors Antonio de Faria nostre Capitaine les voyant en cette posture, fist tirer tout à coup ses Mousquetaires, qui iusques à ce temps là n'auoient faict aucun bruit, ce qui reussit auec tant d'effect qu'il plût à Dieu que la plus part de cette belle cauallerie se laissast choir de frayeur. Alors prenant cela pour vn bon augure, nous courusmes apres eux, et les poursuiuismes vertement, inuoquant à nostre ayde le nom de Iesus; aussi son bon plaisir fut que par sa diuine misericorde, les ennemis, nous laissant le camp s'enfuirent si estourdis et si en desordre qu'on les voyoit tomber pesle mesle les vns sur les autres. De cette façon arriuez qu'ils furent à vn pont qui trauersoit le fossé de la ville, ils s'embarrasserent tellement qu'ils ne pouuoient ny aduancer, ni reculer; cependant voila suruenir le gros de nos gens qui sceurent si bien tirer sur eux qu'ils en firent demeurer plus de trois cens couchez pesle mesle les vns sur les autres, chose pitoyable pour en dire le vray, car il n'y en eut pas vn qui eust l'asseurance de mettre la main à l'espée. En mesme temps poursuivant ardemment la premiere pointe de cette victoire, nous courusmes à la porte, où nous trouuasmes le Mandarin à la teste de six cens hommes, monté sur vn bon cheual, auec vne cuirasse garnie de velours violet à l'antique, que nous sceusmes depuis auoir esté à vn Portugais nommé Tome Pyrez, que le Roy Dom Emmanuel de glorieuse memoire auoit enuoyé pour Ambassadeur à la Chine, dans le nauire de Fernand Perez d'Andrade, au temps que les Indes estoient gouuernées par Lopo Suarez d'Albergaria. A l'entrée de la porte le Mandarin et ses gens nous voulurent faire teste, ce qui fut cause que les vns et les autres nous eschauffasmes si fort au combat, que dans vn quart d'heure les ennemis se meslerent tous parmy nous auec beaucoup moins de crainte que ceux de dessus le pont. Cependant il arriua par vn grand bon heur, que d'vn coup de harquebuse qu'vn de nos valets tira, il frappa le Mandarin droict à l'estomach, et le ietta de son cheual en bas; ce qui effraya tellement les Chinois, que tous ensemble tournerent le dos aussi tost, et sans tenir aucun ordre ils commencerent à se retirer dans les portes, n'y ayant personne parmy eux, qui eust l'esprit de les fermer, si bien que nous les chassasmes deuant nous à grands coups de lance, comme si c'eust esté du bestail. Ainsi ils s'enfuirent pesle mesle le long d'vne grande ruë, et sortirent par vne autre porte qui estoit du costé de la terre par où ils s'enfuirent tous sans qu'il en demeurast vn seul. A l'heure mesme Antonio de Faria ayant assemblé tous les siens en vn gros, de peur qu'il n'arriuast quelque desordre s'en alla auec eux droit à la prison, où estoient emprisonnés nos compagnons, qui nous voyant firent vn grand cry, disants, Seigneur Dieu misericorde. Les portes et les grilles furent incontinent rompuës à coups de haches, si bien qu'auec l'ardeur qu'vn chacun s'y portoit on les mit en pieces, et l'on osta les fers à ces pauures prisonniers nos compagnons, qui par ce moyen furent deliurez en fort peu de temps. Alors il fut commandé aux soldats, et à tout le reste des Gens de nostre compagnie, que chacun en son particulier taschast de butiner ce qu'il pourroit, afin que sans parler par apres d'aucune sorte de partage, les vns et les autres demeurassent maistres de ce qu'ils auroient pris. Toutesfois Antonio de Faria les pria que cela se fist promptement, et ne leur donna pour cét effect que demie heure de temps : à quoy tous s'accorderent tres-volontiers, et ainsi ils se mirent à piller les maisons. Cependant Antonio de Faria s'en alla en celle du Mandarin qu'il prist pour sa part, et y treuua huict mille Taeis en argent, ensemble cinq grands vases tous pleins de musq qu'il fist garder. Pour le surplus il le laissa aux valets qui estoient auec luy, lesquels y trouuerent encore beaucoup de soyes torses, ensemble quantité de satins, damas, et de porcellaines fines, dont chacun en prist autant qu'il en pût porter, si bien que les quatre Barcasses et les trois Champanas où nos gens s'estoient debarqués furent par quatre diverses fois chargés et dechargés dans le Iunco, et ainsi il n'y eust si chetif valet de marinier parmy nous qui parlast de ce butin autrement que par caisses, sans y comprendre ce qu'vn chacun d'eux celoit à part-soy. Mais comme Antonio de Faria apperceut qu'vne heure et demie s'estoit passée à butiner, il fist faire retraitte aux siens, qui estoient tellement eschauffés au butin, qu'il n'y auoit aucun moyen de les rassembler, ce qui fut encore plus remarqué aux personnes de qualité que non pas aux autres : voyla pourquoy le Capitaine apprehendant qu'il n'arriuast quelque desastre à cause que la nuict s'approchoit, fist mettre le feu à la ville par dix ou douze endroicts, qui pour estre presque toute bastie de sapin et d'autre bois, s'embrasa si fort en moins d'vn quart d'heure, qu'à la voir ainsi brusler, on l'eust prise pour vn pourtraict de l'Enfer. Ces choses ainsi mises à fin et tous nos hommes s'estans retirés Antonio de Faria s'embarqua sans aucun empeschement, et tous nos gens furent satisfaits et contens, emmenans auec eux plusieurs belles filles : sans mentir, c'estoit pitié de les voir mener quatre à quatre et cinq à cinq, liées auec les mesches des mousquets, et toutes désolées, pendant que les nostres ne faisoient que rire et chanter.

CHAPITRE LXVI.

Suitte de la nauigation d'Antonio de Faria, iusques à son arriuée au port de Liampoo.

APRES qu'Antonio de Faria se fut embarqué auec ses gens, pource qu'il estoit desia tard, l'on ne s'employa pour lors à autre chose qu'à panser les blessez, qui estoient cinquante en nombre, dont il y en auoit huict de Portugais, et le surplus esclaues et Mariniers. Il prit aussi le soin de faire enterrer les morts, qui ne furent pas dauantage de neuf, dont il y en auoit vn Portugais. Durant toute cette nuict nous fismes bon guet, et posasmes des sentinelles de toutes parts, à cause des Iuncos qui estoient sur la riuiere. Le lendemain si tost qu'il fut iour, nostre Capitaine s'en alla à un bourg, qui estoit de l'autre costé de la riuiere, où de tous ceux qui le souloient habiter, il n'en rencontra pas un seul, pource qu'ils s'en estoient fuïs. Neantmoins il treuva beaucoup de marchandises dans leurs maisons, ensemble vne grande quantité de viures, dont il fit charger les Iuncos, craignant que ce qu'il auoit faict en ce lieu là, ne fust cause qu'on ne luy en refusast en tous les ports où il aborderoit. Auecque cela par le conseil de tous les siens il resolut de s'en aller hyuerner durant les trois mois qui luy manquoient pour faire son voyage, en vne certaine Isle deserte, qui estoit à quinze lieuës de la mer de Liampoo, et qui se nommoit Pullo Hinhor, où il y auoit vne bonne rade, et de bonnes eaux. A quoy il fut principalement induit, pource qu'il luy sembla que s'en allant tout droict à Liampoo, son voyage pourroit porter prejudice au trafic des Portugais, qui hyuernoient paisiblement en ce lieu auec leurs marchandises. Comme en effet cet aduis fut tellement appreuvé d'vn chacun, qu'il n'y eust celuy qui ne loüast son dessein. Apres nostre partement de Nouday, il y auoit desia cinq iours que nous estions à la voile entre les Isles de Comolem et la terre ferme, lorsqu'vn Samedy enuiron midy, nous fusmes attaquez par vn Corsaire nommé Premata Gundel, ennemy iuré de la nation Portugaise, à laquelle il auoit souuent faict de grands dommages, tant à Patane, qu'à Sunda, à Siam, et en plusieurs autres lieux, quand il y treuuoit les gens à son aduantage. Ce voleur croyant que nous fussions des Chinois s'en vint nous assaillir auec deux Iuncos fort grands, dans lesquels il y auoit deux cent hommes de combat, outre les gens de Marine. Alors l'vn d'eux s'estant accroché au Iunco de Mem Taborda, peu s'en fallut qu'il ne s'en rendist maistre; dequoy s'estant apperceu Quiay Panjan, qui pour lors estoit vn peu plus auant dans la mer, il rendit le bord sur luy, et l'inuestit à pleines voiles, et le prenant du costé de stribord luy donna vn si grand chocq qu'ils allerent tous deux à fonds, et par ce moyen Mem Taborda fut deliuré du danger où il estoit. En mesme temps il fut secouru en diligence par trois de nos Lorches, qu'Antonio de Faria auoit prises au port de Nouday, et il plût à Dieu que par leur heureuse arriuée l'on sauua la pluspart de tous nos gens, et que tous ceux qui estoient du costé de l'ennemy furent noyez. Cependant voilà que le Corsaire Premata Gundel, s'en vint attaquer le grand Iunco, dans lequel estoit Antonio de Faria. La premiere chose qu'il fist, fût de l'accrocher de pouppe et de prouë auec deux crampons, attachez à de longues chaisnes. Alors il se commença entre eux vn combat qui meritoit bien d'estre veu, où apres qu'il eust duré plus de demie heure, les ennemis le renouuellerent auec vn si grand courage, qu'Antonio de Faria s'y treuua blessé auec la pluspart de ses gens, et ainsi il courut fortune d'estre pris par deux diuerses fois. Neantmoins le bon-heur voulut pour luy, qu'estant secouru bien à poinct de trois Lorches et d'vn petit Iunco, dans lequel commandoit Pedro de Sylua, il plût à Dieu qu'auec ce secours les nostres regaignerent ce qu'ils venoient de perdre. Aussi presserent-ils les ennemis de telle sorte, que le combat se termina peu de temps apres auec la mort de huictante-six Mahumetans, qui estoient desia dans le Iunco d'Antonio de Faria, et l'y serroient de si pres, que nos gens n'y auoient dedans que le haut du chapiteau. Apres que les nostres furent entrez dans le Iunco du Corsaire, ils y firent passer au fil de l'espée tous ceux qu'ils y rencontrerent, sans donner la vie à pas vn d'eux, et treuuerent que les gens de Marine s'estoient desia tous iettez dans la mer. Cependant nous ne gaignasmes point cette victoire à si bon marché, qu'elle ne coustast la vie à 17. de nos gens, dont il y en auoit 5. de Portugais, et des meilleurs soldats qui fussent parmy nous, et 43. fort blessez, du nombre desquels estoit Antonio de Faria, qui receut vn coup de dard, et deux grands coups de reuers. Le combat estant finy de cette sorte, l'on fist inuentaire de ce qu'il y auoit dans le Iunco des ennemis, et cette prise fut estimée huictante mille Taeis, dont la meilleure partie consistoit en lingots d'argent du Iappon, que le Corsaire auoit pris en trois Iuncos de marchands partis de Firando, pour s'en aller à Chincheo; de sorte qu'en ce seul vaisseau le Pyrate auoit six-vingt mille escus; et tient-on qu'il en auoit bien autant dans l'autre Iunco qui fut coulé à fonds. A quoy plusieurs des nostres eurent vn extréme regret. Auec cette prise Antonio de Faria se retira en vne petite Isle nommée Buncalou, qui estoit à trois ou quatre lieuës de là vers l'Ouest, fort recommandable pour la bonté de son eau et de son fonds. Ayant mis pied à terre en ce lieu, ils y passerent tous dix-huict iours de temps, et se logerent en des cabanes qu'ils y firent à cause du grand nombre de blessez qu'il y auoit. Il plût à Dieu neantmoins, que dans ce temps là ils recouurerent tous leur santé. De cette Isle nous prismes nostre route vers ce mesme lieu; où auparavant nous auions resolu d'aller, à sçauoir Antonio de Faria dans le grand Iunco, Mem Taborda, et Antonio Anriquez dans le leur, Pedro de Sylua dans le petit que l'on auoit pris à Nouday, et Quiay Panjan auecque tous les siens, dans celuy que l'on venoit de prendre au Corsaire, qui luy fut donné pour recompense du sien qu'il auoit perdu, ensemble vingt mille Taeis qui furent pris sur le butin general, dont il se tint pour content; de quoy les nostres furent fort satisfaicts, pour en auoir esté grandement priez par Antonio de Faria, qui leur fist plusieurs promesses pour l'aduenir. Navigeant de cette sorte, six iours apres nous arriuasmes aux ports de Liampoo, qui sont deux Isles vis à vis l'vne de l'autre, esloignées de trois lieuës du lieu, où en ce temps-là les Portugais faisoient leur commerce. Là ils auoient faict plus de mille maisons, qui estoient gouuernées par des Escheuins, Auditeurs, Consuls, Iuges, et autres six ou sept sortes de Iustices, d'Officiers, et de Republiques, où les Notaires à la fin des actes publics qu'ils faisoient, mettoient au bas d'iceux. *Moy, tel Notaire public des minutes, et Iudicial en cette ville de Liampoo, de par le Roy nostre Sire.* Ce qui se practiquoit auec autant de confiance et de seureté, que si ce lieu eust esté situé entre Santarem et Lisbonne; de maniere qu'il y auoit desia des maisons qui auoient cousté à bastir trois ou quatre mille ducats, lesquelles tant grandes que petites furent depuis desmolies pour nos pechez, par ces peuples de la Chine, comme i'espere de le raconter plus amplement en son lieu. Par où l'on peut voir combien incertaines sont les choses qui se passent à la Chine touchant nos affaires, dont les Portugais discourent auec tant de curiosité, et dequoy quelques-vns abusez par les apparences font tant d'estat, sans considerer qu'à chaque heure elles courent de grandes fortunes, et sont exposées à vne infinité de desastres.

CHAPITRE LXVII.

De ce qu'Antonio de Faria fist à son arriuée aux ports de Liampoo, et des nouuelles qu'il eust en ce lieu de ce qui se passoit dans le Royaume de la Chine.

Entre ces deux Isles, que les habitans du pays, et ceux qui nauigent en cette coste, appellent les ports de Liampoo, il y a vn canal vn peu plus large que deux portées d'arquebuse, profond iusqu'à vingt-cinq brasses, où en certains endroicts il y a des riuages fort bons pour y ancrer, ensemble vne agreable riuiere d'eau douce, qui prend sa source du haut d'vne montagne, et passe par des boccages fort espais de Cedres, de Chesnes, et de Sapins; dequoy beaucoup de Nauires font prouision pour s'en seruir d'antennes, de masts, et de planches, sans qu'il leur en couste rien. Ce fut en ces Isles qu'Antonio de Faria moüilla l'ancre vn Mercredy matin. Mais deuant que passer outre Mem Taborda et Antonio Anriquez, luy demanderent congé de s'en aller aduertir la ville de son arriuée, afin de sçauoir par mesme moyen quelles nouuelles il y auoit dans le pays, et s'il ne s'y parloit point de ce qu'il auoit faict à Nouday. Car en cas que son arriuée fust dommageable à ce lieu en la moindre chose que ce fût, il estoit resolu de s'en aller hyuerner en l'Isle de Pullo Hinhor; sur quoy ils luy promirent de l'aduertir en diligence de tout ce qu'ils apprendroient. A cela Antonio de Faria fist response, qu'il approuuoit grandement cet aduis, et qu'il leur accorderoit le congé qu'ils demandoient. Alors il enuoya par eux mesmes certaines lettres qu'il adressoit aux principaux de ceux qui pour lors gouuernoient la ville, par lesquelles il leur faisoit vn bref recit du succés de son voyage, et les prioit instamment de le conseiller sur ce qu'ils auoient enuie qu'il fist, adjoustant qu'il estoit tout prest à leur obeïr. A ces paroles de compliment il en adjousta plusieurs autres semblables, d'où il reuient souuent beaucoup de profit, sans qu'elles coustent rien. Antonio Anriquez et Mem Taborda partirent ce mesme iour sur le tard, cependant qu'Antonio de Faria ne bougeast de là, en attendant les nouuelles qui luy viendroient; il estoit bien deux heures de nuict, quand ils arriuerent tous deux à la ville, où si tost que les habitans les virent, et qu'ils sceurent d'eux les nouuelles qu'ils apportoient, ensemble le succés de leur voyage, ils demeurerent fort estonnez; comme en effet la nouueauté d'vn tel cas le requeroit ainsi. Ils s'assemblerent donc incontinent au son d'vne cloche dans l'Eglise nostre Dame de la Conception, qui estoit la Cathedrale de 6. ou 7. qu'il y auoit en cette ville. Là ils traitterent entr'eux de ce qu'Antonio Anriquez et Mem Taborda leur auoient dit; puis voyant qu'Antonio de Faria auoit vsé d'vne grande liberalité, tant enuers eux, qu'enuers tous les autres qui auoient part dans le Iunco, ils resolurent de luy satisfaire en partie par des demonstrations d'affection et de recognoissance, faisant suppleer tous les deux au peu de pouuoir qu'ils auoient. Pour cet effet ils luy firent pour response vne lettre qu'ils signerent tous generalement, comme vne conclusion prise en vne assemblée, et la luy enuoyerent incontinent, ensemble deux Lanteaas pleines de quantité de rafraischissemens, et ce par vn Gentilhomme d'entr'eux nommé Hierosme de Rego, homme desia vieil, de sçauoir et d'autorité. Dans cette lettre ils le remercioient en termes tous remplis de courtoisie de la grande obligation qu'ils auoient tous en general, tant pour la grande faueur qu'il leur auoit faite en leur ostant leur marchandise d'entre les mains des ennemis, comme pour l'extréme affection qu'il leur auoit tesmoignée, en vsant enuers eux d'vne grande liberalité, pour laquelle ils esperoient que Dieu luy satisferoit en abondance des biens de sa gloire; Quant à la crainte qu'il auoit d'hyuerner en ce lieu, à cause de ce qui s'estoit passé à Nouday, qu'il se tint asseuré de ce costé-là, pource que le pays n'estoit alors si plein de repos, que cela fut capable de luy donner du ressentiment, pour estre assez troublé d'ailleurs, tant pour l'amour du Roy de la Chine, que pour les dissentions qu'il y auoit en tout le Royaume, parmy treize opposans, qui pretendans tous à la Couronne, tenoient la campagne, afin que par la force des armes ils eussent moyen de vuider vn different, qui ne se pouuoit terminer par le droit. A quoy ils adjoustoient que le Tutan Nay premiere personne apres le Roy, et qui commandoit souuerainement comme le Roy mesme, estoit assiegé dans la ville de Quoansy, par le Prechau Muan Empereur des Cauchins, en faueur duquel l'on tenoit que le Roy de Tartarie s'en venoit fondre dans le pays, auec vne armée de neuf cent mille hommes; de maniere que tout estoit tellement broüillé et meslé entr'eux, que quand mesme il auroit rasé la ville de Canton, c'est de quoy l'on ne se soucieroit pas beaucoup, qu'ainsi à plus forte raison ils pouuoient penser qu'on tiendroit pour grandement indifferent ce qui s'estoit passé à Nouday, qui dans la Chine à comparaison de plusieurs autres, n'estoit pas plus grande que Oeyras en Portugal, pour estre esgalé à Lisbonne. Qu'au demeurant pour l'asseurance de la bonne nouuelle qu'il leur auoit enuoyée, d'estre arriué en leur port, ils le prioient instamment qu'il luy plût y demeurer à l'ancre six iours, afin que durant ce temps-là ils eussent moyen de luy accommoder vn lieu propre à le receuoir, puis que par cela seulement ils luy pouuoient tesmoigner leur bonne volonté, n'estant pas capables de dauantage pour le present, ny de s'acquitter de tant d'obligations, dont ils luy estoient redeuables. Ces paroles de courtoisie estoient suiuies de plusieurs autres complimens, ausquels Antonio de

Faria respondit auec la bienseance requise. Cependant leur voulant complaire il leur accorda ce qu'ils luy demandoient, et dans les deux mesmes Lanteaas d'où luy estoient venus les rafraischissemens, il enuoya en terre les malades et les blessés qu'il auoit dans ses nauires, que ceux de Liampoo receurent auec de grands tesmoignages d'affection et de charité : car à l'heure mesme ils furent logez dans les maisons des plus riches, et pourueus magnifiquement de tout ce qui leur estoit necessaire, sans qu'il leur manquast aucune chose. Or durant les six iours qu'Antonio de Faria demeura en ce lieu il n'y eut point d'homme de qualité en toute la ville qui ne le vinst visiter auec quantité de presens et de diuerses sortes de prouisions, de rafraischissemens et de fruicts, le tout en si grande abondance, que nous estions estonnés de ce que nous voyons deuant nous, principalement de la grande proprieté et magnificence dont toutes ces choses s'accompagnoient.

CHAPITRE LXVIII.

De la reception que les Portugais firent à Antonio de Faria en la ville de Liampoo.

Durant les six iours qu'Antonio de Faria passa en ce lieu pour satisfaire à la promesse que ceux de Liampoo luy en auoient faite, il ne bougea point d'auprez de ses nauires. A la fin vn Dimanche deuant le iour, qui estoit le temps limité pour entrer au port, on luy fist ouïr vn fort beau concert de musique, tant d'instruments que de voix, dont l'harmonie estoit grandement agreable. Apres, pour vn adieu à la Portugaise il se fist vne maniere de pantalonnade au son des tambours ordinaires, et autres tels instruments, ce qui nous sembla grandement bon, pour estre conforme à la mode de nostre païs. Alors à quelques deux heures deuant le iour la nuict estant grandement paisible, et la Lune fort claire, il fist voile auec toute son armée, ayant dans ses nauires quantité de banderolles de soye, les grandes hunes et les soubshunes tenduës de toile d'argent et force beaux estendards de mesme.

Apres ces vaisseaux suiuoient plusieurs barques de rame, dans lesquelles il y auoit beaucoup de trompettes, de hautbois, de fluttes, de fifres, de tambours et d'autres tels instrumens tant Portugais, que Chinois; tellement que chaque vaisseau estoit de differente invention, et de mieux en mieux. Comme il fut grand iour, le vent vint à se calmer, eux estants à demie lieuë du port, ce qui fist qu'il vint à eux incontinent vne vingtaine de Lanteaas de rames, fort bien equippées, et plaines de quantité de musiciens, qui ioüoient de plusieurs instrumens. Ainsi en moins d'vne heure ils arriuerent tous à la rade; mais auparauant il vint au bord d'Antonio de Faria plus de soixante bateaux bolonus, et manchuas embellies de tentes et de banderolles de soye, ensemble de tapis de Turquie de fort grand prix. En ces bateaux il y auoit plus de trois cens hommes, tous bien parez et ayants quantité de chaisnes d'or, et leurs espées garnies de mesme, qu'ils portoient auec les baudriers à la mode d'Afrique, le tout si bien approprié, que ceux qui voyoient tout cet equipage n'en estoient pas moins contens qu'ils en estoient estonnés. Auec cette suitte Antonio de Faria se rendit au port, où estoient rangez par ordre vingt-six nauires et quatre vingt luncos, sans y comprendre vne grande quantité de Vancones et de Barcasses attachés à la file les vnes aux autres, et qui de cette façon faisoient une belle ruë fort longue, le tout entouré de pins, de lauriers, et de cannes vertes, auec plusieurs arcs de triomphes, couuerts de cerises, poires, lymons, oranges, et d'vne agreable verdure d'herbes odoriferantes dont les masts et les cordages estoient couuerts. Apres qu'Antonio de Faria se fust arresté pres de la terre, au lieu que pour cet effect on luy auoit preparé, il fist sa salue auec quantité de fort bonne artillerie. A quoy tous les autres vaisseaux, Iuncos et Barques, dont nous venons de parler respondirent incontinent tous par ordre, chose vrayement agreable, et dont les marchands Chinois estoient si fort estonnés qu'ils nous demandoient, si cét homme à qui l'on faisoit tant d'honneur et vne si belle reception estoit frere ou parent de nostre Roy? et pourquoy l'on faisoit toutes ces choses? A quoy quelques Courtisans respondirent, que son pere ferroit les Cheuaux que le Roy de Portugal montoit, et qu'à cause de cela on luy rendoit tous ces honneurs. Au reste, adiousterent-ils, tous tant que nous sommes icy ie ne sçay si nous pourrions estre ses valets, et luy seruir seulement d'esclaues : cependant les Chinois prenant ces paroles pour des pures verités, se regardoient les vns les autres, par maniere d'estonnement, et s'entredisoient, sans mentir il y a de grands Roys au monde, dont nos anciens Historiens n'ont iamais eu cognoissance pour en traitter dans leurs escrits, et il semble que celuy de qui l'on deuroit faire plus d'estat c'est le Roy de ces Portugais : car de la façon que l'on nous parle de sa grandeur, il faut qu'il soit plus riche, plus puissant, et plus grand en terre, en subiects et en estats que n'est ny le Tartare, ny le Cauchin, ce qui est assez manifeste, puisque le fils de celuy qui ferre ses cheuaux, ce qui n'est qu'vn mestier ordinaire fort mesprisé de tous les Roys de la terre, est si respecté de tous ceux de sa nation; surquoy vn autre qui oyoit ainsi parler son compagnon; certainement, disoit-il, ce Prince est si grand que si ce n'estoit vn blaspheme, on le pourroit presque comparer au fils du Soleil, Lyon couronné au throsne du monde. A quoy tous les autres, qui estoient à l'entour, adioustoient, cela se descouure assez par les grandes richesses que cette nation barbuë s'acquiert generalement par toute la terre, par la force des bras armés, auec lesquels ils font des affronts à tous les autres peuples du monde. Cette salue estant finie de part et d'autre, il arriua au bord du Iunco d'Antonio de Faria vne Lantea de Rame fort bien équippée et toute couuerte de branches de chastaignier auec leurs fruicts herissés de la façon que la nature les faict naistre au tronc des rameaux, la se voyoit quantité de roses et d'œillets agencés pesle mesle parmy vne verdure fort agreable de certains arbrisseaux que ceux du païs appellent *Lechias*, tous lesquels branchages estoient si espais qu'on ne voyoit point ceux qui ramoient, à cause qu'ils etoient couuerts de cette mesme liurée. Or sur le haut du tillàc de ce vaisseau il y auoit vne maniere de tribune fort riche, doublée de brocatel, et dans elle-mesme vne chaire d'argent, et tout à l'entour six filles de dix à douze ans, grandement belles, et qui accordoient quelques instrumens de musique à leurs voix, qu'elles auoient fort harmonieuses; on les auoit menées de la ville de Liampoo, qui estoit à 7. lieuës de là, et loüées pour de l'argent, moyennant lequel on n'y treuue pas seulement cela, et semblables choses, mais tout ce dequoy l'on a besoin, et ce en si grande abondance, qu'en ce païs-là il y a beaucoup de marchands qui sont riches du loüage de telles choses, dont ces peuples se seruent pour leur passetemps et recreation. Ce fut donc en cette Lanteaa qu'Antonio de Faria s'embarqua, et ainsi il arriua au quay auec vn grand bruit de haut-bois, tambours imperiaux, fifres, tambours ordinaires, et plusieurs instrumens de musique à la mode des Chinois, Malayocs, Champaas, Siames, Borneos,

Lequios, et autres gens de telle nation, qui estoient en ce port soubs la sauuegarde des Portugais, de peur des Corsaires qui couroient cette mer en grand nombre. Ayant mis pied à terre en ce lieu il y treuua vne tres-belle chaire de parade, comme celle qu'on defere d'ordinaire aux Chaems du gouuernement des 24. principaux de cet Empire; elle estoit soustenuë par huict bastons d'argent, portés par huict hommes des principaux de ce port, tous couuerts de robes neufues, de diuerses toiles d'or et d'argent richement brodées, auec de fort belles garnitures. Antonio de Faria s'estant assis en cette chaire, quoy qu'il en eust faict refus, y fut porté sur les espaules par huict Gentils-hommes vestus de mesme que les precedents. En cet equipage il fut conduit à la ville, enuironné de soixante hallebardiers, richement vestus à leur mode, et qui auoient en main des hallebardes et des pertuisannes damasquinées d'or et d'argent. Deuant luy marchoient encore huict Massiers auec de riches masses d'argent, tous vestus de hongrelines de velours cramoisy en broderie d'or. A la teste de ceux-cy se voyoient huict Cheualiers montez sur de tres-beaux cheuaux blancs, et vestus de velours de mesme liurée, auec des guidons de damas blanc, et force plumes et garnitures d'argent. Deuant eux il y auoit huict autres hommes de cheual, couuerts de grands chappeaux de velours verd et cramoisy, qui de temps en temps crioient tout haut à la Chinoise affin de faire ranger le peuple. De cette façon apres qu'Antonio de Faria se fust osté de sa chaire, et qu'on luy eut faict la bien-venuë, il s'en alla visiter les principaux et les plus riches de cette ville, qui par compliment se prosternoient à terre, en quoy il s'employa quelque peu de temps; apres cela il s'approcha de deux vieux Gentils-hommes habituez en ce païs, dont l'vn se nommoit Tristan de Gaa, et l'autre Hieronimo de Rego, qui luy firent au nom de tous vne harangue toute pleine de ses loüanges et fort eloquente : par icelle ils le comparoient au grand Alexandre en liberalité et le preuuoient par des raisons grandement fortes et veritables : et en grandeur de courage ils le preferoient à Scipion, à Hannibal, à Pompée, et à Iule Cæsar, y adioustant plusieurs autres choses semblables. Cela fait de ce mesme lieu il fut mené à l'Eglise par vne ruë fort longue, parée des deux costez, de sapins et de lauriers, toute ionchée par en bas, et par le haut tapissée de quantité de pieces de satin et de damas, où se voyoient encores en diuers endroits plusieurs bufets sur lesquels il y auoit des casselettes d'argent d'où s'exhaloient des parfums fort agreables, sans y comprendre plusieurs machines où se faisoient des intermedes fort ingenieux et de grands frays; prez du bout de cette ruë estoit vne tour de bois de sapin toute peinte comme si elle eust esté de pierre, au plus haut de laquelle se voyoient trois chapiteaux argentez, et au dessus une giroüette dorée auec vne banderolle de damas blanc, où paroissoient enluminées en or les armes Royales de Portugal. En vne fenestre de cette mesme tour estoient representez de petits garçons vestus à la Portugaise, ensemble vne femme déja vieille, qui sembloit pleurer, et qui tenoit à ses pieds vn homme demembré et fort bien representé au naturel, que dix ou douze Castillans tuoient, et le pressoient de toutes parts, tous armez, et ayans des hallebardes et pertuisanes teintes dans le sang de cét homme; toutes lesquelles figures estoient faictes si naifuement qu'on eust dict que c'estoit le naturel mesme. Ce qui signifioit le succez par lequel Nimo Gonçalles de Faria chef de cette noble famille, donna pour armes de sa noblesse son propre corps, lors qu'il fut mis à mort aux guerres qu'il y eut anciennement entre la Castille et le Portugal. A l'heure mesme apres qu'vne cloche qui estoit au haut de cette tour eust frappé trois coups, et qu'à ce signal le peuple se fust imposé silence, il sortit par la principale porte vn venerable vieillard, vestu d'vne

robe de damas cramoisy, accompagné de quatre
bedeaux qui portoient deuant luy des masses
d'argent. Comme il eust faict vne grande reuerence à Antonio de Faria, il luy dit en termes
pleins de respect, combien tous les habitans luy
estoient obligez, tant pour la grande liberalité
dont il auoit vsé en leur endroit, que pour la
faueur qu'il leur auoit faicte, pour auoir esté la
seule cause de ce qu'ils recouuroient leur marchandise; pour reconnoissance dequoy ils s'offroient tous à luy estre vassaux à l'aduenir, et à
luy faire vn hommage de tributaires tant qu'ils
viuroient; Qu'au reste s'il luy plaisoit ietter ses
yeux sur ce tableau qui estoit prés de luy, il y
verroit comme dans vn clair miroüer, auec combien de fidelité ses predecesseurs auoient gagné
l'honorable nom de sa famille, comme il estoit
manifeste à tous les peuples d'Espagne, et que
par mesme moyen il iugeroit par là que ce luy
estoit vne chose grandement bien-seante d'auoir
faict de si genereuses actions ; qu'au demeurant
il le supplioit tres-instamment au nom de tous,
que pour vn commencement de tribut qu'ils
s'offroient à luy donner en qualité de vassaux, et
d'obligés, il luy plust alors accepter ce petit present qu'on luy faisoit pour auoir seulement de
la mesche à ses soldats, et que pour le surplus
dont ils s'aduoüoient ses redeuables, ils luy pro-

testoient de s'en acquitter en temps et lieu. Là dessus il luy presenta cinq quaisses pleines de lingots d'argent de la valeur de dix mille Taeis. Antonio de Faria ayant remercié ce bon vieillard en termes fort courtois, des honneurs que iusques à lors on luy auoit faicts, ensemble du present qu'on luy offroit, s'excusa de le receuoir, combien qu'il fust grandement importuné de le faire.

CHAPITRE LXIX.

De quelle façon Antonio de Faria fut mené à l'Eglise, et de ce qui s'y passa iusqu'à ce que la Messe fust acheuée.

Antonio de Faria partit à l'instant pour s'en aller à l'Eglise, où l'on le voulut conduire à couuert d'vn riche daiz, que six des principaux habitans et des plus honorables de Liampoo luy tenoient tout prest; mais il ne le voulut iamais accepter, leur disant qu'il n'estoit point né pour receuoir vn si grand honneur qu'on luy vouloit faire. Cela dict, il poursuiuit son chemin sans autre pompe que l'ordinaire, accompagné de beaucoup de gens, tant Portugais, qu'autres de diuers pays, que le commerce auoit faict rendre en ce port, pour estre le meilleur et le plus riche qui fust alors en cette contrée. Cependant de quelque costé qu'il iettast ses yeux, il ne voyoit que resiouïssances publiques, qui consistoient en danses, mommeries, ieux et intermedes de plusieurs façons, de l'inuention de ceux du pays qui conuersoient parmy nous; ce que les vns faisoient par prieres, et les autres pour y estre forcez, sur peine de payer l'amende à laquelle on les condamnoit : Toutes lesquelles festes estoient renduës plus splendides par les trompettes, cornets à bouquin, haut-bois, flûtes, harpes, violes, fifres, et tambours, qui s'oyoient de toutes parts, et se confondoient dans vn labyrinthe de voix à la Chinoise, qui estonnoient tellement le sens, qu'on ne sçauoit si c'estoit vn songe, tant la chose paroissoit extraordinaire. Comme il fut arriué à la porte de l'Eglise, voilà venir au deuant de luy pour le receuoir huict Prestres reuestus de chappes en broderie, et de toiles d'or et d'argent, qui allans en procession se mirent à chanter le *Te Deum*. A quoy respondit incontinent vn concert de plusieurs belles voix entremeslées à l'orgue, d'où se formoit vne musique aussi harmonieuse qu'on sçauroit ouïr dans la Chappelle de quelque grand Prince. En cet appareil il fut mené tout doucement iusqu'au grand Autel, où il y auoit vn daiz de damas blanc, et pres d'iceluy vne chaire de velours incarnadin, et au bas d'icelle vn carreau du mesme velours. Il s'assist alors dans la chaire, et ouïst vne grande Messe qui fut celebrée auec beaucoup de ceremonies, et vn concert merueilleux tant de voix que d'instrumens. La Messe acheuée suiuit la predication, qui fut faite par Estienne Nogueyra, homme d'aage fort honorable, et Curé du lieu. Mais de qui il faut aduoüer que pour la discontinuation de la chaire, il estoit peu versé en matiere de Sermons; joint qu'il n'auoit du tout point de lettres; et toutesfois ce iour-là voulant passer pour sçauant homme en vne solemnité si remarquable, il s'aduisa de faire monstre de sa belle Rhetorique. Pour cet effect il fonda tout son Sermon sur les Loüanges d'Antonio de Faria, et ce en termes si mal rangez, et si hors de son sujet, que ce Chef en demeura tout honteux; ce qui fut cause que quelques-vns de ses amis le tirerent trois ou quatre fois par son surplus pour l'obliger à se taire, à quoy s'esueillant comme en sursaut, et tournant le visage vers ceux qui luy disoient qu'il s'imposast silence, « Ie n'en feray rien, leur dit-il, et ne laisseray pas de passer outre; car ie ne dis rien qui ne soit veritable, et que ie n'afferme dessus les saincts Euangiles. Cela estant, laissez-

moy parler ie vous prie, car i'ay faict vn vœu à
Dieu de ne me desister iamais des loüanges de
Monsieur le Capitaine, à cause qu'il le merite
bien pour m'auoir sauué sept mille ducats, que
i'auois enuoyé d'emploitte dans le Iunco de Mem
Taborda, que le chien de Coja Acem m'auoit
desia faict perdre en ce jeu : Que maudite soit
aussi l'ame d'vn si dangereux ioüeur et d'vn si
meschant diable, et plaise à Dieu qu'il en porte
à iamais la peine en Enfer, et dictes tous Amen
auec moy. » Cette conclusion prouoqua si fort
à rire toute l'assemblée qu'on ne se pouuoit
entendre dans l'Eglise, à cause du grand bruit
qu'on y faisoit; ce tumulte finy il sortit de la
Sacristie six petits garçons habillez en Anges, et
tenans en main des instrumens de musique tous
surdorez. Alors le mesme Prestre s'estant mis à
genoux deuant l'Autel de nostre Dame de la Conception, ayant les mains leuées au Ciel, et les
yeux baignez de larmes, se mist à chanter à haute
voix ces paroles, *Vierge vous estes vne rose*. A quoy
ces petits garçons respondirent fort melodieuse-
ment auec leurs instrumens, ce qui fut chanté
auec tant d'harmonie et de deuotion, qu'il n'y
eut celuy de la compagnie qui pust retenir ses
larmes. Cela faict, le Curé prist vne grande gui-
terre à l'antique, auec laquelle entonnant le
mesme, il recita quelques couplets fort deuots

sur le sujet de ces mots; ce qui fut suiuy comme auparauant d'vn mesme refrain que chanterent ces enfans, *Vierge vous estes vne rose*, chose qui fut treuuée fort agreable, tant pour le melodieux concert, que pour la grande deuotion qui en reuint à tout le peuple; tellement que de zele et d'ardeur il y eust quantité de larmes respanduës dans l'Eglise.

CHAPITRE LXX.

Du magnifique banquet que les Portugais de Liampoo firent à Antonio de Faria, et à ses compagnons.

La Messe estant acheuée, les quatre principaux Gouuerneurs de la ville ou cité de Liampoo, ainsi que les nostres les nommoient, qui estoient Mathieu de Brito, Lançarot Pereyta, Hierosme de Rego, et Tristan de Gaa, s'en vindrent à Antonio de Faria, et l'emmenerent auec eux en la compagnie de tous les Portugais, qui estoient plus de mille hommes de nombre. Auec cette compagnie il fut conduit en vne grande place qui estoit deuant sa maison, toute entourée d'vn espais boccage de chastaigniers tel qu'ils estoient venus des bois, tous chargez de fruict, et ornez par le haut de quantité d'estendars et de banderolles de soye, le tout jonché par en bas de force flambes et bois de roses vermeilles et blanches, dont il y en a vne tres-grande abondance à la Chine. Dans ce boccage estoient dressées trois longues tables, et entourées d'vne pallissade de myrthe fort longue aussi, dont toute la place estoit enuironnée, où il y auoit plusieurs conduits d'eau qui couroient des vns aux autres, par certaines inuentions des Chinois qui estoient si subtiles, que nul n'en pouuoit recognoistre le secret. Car par le moyen d'vn certain soufflet, tel que peut estre celuy d'vn orgue, auquel le principal conduit aboutissoit, l'eau rejaillissoit si haut, que lors qu'elle venoit à descendre en bas elle tomboit aussi menu que de la rosée; de sorte qu'auec vn seul pot remply d'eau on pouuoit arrouser cette grande place. Deuant ces trois tables se voyoient dressez de mesme trois grands buffets pleins de quantité de pourcelaine tres-fine, et où se voyoient six grands vases d'or, que les marchands Chinois auoient apportés et empruntés des Mandarins de la ville de Liampoo. Car en ce pays là les personnes de qualité se seruent tous en vaisselle d'or, et l'argent n'est que pour ceux de moindre condition. Ils apporterent aussi plusieurs autres pieces de vaisselle toute d'or, comme grands bassins, salieres, et couppes fort agreables à la veuë, si de temps en temps elles n'eussent donné de l'enuie à ceux qui les regardoient. Apres qu'on eut congedié ceux qui n'estoient pas du banquet, il n'y demeura que les conuiez, qui estoient quatre-vingt en nombre, sans y comprendre cinquante soldats d'Antonio de Faria. S'estans mis à table ils furent seruis par de ieunes filles grandement belles, et fort bien vestuës à la mode des Mandarins. A chaque seruice qu'on portoit sur table elles chantoient au son de certains instrumens melodieux, dont ioüoient quelques autres de leur compagnie. Pour le regard d'Antonio de Faria il fut seruy par huict femmes, filles d'honnestes marchands, extremément blanches et gentilles, à qui leurs peres en auoient donné la permission, et les auoient là menez de la ville, pour l'amour de Matthieu Brito, et de Tristan de Gaa. Elles estoient vestuës en Sereines, et portoient la viande sur table en dansant au son de diuers instrumens; chose merueilleuse à voir, et dequoy tous les Portugais demeurerent fort estonnez, ne pouuant assez loüer l'ordre et la gentillesse de ces magnificences, dont leurs oreilles et leurs yeux estoient charmez; ce qu'il y auoit de remarquable aussi, c'est qu'à chaque fois qu'ils beuuoient, l'on faisoit sonner les trompettes, les haut-bois et les tambours Imperiaux ; en cet ordre le banquet dura bien deux heures, pendant lesquelles il y eut tousiours des intermedes à la Portugaise et à la Chinoise. Ie ne m'arresteray pas icy à vous raconter la delicatesse et l'abondance des viandes qu'on y seruit, pource que ce seroit vne chose superfluë, voire infinie de deduire chaque chose en particulier. Il me suffira de vous dire que ie mets fort en doute s'il se peut faire vn festin, si ce n'est en fort peu d'endroits, qui surpasse celuy-cy en aucune chose que ce soit. Apres que les tables furent leuées ils s'en allerent à vn autre carrefour, enuironné d'eschaffauts tous tendus de soye, et qui estoient tous pleins de monde, là se voyoit vne grande place dans laquelle on courut dix taureaux et cinq cheuaux sauuages ; ce qui fut vn passe-temps si agreable qu'on n'en eust sceu auoir vn plus beau, durant lequel on ouït retentir de toutes parts quantité de trompettes, de fifres et de tambours, tant Imperiaux, qu'ordinaires. En suitte dequoy furent représentées plusieurs mommeries de diuerses inuentions. Or pource qu'il estoit desia tard, et qu'Antonio de Faria voulut de rechef s'embarquer pour s'en aller passer la nuict dans ses vaisseaux, il en fut empesché par ceux de la ville, qui ne le voulurent iamais permettre ; car on luy auoit appresté desia pour logis les maisons de Tristan de Gaa et de Matthieu de Brito, ayant faict faire pour cela vne galerie de l'vne à l'autre, là il fut logé fort commodément durant cinq mois de temps qu'il fut de sejour, sans iamais manquer de diuertissemens et de nouueaux passe-temps, qui consistoient en pescheries, et en diuerses sortes de chasses de voleries de faucons et d'esperuiers, ensemble à d'autres de cerfs, sangliers, taureaux et cheuaux sauuages, dont il y en a quantité dans cette Isle ; à quoy furent joints aussi diuers jeux et passe-temps de farces et mommeries de plusieurs sortes, sans y comprendre les magnifiques banquets qui se faisoient, tant les Festes, que les Dimanches, et en quelques autres iours de la sepmaine; de maniere que nous passasmes là ces cinq mois de temps, auec tant de diuertissement et de plaisir, que lors que nous en partismes nous ne croyons pas y auoir esté seulement cinq iours. Ce terme expiré, Antonio de Faria fit ses preparatifs de vaisseaux et de gens, pour s'en aller aux mines de Quoanjaparu. Or d'autant qu'il estoit en vne saison fort propre à faire ce voyage, il se resolut de partir le plus promptement qu'il pourroit. Mais il arriua cependant que le Corsaire Quiay Panjan fut saisi d'vne si grande maladie qu'il en mourut quelques iours apres, et ce au grand regret d'Antonio de Faria qui l'affectionnoit infiniment, parce qu'il treuuoit en luy des qualitez fort dignes de son amitié; aussi le fist-il enseuelir honorablement, comme estant le dernier deuoir que l'on peut rendre à vn amy. Apres la mort de Quiay Panjan on luy conseilla de ne se point hazarder en ce voyage, à cause que l'on tenoit pour chose asseurée que tout ce pays estoit en armes, et en reuolte pour les grandes guerres que le Prechau Muan auoit auec le Roy de Chammay, ensemble auec les Pafuaas et le Roy de Champaa, sur quoy luy fut donné vn aduis en ce mesme lieu d'vn fameux Corsaire qui se nommoit Similau, qu'il s'en alla chercher incontinent; et l'ayant treuué il luy raconta de grandes merueilles d'vne Isle appellée Callempluy, où il l'asseura qu'il y auoit dix-sept Roys de la Chine enseuelis en des tombeaux d'or, ensemble vne grande quantité d'idoles de mesme matiere, il adjousta là-dessus que la plus grande difficulté qu'il y eust en cela, c'estoit de charger les Nauires. Ce mesme Corsaire luy fist le recit des grands thresors qu'il y auoit en cette Isle, dont ie ne veux point traicter icy, pource que ie me doute bien que ceux qui en liroient la relation n'en voudroient rien croire. Or comme Antonio de Faria estoit naturellement fort curieux, et porté de cette mesme ambition à laquelle tous les soldats sont enclins, il presta l'oreille tout aussi-tost à l'aduis de ce Chinois, si bien que pour tarder dauantage il se resolut de le suiure. Ainsi sans en chercher d'autre tesmoignage que ce recit, il entreprist de s'exposer à ce hazard, et de faire ce voyage, sans qu'en particulier il voulust prendre conseil de personne; dequoy quelques-vns de ses amis s'offencerent auecque raison.

CHAPITRE LXXI.

Comme Antonio de Faria partit de Liampoo, pour s'en aller chercher l'Isle de Calempluy.

La saison estant déja propre à nauiger, et Antonio de Faria équipé de tout ce qui luy estoit necessaire à ce nouueau voyage qu'il auoit entrepris de faire, vn Lundy quatorziesme May de l'année mil cinq cent quarante-deux il partit de ce port, pour s'en aller en l'Isle de Calempluy; pour cét effect il s'embarqua en deux Panoures, qui ressemblent à des Galliotes, horsmis qu'elles sont vn peu plus esleuées. Car on luy conseilla de ne se mettre point en des Iuncos de haut bord ; tant pour estre descouuerts que pour raison des grands courans d'eau qui descendent de l'anse de Nanquin. A quoy ne pouuoient resister de grands vaisseaux auec toutes leurs voiles, principalement en la saison qu'il s'y en alloit, et ce à cause des hyuernades de Tartarie et de Nixihumflao qui és mois de May, de Iuin et de Iuillet courent sans cesse en ces plages auec vne grande impetuosité. En ces deux vaisseaux il y auoit cinquante six Portugais, vn Prestre pour dire la Messe, et quarante-huict Mariniers, tant pour la rame, que pour la conduite des villes, tous natifs de Patane. A ceuxcy l'on fist vn fort bon party à cause qu'ils estoient tous gens asseurez et fidelles. Il y auoit encore quarante deux de nos esclaues, de sorte que tout ce nombre de gens se pouuoit monter à quelques quarante-sept personnes: car le Corsaire Similau, qui estoit nostre Pilote, ne voulut pas davantage d'hommes ny de vaisseaux pour l'apprehension qu'il auoit d'estre reconneu, pour ce qu'il deuoit trauerser l'anse de Nanquin, et entrer par des riuieres fort frequentées, à cause dequoy il apprehendoit qu'il ne luy arriuast quelque desastre pour le grand hazard auquel nous nous exposions; nous employasmes tout ce iour-là et toute la nuict suiuante à sortir de toutes les Isles d'Angitur, et poursuiuismes nostre route par des mers que les Portugais n'auoient veuës ny nauigées iusques à lors. Parmy ces dangers, qui estoient si grands que nous en estions tous confus, nous eusmes le vent assez fauorable durant les cinq premiers iours, et fusmes à veuë de terre iusques à l'emboucheure de l'anse des pescheries de Nanquin. Là nous trauersasmes un Golphe de quarante lieuës et descouurismes vne montagne fort hàute appellée Nangafo, vers laquelle tirant auec la prouë du costé du Nord; nous courusmes encore cinquante iours. A la fin le vent s'abaissa vn peu; et pource qu'en cét endroit les marées estoient fort grosses, Similau se mist à vne petite riuiere, où estoit vne rade de bon fonds, et de bon abord, habitée par des hommes fort blancs, de belle taille, et qui auoient les yeux fort petits comme les Chinois, mais fort differents d'eux tant de langage que de vestements. Or durant trois iours de temps que nous fusmes là ces habitans ne voulurent auoir aucune sorte de communication auec nous; au contraire ils s'en vindrent par troupe sur le riuage, prés duquel nous estions ancrés, hurlant d'vne façon fort hideuse et tirant contre nous à coups de frondes et d'arbalestes, ioint qu'ils couroient de toutes parts comme forcenés, et sembloient auoir peur de nous. Trois iours après que le temps et la mer nous permirent de continuer nostre route, le Similau par qui tout se gouuernoit alors, et à qui chacun rendoit obéissance fit voile tout aussitost, mettant la prouë vers l'Est Nordest. Par cette route il nauigea encores sept iours à veuë de terre, puis trauersant vn autre Golfe, apres qu'il se fut tourné vers l'Est, il affranchit vn destroict de dix lieuës de large qui s'appelle Sileupaquin. Là il nauigea encore cinq iours, sans iamais abandonner de veuë beaucoup de bonnes Cités et villes fort riches. Aussi cette riuière estoit frequentée d'vne infinité de vaisseaux. Or pource qu'Antonio de Faria craignoit d'estre apperceu, à cause qu'on l'auoit asseuré que s'il falloit que ce malheur luy arriuast, il n'en eschapperoit iamais la vie sauue, il se mit en resolution de s'oster de là et de ne plus continuer cette route, dequoy le Similau s'apperceuant, et s'opposant à l'aduis que tous luy donnoient : Monsieur, luy dit-il, ie ne pense pas qu'il y ait aucun des vostres qui iusques icy me puisse accuser d'auoir mal faict mon deuoir, vous sçauez que dans Liampoo ie vous dis publiquement au conseil general qui fut tenu dans l'Église en presence de plus de cent Portugais, que nous allions tous nous exposer à de grands dangers, et moy principalement pour estre Chinois et Pilote : car pour vous autres, l'on ne vous feroit endurer qu'vne mort, mais quant à moy l'on m'en donneroit deux mille si cela se pouuoit. Par où vous pouuez bien voir que laissant à part toute trahison, il faut necessairement que ie vous sois fidele comme ie suis et seray toute ma vie non seulement en ce voyage, mais en toute autre entreprise en dépit de ceux qui en murmurent et qui vous ont faict de faux rapports de moy : que si vous apprehendez ce danger si fort comme vous dites et voulez que nous allions par vne autre route moins frequentée d'hommes et de vaisseaux, nous mettrons bien plus long-temps à ce voyage ; mais aussi nous nauigerons sans crainte d'aucune chose. C'est pourquoy prenez-en resolution auec vos gens, sans differer dauantage, ou bien retournons-nous-en, car me voyla prest à faire tout ce que vous voudrez. Antonio de Faria luy sceut fort bon gré de cela, et pour ce suiect il l'en embrassa plusieurs fois, puis s'entretenant auec luy sur la route qu'il deuoit prendre pour faire ce voyage, à cause des grands perils qu'il apprehendoit. Similau luy dit qu'à cent soixante lieuës plus auant du costé du Nord, il y auoit vne riuiere vn peu plus large d'environ demie lieuë, qui s'appelloit Sumhepadano, sur laquelle il ne pouuoit trouuer aucun obstacle, à cause qu'elle n'estoit point peuplee comme cette anse de Nauquim où il se trouuoit alors, mais qu'il y auoit aussi vn mois de retardement pour le grand detour que cette riuiere faisoit. Là-dessus Antonio de Faria trouuant plus à propos de se hazarder dans vne longueur de temps, que de se mettre en danger de la vie, pour abreger le chemin suiuit le conseil que Similau luy donna, de maniere que sortant de l'anse de Nanquim il costoya la terre cinq iours, à la fin desquels Dieu nous fist la grace de descouurir vne montagne fort haute auec vn rocher tout rond du costé de Lest, que Similau nous dit s'appeller Fanjus. L'ayant abordée de bien prez nous entrasmes en vn fort beau port de quarante brasses de fond, qui s'estendant en forme de croissant estoit à l'abry de toute sorte de vents, ioinct que deux mille vaisseaux pour grands qu'ils fussent s'y pouuoient ancrer à leur aise. Là Antonio de Faria mist pied à terre auec dix ou douze de ses soldats, et fist le tour de ce havre, sans qu'il sceut iamais treuuer personne, qui le pût instruire sur le chemin qu'il pretendoit faire ; dequoy il fut assez fasché et se repentit grandement de ce que sans aucune sorte de consideration, ny sans auoir pris le conseil de personne, il auoit entrepris ce voyage temerairement et par son caprice. Neantmoins il dissimuloit à part soy ce déplaisir le mieux qu'il pouuoit, de peur que les siens ne remarquassent en luy quelque lascheté de courage. En ce havre il s'entretint derechef auec Similau, en la presence de tous sur cette nauigation qu'il luy dit estre faicte comme à tastons ; à quoy le Chinois fist responce : Seigneur Capitaine, si ie vous pouuois engager quelque chose qui me fust de plus grand prix que ma teste, ie vous proteste que ie le ferois tres-volontiers, pour estre si asseuré de la route que ie prens, que ie ne craindrois point de vous donner mes propres enfans en ostage de la promesse que ie vous ay faicte dans Liampoo. Neantmoins, ie vous aduertis derechef, que si vous repentant de cette entreprise vous apprehendez de passer outre, pour les contes que vos gens vous font de moy, et qu'ils vous soufflent à tous propos à l'oreille, comme ie l'ay remarqué beaucoup de fois, commandez seulement, et vous trouuerez que ie suis prest de faire tout ce qu'il vous plaira. Pour le regard de ce que l'on vous veut faire acroire que ie fais ce voyage plus long que ie ne vous ay promis à Liampoo, vous en sçauez tres-bien la raison, qui ne vous a point semblé mauuaise au temps que ie vous l'ay proposée ; puis donc que vous l'auez receuë vne fois, ie vous prie que vostre cœur soit en repos de ce costé-là, et de ne point rompre ce dessein en rebroussant en arriere, que si vous le faictes, vous verrez combien profitable vous sera vostre peine. Ces langages calmerent vn peu l'esprit d'Antonio de Faria, qui luy dit alors qu'il s'en allast à la bonne heure où il voudroit pour le mieux, sans se mettre aucunement en peine du murmure des soldats dont il se plaignoit, adioustant que c'estoit la coustume des hommes oisifs de trouuer touiours à redire aux actions d'autruy, et qu'ainsi il ne s'arrestast point à leur proceder, dont ils se corrigeroient desormais, sinon qu'il les en sçauroit fort bien chastier; dequoy Similau demeura pour lors fort satisfaict et content.

CHAPITRE LXXII.

Continuation de ce qui arriua à Antonio de Faria, iusqu'à ce qu'il eust gagné la riuiere de Paatebenam, et de la resolution qu'il y prist touchant son voyage.

APRES que nous fusmes partis de ce havre nous fismes voile le long de la côte plus de treize iours durant, tousiours à veuë de terre, et arriuasmes en fin en un port nommé Buxipalem, à quarante-neuf degrez de hauteur. Nous trouuasmes ce climat vn peu plus froid que les autres, et y vismes vne infinité de poissons et de serpens de si estranges formes que je n'en puis parler sans effroy. Dequoy le Similau dit à Antonio de Faria des choses du tout incroyables, tant de ce qu'il y auoit veu, pour s'y être autrefois treuué, comme de ce qu'on y auoit ouy souuent de nuict, principalement aux plaines lunes des mois de Nouembre, Decembre, et Ianuier, lors que les tourmentes sont grandes. Comme en effect, ce mesme Chinois nous en monstra des preuues à veuë d'œil, par le moyen desquelles il nous iustifia la plus part des choses qu'il nous auoit racontées. Car nous vismes en ce lieu là des poissons en forme de Rayes que nous appellasmes *peixes mantas*, qui auoient plus de quatre brasses de tour, et le museau comme vn bœuf. Nous en vismes aussi d'autres semblables à de grands lezards tous tachetés de verd et de noir, auec trois rangs d'espines sur l'eschine, fort pointuës, de la grosseur d'vne fleche; dequoy tout le reste du corps estoit plein. Il est vray qu'elles n'estoient pas si longues ny si grosses que les autres. Ces poissons se herissent de temps en temps comme des porcs-espis; ce qui les rend fort espouuantables à voir, auec cela ils ont le museau grandement pointu et noir auec des crocs qui leur sortent hors des machoires, de la longueur de deux pans que les Chinois appellent *puchissucoens*, qui ressemblent aux deffences d'vn sanglier; là nous apperceusmes encore vne autre sorte de poissons qui sont tels. Ils ont tous le corps extrémément noir comme les chabots et sont si prodigieux et si grands que leur teste seule a plus de six pans de large, lors qu'ils estendent leur najoire dans l'eau ils paroissent ronds d'vne brasse de tour aux yeux de ceux qui les voyent. Ie passe icy sous silence tout-plein d'autres poissons de diuerses sortes que nous vismes en ce lieu pource que ie ne iuge point à propos de m'arrester sur vne chose qui est hors de nostre suject. Il me suffira de dire que durant deux nuicts seulement que nous demeurasmes en cét endroit nous n'y creusmes pas estre en asseurance à cause des lézards, baleines, poissons et serpens que nous y voyons de iour et de nuict, ioint que nous oyions en ce lieu vne si grande quantité de sifflements, volemens, et hannissemens de cheuaux marins qui se voyoient le long de ce riuage, que les paroles ne peuuent suffire à les raconter. Estans sortis de ce havre de Buxipalem, que les nostres appellerent la riuiere des serpens, Similau fist voile par sa mesme route plus de quinze lieues par delà, en une autre Baye beaucoup plus belle et plus profonde, qui s'appelloit Calindauco, faicte en forme de croissant, qui auoit plus de six lieuës de circuit, et estoit enuironnée de fort hautes montagnes et de bois grandement espais, à trauers lesquels descendoient d'enhaut plusieurs ruisseaux d'eau douce, d'où se formoient quatre grandes et belles riuieres, qui entroient toutes dans cette Baye. Là Similau nous dit que tous ces animaux prodigieux, que nous avions veus et ouys ; tant en l'autre Baye qu'en celle où nous estions, s'y venoient rendre pour y repaistre à cause des immondices et des charongnes que les debordemens de ces riuieres y apportoient, dont ces monstres estoient amorcés, ce qui n'arriuoit qu'en ce seul endroit que nous auions laissé. Antonio de Faria luy ayant demandé là-dessus d'où pouuoient venir ces riuieres, il respondit qu'il n'en sçauoit rien, mais qu'il estoit bien veritable que les Annales de la Chine faisoient foy, que deux d'icelles prenoient leur source d'vn grand lac qui s'appelloit Moscombia, et les deux autres d'vne prouince nommée Alimania, où il y a des hautes montagnes qui tout le long de l'année sont couuertes de neiges, tellement que ces neiges venant à se fondre, ces riuières s'enfloient comme nous voyons, car alors elles estoient plus grosses qu'en tout autre temps de l'année. A cela il adjousta, qu'entrant dans l'emboucheure deuant laquelle nous estions ancrez, qui s'appelle *Paatebenam*, nous devions continuer nostre route, dressant la prouë à l'Est et à l'Est-oüest, pour chercher derechef le port de Nanquin, que nous auions laissé derriere nous à deux cent soixante lieuës, à cause qu'en toute cette distance nous auions multiplié en vne hauteur bien plus grande que n'estoit celle de l'Isle, que nous allions chercher. Or combien que cela nous trauaillast grandement, si est-ce que Similau prioit Antonio de Faria de tenir ce temps-là pour bien employé, à cause qu'il auoit faict pour le mieux, et pour vne plus grande asseurance de nos vies; là dessus enquis par Antonio de Faria combien il falloit de temps pour passer la riuiere où il le menoit, il luy respondit qu'il en seroit dehors dans quatorze ou quinze iours, et que cinq iours apres il luy promettoit de le mettre luy et ses soldats en l'Isle de Calempluy, où il esperoit de contenter amplement son desir, et de luy faire treuuer pour bien employez les trauaux dont il se plaignoit maintenant. Antonio de Faria l'ayant embrassé là dessus fort estroitement, luy promit d'estre à jamais son amy, et le reconcilia auec ses soldats, desquels il se plaignoit fort auparauant, et de qui neantmoins il demeura fort satisfait à la fin. Ainsi r'asseuré par les paroles que Similau venoit de luy dire, et certifié de la nouuelle route par laquelle il devoit r'entrer en vne terre si puissante et si grande, il encouragea ses soldats, et se mist en ordre convenable à son dessein, preparant pour cet effect son artillerie, qui iusques alors n'auoit point esté chargée. Par mesme moyen il fit tenir ses armes prestes, et ordonna des Capitaines et des sentinelles pour faire la garde, ensemble tout ce qu'il iugea necessaire pour se defendre, en cas qu'il arriuast quelque chose. Cela faict, il dit à Diego Lobato, qui estoit le Prestre que nous menions auec nous, et que nous respections comme un homme d'Église, qu'il eust à faire une harangue ou vn sermon à nos gens, pour les animer aux dangers qui nous pourroient arriuer; dequoy il s'acquitta fort dignement, et par l'efficace de ses paroles pleines de douceur et de plusieurs beaux exemples, il remist grandement les esprits de tous, qui iusques alors auoient esté fort affoiblis et espouuantez par l'extréme apprehension des perils qui nous menaçoient; de maniere qu'il n'y eut celuy d'entre nous qui ne reprist incontinent vn nouueau courage, pour executer hardiment l'entreprise qu'ils auoient faicte. Alors pleins d'ardeur et de zele ils chanterent vn *Salue* fort deuotement deuant vne image de Nostre Dame, et promirent tous que sans rien apprehender ils acheueroient le voyage qu'ils auoient commencé. Cela faict nous laschasmes les voiles avec beaucoup d'allegresse, et entrasmes dans l'emboucheure de la riuiere, tournant la prouë droict au Rhomb de l'Est, en inuoquant les larmes aux yeux, et du profond de nos cœurs l'assistance de ce souuerain Seigneur, qui est assis à la dextre de son Pere eternel, afin qu'il nous conseruast par sa main puissante.

CHAPITRE LXXIII.

De ce qui aduint à Antonio de Faria, iusques à son arriuée en la montagne Gangitanou, et de la deformité des hommes ausquels il parla.

Continuant nostre route à force de rames et de voiles, tournant la prouë par diuers endroits, à cause des grands destours de la riuiere, le lendemain nous arriuasmes à vne fort haute montagne nommée *Botinafau*, où couloient plusieurs riuieres d'eau douce. En cette montagne il y auoit quantité de Tygres, de Rhinoceros, de Lyons, d'Onces, de Zeures, et d'autres tels animaux de diuerses sortes, lesquels sautans et crians par vn naturel farouche, faisoient vne cruelle guerre aux autres bestes plus foibles, comme Cerfs, Sangliers, Singes, Magots, Guenons, Loups et Renards; à quoy nous prismes vn merueilleux plaisir, et nous amusasmes vn assez long-temps à les voir, mesme des Nauires où nous estions nous criasmes tous à la fois pour leur donner l'espouuante; dequoy neantmoins ils ne s'effrayerent que bien peu, pour n'auoir accoustumé d'estre poursuiuis des chasseurs. Nous fusmes environ six iours à passer cette montagne, qui pouuoit estre à 40. ou 50. lieuës de chemin. Au sortir de ce mont nous en treuuasme vn autre qui n'est pas moins sauuage, et qui s'appelle *Gangitanou*, d'où passant outre, tout le reste de ce pays est fort raboteux et presque inaccessible. Dauantage il est plain de si espaisses forests, que le Soleil n'y peut communiquer ses rayons, ny la force de sa chaleur en aucune façon que ce soit. Similau nous dict, qu'en cette mesme montagne il y auoit enuiron nonante lieuës de terre deserte, pour n'estre propre au labourage, et que seulement au bas de ce lieu habitoient certains hommes grandement difformes, appellez *Gigauhos*, qui viuoient brutalement, et ne se nourrissoient d'autre chose que de la chasse qu'ils pouuoient faire, ou du riz que les marchands de la Chine leur apportoient de Catan, en eschange des fourrures qu'ils leur bailloient, en suitte de cela il nous dict, qu'il estoit bien asseuré que les droits que l'on payoit de ces peaux aux doüanes de Pocasser et de Lantau, se montoient au nombre de 20000. Cates, et que chacun Cate ou Balot estoit de soixante peaux; d'où l'on peut inferer que si le Chinois disoit vray, il sortoit tous les ans de ce pays plus de deux cent mille fourrures, dont ces peuples se seruoient en hyuer à doubler les robes, tapisser des maisons, et à faire des couuertures de lict, pour resister à la froideur du climat qui est grande. Alors Antonio de Faria bien estonné de cela, et de plusieurs autres choses que Similau luy disoit; mais plus encore de la difformité de ces *Gigauhos*, dont ce Chinois l'entretenoit, il le pria qu'il taschast de luy en faire voir quelqu'vn, l'asseurant que cela le contenteroit plus que s'il luy donnoit tous les thresors de la Chine; à quoy Similau luy fist response, Seigneur Capitaine, puis que ie voy que cela m'importe, tant pour me maintenir en credit enuers vous, que pour imposer silence à ceux qui murmurent contre moy, et qui se poussant l'vn l'autre se mocquent de moy, quand ie vous raconte ces choses qu'ils tiennent pour autant de fables, afin que par vne verité ils puissent entrer en cognoissance de l'autre, ie vous promets qu'auparauant que le Soleil soit couché ie vous feray voir vne couple de ces gens-là, et parler à eux, à condition que vous ne mettrez point pied à terre, comme vous auez tousiours faict iusqu'à maintenant, de peur qu'il ne vous arriue quelque malheur, comme il aduient tous les iours aux marchands qui se veulent pourmener aux despens du bien d'autruy. Car ie vous asseure que les Gigauhos sont d'vn naturel si brutal et si farouche, qu'ils ne se nourrissent que de chair et de sang, comme tous les animaux qui vivent dans ces forests. Ainsi comme nous continuons d'aller à voile et à rame le long de ces costes, voyant tousiours l'espaisseur des arbres et la rudesse des montagnes, ensemble vn nombre infiny de guenuches, singes, renards, loups, cerfs, sangliers, et autres tels animaux sauuages, qui à force de courir dans ces lieux couuerts, s'embarassoient les vns dans les autres, nous prismes garde qu'ils faisoient vn si grand bruit que nous ne pouuions nous entr'ouïr lors que nous parlions, chose qui nous desennuya vn assez long-temps; cependant de derriere vne pointe que faisoit la terre, nous vismes venir vn ieune garçon qui n'auoit pas vn seul poil de barbe, et qui chassoit deuant luy six ou sept vaches qui paissoient là tout aupres. Similau luy ayant faict signe auec vne seruiette, il s'arresta tout incontinent, puis quand nous eusmes abordé la riue où il estoit, Similau lui monstra vne piece de taffetas verd, estoffe qu'il nous dict estre fort agreable à ces hommes brutaux. Par mesme moyen il luy demanda par signe s'il la vouloit achepter; sur quoy s'estant approché de nous, il nous respondit auec vne voix fort casse, *Quiteu paran, fau fau*. Paroles que nous ne peusmes comprendre, à cause que pas vn de ceux qui estoient dans nos vaisseaux n'entendoit ce langage barbare, tellement qu'il falloit que tout ce commerce ne se fist que par signes. Alors Antonio de Faria commanda que de cette mesme piece de taffetas on luy en donnast trois ou quatre aulnes, ensemble six pourcelaines; dequoy ce sauuage tesmoigna d'estre fort content, si bien qu'ayant pris l'vn et l'autre, transporté de ioye qu'il estoit, il se mist à dire, *Pur pacam pochy pilaca hunangue doreu;* ce que nous ne pûmes entendre non plus que le reste. A l'heure mesme faisant signe de la main vers le lieu d'où il estoit, il s'y en retourna, et laissant ses vaches pres du riuage il s'en alla courant vers le bois, vestu qu'il estoit d'vne peau de Tygre, les bras nuds, et les pieds aussi, et la teste descouuerte, n'ayant pour toutes armes qu'vn baston bruslé par le bout. Au reste il estoit fort bien proportionné de ses membres, et auoit les cheueux roux et crespelus qui luy pendoient dessus les espaules. Quant à sa taille à ce qu'on en pouuoit conjecturer, elle estoit bien de plus de dix pans de haut; mais nous fusmes tous estonnez qu'vn quart d'heure apres il s'en reuint au mesme lieu portant sur ses espaules vn Cerf tout en vie, et ayant en sa compagnie treize personnes, à sçauoir huict hommes et cinq femmes, qui amenoient trois vaches liées, et dansoient tous ensemble au son d'vn tambour Imperial, sur lequel ils frappoient cinq fois de temps en temps, et en faisoient autant auec les mains, disans d'vne voix fort casse, *Cur cur hinau falem*. Alors Antonio de Faria leur fit monstrer cinq ou six pieces d'estoffe de soye, ensemble quantité de pourcelaines, pour les obliger à croire que nous estions marchands; ce qu'ils furent bien-aises de voir. Toutes ces personnes tant hommes que femmes estoient vestuës d'vne mesme façon, sans qu'en leur habillement il y eust d'autre différence, sinon que les femmes portoient au milieu de leur bras de gros brasselets d'estain, et qu'elles auoient les cheueux beaucoup plus longs que les hommes, où elles portoient quantité de fleurs semblables à celles que nous appellons flambes. Dauantage en leur col elles auoient des chaisnes de coquilles rouges, qui n'estoient gueres moins grandes que celles des huistres; pour les hommes ils portoient en main de gros bastons garnis iusqu'au milieu des mesmes peaux dont on les voyoit couuerts. Au reste ils auoient tous vne mine fort farouche, les levres grosses, le nez plat, les narines larges, et tout le reste du corps enorme, mais non pas tant comme nous croyons; car Antonio de Faria les ayant faict mesurer, il se treuua que le plus haut d'entr'eux ne passoit pas dix pans et demy de hauteur, reserué vn vieillard qui en auoit presque onze. Quant aux femmes leur taille n'estoit pas tout à fait de dix pans : à voir leur mine ie iugeay aussi-tost qu'ils estoient fort rudes et grossiers, et moins raisonnables que tous les autres peuples que nous auions veus en nos conquestes. Or Antonio de Faria estant bien-aise qu'ils ne fussent point là venus inutilement, leur fist donner soixante pourcelaines, vne piece de taffetas verd, et vn panier tout plein de poivre; dequoy ils tesmoignerent estre si contens, que se prosternans à terre, et leuans les mains au Ciel, ils se mirent tous à dire, *Uumguahileu opomguapau lapaon lapaon lapaon*; ce que nous prismes pour des paroles de remerciment à leur mode; joint qu'il nous fut bien aisé de le iuger par leur façon de faire, à cause que par trois diuerses fois ils se ietterent par terre, nous donnant les trois vaches et le cerf, ensemble vne grande quantité de poirée; puis ils dirent tous ensemble auec vne voix fort desagreable plusieurs autres mots selon leur jargon, dont ie ne puis me souuenir, joint qu'il n'y auoit personne de nous qui les entendist. Ainsi apres auoir esté auec eux enuiron trois heures parlant par signes, et n'estans pas moins estonnez de les voir, qu'ils l'estoient eux-mesmes de nous regarder, ils s'en retournerent dans le mesme bois d'où ils estoient venus, sautans à tous coups au son du tambour, pour monstrer qu'ils se departoient d'auec nous grandement contens de ce que nous leur auions donné; de là nous suiuismes nostre route à mont la riuiere par l'espace de cinq iours, pendant lesquels nous les voyons tousiours le long de l'eau, et par fois comme ils se lauoient tous nuds. Mais nous ne voulusmes pas les aborder dauantage. Apres auoir passé toute cette distance de terre, qui pouuoit estre de 40. lieuës, plus ou moins, nous nauigeasmes encore seize iours à force de voiles et de rames, sans voir personne en ce lieu desert, si ce n'est que durant deux nuicts nous vismes quelques feux assez auant dans la terre. A la fin apres ce temps-là, Dieu nous fist la grace d'arriuer à l'anse de Nanquin, comme Similau nous auoit dict, auec esperance de voir dans cinq ou six iours l'effect de nostre dessein.

CHAPITRE LXXIV.

Des grands trauaux que nous eusmes en l'anse de Nanquin, et de ce que Similau nous fit en ce lieu.

Arriuez que nous fusmes en cette anse de Nanquin, le Pilote Similau conseilla à Antonio de Faria de ne permettre qu'en quelque façon que ce fust aucun Portugais se fist voir à personne; adjoustant, que si telle chose arriuoit, il apprehendoit que quelque renolte ne s'en ensuiuist parmy les Chinois, pource qu'en ce lieu-là l'on n'auoit iamais veu iusques alors aucuns estrangers; en suitte de cela il dit que luy-mesme et les autres Chinois qui estoient dans les vaisseaux luy pourroient assez suffisamment rendre raison de ce qu'il demanderoit; qu'au reste son aduis estoit d'aller plustost par le milieu de l'anse, que terre à terre, à cause du grand nombre de Lorchas et Lanteaas qui nauigeoient sans cesse de part et d'autre. Ce conseil fut trouué bon d'vn chacun, et il n'y eut celuy qui ne fust bien content de le suiure. Nous auions desia six iours à continuer nostre route vers l'Est et l'Est Nordest, lors que nous descouurismes deuant nous vne grande ville nommée Sileupamor, où nous allasmes tout droit et y entrasmes à deux heures de nuict dans le havre, où il faisoit fort bon ancrer à deux lieuës à l'entour, aussi nous y vismes à l'ancre vn grand nombre de vaisseaux qui selon l'aduis de quelques vns estoient plus de trois mille de nombre, ce qui nous donna si fort l'alarme, que sans oser tant soit peu bransler, nous en sortismes paisiblement. Trauersant donc la largeur de la riuiere, qui pouuoit estre desia de 6. ou 7. lieuës, nous continuasmes nostre route le reste du iour, et costoyasmes vne grande plaine, auec dessein de nous accommoder de viures au premier lieu où nous en treuuerions. Or d'autant que nous n'en auions alors que fort peu, et qu'on nous les distribuoit auec un grand ordre, nous passasmes 13. iours dans vne extreme necessité, de telle sorte qu'on ne donnoit qu'à chacun trois bouchées de riz cuit dans de l'eau, sans autre chose quelconque. Comme nous estions en cette extremité nous arriuasmes pres de certains edifices fort vieux que l'on appelloit Tanamadel, là nous mismes pied à terre vn matin auant le iour, et donnasmes dans vne maison qui estoit vn peu esloignée des autres, où il plût à Dieu que nous trouuasmes vne grande quantité de riz, ensemble de petites febues de hariquot, de grands pots tous pleins de miel, des oysons parfumez, des oignons, des aulx et des canes de sucre dont nous fismes telle prouision que nous voulusmes. Quelques Chinois nous dirent depuis que cette maison estoit la despence d'vn hospital qui se voyoit à deux lieuës de là, où l'on faisoit les prouisions des pelerins qui passoient par là pour s'en aller en pelerinage visiter les tombeaux des Roys de la Chine. Nous estans rembarquez bien fournis de viures nous continuasmes nostre voyage encore sept iours, qui faisoient deux mois et demy, depuis le temps que nous estions partis de Liampoo. Deslors Antonio de Faria commença d'entrer en défiance de ce que Similau luy auoit dit, de maniere qu'il se repentit d'auoir entrepris le voyage comme il le confessa publiquement deuant tous. Neantmoins pource qu'il n'y auoit point d'autre remede pour luy que de se recommander à Dieu, et se preparer auec prudence à tout ce qui luy pouuoit arriuer, il le fit auec beaucoup de courage. Il arriua cependant qu'vn matin ayant demandé à Similau en quel lieu il croyoit estre, il luy respondit fort mal à propos, et en homme qui sembloit auoir perdu le iugement, ou qui ne sçauoit quel chemin il auoit faict; Dequoy Antonio de Faria se mit si fort en cholere qu'il le voulut tuer d'vn poignard qu'il auoit à son costé, ce qu'il eust faict sans doute, s'il n'en eust esté diuerty par plusieurs personnes, qui luy conseillerent de n'en rien faire, et que cela seroit cause de son entiere ruïne. Alors ayant moderé sa cholere il obeit au conseil que ses amis luy donnerent. Pour tout cela neantmoins il ne fut pas si calme dans ce premier mouuement que portant sa main sur sa barbe il ne iurast : que si dans trois iours il ne luy faisoit voir ou le vray ou le faux de ce qu'il luy auoit dit il le poignarderoit infailliblement. Dequoy Similau demeura si fort espouuenté, et en conceut vne telle apprehension en son esprit, que la nuict suiuante comme ils estoient tous arrestez le long de la terre il se laissa couler du vaisseau dans la riuiere, ce qu'il fit si habilement qu'il ne fut apperceu de la sentinelle iusques à ce que les gardes furent finies qui en aduertirent incontinent Antonio de Faria. Cette nouuelle le mit alors si hors de soy-mesme, que peu s'en fallut qu'il ne perdist toute patience, ioinct que d'apprehension qu'il auoit qu'il n'arriuast quelque reuolte, à quoy il voyoit que les soldats estoient déja disposés, il faillit à tirer les deux sentinelles pour la mauuaise garde qu'ils auoient faicte. A l'heure mesme il mit pied à terre auec tous les siens, et passa presque toute la nuict à chercher Similau sans le pouuoir iamais treuuer ny aucune autre personne viuante qui luy en peut donner des nouuelles ; mais ce qu'il y eut de pire encore fut que s'estant rembarqué dans ses vaisseaux il treuua que de quarante-six mariniers Chinois qui estoient auec luy, trente-six s'en estoient fuys pour preuenir le danger qui leur pouuoit arriuer ; dequoy Antonio de Faria et tous ceux qui se treuuerent auec luy demeurerent si estonnés, que ioignant les mains et haussant les yeux au Ciel, ils furent quelque temps sans pouuoir dire un seul mot, si bien que leurs larmes suppleerent au defaut de leurs paroles, pour tesmoigner le secret ressentiment qu'ils en auoient dans l'ame : car ayant bien remarqué pour lors ce qui leur venoit d'arriuer, et l'extreme danger où ils se voyoient tous reduits, la moindre chose qu'ils pouuoient faire dans cette confusion c'estoit de perdre le courage et le iugement, et à plus forte raison la parole. Neantmoins il fut question à la fin de prendre conseil sur ce qu'ils auoient à faire à l'aduenir à quoy ils passerent vn long temps sans rien resoudre, à cause de la grande diuersité d'opinions qu'il y auoit. Toutesfois il fut conclud en fin que nous poursuiurions tousiours nostre dessein, et tascherions de prendre quelqu'vn qui nous dist combien il y pouuoit auoir de là iusques en l'Isle de Calempluy, ce que nous ferions le plus secrettement qu'il nous seroit possible, de peur que le païs ne se reuoltast ; qu'au reste si par le rapport qu'on nous en feroit nous trouuions qu'il fust facile de l'attaquer, comme Similau nous auoit dit, nous passerions outre, sinon, que nous retournerions descendre par le fil de l'eau qui nous meneroit droit à la mer où elle auoit son cours ordinaire. Ceste conclusion prise par l'aduis de tous, nous continuasmes nostre route auec non moins de confusions que de crainte : car il ne se pouuoit faire autrement qu'en vn si manifeste danger nous n'eussions vne extreme apprehension de la mort. La nuict suiuante comme nous fusmes presqu'à la fin de la premiere garde nous descouurismes au milieu de la riuiere par prouë vne barcasse, laquelle y estoit à l'ancre. L'extreme necessité où nous estions reduits alors, nous obligea d'y entrer sans faire aucun bruit : ce qu'ayant faict, nous y prismes cinq hommes que nous y trouuasmes tous endormis : alors Antonio de Faria interrogea chacun d'eux en particulier, pour voir si tout ce qu'ils disoient se rapporteroit ensemble. A ces demandes ils respondirent tous, que cette contrée où nous estions s'appelloit Temquilem, d'où iusques à l'Isle de Calempluy il n'y auoit que dix lieuës de distance. En suitte de cela il leur fit plusieurs autres questions pour nostre commune seureté, à quoy tous respondirent separément l'vn de l'autre fort à propos. Cependant Antonio de Faria et tous les autres demeurerent fort satisfaicts d'vne si bonne nouuelle, ce qui n'empescha pas qu'ils ne fussent grandement faschez du desordre qui s'estoit passé entr'eux : car il estoit bon à voir que sans Similau que nous auions pour Nord de nostre voyage, nous ne pourrions faire aucune chose qui nous fust beaucoup profitable. Là dessus Antonio de Faria mit aux bancs ces cinq Chinois, qu'il arresta prisonniers; puis il continua sa route durant deux iours et demy, à la fin desquels il pleut à Dieu qu'en tournant vne pointe de terre, qui s'appelloit *quinai taraon*, nous descouurismes cette Isle de Calempluy, qu'il y auoit huictante trois iours que nous allions cherchant auec vne extreme confusion de peines et de trauaux, comme i'ay dit cy-deuant.

CHAPITRE LXXV.

Nostre arriuee à Calempluy, et la description de cette Isle.

Ayant doublé, comme i'ay déja dit, la pointe de Guimai Tarao, deux lieuës plus auant nous descouurismes vne belle plaine de terre située au milieu d'vne riuiere, qui selon les apparences n'auoit pas plus d'vne lieuë de circuit. Antonio de Faria s'en aprocha auec vne extreme ioye, qui neantmoins estoit entremeslée d'vne grande apprehension, pour n'auoir reconnu iusques alors en quel danger luy et les siens s'estoient mis. Enuiron trois heures de nuict il ancra prez de cette Isle à la portée d'vn canon, et le lendemain si tost qu'il fut iour il tint conseil auec ceux des siens qui pour cet effect furent appellez : Là il fut conclu qu'il n'estoit pas possible qu'vne chose si grande et si magnifique ne fust gardée de quelques gens; et ainsi deuant que passer outre ils resolurent qu'auec le plus de silence qu'ils pourroient l'on en feroit tout le circuit pour voir quelles aduenuës elle auoit, ou quels obstacles nous pourrions treuuer quand il seroit question d'aborder la terre, affin que selon cela on deliberast plus amplement sur ce qu'on auroit à faire. Auec cette resolution, qui fut approuuée d'vn chacun, Antonio de Faria fit leuer l'ancre, et sans faire aucun bruit il s'approcha fort prez de la terre où il tournoya tout à son aise, et y remarqua particulierement chaque chose selon qu'elle se presentoit à sa veuë. Cette Isle estoit toute enclose d'vn terre-plain de iaspe de vingt-six pans de hauteur dont les pierres estoient si bien trauaillées et iointes ensemble, que la muraille sembloit estre toute d'vne piece; dequoy ils s'estonnerent tous grandement pour n'auoir veu iusques alors, ny dans les Indes, ny ailleurs, aucune chose qui meritast d'estre comparée à cette-cy. Cette mesme muraille auoit encore vingt-six pans depuis le fonds de la riuiere iusques à fleur d'eau, de maniere que sa hauteur estoit de cinquante-deux empans. Auec cela le haut du terreplain estoit bordé de la mesme pierre taillée en cordelier, de la grosseur d'vn tonneau. Sur cette muraille qui enuironnoit toute l'Isle il y auoit vne galerie de balustres de louton tournez, qui de six en six brasses se ioignoient à des colomnes de mesme metail, sur chacune desquelles estoit l'Idole d'vne femme qui tenoit vne boule en main; dequoy nous ne voulusmes point pour lors rechercher l'explication. Au dedans de cette gallerie estoient rangez plusieurs monstres de fonte, qui s'entretenant par la main en maniere de dance enuironnoient toute l'Isle, laquelle, comme i'ay déja dit, auoit enuiron vne lieuë de circuit. Parmy ces monstrueuses Idoles il y auoit tout de mesme vn autre rang d'arcades tres-riches, faites de pieces de diuerses couleurs, œuure somptueuse, et où les yeux treuuoient dequoy s'entretenir, et se contenter. Au dedans se voyoit vn bois de petits orangers, sans aucun meslange d'autres arbres, et au milieu estoient bastis trois cens soixante hermitages dediés aux Dieux de l'année, desquels ces Gentils font de plaisants contes en leurs Annales pour defence de leur aueuglement en leur fausse loy. Vn peu plus auant que ces bastimens, enuiron vn quart de lieuë, sur le haut d'vne butte, tirant du costé de l'Est, se voyoient encores plusieurs beaux et grands edifices, separez les vns des autres, auec sept faciades de maisons faites à la mode de nos Eglises. Depuis le haut iusques au bas autant que la veuë le pouuoit porter, ces bastimens estoient tous surdorez, et aboutissoient à des tours fort hautes qui en apparence deuoient estre des clochers. Ces bastimens estoient entourez de deux grandes ruës faictes en arcade de mesme ordre que le frontispice des maisons; ces arcades estoient soustenues sur de fort grandes colomnes, au haut desquelles, et entre chacune arcade il y auoit vne agreable perspectiue; et d'autant que ces edifices, tours, colomnes et chapiteaux estoient si bien dorez de toutes parts que l'on n'y voyoit autre chose que de l'or, cela nous fit croire qu'il falloit bien que ce Temple fust grandement somptueux et abondant en richesses, puisqu'en ses murailles mesme l'on auoit faict vne si grande dépence. Aprez que nous eusmes bien fait le tour de toute cette isle et qu'on en eust recogneu les aduenues et les entrées, encores qu'il fust desia tard, neantmoins Antonio de Faria se resolut de mettre pied à terre, pour voir s'il ne pourroit point prendre langue en quelques-vns de ces hermitages, afin que selon ce qu'il aduiseroit, il pût se resoudre, ou de poursuiure son dessein, ou de retourner en arriere, pour cet effect ayant laissé la garde necessaire pour ces deux vaisseaux, il descendit à terre auec quarante soldats, et vingt esclaues, tant lanciers comme harquebuziers. Auec eux il mena aussi quatre Chinois, de ceux qu'vne des nuicts d'auparauant l'on auoit pris dans leur barque; ce qu'il fit à cause qu'ils sçauoient fort bien le pays pour y auoir esté autresfois; joint qu'ils nous pourroient seruir de truchemens et de guides. Or il laissa pour Capitaine des deux vaisseaux, le Chappelain qu'il auoit, qui se nommoit Diego Lobato, homme valeureux et de grand esprit. Comme nous eusmes gaigné la terre sans estre veus de personne, ny sans ouïr aucun bruit, nous entrasmes dans l'Isle par vne des huict aduenuës qu'il y auoit, et marchans par le milieu du petit bois d'orangers, nous arriuasmes à la porte du premier Hermitage qui pouuoit estre à deux portées de mousquet du lieu où nous nous estions desembarquez, et ce fut là qu'il nous arriua ce que ie diray cy-apres.

CHAPITRE LXXVI.

De ce qui aduint à Antonio de Faria en vn des Hermitages de l'Isle de Calempluy.

Antonio de Faria s'en alla droict à l'Hermitage qu'il voyoit deuant luy, auec le plus grand silence qu'il pût, et non sans auoir de l'apprehension pour ne sçauoir encore en quel peril il s'alloit engager. Ainsi ayant tous à la bouche et au cœur le nom de Iesus, nous arriuasmes à vne petite place qui estoit deuant la porte, et iusques là nous ne vismes aucune personne. Comme Antonio de Faria marchoit deuant auec vn espadon à la main, en intention de pousser son entreprise iusqu'à la fin, il arriua à la premiere porte qu'il treuua fermée au dedans. Alors il commanda à l'vn des Chinois qui estoient prests de luy, qu'il eust à heurter pour se faire ouurir, ce qu'il fit par deux ou trois fois, et à la derniere il ouïst vne voix qui dit les paroles suiuantes, « Loüé soit le Createur qui a esmaillé la beauté des Cieux. Que celuy qui heurte à la porte fasse le tour, et il la treuuera ouuerte de l'autre costé, afin que ie sçache ce qu'il desire. » Le Chinois fit incontinent le tour de l'Hermitage, où il se donna entrée par vne porte de derriere, puis s'en alla ouurir celle qu'il auoit laissée à Antonio de Faria, qui entra dedans auec ses gens. Là il treuua vn vieillard, qui à le voir sembloit aagé de plus de cent ans; il estoit vestu d'vne longue robe de damas violet, et faisoit bien juger à sa mine qu'il estoit homme de qualité, comme nous le sceusmes depuis. Cettuy-cy bien estonné de voir tant de gens, se laissa cheoir par terre, où se debattant des pieds et des mains, il fut vn assez long-temps sans pouuoir prononcer vn seul mot. Toutesfois apres qu'il se fût vn peu reposé, il reprist sa premiere vigueur, et nous regarda tous auec vn visage serain, puis en termes graues et serieux il s'enquist de nous, quelles gens nous estions, et ce que nous demandions? A quoy l'Interprete luy fist response par l'expres commandement d'Antonio de Faria, qu'il estoit vn Capitaine estranger, natif du Royaume de Siam, et que nauigeant dans vn sien Iunco plein d'vne assez bonne quantité de marchandise, pour s'en aller au port de Liampoo, il auoit faict naufrage en mer, d'où il s'estoit sauué miraculeusement auec tous ceux de sa compagnie; et qu'à cause qu'il auoit promis de s'en venir en pelerinage en ce sainct lieu, pour y loüer Dieu de ce qu'il l'auoit sauué du grand peril où il s'estoit veu, il s'en venoit là maintenant pour accomplir sa promesse; qu'au reste son intention n'estoit que de luy demander particulierement quelque aumosne, par le moyen de laquelle il pût se remettre de sa pauureté, et qu'il luy protestoit que dans trois ans il luy rendroit le double de ce qu'il prendroit. Alors cet Hermite, qui s'appelloit Hiticou, ayant pensé quelque temps à ce qu'il venoit d'ouïr, regardant fixement Antonio de Faria, « Qui que tu sois, luy dit-il, sçache que i'ay fort bien entendu ce que tu me viens de dire, et que ie ne voy que trop ta damnable intention, auec laquelle dans les tenebres de ton aueuglement, comme vn Pilote infernal, tu attires et toy et ces autres dans l'abysme profond du lac de la nuict. Car au lieu de rendre graces à Dieu d'vne si grande faueur, que tu confesses qu'il t'a faicte, tu t'en viens icy maintenant voler sa saincte maison. Mais vien çà ie te demande, si tu executes ton meschant dessein, qu'esperes-tu que fera de toy la diuine Iustice au dernier souspir de ta vie? Change doncques ta peruerse inclination, et ne permets point que l'imagination d'vn si grand peché entre iamais dans ta pensée, fie toy en moy qui te dis la pure et sincere verité, et ainsi me puisse-elle ayder tout le reste de ma vie. » Antonio de Faria feignant de treuuer bon le conseil, que le vieillard Hermite Hiticou luy donnoit sur ce sujet, le pria tres-instamment de ne se point fascher, l'asseurant qu'il n'auoit pour lors aucun moyen plus asseuré ny plus certain, que celuy qu'il estoit venu chercher en ce lieu. Sur quoy l'Hermite joignant les mains, et regardant le Ciel se mist à dire en pleurant, « Loüé soyez vous ô Seigneur, qui souffrez qu'il y ait en la terre des hommes qui vous offencent sous pretexte de chercher à viure, et qui ne daignent vous seruir vne seule heure, quoy qu'ils sçachent combien est asseurée vostre gloire. » Apres auoir proferé ces paroles, il demeura vn peu pensif et confus à cause de ce qu'il voyoit deuant luy, et du grand desordre que nous faisions en rompant les quaisses, et les jettant hors de leur lieu. A la fin regardant derechef Antonio de Faria, qui pour lors se tenoit debout, appuyé sur son espadon, il le pria de s'asseoir vn peu pres de luy, ce qu'il fit auec beaucoup de complimens et de courtoisie, ne laissant pas pour cela de faire signe à ses soldats, de continuer ce qu'ils auoient desia commencé, qui estoit de prendre l'argent qu'ils trouuoient pesle-mesle parmy les ossemens des morts, dans les tombeaux qu'ils rompoient; ce que l'Hermite souffroit si à regret, que par deux diuerses fois il tomba esuanoüy d'vn banc où il estoit assis, tant cette offence luy sembloit grande. Mais apres qu'il fut reuenu à soy, recommençant à s'entretenir auec Antonio de Faria, « Ie te veux declarer, continua-il, comme à vn homme qui me semble discret, en quoy consiste le moyen d'obtenir le pardon du peché que tu as commis maintenant auec tes gens, afin que ton ame ne perisse eternellement, lors qu'auec le dernier souspir de ta bouche elle sortira de ton corps. Puisqu'il est ainsi que tu me dis, que c'est la necessité qui te contraint de faire vne si grande offence, et que tu es en volonté de restituer auant que mourir, ce que tu prends maintenant, si tu en as le temps et le moyen, il faut que tu fasses trois choses que ie te diray à present. La premiere, que tu rendes auant ta mort ce que tu auras pris, afin que le souuerain Seigneur ne destourne de toy sa clemence. La seconde, qu'auec les larmes aux yeux tu luy demandes pardon de la faute commise, puis que ton peché luy est si fort odieux, en ne cessant de chastier ta chair iour et nuict. Et la troisiesme, que tu partages tes biens aux pauures, aussi liberalement qu'à toy mesme, leur donnant l'aumosne auec discretion et prudence, afin que le seruiteur de la nuict ne treuue rien à redire en toy au dernier iour. Pour recompense de ce conseil ie te prie de commander à tes gens qu'ils ayent à recueillir les os de ces Saincts, afin qu'ils ne soient point mesprisez sur terre. » Antonio de Faria luy promist alors fort courtoisement d'effectuer ce qu'il desiroit de luy; dequoy l'Hermite fut vn peu plus en repos qu'auparauant, mais non pas entierement satisfaict. Alors l'ayant joint de plus pres, il se mist à l'encourager et à le flatter par des paroles douces et amiables, l'asseurant qu'apres l'auoir veu il s'estoit grandement repenty de cette entreprise; mais que les siens l'auoient menacé de le tuer s'il s'en retournoit sans l'executer, et qu'au reste il luy disoit cela comme vn grand secret. « Dieu veuille que cela soit, luy repliqua l'Hermite, car à tout le moins tu ne seras pas si blasmable que ces autres Ministres de la nuict qui sont si auides, que comme chiens affamez, il semble que tout l'argent du monde ne soit pas capable de les saouler. »

CHAPITRE LXXVII.

Continuation de ce qui arriua à Antonio de Faria dans cet Hermitage, iusques à son embarquement.

Apres que nous eusmes recueilly et porté dans nos Nauires tout l'argent qui estoit dans les cercueils parmy les ossemens des morts, nous fusmes tous d'auis de n'aller pas plus auant dans les autres Hermitages, tant pource que nous ne sçauions pas le pays, qu'à cause qu'il estoit desia presque nuict, soubs l'esperance que nous eusmes que le lendemain nous pourrions continuer nostre entreprise plus à loisir. Or auparauant que se r'embarquer Antonio de Faria prist congé de l'Hermite, et lui donnant pour consolation de belles paroles, luy dit, Qu'il le prioit instamment pour l'amour de Dieu de ne point se scandaliser de ce que ses gens venoient de faire, l'asseurant qu'une grande necessité les auoit contraints à cela; qu'au reste pour son particulier il abhorroit grandement de sembla-

bles actions. A cela il adjousta que l'ayant veu
d'abord il s'en estoit voulu retourner, touché
d'vn certain remords, et d'vne vraye repentance ; mais que tous les siens l'en auoient empesché, disant que s'il le faisoit il falloit qu'il se
resolust à mourir, tellement que pour sauuer
sa vie il auoit esté contraint de se taire, et de
consentir à cela, bien qu'il vist clairement que
c'estoit vn tres-grand peché, comme il disoit;
à cause dequoy si tost qu'il se verroit despestré
d'eux, il estoit resolu de s'en aller courir le
monde, pour faire la penitence qui luy estoit
necessaire, afin de se purger d'vn si grand crime.
A ces paroles l'Hermite luy fist response, « Plaise
au Seigneur qui regne viuant sur la beauté des
estoiles, que la grande cognoissance que tu tes-
moignes auoir par tes discours ne te puisse estre
nuisible. Car ie t'asseure que celuy qui cognoist
ces choses, et ne les faict pas, court un danger
beaucoup plus grand que celuy qui peche par
ignorance. » Alors vn des nostres nommé Nuno
Coelho s'estant voulu entremettre en ce discours,
luy dict, Qu'il n'eust point à se fascher d'vne
chose de si petite importance. Sur quoy l'Hermite le regardant de trauers, « Asseurément, luy
respondit-il, la crainte que tu as de la mort est
encore bien moindre, puis que tu employes ta
vie à des actions aussi infames et noires que l'ame

qui est dans ton corps; et pour moy ie ne puis croire autre chose, sinon que toute ton ambition n'est que d'auoir de l'argent, comme tu le fais bien paroistre par la soif de ton auarice insatiable, par le moyen de laquelle tu veux acheuer de combler la charge de ton appetit infernal. Continuë doncques tes voleries, car puis que pour les choses que tu as desia prises en cette saincte maison, tu dois aller en Enfer, tu t'y en iras encore pour celles que tu voleras ailleurs. Ainsi tant plus pesant que sera le fardeau que que tu porteras, tant plustost seras-tu precipité au profond de l'Enfer, où desia tes mauuaises œuures t'ont appresté vne demeure eternelle. » A ces mots Nuno de Coelho le pria derechef de prendre toutes ces choses en patience, disant que la Loy de Dieu le luy commandoit ainsi. Alors l'Hermite portant sa main sur son front par maniere d'estonnement, puis branslant la teste cinq ou six fois, comme en sousriant de ce que le soldat venoit de luy dire, « Certainement, luy respondit-il, c'est à ce coup que ie voy ce que ie ne pensois iamais ny voir ny ouyr, à sçauoir de meschantes actions desguisées d'vn specieux pretexte de vertu ; ce qui me faict croire qu'il faut que ton aueuglement soit bien grand, puis que te confiant aux bonnes paroles, tu passes ta vie en de si mauuaises actions. Aussi ne sçay je point comment tu pourras gaigner le Ciel, et de quelle façon rendre compte à Dieu au dernier iour qu'il faudra que tu le fasses. » Cela dict, ne voulant pas l'escouter dauantage, il se tourna vers Antonio de Faria qui estoit debout, et se mist à le prier à mains jointes, de ne permettre que ses gens crachassent contre l'Autel et le profanassent; adjoustant que de si meschantes actions le touchoient plus auant dans le cœur, que si on l'eust faict mourir mille fois. Antonio de Faria respondit à cela qu'il le feroit, et qu'il commandast seulement; qu'au reste il seroit incontinent obey, si bien que l'Hermite fut vn peu consolé de cette parole. Or d'autant qu'il estoit desia tard, Antonio de Faria se resolut de ne tarder pas dauantage en ce lieu. Neantmoins auparauant que se retirer, jugeant qu'il luy estoit necessaire de s'informer de certaines choses, pour se r'asseurer dans la crainte qu'il auoit, il demanda à l'Hermite quel nombre de gens il y pouuoit auoir en tous ces Hermitages? A quoy Hiticou fist response, qu'il y auoit quelques 360. Talagrepos seulement, et 40. Menigrepos, destinez à leur fournir les choses necessaires pour leur entretien, et à les solliciter quand ils estoient malades; en suitte de cela Antonio de Faria luy demanda si le Roy de la Chine ne venoit point quelquesfois en ce lieu, et en quel temps. Il luy respondit, qu'il n'y venoit iamais, pource, dit-il, que le Roy ne pouuoit estre condamné de personne, pour estre fils du Soleil, et qu'au contraire il avoit le pouuoir d'absoudre vn chacun. Par mesme moyen il s'enquist de luy si dans ces hermitages il n'y auoit point quelques armes? « Nenny, respondit l'Hermite, « car tous ceux qui pretendent d'aller au Ciel ont plus besoin de patience pour endurer les iniures, que d'armes pour se vanger. » Ayant voulu aussi sçauoir de luy le suject pour lequel il y auoit tant d'argent meslé parmy les ossemens des morts, « Cét argent, » repliqua l'Hermite, « prouient des aumosnes que les defuncts emportent de cette vie en l'autre, pour s'en seruir au besoin dedans le Ciel de la Lune où ils viuent eternellement. » Pour conclusion luy ayant demandé s'ils n'auoient aucunes femmes, il luy fit responce : « Que ceux qui vouloient donner vie à leur ame, ne deuoient point gouster les voluptez de la chair, puisque l'espreuve faisoit voir, que l'abeille qui se nourrissoit dans vn doux rayon de miel, picquoit souuent de son aiguillon ceux qui mangeoient de cette douceur. » Apres qu'Antonio de Faria luy eut faict toutes ces questions il prit congé de luy, et en l'embrassant il lui demanda plusieurs fois pardon à la mode qu'ils appellent de Charachana. Cela faict, il s'en alla droit à ses vaisseaux en intention de s'en retourner le lendemain attaquer les autres Hermitages, où selon les nouuelles qu'on luy en auoit dit, il y auoit vne grande quantité d'argent, et quelques Idoles d'or. Mais nos fautes nous empescherent de voir l'effect d'vne chose que nous auions pourchassée depuis deux mois et demy auec tant de trauail et de dangers de nos vies, sans que l'effect en fust conforme à nostre desir, comme ie diray cy-apres.

CHAPITRE LXXVIII.

De ce qui nous arriua la nuict suiuante, et comment nous fusmes descouuerts.

Svr la fin du iour, Antonio de Faria s'estant embarqué et nous auec luy, nous nous en allasmes à la rame ancrer de l'autre costé de l'Isle, loing de la portee d'vn fauconneau, auec dessein, comme i'ay déjà dit, que le lendemain si tost qu'il seroit iour nous remettrions pied à terre, et nous en irions attaquer les chappelles au dessus desquelles estoient enseuelis les Roys de la Chine, d'où nous n'estions esloignez que d'vn petit quart de lieuë, affin que par ce moyen nous pûssions charger nos deux vaisseaux de si grands thresors. Ce que possible eust reüssy conformément à nostre dessein, si nous nous fussions bien gouuernés, et si Antonio de Faria eust pris le conseil qu'on luy donnoit, qui estoit, que puisque iusques alors nous n'auions point esté découuerts, il deuoit mener l'Hermite auec luy, affin qu'il n'aduertist la maison des Bonzos de ce que nous auions faict. A quoy il ne voulut iamais entendre, disant, que nous ne devions rien craindre de ce costé-là, tant à cause que l'Hermite estoit si vieil, si goutteux, et si enflé par les iambes qu'ils ne se pouuoit soustenir. Mais il en arriua bien autrement qu'il ne pensoit, car l'Hermite n'eust pas plustost veu que nous estions embarqués, comme nous le sceusmes depuis, qu'il se traina le mieux qu'il pût iusques au plus prochain hermitage qui n'estoit esloigné du sien que de la portee d'vne arbaleste, et donna aduis de ce que nous luy auions fait. Par mesme moyen il dit à son compagnon, que puis qu'il ne se pouuoit remuer à cause de son hydropisie il s'en allât de ce pas en la maison des Bonzos pour les y aduertir de ce qui se passoit ; dequoy cettuicy s'acquita tout aussitost ; ce que nous-mesmes peusmes ouyr du lieu où nous estions. En suitte de cela vne heure apres la minuict nous vismes sur la muraille du grand Temple où estoient enseuelis les Roys, quantité de feux qu'on y auoit faits pour seruir de signal. Alors nous demandasmes à nos Chinois ce que cela pouuoit estre ? A quoy ils nous respondirent, qu'asseurement nous auions esté descouuerts, voyla pourquoy ils nous conseilloient, que sans nous arrester là dauantage nous eussions à faire voile à l'heure mesme. Nous en donnasmes aduis à Antonio de Faria qui dormoit d'vn profond sommeil, de maniere qu'il ne fut pas plustost esueillé, que laissant l'ancre en mer, il fit prendre les rames, et ainsi tout espouuanté qu'il estoit il s'en alla droit à l'Isle pour voir s'il ne s'y faisoit point quelque tumulte. Estant arriué proche du quay il oüit plusieurs cloches que l'on sonnoit à chaque Hermitage; ensemble vn bruit de personnes qui parloient. Les Chinois qui l'acccompagnoient luy dirent alors; Monsieur, il n'est pas besoin ny de voir, ny d'ouyr dauantage, mais bien de vous retirer promptement : faites-le donc ie vous prie, et ne soyez point cause qu'on nous vienne icy tuer miserablement ; mais quelque chose qu'ils luy pûssent dire, ne s'estonnant point de leurs paroles, il mit pied à terre auec six soldats, qui n'auoient que l'espée et la rondache, puis monté qu'il fut par le degré du quay, soit qu'il fust faché d'auoir perdu vne si belle occasion, ou que son courage l'y poussast, tant y a qu'entrant dans la gallerie dont l'Isle estoit enuironnée il fut vn long-temps à courir de part et d'autre comme vn homme forcené, sans qu'il rencontrast iamais personne. Cela faict, retourné qu'il fut dans ses vaisseaux, grandement triste et honteux, il prit conseil auec les siens sur ce qu'il falloit qu'ils fissent. Les vns et les autres furent differens en leurs opinions, ce qui fit qu'il n'y voulut iamais entendre. Alors les soldats luy requirent presque tous qu'en tout cas le meilleur expedient qu'ils peussent prendre, estoit de partir; les voyant ainsi resolus l'apprehension qu'il eut qu'il ne se fist parmy eux quelque tumulte, fit qu'il leur respondit, que son dessein n'estoit autre que de faire ce qu'ils luy disoient, mais qu'auparauant il estoit raisonnable de sçauoir pour quel suject il falloit fuir, et par ainsi qu'il les prioit de l'attendre vn peu en ce lieu, à cause qu'il vouloit voir s'il ne pourroit point prendre langue par le moyen de quelqu'vn qui le confirmast dauantage en la verité d'vne chose dont il n'auoit qu'vn simple soupçon; adjoustant qu'il ne leur demandoit pour cela qu'vne demie heure, et qu'il y auoit encore assez de temps pour mettre ordre à tout auant qu'il fust iour; quelques-vns luy voulurent alleguer certaines raisons au contraire, mais il ne les voulut point ouyr, au contraire apres les auoir pris tous à serment et les auoir faict iurer sur le sainct Euangile, qu'ils l'attendroient, il s'en retourna à terre auec les mesmes six soldats qui l'y auoient accompagné n'aguere, et entré qu'il fut dans le boccage y marchant dedans à la portée de quatre mousquets, il ouyt deuant luy le son d'vne cloche, qui l'addressa à vn autre Hermitage beaucoup plus riche que le premier où nous estions entrez le iour precedent : là il trouua deux hommes vestus en Religieux, auec de gros chappelets, ce qui luy fit croire que c'estoient d'autres Hermites. S'estant donc ietté sur eux auec les siens, il s'en saisit courageusement, dont l'un demeura si estonné que de long temps apres il ne sceut parler. Alors de six qu'ils estoient il y en eut quatre qui entrerent dedans l'Hermitage, et prirent dessus l'Autel vne Idole d'argent, qui auoit vne couronne d'or sur la teste et vne rouë en sa main. Par mesme moyen ils prirent aussi trois chandeliers d'argent auec leurs chaisnes grosses et longues. Antonio de Faria s'en reuint incontinent auec les Hermites les empeschant de faire du bruit, et les ayant faict embarquer auec luy, il fit voile le long de cette riuiere. Comme ils furent dans le vaisseau il fit diuerses demandes à celuy d'entr'eux qui luy sembloit moins espouuenté que l'autre, le menassant de le traitter d'vne estrange sorte s'il feignoit de luy dire la verité. Cét Hermite se voyant ainsi contraint luy respondit : Qu'il estoit vray qu'vn sainct homme de ces Hermitages, appellé Pilau Angiroo estoit arriué en pleine nuict à la maison des Tombeaux des Roys, où frappant à la haste à la porte, il auoit faict un haut cry, disant : « O hommes tristes, et enseuelis dans l'yurognerie du sommeil charnel, qui par vn serment solemnel auez faict vostre profession à l'honneur de la Deesse Amide, riche guerdon de nos trauaux, escoutez, escoutez, escoutez, ô les plus miserables qui soient iamais nez au monde. Il est arriué dans nostre Isle des estrangers du bout du monde, qui ont des barbes fort longues, et des corps de fer. Ces meschants sont entrez dans la saincte maison des vingt-sept colomnes, de laquelle et de son sacré Temple est concierge vn sainct homme qui me l'a dict; Et apres y auoir rauagé les riches thresors des Saincts, ils ont ietté par terre auec mespris leurs ossements qu'ils ont profanez auec des crachats puants et infects, ne cessant de se mocquer comme diables obtinez et opiniastres en leur malheureux peché. C'est pour quoy ie vous aduise de prendre garde à vos personnes. Car l'on tient qu'ils ont iuré, qu'aussitost qu'il sera iour ils nous tueront tous. Fuyez donc, ou appellez des gens à vostre secours, puis qu'estans Religieux, il ne nous est point permis de prendre aucune chose qui puisse faire respandre le sang humain. » A cette voix ils s'éueillerent incontinent, et accoururent à la porte, où ils treuuerent l'Hermite couché par terre et demy mort de tristesse et de lassitude, ioint qu'il n'en pouuoit desia plus à cause de la foiblesse de ses années. A l'heure mesme tous les Grepos et Menigrepos ont faict les feux que vous auez veus, et auec beaucoup de diligence ils ont enuoyé aduertir les villes de Corpilem et de Fonbana, afin d'accourir promptement au secours auec vn bon nombre des gens du païs. Cela estant ie vous asseure qu'ils ne mettront à venir qu'autant de temps qu'il leur en faudra pour s'appresler, et qu'ils s'en viendront fondre icy auec vne furie semblable à celle des Autours affamez ausquels on a donné l'essort. « Voila tout ce que ie vous puis dire touchant la verité de cette affaire, par laquelle ie vous prie, et vous requiers de nous renuoyer tous deux en nos Hermitages en nous donnant la vie : car si vous faisiez autrement vous commettriez vn plus grand peché, que celuy qu'hier vous commistes. Souuenez-vous aussi que Dieu nous a tellement pris soubs sa protection pour la grande penitence que nous faisons, qu'il nous visite presqu'à toutes les heures du iour. Taschez donc à vous sauuer tant que vous voudrez, vous aurez bien de la peine d'en venir à bout ; car ie vous asseure que la terre, l'air, les vents, les eaux, les gens, les bestes, les poissons, les oyseaux, les arbres, les plantes, et toutes les choses créees vous poursuiuront et vous tourmenteront si cruellement, qu'il n'y aura que celuy qui vit dans le Ciel qui vous puisse secourir. » Par ces paroles Antonio de Faria informé au vray de la verité de cette affaire fit voile en diligence le long de la riuiere, s'arrachant la barbe et s'outrageant le visage, pour auoir par sa nonchalance, et par son indiscretion perdu la plus belle occasion qu'il eust iamais sceu treuuer s'il en fust venu à bout.

CHAPITRE LXXIX.

Comme nous nous perdismes dans l'ense de Nanquin, et de ce qui nous y arriua.

Il y avoit déja sept jours que nous nauigions par le milieu de l'ense de Nanquin, affin que la force du courant nous menast plus viste, comme personnes qui ne mettions nostre salut qu'en la fuitte : car nous estions si desolez et si tristes, que nous ne disions rien à propos, non plus que si nous eussions esté hors de nous mesmes. Cependant nous arriuasmes à vn village qui se nommoit Susequerim; et d'autant qu'il n'y avoit là aucune nouuelle de nous, ny du lieu d'où nous venions, apres nous y estre pourueus de quelques viures, nous informant sans faire semblant de rien de la route que nous deuions prendre, nous en sortismes deux heures après; puis auec le plus de diligence que nous pûsmes faire, nous entrasmes dans vn destroit appellé Xalingau, bien moins frequenté que l'ense par où nous estions venus. Là nous courusmes encore neuf iours, durant lesquels nous fismes cent quarante lieuës; puis rentrant dans la mesme ense de Nanquin, qui en ce lieu n'auoit pas dauantage que dix ou douze lieuës de large, nous fismes voile par nostre route, d'vn bord à l'autre auec le vent Oüest, et cé par l'espace de treize iours bien ennuyés du grand trauail et de l'extreme apprehension que nous auions; ioint que les viures commençoient déja de nous manquer; comme nous fusmes en veuë des monts de Conxinacau qui sont à la hauteur de quarante et vn degréz deux tiers, il suruint vn vent du Sud, que les Chinois appellent *Tufaon*, tellement impetueux, qu'il n'y auoit pas apparence de croire que ce fust vne chose naturelle. Ainsi comme nos vaisseaux estoient de rame, bas de bord, foibles et sans mariniers, nous nous vismes reduits à vne si grande extremité, que nous deffiants de nous pouuoir sauuer nous nous laissasmes aller le long de la côte où le courant de l'eau nous portoit : car nous creusmes qu'il y auoit bien plus d'apparence de mourir parmy les rochers que de nous laisser engloutir au profond de l'eau ; et toutesfois bien que nous eussions choisy ce dessein pour le meilleur et le moins penible, si est-ce qu'il ne pût reussir, car sur l'apresdinee le vent se changea en Nor-Oüest, ce qui fut cause que les vagues se hausserent de telle sorte que c'estoit vne chose effroyable de les voir. L'extreme apprehension que nous eusmes alors fist que nous commençasmes de ietter dans la mer tout ce que nous auions, iusques aux caisses plaines d'argent. Cela fait, nous coupasmes les deux masts à cause que nos vaisseaux estoient alors tous ouuerts. Ainsi despourueus de masts et de voiles nous courusmes tout le reste du iour, à la fin enuiron la minuict nous ouïmes dans le vaisseau d'Antonio de Faria vn grand bruit de personnes qui s'escrioient, « Seigneur Dieu miséricorde. » Ce qui fût cause que nous creusmes qu'il se perdoit. Alors leur ayant respondu de mesme façon nous ne les ouïsmes plus, comme s'ils eussent esté desia noyez ; dequoy nous fusmes si effrayez et si hors de nous, qu'vne grosse heure durant personne ne sonna mot. Ayant passé toute cette triste nuict en vne si grande affliction, vne heure auant le iour nostre vaisseau s'ouvrit par la contrequille, si bien qu'à l'instant il se trouva plein d'eau iusques à la hauteur de huict pans, et ainsi nous nous sentimes couler à fonds sans aucune esperance de remede. Alors nous iugeasmes bien que c'estoit le bon plaisir de nostre Seigneur, qu'en ce lieu nos vies et nos trauaux se finissent : le lendemain si tost qu'il fût iour, et que nous eusmes porté nostre veuë bien auant dans la mer, nous ne descouurismes point Antonio de Faria, ce qui fist que nous acheuasmes de perdre courage de telle sorte, que depuis pas vn de nous n'eust le cœur à rien. Nous persistasmes en cette angoisse iusques à dix heures ou enuiron, auec tant d'apprehension et d'effroy que les paroles ne sçauroient suffire pour les declarer. A la fin nous allasmes chocquer contre la coste, et presque noyez que nous estions, les vagues de la mer nous roulerent iusqu'à vne pointe d'escueils qui s'aduançoient pres de nous. Là nous fusmes à peine arriuez, que par ce roulement tout y fut mis en pieces. Alors nous attachant les vns aux autres, criant à haute voix, « Seigneur Dieu miséricorde; » de vingt-cinq Portugais que nous estions, il n'y en eust que quatorze de sauuez, tellement que les autres onze furent noyez auec dix-huict valets Chrestiens, et sept Mariniers Chinois. Voila combien grand fut ce desastre qui arriua vn Lundy cinquiesme Aoust, en l'année mil cinq cent quarante-deux; de quoy Dieu soit loüé pour iamais.

CHAPITRE LXXX.

Des choses qui nous aduindrent en suitte de ce miserable naufrage.

Nous estans eschappez de ce naufrage par la misericorde de Dieu, quatorze Portugais que nous estions, nous passasmes toute cette iournée et la nuict suiuante à pleurer nostre desastre, et le miserable estat où nous nous voyons reduits, sans auoir moyen de nous conseiller l'vn l'autre, tant à cause que ce pays estoit rude et fort raboteux, que pour ne treuuer personne à qui nous pûssions demander aucune chose que ce fust. Ayant consulté là-dessus le remede que nous pouuions auoir durant ce malheur, tant de maux et tant d'infortunes, nous resolusmes d'entrer plus auant dans le païs, pource qu'il y auoit apparence que pres ou loing nous ne pouuions manquer de treuuer quelqu'vn, qui nous prenant pour esclaues nous donneroit à manger, en attendant qu'il plût à Dieu terminer nos trauaux par la fin de nos vies. Auec cette resolution nous fismes quelque six ou sept lieuës par des rochers, et descouurismes de l'autre costé vn marécage aussi large, que nostre veuë se pouuoit estendre, sans que par delà il y eust apparence de terre; cela fut cause que nous fusmes contraints de rebrousser chemin, et de nous en retourner au mesme lieu où nous avions faict naufrage. Comme en effect nous y arriuasmes le iour d'apres environ le Soleil couché, et treuuasmes le long du riuage les corps que la mer y auoit iettez, sur lesquels nous recommençasmes nos plaintes et nos tristesses. Le lendemain matin nous les enseuelismes dans le sable, pour empescher qu'ils ne fussent mangez des Tygres dont ce pays estoit plein, à quoy nous employasmes la meilleure partie du iour auec beaucoup de peine; car comme ils estoient 36. de nombre desia corrompus et pourris, la puanteur en estoit insupportable; joint que pour faire leurs fosses nous n'auions d'autres instrumens que nos mains, et employons bien à chacun vne demie heure de temps. Apres que ces pauures corps furent enterrez, nous allasmes nous retirer dans vne mare où nous passasmes toute la nuict, et choisismes ce lieu pour retraicte de peur des Tygres; de là nous continuasmes nostre chemin vers le Nord, et ce par des precipices et des boccages si espais, qu'en certains endroits nous ne pouuions passer que fort difficilement. Apres auoir marché 3. iours nous arriuasmes enfin en vn petit destroit, sans auoir iamais rencontré personne, nous estans resolus de le passer à la nage, le malheur voulut que les 4. premiers qui s'y ietterent dedans, qui furent 3. Portugais et vn ieune garçon s'y noyerent miserablement, pource qu'estant grandement foibles, le destroit large, et le courant d'eau fort grand, il leur fut force de se rendre quand ils furent au milieu; les 3. Portugais estoient hommes fort honorables, et dont il y en auoit deux de freres, l'vn appellé Belchior Barbosa, et l'autre Gaspar Barbosa. Quant au troisieme nommé François Borges Cayciro, il estoit aussi leur cousin, tous trois natifs de Ponte de Lima, ville en Portugal, et fort accomplis en valeur. Nous ne restasmes donc plus qu'onze de nombre auec trois valets, qui tous ensemble voyant l'infortuné succés de nos compagnons, et comme de iour en autre nous diminuions peu à peu, nous eusmes recours aux larmes et aux souspirs, comme gens qui ne nous pouuions promettre autre chose, sinon qu'il arriueroit de nous mesmes ce que nous avions veu arriuer d'autruy. Apres que nous eusmes passé cette obscure nuict, exposez au vent, au froid, à la pluye, et parmi les larmes et les sanglots, il plût en fin à nostre Seigneur, que le lendemain auant le iour nous vismes du costé de l'Est un grand feu; puis comme le iour vint à s'esclaircir peu à peu nous marchasmes de ce costé-là, nous recommandant à ce Seigneur Tout-puissant, de qui seulement nous attendions vn remede aux peines et aux trauaux ausquels nous nous voyons exposez. Ainsi nous continuasmes notre voyage tout le long de la riuiere, et marchasmes presque le long du iour. A la fin enuiron le Soleil couché nous arriuasmes en un taillis, dans lequel il y auoit cinq hommes qui trauailloient à faire du charbon. Nous estans approchez d'eux nous nous iettasmes à leurs pieds et les priasmes au Nom de Dieu de nous addresser en quelque endroict, où nous pûssions mettre remede au mal où pour lors nous estions reduits; sur quoy l'vn d'entr'eux nous regardant d'vn œil de pitié, Plûst à Dieu, dit-il, que vous n'eussiez qu'vn seul mal; car possible y pourrions-nous mettre remede, mais vous en auez un si grand nombre, que seulement pour couurir les playes dont vos corps sont semez, tous les sacs que nous auons icy n'y suffiroient pas; c'est pourquoy pour suppleer à ce defaut, pour nostre bonne volonté nous n'aurons recours qu'à Dieu seulement, pour l'amour de qui nous vous donnerons vn peu de riz que nous auons pour nostre soupper, et vn peu d'eau chaude que vous boirez en lieu de vin, voila comme vous passerez cette nuict si vous voulez demeurer icy. Il est vray que vous ferez mieux ce me semble de continuer vostre voyage, et de vous en aller gaigner ce lieu que voila là bas où vous trouuerez vn hospital qui sert à loger les pelerins qui voyagent d'ordinaire en ce quartier. Les ayans remerciez de leur bonne volonté, nous prismes l'aumosne qu'ils nous firent, et mangeasmes chacun deux bouchées de riz, pour n'en auoir dauantage; puis sans tarder là plus long-temps nous prismes congé d'eux, et par le mesme chemin qu'ils nous auoient enseignez, nous commençasmes à nous en aller droict au lieu où estoit l'hospital, selon que nos foibles forces nous le permirent.

CHAPITRE LXXXI.

De nostre arriuée en cet hospital, et de quelle façon nous y fusmes receus.

Nous arriuasmes à vne heure de nuict à vn petit hameau où estoit cet hospital, pour la retraicte des pelerins qui passoient par ces contrées. Là nous trouuasmes quatre hommes qui en auoient la charge, par qui nous fusmes receus charitablement. Le lendemain si tost qu'il fût iour, ils nous demanderent qui nous estions, et d'où nous venions? A cette demande nous fismes response, que nous estions estrangers, natifs du Royaume de Siam, et qu'il y auoit desia quinze iours que venant du port de Liampoo, pour nous en aller à la pescherie de Nanquin, nous nous estions perdus sur mer par la violence de la tourmente, sans auoir sauué de ce naufrage autre chose que nos miserables corps, qu'ils voyoient tous nuds, et couuerts de playes. Là-dessus nous ayant derechef demandé quel estoit nostre dessein, et en quel lieu nous voulions aller, nous leur respondismes que nous auions intention de nous rendre dans la ville de Nanquin, afin que là nous pûssions nous embarquer comme gens de rame dans les premieres Lanteaas qui partiroient, pour nous en aller à Canton, où ceux de nostre païs par la permission du Aytao de Paquin faisoient leur commerce, sur l'asseurance et la foy du fils du Soleil, Lyon couronné au Throsne du Monde; à cause dequoy nous les prions pour l'amour de Dieu de nous laisser dans cet Hospital iusqu'à ce que nous eussions recouuré nostre santé, et de nous donner quelque sorte de vestemens pour couurir nostre nudité. Apres que tous quatre nous eurent bien escoutez; Il est raisonnable, nous respondirent-ils, de vous accorder vne chose que vous nous demandez auec tant d'instance, et pour laquelle vous respandez tant de larmes. Mais d'autant que la Maison est fort pauure maintenant, cela nous sera vn obstacle à nous acquitter entierement de nostre deuoir. Nous ferons neantmoins ce que nous pourrons auec beaucoup de bonne volonté. Alors tous nuds comme nous estions, ils nous menerent par tout le village, qui pouuoit estre de 40. ou 50. feux, plus ou moins, dont les habitans estoient fort pauures à ce que nous reconnûmes, et ne viuoient que du trauail de leurs mains; ils tirerent d'eux enuiron 2. Taeis d'aumosne en monnoye.

vn demy sac de riz, vn peu de farine, des feves d'aricot, des oignons et quelques meschans haillons dont nous nous aydasmes assez pauurement. Auec cela des deniers de ce mesme Hospital ils nous donnerent 2. autres Taeis en argent. Au reste pour ce que nous leur demandasmes qu'il nous fût permis de demeurer là, ils s'en excuserent, disant que les pauures n'y pouuoient estre d'ordinaire plus de 3. iours, ou iusqu'à 5. si ce n'estoient des personnes malades, ou des femmes enceintes, à quoy l'on auoit esgard particulierement, pource qu'en ces extremitez elles ne pouuoient marcher sans se mettre en danger de leur vie. A quoy ils adjousterent qu'en aucune façon que ce fût ils ne pouuoient rompre cette ordonnance, pour auoir esté faite d'ancienneté par l'aduis de quelques hommes religieux et sçauans; mais qu'à trois lieuës de là en vne grande ville qui se nommoit Sileyjacau, nous y treuuerions vn Hospital fort riche, où l'on retiroit toute sorte de pauures gens, et que là nous serions beaucoup mieux pansez qu'en leur Maison, qui estoit fort pauure et petite, conformément au lieu de sa situation. Qu'au reste ils nous donneroient pour cet effect vne lettre de recommandation, signée par les Confreres, par le moyen de laquelle ils nous retireroient incontinent. Nous les remerciasmes infiniement de ces bons offices, et leur dismes qu'ils n'y perdroient rien, puis qu'ils les faisoient pour l'amour de Dieu. Sur quoy vn vieillard qui estoit vn des quatre prenant la parole, « C'est pour cette consideration aussi que nous le faisons, nous respondist-il, et non pour celle du monde. Car Dieu et le monde sont grandement differens en ce qui est des œuures et des intentions qu'on peut auoir en les faisant. Car le monde, comme pauure et miserable qu'il est, ne sçauroit donner rien de bon, là où Dieu est infiniment riche et amy des pauures, qui dans le comble de leurs afflictions le loüent auec patience et humilité. Le monde est vindicatif, Dieu patient; le monde meschant, Dieu tout bon; le monde gourmand, Dieu amy de l'abstinence; le monde mutin et turbulent, Dieu patient et pacifique; le monde menteur et plein d'artifices enuers ceux qui sont à luy, Dieu tousiours veritable, franc et debonnaire à ceux qui l'inuoquent en leurs prieres; le monde est sensuel et auare, Dieu liberal et plus pur que n'est la clarté du Soleil, des Estoiles, et de ces autres Astres qui sont bien plus excellents que ceux qui paroissent à nos yeux, lesquels sont tousiours presents à sa face resplendissante. Le monde est plein d'irresolutions et de faussetez, dont il s'entretient dans la fumée de sa vaine gloire, là où Dieu est pur et constant en sa verité, afin que par elle-mesme les humbles puissent posseder la gloire en toute pureté de cœur. En vn mot le monde est plein de folie et d'ignorance, Dieu tout au contraire est la source de la sagesse. C'est pourquoy, mes amis, combien que vous soyez reduits en si pitoyable estat, ne vous desfiez point pour cela de ses promesses, ie vous asseure qu'il ne vous manquera point de son costé si du vostre vous ne vous rendez indignes de ses faueurs. Car il ne se treuuera pas qu'il ait iamais manqué aux siens, bien que ceux que le monde aueugle soient de contraire opinion, lors qu'ils se voyent abattus par la pauureté, et mesprisez d'vn chacun. » Nous ayant tenu ces langages, il nous donna la lettre de recommendation, pour la rendre aux Confreres de l'autre Hospital où nous deuions aller, et ainsi nous partismes sur le midy, et arriuasmes à la ville enuiron vne heure ou deux de Soleil. La premiere chose que nous fismes fut de nous en aller à la maison du repos des pauures, car c'est ainsi que les Chinois appellent les Hospitaux. Là nous donnasmes nostre lettre aux maistres de cette confrairie, qu'ils appellent *Tanigores*, que nous trouuasmes tous ensemble dans vne chambre où ils estoient assemblez pour les affaires des pauures. Apres qu'ils eurent pris cette lettre auec vne maniere de compliment

qui nous sembla fort nouuelle, ils commanderent au Greffier qu'il eust à la lire. Il se leua debout aussitost et y leut tout haut ces paroles, en presence de ceux qui estoient assis à la table. « Nous
« les plus pauures des pauures, indignes de ser-
« vir ce souuerain Seigneur, de qui les œuures
« sont si admirables, comme le Soleil le tes-
« moigne, et les estoiles qui brillent au Ciel du-
« rant l'obscurité de la nuict : Ayans esté esleus
« à la succession de cette sienne maison de Bua-
« tendoo, scituee en ce village de Catihorau,
« nous prions auec toute sorte de respect et
« d'honneur vos humbles personnes, admises
« au seruice du Seigneur, que par vn zele de
« charité vous fassiez loger et fauoriser ces qua-
« torze estrangers, trois desquels sont bazanés,
« et les autres onze plus blancs, en couurant la
« nudité de leurs corps, dont la pauureté se
« rendra manifeste à vos yeux. Par où vous iu-
« gerez auec combien de raison nous vous fai-
« sons cette priere, pource qu'ils se sont perdus
« auecque leurs marchandises dans les impe-
« tueuses eaux de la mer, lesquelles auec leur
« fureur accoustumée ont faict sur eux l'execu-
« tion de la main toute-puissante, qui par vn
« iuste chastiment permet bien souuent que de
« semblables choses arriuent pour nous monstrer
« combien est redoutable son iugement duquel

« il luy plaise nous desliurer tous au iour de la
« mort, affin que nous ne voyons point l'indi-
« gnation de sa face. » Cette lettre estant leuë ils
nous firent loger aussitost en vne chambre fort
nette, dans laquelle il y auoit quatorze couches
honnestement accommodées, auec vne table et
plusieurs chaires. Là on nous donna fort bien à
manger, et nous y reposasmes le reste du iour.
Le lendemain matin par l'expres commandement des autres officiers le Greffier nous vint
demander qui nous estions, de quelle nation,
et en quel lieu nous auions faict naufrage : il
nous fit aussi plusieurs autres semblables demandes dessus le mesme sujet, ausquelles nous
respondismes comme nous auions fait auparau-
uant à ceux du village d'où nous venions, afin
de n'estre treuuez de deux paroles, et conuaincus
de mensonge. Nous ayant enquis alors sur ce
que nous voulions deuenir, nous leur dismes
que nostre resolution estoit de nous faire panser
en cette maison, s'il leur plaisoit nous le permettre ; à cause que nous estions si malades que
nous ne pouuions point marcher. A quoy ils
nous respondirent qu'on prendroit tres-volontiers ce soing-là, et que c'estoit ce qu'on faisoit
ordinairement dans cette maison pour le seruice
de Dieu. Dequoy nous les remerciasmes tous en
pleurant, auec tant de sentiment du bon gré

que nous luy en sçauions, que les larmes luy en vindrent aux yeux. A l'heure mesme ayant fait venir vn medecin, il luy dit qu'il prist le soing de nous bien panser, pource que nous estions de pauures gens, qui n'auions autre bien que celuy que la maison nous faisoit. Cela faict il prit nos noms par escrit, et les mit dans vn grand liure où nous signasmes tous, disant qu'il estoit necessaire que cela fust, afin de rendre compte de la despence qu'on feroit pour nous.

CHAPITRE LXXXII.

Nostre partement de la ville de Sileyjacau, et des choses qui nous arriuerent apres que nous en fusmes partis.

Ayant passé dix-huict iours dans cet Hospital, où nous eusmes à suffisance tout ce qui nous estoit necessaire, à la fin Dieu nous fit la grace de recouurer nostre santé. De maniere que nous sentans assez forts pour marcher, nous partismes de là pour nous en aller en vn lieu nommé Suzoangance, qui n'estoit esloigné de cet Hospital que de cinq lieuës, et y arriuasmes à Soleil couché. Or d'autant que nous estions fort lassez, nous nous assismes sur le bord d'vne fontaine, qui estoit à l'entrée de ce village où nous fusmes quelque temps tous confus et incertains quel chemin il nous falloit faire. Cependant, ceux qui s'en venoient querir de l'eau nous voyant ainsi assis et en si mauuais équipage s'en retournoient leurs cruches vuides et s'en alloient en aduertir les habitans, dont la plus-part s'en vindrent incontinent vers nous. Alors bien estonnez de cette nouueauté, pource qu'ils n'auoient iamais veu des hommes faicts comme nous, ils se ramasserent tous ensemble comme s'ils eussent voulu consulter là-dessus, et apres auoir vn assez long-temps debattu les vns auec les autres, comme s'il y eust eu entre eux diuersité d'opinions, ils nous enuoyerent demander par vne vieille femme quels gens nous estions, et ce que nous faisions au bord de cette fontaine, de l'eau de laquelle ils auoient accoustumé de boire? A cette demande nous respondismes, que nous estions de pauures estrangers, natifs du Royaume de Siam, que la tourmente auoit jetté en ces contrées, apres nous estre eschappez du naufrage en l'estat qu'elle nous voyoit, et ce par vne particuliere assistance de Dieu. Dictes moy, nous repartit-elle, quel ordre vous voulez que nous mettions à cela, ou ce que vous avez resolu de faire. Car il n'y a point icy de maison pour le repos des pauures, où nous vous puissions retirer? A ces mots vn des nostres respondit auec les larmes aux yeux et des gestes conformes à nostre dessein, que Dieu estant ce qu'il estoit ne nous abandonneroit point de sa main toute-puissante, et qu'il toucheroit leurs cœurs à prendre compassion de nous et de nostre pauureté; qu'au reste nous auions resolu de marcher tousiours en ce miserable equipage où nous estions iusqu'à ce que nous eussions le bon-heur d'arriuer à la ville de Nanquin d'où nous desirions nous mettre dans les Lanteaas pour y seruir de gens de rame aux marchands qui s'en alloient d'ordinaire à Cantano, afin de nous rendre dans Comhay où il y auoit quantité de Iuncos de nostre païs, dans lesquels nous nous embarquerions. Là-dessus ayant vn peu meilleure opinion qu'auparauant, puis qu'il est ainsi, nous respondit-elle, que vous estes tels que vous dictes, donnez-vous vn peu de patience iusqu'à ce que ie vous vienne dire ce que ces gens icy ont resolu de faire de vous. Cela dit elle s'en retourna où ces villageois estoient assemblez iusques au nombre de plus de cent, auec lesquels elle entra en grande contestation. Mais en fin nous fusmes tous estonnez qu'elle s'en reuint à nous auec un de leurs Prestres vestu d'vne longue robe de damas rouge, qui est vn ornement de premiere dignité parmy eux : en cet equipage il s'en vint à nous pres de la fontaine ayant en main une poignée d'espics de bled ; nous ayant commandé de nous approcher de luy, nous luy obeismes incontinent auec toute sorte de respect ; de quoy neantmoins il fit peu d'estime pour ce qu'il nous voyoit ainsi pauures. Alors apres qu'il eut jetté dans la fontaine les espics qu'il tenoit en main, il nous dit que nous eussions à mettre les mains dessus, ce que nous fismes aussitost, le iugeant ainsi necessaire pour leur agreer, et nous rendre conformes à ce que nous pretendions auoir ; comme nous eusmes faict cela, « Il faut, nous dit-il, que par ce sainct et solemnel serment que vous faictes en ma presence sur ces deux substances d'eau et de pain que le haut Createur de toutes choses a voulu former par sa saincte volonté, pour substanter et nourrir tout ce qui est né au monde durant le pelerinage de cette vie, que vous confessiez si ce que vous auez dit n'aguere à cette femme est veritable ; car à cette condition nous vous donnerons logis en ce village, conformément à la charité que nous sommes obligez d'exercer enuers les pauures de Dieu ; Comme au contraire, si cela n'est, ie vous commande de sa part que vous ayez à vous en aller incontinent, sur peine d'estre mordus et défaicts par les dents du serpent glouton qui fait sa demeure au profond de la maison enfumée. » Nous luy respondismes à cela que nous ne luy auions rien dit qui ne fust tres veritable, de quoy le Prestre demeurant satisfaict ; puisque ie sçay, nous dit-il, que vous estes tels que vous dites, venez-vous-en hardiment avec moy et vous asseurez sur ma parole. Alors se tournant vers ceux qui l'enuironnoient, il les aduisa qu'ils nous pouuoient faire l'aumosne sans offence, et qu'ainsi il leur en donnoit permission. A mesme temps nous fusmes conduits dans le village, et logez soubs le portail de leur Pagode ou de leur Temple, où l'on nous pourueut de ce qui nous estoit necessaire, et mesme l'on donna deux nattes pour nous coucher ; le lendemain si tost qu'il fut iour nous nous en allasmes mendiant de porte en porte dans le village, où nous amassasmes quatre Taeis en argent, auec lesquels nous remediasmes à quelques necessitez qui nous pressoient grandement. Apres cela, nous nous en allasmes en vn autre lieu appellé *Xianguulée*, qui n'estoit qu'à deux lieuës de ce village, et prismes resolution de marcher de cette sorte comme en pelerinage iusques à la ville de Nanquin d'où nous estions encore esloignez de cent quarante lieuës : car il nous sembloit que de là nous pourrions aller à Quanto où nos vaisseaux trafiquoient en ce temps-là. Et possible que nostre dessein eust reussy n'eust esté que la fortune s'y opposa. A l'heure de vespres nous arriuasmes en ce village où nous fusmes nous mettre à couuert à l'ombre d'vn arbre qui estoit vn peu à l'escart. Mais nous fusmes si malheureux que d'y treuuer trois garçons qui gardoient là quelque bestail, lesquels ne nous eurent pas plustost apperceus que prenant la fuitte ils se mirent à crier : Aux voleurs, aux voleurs, ce qui fit que les habitans accoururent incontinent, armés de lances et d'arbalestes, commençans à crier tout de mesme *Nauacarunguee, nauacarunguee*, c'est à dire, prenez les larrons, prenez les larrons, surquoy s'estant mis à courir apres nous, qui nous en fuyons, ils nous sceurent si bien ioindre à grands coups de pierre et de bastons, que nous en demeurasmes tous blessez, et mesme vn des trois garçons que nous auions en mourut. Cependant, apres s'estre saisis de nous, ils nous lierent les bras par derrieré, et nous menerent prisonniers dans le village. Là ils faillirent à nous assommer à force de coups de poing et de soufflet qu'ils nous donnerent : puis nous plongerent dans vne cisterne d'eau croupie, qui nous venoit iusques à la ceinture, dans laquelle il y auoit vne infinité de sangsuës. En ce miserable lieu nous demeurasmes deux iours et creusmes y auoir passé cent annees d'enfer, sans que durant ce temps-là nous eussions le moindre repos ny aucune chose à manger. A la fin, le bon-heur voulut pour nous, qu'vn homme du village Suzoanganee d'où nous estions partis venant à passer par là, comme il sceut par vn cas fortuit le traittement que ceux de ce village nous auoient fait, il les asseura par de grands serments, qu'ils se faisoient tort de nous prendre pour des voleurs, et que nous estions de pauures estrangers perdus par vne tourmente de mer; Qu'au reste ils auoient commis vn grand peché de nous emprisonner, et nous traitter de cette sorte : de maniere que par le rapport de cet homme, Dieu nous fit la grace d'estre à l'heure mesme retirez de cette cisterne, d'où nous sortismes tous sanglants pour la grande quantité de sangsuës qui nous auoient mordus; Et il est à croire que si nous y eussions demeuré encore un iour, asseurément nous en fussions morts. Ainsi nous partismes de ce lieu presqu'à Soleil couché, fort affligés, à cause du mauuais traittement qu'on nous auoit fait, d'où nous continuasmes nostre voyage ne cessant de pleurer nostre infortune.

CHAPITRE LXXXIII.

Comment nous arriuasmes au Chasteau d'vn Gentil-homme qui estoit fort malade, et des choses qui s'y passerent.

Comme nous fusmes partis de ce lieu de Xianguulee, nous arriuasmes à vn village, où il n'y auoit que de fort pauures gens. Là nous rencontrasmes trois hommes qui pilloient le lin, lesquels nous voyant d'abord quitterent là tout leur trauail, et s'en fuirent à la haste dans vn bois de sapins qui se voyoit dessus vne butte. Là ils se mirent à crier aux passans qu'ils eussent à se destourner de nous, que nous estions des voleurs, cela fit que d'apprehension d'encourir la la mesme peine que nous auions n'aguere soufferte nous partismes incontinent de ce lieu, combien qu'il fust presque nuict, et continuasmes nostre voyage sans sçauoir où nous allions ainsi fort desolez et fort tristes comme gens qui n'auions aucune cognoissance des chemins, durant la pluye et obscurité ; nous arriuasmes à vn port où l'on serroit du bestail et y passames la nuict dessus vn peu de fumier. Le lendemain, si tost qu'il fut iour nous regagnasmes le chemin que nous auions laissé, et enuiron le Soleil couché nous descouurismes du haut d'vne butte, vne grande plaine remplie d'arbres. Au milieu de cette plaine se voyoit prez d'vne riuiere vne fort belle maison, enuironnée de plusieurs tours auec quantité de giroüettes dorées. Nous estant approchez de ce bastiment, ayant tousiours en la bouche le nom de Iesus, nous allasmes nous reposer sur le bord d'vne fontaine qui estoit à l'entrée d'vne basse-court, là nous passasmes vne bonne partie de la iournée, bien estonnez de nostre affliction, et de ne descouurir personne en ce lieu. Mais vn peu apres nous vismes venir à nous vn ieune homme aagé de seize à dix-sept ans, monté sur vn bon cheual, et accompagné de quatre hommes de pied, dont l'vn portoit deux lievres, et l'autre cinq Niuatores, oyseaux qui ressemblent à des faizans, ensemble vn Autour sur le poing, et tout à l'entour vne meute de six ou sept chiens. Ce ieune Gentilhomme estant pres de nous arresta son cheual pour nous demander qui nous estions, et si nous voulions quelque chose? A cette demande nous respondismes le mieux que nous pûmes, et luy fismes vn ample recit de tout l'euenement de nostre naufrage; dequoy il tesmoigna estre fort fasché par les signes

exterieurs que nous marquasmes en luy. Là-dessus
deuant que passer outre, Attendez là, nous dit-
il, car tout maintenant ie vous feray donner ce
dequoy vous auez besoin, et le tout pour l'a-
mour de celuy qui auec vne gloire des grandes
richesses vit regnant au plus haut de tous les
Cieux. Vn peu apres il nous enuoya querir par
vne vieille femme, qui estoit vestuë d'vn habillement fort long, auec vn chappelet pendu au
col, à la façon de celles que nous auons accoustumé d'appeller deuotes. Cette bonne Dame nous
ayant abordez, Le fils de celuy, nous dit-elle,
que nous tenons ceans pour maistre, et de qui
nous mangeons le riz vous enuoye appeller. Venez donc apres moy en toute humilité, afin qu'il
ne semble à ceux qui vous verront que vous
soyez des faineans, qui mendiez pour vous
exempter de gaigner vostre vie par le trauail de
vos mains. Cela dict, nous entrasmes auec elle
dans vne autre basse-court beaucoup plus belle
que cette premiere, enuironnée de deux galeries comme si c'eust esté quelque Cloistre de
Religieux, où se voyoient peintes plusieurs femmes à cheual allans à la chasse auec des oyseaux
sur le poing. Au frontispice de cette court, du costé
de l'escalier par où l'on montoit, il y auoit vne
grande arcade ouuragée de graueures fort riches,
et au milieu estoit suspendu vn Escusson d'ar-

mes en façon de pauois, attaché à vne chaisne d'argent. Au dedans estoit peint vn homme presque faict en forme de Tortuë, ayant les pieds en haut et la teste en bas, et tout à l'entour se lisoient ces mots pour deuise, *Ingualec finguau, potim aquarau;* c'est à dire, *Il en est ainsi de tout ce qui est à moy.* Nous apprismes depuis que par ce monstre estoit representée la figure du monde, que les Chinois dépeignent en cette sorte pour monstrer qu'il n'y a rien en luy que mensonge, et des-abuser par ce moyen tous ceux qui en font estat, leur faisant voir que toutes choses y sont renuersées. De là nous montasmes par vn escalier fort large faict de bonne pierre de taille, et entrasmes dans vne grande salle dans laquelle estoit vne femme aagée d'enuiron cinquante ans. Elle estoit assise sur vn tapis, ayant à ses costez deux filles fort belles et richement vestuës, auec des colliers de perles à leur col. Là tout auprès se voyoit un venerable vieillard couché sur vn petit lict, et qu'vne de ces deux filles éuentoit. Pres de luy-mesme estoit le ieune Gentilhomme qui nous auoit enuoyé querir, et vn peu plus ioing estoient encore assises sur vn autre tapis, neuf ieunes filles vestuës de damas cramoisy et blanc, qui trauailloient au petit mestier. Si tost que nous fusmes pres du vieillard, nous nous mismes à genoux deuant luy, et luy demandasmes l'aumosne, commençant nostre harangue par quelques larmes que nous respandismes, auec les meilleures paroles que le temps et la necessité nous pûrent inspirer à ce besoin. Alors la vieille Dame nous ayant faict signe de la main, C'est assez pleuré, nous dit-elle, car i'ay du mal moy-mesme de vous voir ainsi respandre des larmes, il me suffit de sçauoir que vous demandez l'aumosne. En suitte de cela, le vieillard qui estoit au lict prist la parole, et nous demanda s'il y auoit quelqu'vn de nous qui sceut guerir des fievres ? Sur quoy l'vne de ces filles, qui estoit celle là mesme qui l'éuentoit, ne pouuant s'empescher de sous-rire, Vrayement, Monsieur respondit-elle, ie m'asseure qu'ils ont bien plus de besoin que vous les fassiez panser de la faim, que non pas d'estre enquis s'ils sont d'vn mestier qu'ils n'ont possible iamais appris. C'est pourquoy il me semble qu'il sera meilleur de leur donner premierement ce qui leur est necessaire; puis on s'entretiendra auec eux de ce qui les touche le moins. A ces mots la mère s'estant mise à reprendre sa fille, Voila que c'est, luy dit-elle, vous voulez tousiours parler où vous n'estes point appellée; mais ie m'asseure que ie vous feray perdre cette coustume. A quoy la fille sous-riant, Ie l'espere ainsi, luy dit-elle, mais auparauant ie vous prie de faire perdre la faim à ces pauures gens; car pour le reste ie la perdray toutes les fois qu'il vous plaira. Tout cela neantmoins ne pût empescher que le vieillard ennuyé de sa maladie, ne se mist à nous interroger de plusieurs choses. Car il s'enquist de nous, qui nous estions, de quel pays, et où nous allions? Par mesme moyen il nous fist beaucoup d'autres demandes semblables. A quoy nous luy respondismes selon le besoin que nous en auions, et luy racontasmes, comme quoy, et en quel lieu nous auions faict naufrage, ensemble combien d'hommes s'estoient perdus auec nous, et comme ainsi esgarez nous courions le monde sans nous pouuoir resoudre à chose quelconque. Cette response rendit le vieillard pensif durant quelque temps, iusqu'à ce qu'en fin se tournant du costé de son fils, Et bien, luy dit-il, qu'est-ce qu'il te semble de ce que tu viens d'ouyr dire à ces estrangers? C'est à toy à imprimer bien auant leurs paroles dans ta memoire, afin que tu sçaches cognoistre Dieu, et luy rendre graces de ce qu'il t'a donné vn pere, qui pour t'exempter des trauaux et des necessitez de la vie, t'a espargné les trois plus belles choses de cette contrée, dont la moindre vaut plus de cent mille Taeis; mais tu es d'vne humeur plus propre à t'amuser à tuer vn lieure, qu'à retenir ce que ie te dis. A cela le ieune homme ne fist point d'autre response, sinon qu'il se mist à sousrire, en regardant ses deux sœurs. Cependant le malade nous fist apporter des viures deuant luy, et nous commanda d'en manger. Ce que nous fismes tres-volontiers, à quoy il prist vn merueilleux plaisir pour estre fort desgousté à cause de sa maladie. Mais ses ieunes filles en prirent bien dauantage, et ne cesserent de railler auec leur frere quand elles virent que nous mangions auecque les mains; car cette coustume ne s'obserue point dans tout l'Empire de la Chine, où les habitans prenant leur repas se portent la viande à la bouche auec deux petits bastons faicts en façon de fuseaux. Apres que nous eusmes rendu graces à Dieu, le vieillard qui le remarqua fort bien, haussant les deux mains au Ciel, et ne pouuant retenir ses larmes, « Seigneur, » dit-il, « qui viuez regnant en la tranquillité de vostre haute Sapience, ie vous loüe en toute humilité, de ce que vous permettez que des hommes qui sont estrangers, venus du bout du monde, et sans cognoissance de vostre doctrine, vous rendent graces et vous donnent loüanges conformément à leur foible capacité, ce qui me faict croire que vous les accepterez d'aussi bonne volonté, que si c'estoit quelque grande offrande d'vne Musique melodieuse et agreable à vos oreilles. » Alors il nous fist donner trois pieces de toiles de lin, et quatre Taeis en argent, nous priant de passer la nuict en ce lieu, à cause qu'il estoit desia bien tard pour nous remettre en chemin. Nous acceptasmes cette offre tres-volontiers, et par les complimens que nous luy rendismes à la mode du pays nous tesmoignasmes de luy en sçauoir fort bon gré ; dequoy luy, sa femme, et son fils receurent vn extréme contentement.

CHAPITRE LXXXIV.

Comme de ce mesme lieu nous allasmes à la ville de Taypor, et de quelle façon nous fusmes faicts prisonniers.

Le lendemain si tost qu'il fût iour nous prismes congé de nostre hoste, et partant de ce lieu nous en allasmes en vn village nommé Finginilau, qui estoit à quatre lieuës de la maison d'où nous estions partis. Là nous demeurasmes trois iours, puis continuasmes nostre chemin d'vn lieu à l'autre, et de village en village. Car nous auions cela de recommandable de nous esloigner tousiours des principales villes, de peur que la Iustice du pays ne treuuast à redire en nous à cause que nous estions estrangers. De cette façon nous passasmes presque deux mois à voyager sans receuoir aucun dommage de personne. Or il n'y a point de doute que durant ce temps-là, il nous eust esté facile d'aller iusques à la ville de Nanquin, si nous eussions eu vne guide. Mais à faute de sçauoir le chemin, nous esgarans à tout coup nous souffrismes beaucoup durant ce temps-là, et courusmes de grands dangers. A la fin nous arriuasmes à vn village appellé Chautir, au temps qu'on y faisoit des funerailles de grande despense pour la mort d'vne femme fort riche, qui auoit desherité ses parens et laissé son bien au Pagode de ce village où elle estoit enseuelie, comme nous l'apprismes des habitans. Nous fusmes donc inuitez à ces funerailles comme les autres pauures, et suiuant la coustume du pays nous mangeasmes sur la fosse de la defuncte. A la fin des trois iours que nous fusmes en ce lieu, qui fut le temps que ces funerailles durerent, l'on nous donna six Taeis d'aumosne, à condition qu'en toutes nos oraisons nous prierions Dieu pour l'ame de la defuncte. Estans partis de ce lieu nous continuasmes nostre chemin vers vn autre village nommé Guinapalir, d'où nous fusmes presque deux mois à voyager de pays en pays, iusqu'à ce qu'en fin nostre mauuaise fortune nous fist arriuer à vne ville nommée Taypor. Or d'autant qu'il y auoit là vn

Chumbim, c'est à dire vn de ces Intendans de la Iustice, qui de 3. ans en 3. ans sont enuoyez par les Prouinces, pour faire le rapport au Roy de ce qui s'y passe; ce mauuais homme voyant que nous allions ainsi mendiant de porte en porte, nous appella d'vne fenestre où il estoit, et voulut sçauoir de nous qui nous estions, et de quelle nation, ensemble quelle chose nous obligeoit à courir ainsi le monde? Nous ayant faict ces demandes en la presence de trois Greffiers, et de plusieurs personnes qui s'estoient assemblées pour nous voir, nous luy respondismes que nous estions estrangers, natifs du Royaume de Siam, qui pour nous estre perdus par vne fortune de mer, nous en allions ainsi voyageant et mendiant nostre vie, afin de nous sustenter des aumosnes des gens de bien en attendant que nous pûssions arriuer à Nanquin où nous allions en intention de nous y embarquer dans quelqu'vne des Lanteaas des marchands pour aller à Canton, où estoient les vaisseaux de ceux de nostre nation. Voila la response que nous fismes au Chumbim, qui s'en fust contenté sans doute, et nous eust laissé aller, sans l'vn de ces Greffiers qui l'en empescha. Car il luy dist incontinent qu'il nous falloit retenir, pource que nous estions des faineans et des vagabonds, qui passions nostre vie à gueuzer de porte en porte, en abusant des aumosnes qu'on nous faisoit, et qu'ainsi il ne nous pouuoit renvoyer absous en aucune façon que ce fût, sous peine d'estre puny conformément à la Loy qui en auoit esté faicte au 7. de 12. liures des ordonnances du Royaume, suivant quoy, comme son seruiteur qu'il estoit, il luy conseilloit de nous mettre en bonne et seure garde, de peur qu'il ne nous arriuast de nous eschaper par quelque autre endroit. Le Chumbim suiuit incontinent l'aduis du Greffier, et se comporta enuers nous auec tout l'excés de barbarie et de cruauté qu'on eust pû attendre d'vn Payen comme luy, qui vivoit sans Dieu, et sans Loy. Pour cet effect apres auoir ouy quantité de faux tesmoins, qui nous chargerent de plusieurs infamies et de crimes ausquels nous n'auions iamais songé, il nous fist mettre dans vn profond cachot auec des fers aux pieds et aux mains, et de gros colliers au col. En ce miserable lieu nous endurasmes vne telle faim, et y fusmes si mal traictez à coups de foüet, que nous demeurasmes en vn perpetuel trauail par l'espace de vingt-six iours que nous y passasmes, à la fin desquels par sentence du mesme Chumbim nous fusmes renuoyez au Parlement du Cham de Nanquin, pource que la Iurisdiction de cet autre ne s'estendoit point iusques là, que de pouuoir condamner à mort aucun prisonnier.

CHAPITRE LXXXV.

Comme de la ville de Taypor nous fusmes menez en celle de Nanquin, et des choses qui nous y arriuerent.

Nous demeurasmes vingt-six iours tous entiers dans cette rude et miserable prison dont i'ai parlé cy-deuant; et il faut que i'aduouë que nous creusmes y auoir esté vingt-six mille ans, pour les grands maux que nous y souffrismes; car sans apparence d'aucun remede nous sentions nos forces s'affoiblir insensiblement par la misere qui nous accabloit; iusques à ce poinct qu'vn de nos compagnons appellé Ioan Rodriguez Brauo, nous mourut entre les mains mangé des poux, sans qu'il nous fust possible de l'assister; et ce fût par vn grand miracle que nous-mesmes nous sauuasmes de cette vermine. A la fin vn matin, lors que nous ne pensions à rien moins, tous chargez de fers que nous estions, et si foibles que nous pouuions parler bien à peine, nous fusmes tirez de cette prison et mis à la chaisne. De cette façon l'on nous embarqua auec plusieurs autres, iusques au nombre de trente ou quarante, qui pour auoir esté conuaincus de forfaicts enormes, estoient renvoyez comme nous pour leur appel au Parlement de Nanquin, où comme i'ay desia dit, reside tousiours vn Chaem de Iustice, qui est comme vn souuerain titre de Vice-Roy de la Chine. Là mesme il y a vn Parlement de quelques six vingts Gerozemos et Ferucuas, tels que pourroient estre ceux que nous appellons Conseillers du Parlement, Iuges, et Rapporteurs de toutes les causes, tant ciuiles que criminelles, sans qu'il soit permis d'appeller de leur sentence, si ce n'est en vne autre Chambre qui a du pouuoir sur le Roy même, ou si l'on appelle, c'est en dernier ressort, et comme si l'on en appelloit au Ciel. Pour mieux entendre cecy, il faut sçauoir, qu'encore que ce Parlement et autres semblables, qui sont dans les principales villes du Royaume ayent vn pouuoir absolu du Roy, pour le criminel et pour le ciuil, sans opposition ny appellation quelconque, neantmoins il y a vne autre Chambre de Iustice qui s'appelle la Chambre du Createur de toutes choses, où il est permis d'appeller en matiere des choses les plus importantes et serieuses. En cette chambre assistent d'ordinaire vingt-quatre Menigrepos, qui sont certains Religieux fort austeres en leur façon de viure, tels que peuuent estre les Capucins parmy nous. Et sans mentir s'ils estoient Chrestiens, l'on pourroit esperer d'eux de fort grandes choses à cause de leur abstinence, et de leur probité merueilleuse. Ceux-cy ne sont iamais admis au rang des Iuges qu'ils n'ayent 70. ans passés, et sont nommez à ce conseil par l'aduis et l'approbation de leurs Prelats, hommes incorruptibles, et qui sont si iustes en toutes les causes desquelles il y a appel pardeuant eux, qu'il n'est pas possible d'en treuuer de plus equitables. Car quand ce seroit contre le Roy-mesme, et contre toutes les puissances qu'on sçauroit s'imaginer dans le monde, nulle consideration pour grande qu'elle soit n'est capable de les faire forligner tant soit peu de ce qu'ils croyent estre de Iustice. Nous estans embarquez de la façon que i'ai dit, ce mesme iour enuiron la nuict nous allasmes coucher à une grande ville appellée Potinleu, dans la prison de laquelle nous fusmes neuf iours à cause de la grande quantité de pluyes qu'il y eut en la conjonction de la nouuelle Lune. Là il plût à Dieu que nous rencontrasmes vn Aleman prisonnier, qui nous accueillit auec vne grande charité. Apres que nous luy eusmes demandé en langue Chinoise, qu'il entendoit aussibien que nous, de quel païs il estoit, et quelle fortune l'auoit là conduit, il nous dit, qu'il estoit de Moscouie, natif d'vne ville appellée Hiquegens; qu'au reste il y pouuoit auoir cinq ans qu'on l'auoit condamné à tenir prison à perpetuité pour auoir esté accusé de la mort d'vn homme, mais qu'en qualité d'estranger il en auoit appellé au siege de Aytau de Batampina en la ville de Pequin qui estoit Admiral souuerain par dessus les autres trente deux establis dans cet Empire conformement à châque Royaume. Il adiousta là-dessus que cet Admiral par vne particuliere iurisdiction auoit vn plain pouuoir sur tous les estrangers qui arriuoient de dehors, ce qui luy faisoit esperer d'en tirer quelque secours, en intention de s'en aller mourir Chrestien parmy les Chrestiens s'il auoit tant de bonne fortune que d'estre remis en liberté. Apres les neuf iours de temps que nous passasmes dans cette prison, nous fusmes rembarquez de nouueau, et nauigeasmes amont vne fort grande riuiere sept iours durant, à la fin desquels nous abordasmes la ville de Nanquin. Auec ce que cette ville est la seconde de tout cet Empire, elle est la capitale des trois Royaumes de Liampoo, Fanjus, et Sambor. Là nous demeurasmes vn mois et demy en prison, et y souffrismes tant de peines et de miseres que reduits aux dernieres extremitez nous y mourions insensiblement à faute de secours, sans faire autre chose que regarder le

Ciel d'vn œil pitoyable, car le malheur voulut pour nous que la premiere nuict que nous y arriuasmes, l'on nous vola tout ce que nous auions. D'ailleurs, comme la prison estoit si grande, qu'il y auoit alors plus de 4000. personnes, comme l'on nous a asseuré, bien difficilement pouuoit-on s'asseoir en quelque endroit que ce fust sans estre volé, et tout aussitost couuert de poux. Apres que nous y eusmes passé, comme i'ay dit, vn mois et demy, le Anchacy qui estoit un des Iuges deuant qui l'on deuoit plaider nostre cause, prononça nostre sentence à la requeste du Procureur fiscal, dont la teneur estoit : Qu'ayant veu nostre procez que le Chumbin de Taypor luy auoit enuoyé, où par les accusations à nous faictes l'on ne pouuoit tirer que de fort mauuaises consequences de nous, pource qu'encore qu'en nostre deffence il n'y eust point de contradiction de nostre costé, que neantmoins l'on ne deuoit point adiouster foy à nostre declaration selon l'equité en tel cas requise, que fussions publiquement foüettez sur les fesses, pour nous apprendre à mieux viure à l'aduenir, et que par mesme moyen l'on eust à nous couper les deux poulces des mains ; dont il paroissoit par de manifestes soupçons que nous nous estions seruis à faire des voleries et autres crimes que le Souuerain Iuge qui regne là haut au Ciel puniroit au dernier de nos iours par vn appel de la souueraine puissance de sa iustice, qu'au reste pour le surplus de la peine que nous meritions il en appelloit au siege de Aytau de Bataupina, à qui il appartenoit de connoistre d'vn tel cas, pour la iurisdiction qu'il auoit de mort et de vie. Cette sentence nous fut prononcée dans la prison où nous estions aussi resolus de mourir que de souffrir les rudes coups de foüets qu'il nous falut endurer, de sorte qu'à force d'estre frappés toute la terre d'autour de nous fut couuerte du sang que nous respandismes en abondance. Aussi d'vnze que nous estions ce fut par miracle qu'il y en eut neuf qui s'eschaperent la vie sauue; car il y en eut deux qui moururent trois iours après, sans y comprendre vn valet qui n'en fût pas quitte à meilleur marché.

CHAPITRE LXXXVI.

De la charité auec laquelle nous fusmes traittez en cette prison, et du surplus qui nous y arriua.

Apres que l'on nous eut foüettez de la façon que ie vous viens de dire, nous fusmes conduits dans vne grande chambre qu'il y auoit dans la prison en façon d'infirmerie, où estoient couchez plusieurs malades et blessez, les vns sur des licts, et les autres emmy la place. Là nous fusmes pansez incontinent auec quantité de drogues, de lauements, de restringents, et de poudres que l'on mist par dessus nos playes; par où fut vn peu allegée la douleur que nous sentions des coups de foüet. A quoy s'employoient des hommes fort honorables, tels que peuuent estre en Portugal parmy nous les Confreres de la Misericorde qui seruent charitablement et pour l'honneur de Dieu ceux qui sont malades, et les pouruoyent liberalement de ce qui leur est necessaire. Comme il y auoit desia vnze iours que l'on nous pansoit, nous commencions de nous treuuer vn peu mieux, mais sur le poinct que nous regrettions nostre mauuaise fortune en ce qu'on nous auoit condamnez rigoureusement à auoir les poulces couppez, il plût à Dieu qu'vn matin, lorsque nous ne pensions à rien moins, nous vismes entrer dans l'infirmerie deux hommes de bonne mine, vestus de longues robbes de satin violet et qui portoient en main des verges blanches en façon de sceptres. A l'abord de ceux-cy tous les malades qui estoient dans la chambre s'escrierent, *pitau hinacur Macuto Cheudoo*, c'est à dire, *que les Ministres des œuures de Dieu viennent auec luy*; à quoy ils respondirent haussant leurs verges; *plaise à Dieu vous donner patience en vos trauaux et vos aduersitez.* Alors s'estant mis à donner des habillemens et de l'argent à ceux qui estoient les plus proches d'eux, ils s'en vindrent iusques à nous; et apres nous auoir salüés fort courtoisement auec demonstration d'estre touchez de nos larmes, ils nous demanderent, qui nous estions, et de quel pays, ensemble pourquoy l'on nous retenoit là prisonniers. A quoy nous fismes responce en pleurant, que nous estions estrangers, natifs du Royaume de Siam, et d'vne contrée qui s'appelloit Malaca. Qu'au demeurant, comme nous estions marchands, et assez bien pourueus des commodités du monde, nous estans embarquez auec nos marchandises en intention de gaigner le port de

Liampoo, nous auions fait naufrage vis à vis des Isles de Lamau, et perdu là tout nostre bien sans sauuer autre chose que nos miserables personnes en l'équipage qu'ils nous voyoient. En suitte de cela nous adioustasmes qu'ainsi maltraittez de la fortune, estant arriuez à la ville de Taypor le Chumbin de la Iustice nous auoit pris sans aucun subject, nous faisant accroire que nous estions des voleurs et des vagabonds, qui pour fuir le trauail nous en allions gueusant de porte en porte, entretenant notre faineantise des aumosnes qui nous estoient données iniustement ; dequoy le Chumbin ayant faict des informations à sa volonté, comme estant Iuge et partie, il nous auoit mis aux fers dans la prison, où depuis quarante deux iours nous endurions beaucoup de faim et des trauaux incroyables, sans qu'il se treuuast personne qui nous voulust ouyr en nos iustifications ; tant pour n'auoir dequoy faire des presents pour maintenir nostre droict, que pour ne sçauoir parler la langue du pays. Pour conclusion nous leur dismes, que cependant sans aucune cognoissance de cause, l'on nous auoit condamnez au foüet, et mesme à auoir les poulces coupez, comme des larrons; de sorte que nous en auions desia espreuué la premiere peine, auec tant de rigueur et de cruauté que les marques n'en paroissoient que trop visibles sur nos

miserables corps; et qu'ainsi nous les conjurions
par la charge qu'ils auoient de seruir Dieu en
assistant les pauures affligez, de ne nous abandonner à ce besoing, puis que nostre extreme
pauureté nous rendoit odieux à tout le monde,
et nous exposoit à souffrir quantité d'affronts.
Ces deux hommes nous ayant escoutez attentive-
ment demeurerent tous pensifs et tous estonnez
des paroles que nous leur dismes. A la fin haussant vers le Ciel leurs yeux tous baignez de larmes, et mettant leurs genoux à terre, O puissant Seigneur, dirent-ils, qui presidez aux lieux
tres-hauts, et de qui la patience est incompre-
hensible, benit soyez-vous à jamais, puisque vous
auez agreable que les plaintes et les regrets des miserables necessiteux paruiennent iusques à vous,
affin que les grandes offences que commettent
contre vostre diuine bonté les Ministres de la
Iustice ne demeurent point impunies : aussi es-
perons-nous que par vostre saincte loy ils seront
chastiez tost ou tard. Ils s'informerent alors de
ceux qui estoient autour de nous des choses que
nous leur auions dites, et enuoyerent incontinent querir le Greffier, qui auoit en main la sentence. Ils luy commanderent d'abord, que sous
peine d'vne grande punition, il eust à apporter
toutes les procedures qui auoient esté faictes
contre nous : luy ne manqua point de venir à

mesme temps, et de leur raconter au long tout ce qui s'estoit passé, ensemble le premier subject de cette affaire. Ce qui fit que les deux Officiers voyant qu'il n'y auoit plus de remede au foüet que nous auions desia souffert, presenterent requeste à l'instant pardeuant le Chaem, à laquelle il fut respondu de cette sorte par vne dépeche du Parlement. La misericorde n'a point de lieu où la Iustice perd son nom. Cela estant, l'on ne peut accorder le contenu de vostre demande, laquelle requeste estoit signée en bas par le Chaem, et par huict Comchacis, qui sont comme Iuges criminels. Ce mauuais proceder estonna grandement ces deux Procureurs des pauures, ainsi nommez à cause de leur office; de maniere que poussez d'vn extreme desir de nous tirer de cette peine, ils firent incontinent vne autre requeste qu'ils addresserent à la souueraine Chambre de Iustice dont i'ay parlé au Chapitre precedent, où estoient Iuges les Religieux Menigrepos et Talegrepos, assemblée qui s'appelle en leur langue *Xinfau nicar pitau;* qui signifie, *le souffle du Créateur de toutes choses.* En cette requeste confessant comme pecheurs ce dequoy l'on nous accusoit nous auions recours à la misericorde. Comme en effect nous en tirasmes de la satisfaction, car la requeste fut incontinent presentée à ceux qui presidoient dans cette Cham-

bre qui estoient vingt-quatre Talegrepos, hommes Religieux tels que les Capucins parmy nous, et de grand credit, tant à l'endroit du Roy que du peuple. Aussi ont-ils d'ordinaire vne absolue iurisdiction sur les différents des pauures et de ceux qui ne sont pas capables de soustenir l'effort des meschants qui plaident contr'eux. Si tost que la requeste leur fut presentée, ils s'assemblerent au son d'vne cloche, et virent le procez d'vn bout à l'autre, de maniere qu'ayant pris garde que nostre bon droit s'en alloit perdu à faute de secours, ils dépescherent incontinent deux de leur Chambre, lesquels auec vn exprez mandement où les seaux estoient attachez, s'en allerent faire deffence au Parlement de Chaem de connoistre de cette cause, qu'ils euoquerent pardeuant eux; Inhibition que le Parlement tint pour valable par des lettres patentes portans ces mots, « Nous assemblez en cette Chambre de Ius-
« tice du Lyon couronné au Throsne du Monde,
« ayant veu la requeste presentée aux vingt-qua-
« tre Iuges de la vie austere, consentons que ces
« neuf estrangers soient renuoyez par appel au
« siege de l'Aytau des Aytaus en la ville de Pe-
« quin, afin que par voye de misericorde l'on ait
« à moderer à leur faueur la sentence donnée
« contre eux. Faict le septiesme iour de la qua-
« triesme Lune, l'an vingt-troisiesme du regne

« du fils du Soleil. » Auquel consentement le Chaem auoit signé auec huict Conchalins de la Chambre Criminelle, qui en sont comme Conseillers. Ces lettres nous furent à mesme temps apportées par les deux Procureurs des pauures, qui s'estoient chargez volontairement de cette affaire, si bien que les ayant prises de leur main, nous leur dismes que nous prions Dieu de leur rendre ce qu'ils nous faisoient pour l'amour de luy. Sur quoy nous regardant d'vn œil de pitié, Vueille, nous respondirent-ils, sa bonté celeste vous guider en la cognoissance de ses œuures, afin qu'en icelle vous puissiez auec patience recueillir le fruict de vos trauaux, comme ceux qui apprehendent d'offenser son sainct Nom.

FIN DU TOME PREMIER.

TABLE DES CHAPITRES

CONTENUS

DANS CE VOLUME.

	Pages
A Monseignevr le Cardinal de Richeliev.	3
Deffense apologeticque de l'Histoire Orientale de Fernand Mendez Pinto.	9
Advertissement av lectevr.	21

Chapitre I. De quelle façon i'ay passé ma ieunesse dans le Royaume de Portugal, iusques au iour de mon embarquement pour aller aux Indes 23

Chap. II. Comment ie partis de ce Royaume pour m'en aller aux Indes, et du succez qu'eust l'Armée nauale avec laquelle ie m'embarquay. 30

Chap. III. Comment ie m'embarquay à Diu, pour m'en aller au destroit de la Mecque, et de ce qui m'arriua en ce voyage 35

Chap. IV. Nostre partement à Mazua pour nous en aller de là par terre vers la Mere du Preste-Iehan en la Forteresse de Gileytor. 41

Chap. V. Comment nous partismes du port d'Arquico, et de ce qui nous arriua par la rencontre que nous fismes de trois vaisseaux Turcs 50

Chap. VI. Mutinerie arriuée en la Ville de Mocaa, le subject d'icelle, ensemble ce qui en aduint, et par quelle voye ie fus mené iusques dans Ormuz. . . . 56

Chap. VII. De ce qui m'aduint depuis que ie m'embarquay à Ormuz, iusques à mon arriuée aux Indes 65

TABLE DES CHAPITRES.

Chap. VIII. Du succez que nous eusmes en nostre voyage de Chaül à Goa, et de ce qui m'aduint particulierement y estant arriué............ 69

Chap. IX. Des choses que Gonzallo Vas Continho fist, et traitta auecque la Royne d'Onor........ 73

Chap. X. Comment Gonzallo Vaz Continho, Capitaine General, attaqua la Gallere des Turcs, ensemble l'entreprise qu'il fist de la brusler.......... 77

Chap. XI. De ce qui nous arriua le lendemain que Gonzellao Vaz partit pour s'en aller à Goa 81

Chap. XII. Des choses qui se passerent durant ce temps là, iusqu'à ce que Pedro de Faria arriuast dans Malaca................... 86

Chap. XIII. Comme Pedro de Faria receut à Malaca vn Ambassadeur que luy enuoya le Roy des Batas, et de ce qui se passa entr'eux........... 92

Chap. XIV. Du surplus qui se passa en cette affaire, iusqu'à ce que Pedro de Faria m'enuoya vers le Roy de Bata, et de ce que ie vis en ce voyage... 98

Chap. XV. De ce qui m'aduint à Panagû, auecque le Roy des Batas, deuant qu'il partist pour s'en aller contre Achem................... 105

Chap. XVI. Comme le Roy des Batas partist de Turban, pour aller vers Achem, et de ce qui se passa apres leur entre-ueuë................ 110

Chap. XVII. De ce que fist encore le Roy des Batas, après le succez de ceste iournée........... 115

Chap. XVIII. De ce que ie fis auecque le Roy des Batas, iusqu'à ce que ie m'embarquay pour aller à Malaca..................... 121

Chap. XIX. Des choses qui se passerent à mon arriuée au Royaume de Queda, en la côte de la terre ferme de Malaca, et de ce qui m'aduint aussi durant le sejour que i'y fis.................. 126

Chap. XX. De ce qui m'arriua depuis que ie fus

party de la riuiere de Parles, iusqu'à mon retour à Malaca, et des relations que ie fis de certaines choses à Pedro de Faria 136

Chap. XXI. Comme il arriua à la forteresse de Malaca un Ambassadeur du Roy d'Aaru, et de ce qu'il y fist durant son sejour. 142

Chap. XXII. Comment ie m'en allay treuuer le Roy d'Aaru, à qui ie donnay le present que Pedro de Faria luy enuoyoit, et de ce que ie fis estant auec luy. 149

Chap. XXIII. Des choses qui m'arriuerent apres mon partement d'Aaru. 157

Chap. XXIV. De quelle rencontre ie fus mené en la Ville de Siaca, et de ce qui m'y aduint. 163

Chap. XXV. Comment ie m'en allay à Malaca auec le Marchand Mahometan, et des choses qui s'y passerent 169

Chap. XXVI. De l'armée que le Roy d'Achem enuoya contre le Roy d'Aaru, et de ce qui luy aduint en arriuant à la riuiere de Panetican. 173

Chap. XXVII. De la mort du Roy d'Aaru, et de la cruelle iustice qu'en firent les ennemis 179

Chap. XXVIII. De ce qui se passa au Royaume d'Aaru, apres la mort du Roy, et comme la Royne s'en alla à Malaca 183

Chap. XXIX. De la reception qui fut faicte à la Royne d'Aaru, à son arriuée à Malaca, et de ce qui se passa entre elle et Pedro de Faria, Capitaine de la forteresse. 187

Chap. XXX. Comme la Royne d'Aaru partist de Malaca pour s'en aller à Bintam, et de ce qu'elle fist auec le Roy de Iantana. 191

Chap. XXXI. De la sommation que le Roy de Iantana enuoya faire au roy d'Achem, sur ce qui concernoit le Royaume d'Aaru, et de la responce qui luy fut faicte 196

TABLE DES CHAPITRES.

Chap. XXXII. Du surplus qui arriua entre le Roy de Iantana et celuy d'Achem, sur le sujet de ceste Ambassade.................................. 200

Chap. XXXIII. Comment ie partis de Malaca pour m'en aller à Pan, et de la rencontre que ie fis de vingt-trois Chrestiens, qui s'estoient perdus sur mer. 207

Chap. XXXIV. De ce qui se passa au Royaume de Pan, apres que i'y fus arriué auec ceux qui s'estoient perdus sur la mer.......................... 212

Chap. XXXV. Comment le Roy de Pan fut tué, par qui, ensemble quel en fut le sujet, et de ce qui nous arriua à Tome Lobo et à moy......... 217

Chap. XXXVI. Du triste succés qui nous arriua à l'emboucheure de Lugor................. 224

Chap. XXXVII. De l'aduenture que nous eusmes nous trois, apres nous estre cachez dans le bois . . 230

Chap. XXXVIII. Qui estoit cette femme que nous rencontrasmes, et comme elle nous enuoya à Patane, ensemble de ce que fist Antonio de Faria, lors qu'il apprist la nouuelle de nostre desastre, et la perte de sa marchandise.................. 236

Chap. XXXIX. Du partement que fist Antonio de Faria, pour s'en aller en l'Isle d'Ainan, afin d'y trouuer le Mahumetan Coja Acem, et de la rencontre qu'il eust auparauant qu'y arriuer. 241

Chap. XL. Nostre partement pour aller en l'Isle d'Ainan, où nous auions eu nouuelles qu'estoit le Corsaire Coja Acem, et de ce qui nous arriua en ce voyage. 245

Chap. XLI. Comment Antonio de Faria arriua à la riuiere de Tinacoreu, que nous appellons Varella, et de l'aduis que luy donnerent quelques marchands de ce Royaume..................... 253

Chap. XLII. Du chemin que fist Antonio de Faria, en s'en allant chercher l'Isle d'Ayman, et de ce qui luy arriua......................... 259

TABLE DES CHAPITRES.

Chap. XLIII. De ce que le Vieillard respondit aux demandes d'Antonio de Faria, et du surplus qui luy arriua en ce lieu 264

Chap. XLIV. Comme Antonio de Faria arriua à la Baye de Camoy, où se faict la pesche des perles, pour le Roy de la Chine. 269

Chap. XLV. De ce qu'vn des marchands dict à Antonio de Faria, touchant l'estenduë de cette Isle d'Ainan. 274

Chap. XLVI. De ce qui arriua à Antonio de Faria en cette riuiere de Tanauquir, auecque vn Corsaire renié, nommé Francisco de Saa. 279

Chap. XLVII. Comme estant ancré à la pointe de Tilaumera, il vint par cas fortuit nous trouuer quatre Lanteaas de rame, dans l'vne desquelles estoit vne Espousée 288

Chap. XLVIII. De l'enqueste ou information qu'Antonio de Faria fist de ce pays 297

Chap. XLIX. De ce qui arriua à Antonio de Faria en ce port, auec le Nautarel de la Ville, sur la vente de sa Marchandise 303

Chap. L. De ce qui aduint à Antonio de Faria, iusques à ce qu'il eut ancré à Madel, port de l'Isle d'Ainan, où il rencontra vn Corsaire, et de ce qui se passa entr'eux 308

Chap. LI. De quelle façon le Corsaire Capitaine du Iunco, tomba vif entre les mains d'Antonio de Faria, et de ce qu'il fist auecque luy. 314

Chap. LII. De ce que fist encore Antonio de Faria auecque les gens du pays en cette riuiere de Madel, ensemble des choses qui se passerent apres qu'il en fut sorty 321

Chap. LIII. Comme nous nous perdismes dans l'Isle de Larrons. 327

Chap. LIV. Des autres trauaux que nous eusmes en

ceste Isle, et de quelle sorte nous fusmes sauuez
miraculeusement. 331

CHAP. LV. Comme nous partismes de cette Isle des
Larrons, pour aller vers celle de Liampoo, et de
ce qui nous aduint iusqu'à ce que nous arriuasmes
à une riuiere nommée Xingrau. 338

CHAP. LVI. De la rencontre que fist Antonio de Faria
le long de la coste de Lamau, d'vn Corsaire Chinois,
grand amy des Portugais, et de l'accord qu'ils firent
ensemble. 346

CHAP. LVII. Comme nous rencontrasmes sur mer vn
petit vaisseau de pescheurs, dans lequel il y auoit
huict Portugais fort blessez, et du recit qu'ils firent
à Antonio de Faria de leur infortune. 351

CHAP. LVIII. Des preparatifs que fist Antonio de
Faria dans le port de Lailoo, pour aller combattre
le Corsaire Coja Acem. 359

CHAP. LIX. Comme Antonio de Faria se battit auec le
Corsaire Coja Acem, et de ce qui luy arriua auecque
luy. 365

CHAP. LX. Continuation de ce que fist Antonio de Faria
apres auoir gaigné cette victoire, et de la liberalité
dont il usa enuers les Portugais qui estoient à Liampoo. 372

CHAP. LXI. Comme Antonio de Faria partit de cette
riuiere de Tinlau, pour s'en aller à Liampoo, et du
mauuais succés qu'il eust en cette nauigation. . . . 380

CHAP. LXII. Continuation du grand danger que nous
courusmes, et du secours qui nous arriua là-dessus. 384

CHAP. LXIII. Comme Antonio de Faria eust nouuelle
de cinq Portugais, qui estoient demeurés captifs,
et de ce qu'il fist là-dessus 389

CHAP. LXIV. De la lettre qu'Antonio de Faria escriuit
au Mandarin de Nouday, sur le sujet de ses prisonniers, ensemble quelle en fut la response, et ce
qu'il fist depuis 396

TABLE DES CHAPITRES.

	Pages.
Chap. LXV. Comme Antonio de Faria attaqua la ville de Nouday, et de ce qui luy arriua	402
Chap. LXVI. Suitte de la nauigation d'Antonio de Faria, iusques à son arriuée au port de Liampoo.	409
Chap. LXVII. De ce qu'Antonio de Faria fist à son arriuée aux ports de Liampoo, et des nouuelles qu'il eust en ce lieu de ce qui se passoit dans le Royaume de la Chine.	415
Chap. LXVIII. De la reception que les Portugais firent à Antonio de Faria en la ville de Liampoo.	421
Chap. LXIX. De quelle façon Antonio de Faria fût mené à l'Eglise, et de ce qui s'y passa iusqu'à ce que la Messe fust acheuée.	430
Chap. LXX. Du magnifique banquet que les Portugais de Liampoo firent à Antonio de Faria, et à ses compagnons.	434
Chap. LXXI. Comme Antonio de Faria partit de Liampoo, pour s'en aller chercher l'Isle de Calempluy.	440
Chap. LXXII. Continuation de ce qui arriua à Antonio de Faria, iusqu'à ce qu'il eust gagné la riuiere de Paatebenam, et de la resolution qu'il y prist touchant son voyage.	447
Chap. LXXIII. De ce qui aduint à Antonio de Faria, iusques à son arriuée en la montagne Gangitanou, et de la deformité des hommes ausquels il parla.	453
Chap. LXXIV. Des grands trauaux que nous eusmes en l'anse de Nanquin, et de ce que Similau nous fit en ce lieu	461
Chap. LXXV. Nostre arriuee à Calempluy, et la description de cette Isle.	468
Chap. LXXVI. De ce qui aduint à Antonio de Faria en vn des Hermitages de l'Isle de Calempluy	472
Chap. LXXVII. Continuation de ce qui arriua à Antonio de Faria dans cet Hermitage, iusques à son embarquement	478

CHAP. LXXVIII. De ce qui nous arriua la nuict suiuante, et comment nous fusmes descouuerts . . 483
CHAP. LXXIX. Comme nous nous perdismes dans l'ense de Nanquin, et de ce qui nous y arriua. . . 490
CHAP. LXXX. Des choses qui nous aduindrent en suitte de ce miserable naufrage 494
CHAP. LXXXI. De nostre arrivée en cet hospital, et de quelle façon nous y fusmes receus 499
CHAP. LXXXII. Nostre partement de la ville de Sileyjacau, et des choses qui nous arriuerent apres que nous en fusmes partis. 506
CHAP. LXXXIII. Comment nous arriuasmes au Chasteau d'vn Gentil-homme qui estoit fort malade, et des choses qui s'y passerent. . . . . , 513
CHAP. LXXXIV. Comme de ce mesme lieu nous allasmes à la ville de Taypor, et de quelle façon nous fusmes faicts prisonniers 520
CHAP. LXXXV. Comme de la ville de Taypor nous fusmes menez en celle de Nanquin, et des choses qui nous y arriuerent. 524
CHAP. LXXXVI. De la charité auec laquelle nous fusmes traittez en cette prison, et du surplus qui nous y arriua. 530

FIN DE LA TABLE DES CHAPITRES.

2 Dupl.

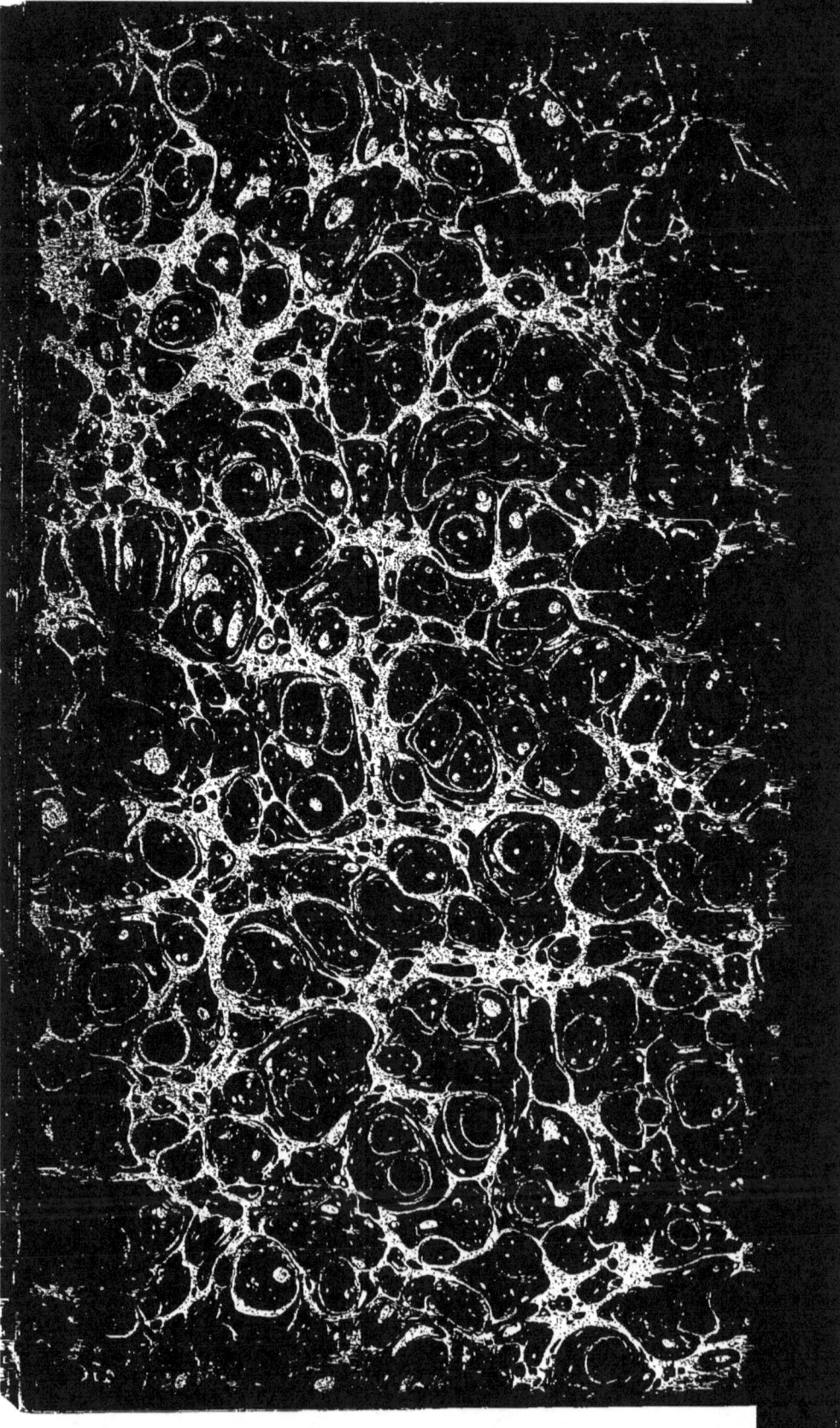

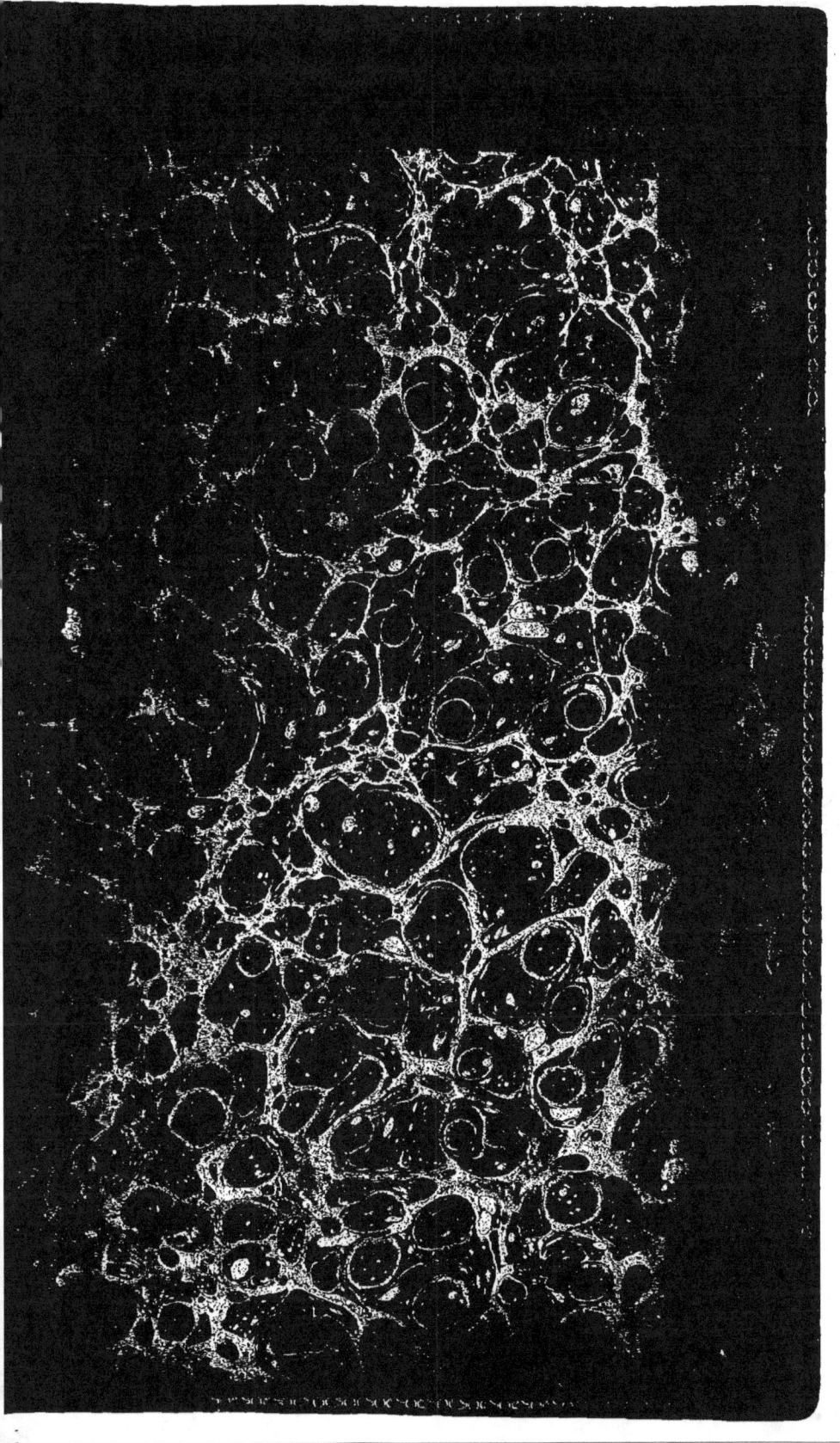

www.ingramcontent.com/pod-product-compliance
Lightning Source LLC
Chambersburg PA
CBHW070828230426
43667CB00011B/1713